魂について　『治癒の書』自然学第六篇

魂について

―― 治癒の書　自然学第六篇 ――

イブン・シーナー 著
木下雄介 訳

知泉書館

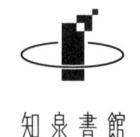

凡例

一、イブン・シーナー（Abū ʿAlī al-Ḥusayn b. ʿAbd-Allāh b. Sīnā; lat. Avicenna）の主著『治癒の書』から自然学部門第六部『魂について』を訳出した。

一、以下のアラビア語原典を用いた。

Al-Ṭabīʿīyāt min al-Šifāʾ, Tehran, 1885; repr. Intišārāt-i Bīdār, Qum, n.d.（テヘラン版）

Psychologie d'Ibn Sīnā (Avicenne) d'après son œuvre Aš-Šifāʾ, I Texte arabe, ed. Ján Bakoš, Ed. de l'Académie tchécoslovaque des sciences, Prague, 1956（バコシュ版）

Avicenna's De Anima (Arabic Text) being the Psychological Part of Kitāb al-Shifāʾ, ed. F. Rahman, Oxford University Press, London, 1959（ラフマーン版）

Al-Šifāʾ, al-Ṭabīʿīyāt, VI: *al-Nafs*, ed. G. C. Anawati et S. Zāyd, Al-Hayʾat al-miṣrīyat al-ʿāmmah li-l-kitāb, Al-Qāhirah, 1975（カイロ版）

Al-Nafs min Kitāb al-Šifāʾ, ed. Hasanzāde Āmolī, The Center of Publication of the Office of Islamic Propagation of the Islamic Seminary of Qum, Qum, H 1417（ハサンザーデ版）

一、底本にはラフマーン版とカイロ版を使用し、両者の読みが異なるもののうち、訳文に差異が生じるものについては訳註に示した。字句の有無にかんする註記の多くは、本文に採用されていないということ、かならずしもその異読が校註にも見当たらないことを意味するわけではない。

一、段落分けは、原則としてラフマーン版にもとづき、これをさらに細かく分けた。

一、本文下欄の「81.15/70.3」のような数字は、その段落がラフマーン版とカイロ版のどのページの何行目に位置するかを示す。

一、以下のヨーロッパ語訳を参照した。

Psychologie d'Ibn Sīnā (Avicenne) d'après son œuvre Aš-Šifā', II Traduction et notes, tr. Ján Bakoš, Ed. de l'Académie tchécoslovaque des sciences, Prague, 1956（フランス語訳）

Avicenna Latinus: Liber de anima, ed. Simone Van Riet, 2 vol., Ed. Peeters, Louvain, I–II–III, 1972; IV–V, 1968（ラテン語訳）

一、また主として『治癒の書』からの抜粋を編集することによって作られた『救済の書』の相当箇所を参照した。

Al-Naǧāt min al-ġarq fī baḥr al-ḍalālāt, ed. Moḥammad Dānišpažūh, Dānišgah Tehran, Tehran, 1985

Avicenna's Psychology, An English Translation of Kitāb al-Najāt, *Book II, Chapter VI*, tr. F. Rahman, Oxford University Press, London, 1952（魂論部分の英語訳）

『救済の書』小林春夫訳（魂論部分の邦訳、竹下政孝編『中世思想原典集成』第一一巻、平凡社、二〇〇〇年）

一、訳註で『治癒の書』の他の巻に言及するさいには、すべてカイロ版（Al-Hay'at al-miṣrīyat al-ʿāmmah li-l-kitāb 刊）に依拠する。

Al-Šifā', al-Manṭiq, I: al-Madḫal, ed. I. Madkūr, G. C. Anawati, M. al-Ḫuḍayrī et A. F. al-Ahwānī, 1952（『入門』）

Al-Šifā', al-Manṭiq, II: al-Maqūlāt, ed. G. C. Anawati, M. al-Ḫuḍayrī, A. F. al-Ahwānī et S. Zāyd, 1959（『カテゴリー論』）

Al-Šifā', al-Manṭiq, III: al-ʿIbārah, ed. M. al-Ḫuḍayrī, 1970（『表現論』）

Al-Šifā', al-Manṭiq, V: al-Burhān, ed. Abū al-ʿAlā' ʿAfīfī, 1956（『論証学』）

Al-Šifā', al-Ṭabīʿīyāt, I: al-Samāʿ al-ṭabīʿī, ed. S. Zāyd, 1983（『自然学講義』）

Al-Šifā', al-Ṭabīʿīyāt, II: al-Samā' wa-l-ʿĀlam; III: al-Kawn wa-l-Fasād, IV; al-Afʿāl wa-l-Infiʿāl, ed. M. Qāsim, 1969（『天球と月下界』『生成と衰滅』『能動作用と受動作用』）

Al-Šifā', al-Ṭabīʿīyāt, VIII: al-Ḥayawān, ed. ʿA. Muntaṣir, S. Zāyd et ʿA. Ismāʿīl, 1970（『動物学』）

Al-Šifā', al-Ilāhīyāt, ed. G. C. Anawati et S. Zāyd, t. 1; ed. M. Y. Mūsá, S. Dunyā et S. Zāyd, t. 2, 1960（『神的な学』）

イブン・シーナー『魂について』をめぐる思想史的地図

山内志朗

イブン・シーナー（九八〇—一〇三七年）研究が急速に進みつつある。イブン・シーナー（西洋ではアヴィセンナと呼ばれる）は、その名前は広く知られながらも、その哲学があまり知られないままである。ところが、存在論の点でも、霊魂論（心理学）でも、最近これまでの研究を一新するような業績が続々と現れるようになった。なぜ今イブン・シーナーなのか、少し考えてみたい。（なお以下のところでは、呼称としてイブン・シーナーを基本とするが、西洋における通称を踏まえアヴィセンナを用いる場合もある）。

二〇世紀の前半において、西洋中世の形而上学も存在論も忘却され、見捨てられていた。イスラーム哲学についてはほとんど手つかずのままであった。それは西洋の研究者においてばかりのことではない。イスラーム世界においても、イブン・シーナーにおいて盛期を迎える哲学（ファルサファ）については、同様の状況にあった。

西洋中世哲学を研究する場合、十三世紀以降の哲学・神学を研究する者は、イブン・シーナー、イブン・ルシュド（アヴェロエス）を知る必要がある。西洋の十三世紀の哲学は、イブン・シーナーとアヴェロエスの哲学の上に築かれたといっても過言ではないからである。その重要性は昔から気づかれながらも、回り道をして知るしかなかった。十三世紀の人々と同じようにラテン語訳を通して理解するとしても、ラテン語を読める人も多くないし、そのラテン語訳が難解で意味不明なところも少なくない代物である。

二〇世紀になって果敢に参入する哲学者も現れた。アメリ＝マリ・ゴアションの『イブン・シーナーによる本質と存在の区別』（一九三七年）、ゴアション編『イブン・シーナー哲学語彙辞典』（一九三八年）、ゴアションによる『示唆と注意』の仏訳（一九五一年）もあった。そして、ジルソンの『存在と本質』（一九四八年）もあった。イブン・シーナーは、存在と本質との実在的区別の源流として研究が始められた。しかし、ゴアションの研究書でもジルソンの著書でも、イブン・シーナーの哲学的立場は分かりにくいままであった。

もちろん、イスラーム圏内において、研究はあったとしても、批判的校訂本もなかったことを見ても分かるように、大きな注目をもって研究されていたわけではない。過去の偉大な天才の一人として遇されていたのである。一九八〇年代は、生誕一〇〇〇年を記念してということもあって、ファフリ、マルムラ、ガルデ、ジョリヴェ、ラフマン、モアウェッジなどの論文が続々と登場し、その成果が蓄積されていった。それでも、西洋中世の十三世紀のスコラ哲学と斬り結ぶような研究はなかなか現れなかった。西洋中世の哲学において、トマス・アクィナス以外の哲学者に目が向けられることはなく、実は綺羅星のごとく天才が現れる時期であったのに、そういう認識はなかったのである。あくまで暗黒の中世という基本認識のまま、乏しい思想の時代として手探りで研究しつつある時期だったのである。この時期は、イスラームの形而上学も、西洋のスコラ哲学も、相互関係を探求するよりも、自らの研究領野に光をもたらすことが先決事項だった。

一九九一年にジャンセンは『イブン・シーナー解題付き文献目録』を編集するが、それを見て比較研究が進展する時期には到達していなかったことが分かる。アリストテレスからの影響という点でも、ファーラービーや『アリストテレス神学』の影響という点でも、まだまだ未解明な点が多かった。

八〇年代においても、既にエドワード・ブース『イスラームとキリスト教思想家におけるアリストテレスのアポリア的存在論』（一九八三年）が現れていた。アリストテレスの存在論が、その後、注釈者を経由して、イスラーム存在論に流入していった様を概観し、アリストテレスとその注釈者、イスラーム哲学、西洋中世まで概観し、普遍論争や存在と本質の実在的区別の流れを示したのである。イスラーム哲学と西洋中世の思想的交錯を探求しようとした画期的な研究成果であると思う。この本は、アフロディシアスのアレクサンドロスの系譜を示した点で、先駆的な価値を有していると私は思う。

また八〇年代には、ハーバート・デイヴィッドソンがイスラームのファルサファにおける霊魂論と宇宙論に関する研究書を著したことも抜かすことはできない。『中世イスラームとユダヤ哲学における神の永遠性・創造・存在に関する証明』（一九八七年）、『ファーラービー、アヴィセンナ、アヴェロエスの知性論』（一九九二年）である。

ディミトリ・グタス『アヴィセンナとアリストテレスの伝統』（一九八八年）もある。また、アフロディシアスのアレクサンドロスからイブン・シーナーを介してドゥンス・スコトゥスに至る系譜を脈々と探っているトゥィーデイル、普遍論争からイブン・シーナーに至る存在論の系譜を辿っているアラン・ド・リベラ『一般性の種類抽象の理論』（一九九九年）など逸するわけにはいかない。

しかし、とにかくも、重要なのは二〇〇〇年代に入ってからである。リースマン『アヴィセンナの伝統の生成』（二〇〇二年）、ウィスノフスキ『コンテキストの中のアヴィセンナ形而上学』（二〇〇三年）、アヴィセンナ『治癒の書　形而上学』の英訳（マルムラによる亜英対訳、二〇〇五年）、また霊魂論を中心としたデボラ・ブラックの研究もある。しかし、この本訳書との関連で落とせないのが、ハッセの『ラテン中世におけるアヴィセンナ『魂について』』（Dag Nikolaus Hasse, *Avicenna's De Anima in the Latin West*, The Warburg Institute, 2000）である。デイヴィッドソンの『ファーラービー、アヴィセンナ、アヴェロエスの知性論』とブラックの一連の研究と並んで、アヴィセンナの『魂について』研究の素地ができてきたのである。

翻って考えてみると、日本でも井筒俊彦の研究の蓄積がある、古代から現代まで、西洋から東洋まで駆け巡る姿は、哲学史のシルクロードにおける英雄に他ならない。井筒先生への賛美は私の仕事ではないから控えるにしても、アヴィセンナの霊魂論については牛田徳子を挙げねばならない。一九六八年に仏文で『アリストテレス、アヴィセンナ、トマス・アクィナスにおける霊魂の比較研究』（慶應言語文化研究所）を刊行しているのである。ただ、日本で学会の関心を集めるにはまだまだ時間が必要だった。

一　イブン・シーナー『魂について』

イスラーム哲学の古典の翻訳はいまだ少ない。イブン・シーナーにもそれは当てはまる。かつて五十嵐一訳による『医学典範』の部分訳（朝日出版社）が出された。平凡社中世思想原典集成の第十一巻『イスラーム哲学』には、『救済の書』の『魂について』の部分訳（小林春夫訳）もある。しかしながら、日本語で読めるイブン・シーナーはきわめて少ないと言うしかない。

いやそもそもイスラーム哲学について知るにもまだまだ文献が足りないのである。私が二十年前に『普遍論争——近代の源流としての』（一九九二年、哲学書房、二〇〇八年、平凡社）を書いたとき、イスラーム哲学の理解なしに西洋中世哲学を理解することはできないと書いた。もちろん、その言葉は支障があるという指摘を受けて削除したのだが、アラン・ド・リベラは「十三・四世紀のヨーロッパの思想家は輸入の産物でしかない」（『中世知識人の肖像』）と述べている。当時の哲学は大部分アラビアからの借り物なのだ、とショッキングな表現をとっているが、それは隠しきれない事実なのだと思う。私自身は西洋中華思想に与する義理はないし、西洋哲学の奴隷でもないから、素直にアラビアの先駆性という見方を受け入れた。もちろん、哲学において、思想の優劣を競うのはあまり賢明なことではないが。

とにかくも、私自身はイスラーム哲学の専門家ではない。アラビア語を学び始めたのも四〇歳を過ぎてからである。『普遍論争』を書いてしまった責任をとって、イスラーム哲学を宣伝する義務を引き受けるしかなかった。したがって、私が書いたことはすべて前触れなのであって、若い研究者が現れてくるために、いろいろ書いてきたにすぎない。

今回木下氏が個人で翻訳した『魂について』は、バコシュによる古い仏訳（一九五六年）はありながら、それ以外の翻訳はまだ存在していない状況での辛苦の労作である。木下さんが人生を注ぎ込んで作り上げた翻訳書は、アラビア語の文章を日本語に訳したものと記述するのがおこがましい格調に溢れている。こういう翻訳が出版として成立することを夢見ながら私は旗振りとしてイスラーム哲学について語ってきた。

イブン・シーナーの哲学研究について、二十世紀後半以降の流れを前節で概観してみたが、イブン・シーナーの『魂について』となると、独自の扱いにくさが加わる。アリストテレスの『デ・アニマ』（アリストテレスの著作については、区別するために『デ・アニマ』を用い、他の思想家については『魂について』とする）には、内容面から見て、独自の内容を含み、理解困難で多くの論争を巻き起こしてきた著作なのである。

中世哲学の中心的営為は、アリストテレスの著作への注解であり、そしてそういった注解の研究は、中世哲学研究の進展に伴って、二十世紀後半になると、着々と進んでいったが、『デ・アニマ』注解の研究はなかなか進まなかったのである。

能動知性という、アリストテレス哲学の中で難解かつ複雑な理論があることは研究者の間では周知のことで、それだけでも尻込みする正当な理由になるものであった。『デ・アニマ』は訳し方では『魂について』となるが、理性的霊魂、感覚的霊魂、植物的霊魂という三層構造からなる霊魂論は、古色蒼然にしてアナクロニズムであり、近世になって乗り越えられた典型的な理論であり、研究の意欲を駆り立てるものとは到底見えないのである。『デ・アニマ』の受容と継承に関わる思想史的研究は、いまだ不十分であるが、以上のような前景を見ると当然にも見える。

『デ・アニマ』は、霊魂論または心理学に属する本であるように思われる。アニマを霊魂・心と捉えれば、心理学に相当するものを期待するし、アニマを生命原理と考えれば、生命論か生物学を期待するであろう。しかし、『デ・アニマ』の内実は、認識論という整理が無難であろう。感覚認識と知性認識が扱われているからである。さらに限定すれば、認識能力論である、後代の言い方では能力心理学と言ってもよい。

まず感覚が外的感覚と内的感覚に分けられ、外的感覚は視覚・臭覚・味覚・聴覚・触覚と五つに分けられ、内的感覚は共通感覚、想像力、想像能力、評定力、記憶という五つに分けられるのだが、内的感覚は、アリストテレスの『デ・アニマ』には見出されないし、またイブン・シーナーの内的感覚論自体が複雑であり、そして、西洋中世においての理解の仕方も様々だったのである。

また、アラビア語の訳語についても少し述べておく必要がある。ギリシア語の用語が先ずあって、それがラテン語訳されても、アラビア語訳されても、ギリシア語を基礎にすればよいから話は簡単である。ところが、アラビア語独自の概念が出てきた場合、それをアラビア語を元にするのか、ラテン語を元にするのかで話が変わってくる。

たとえば、内的感覚においても、アラビア語のワフムは「表象力」と訳され、ラテン語では aestimativa で、「評定力、評価力」などと訳される。ラテン語はアラビア語用語の特定の面を訳しており、どうしても食い違いが出てくる。現象学で用いられる「志向」の原語となったものも、アラビア語では「マアナ」であるが、「観念」と訳される。それがラテン語では intentio と訳された。intentio と訳したのもそれが intendere（志向する）という意味を踏まえたのではなく、「概念、観念」の類似語で術語として定着していないものを選んだという側面が見られる。近世に入ると訳語選定の理由もまったく不明となって、推測的な語源解釈に基づいて「intentio は精神が対象を志向する（intendere）ためにそう呼ばれる」という解釈が登場するようになる。

ギリシア語とラテン語の対応については、これまでの長い慣習があるので、語形成における非対称性はあるとしても問題は多くない。ギリシア語の「ウーシア」が、substantia（実体）と essentia（本質）という意味上断絶した二つの語に訳し分けられる事態もあるにはしても、そういった食い違いは十三世紀において註釈によって想定内に含まれたのである。ところが、ラテン語とアラビア語の場合、アラビア語からラテン語への変換が中心的課題となって、両者に対して、中立的な日本語の訳語を考えようとすると、きわめて困難な事態が現れるのである。

ラテン語の訳語に準拠すると、アラビア語本文の訳としてはきわめて不自然な状況が生じたりする。その辺の調整は今後の検討課題であろう。ゴアションの『イブン・シーナー哲学用語辞典』や Avicenna Latinus の『形而上学』や『霊魂論』に付いているアラビア語ラテン語対応表はきわめて便利であり、そういった検討から、アラビア語とラテン語と日本語の対応表が今後作成されるべきであろう。
今回の解説では、ラテン語とアラビア語からの訳語が大きくずれる場合には、ラテン語に準拠し、その後に［ ］でアラビア語からの訳語を付するという便法を用いる。例えば「評定力［表象力］」というようにである。

二　イブン・シーナーと西洋中世

『魂について』の思想史的位置づけに入る前に、ラテン語への翻訳状況についても触れておきたい。十二世紀と十三世紀における西洋の文化的発展はギリシア語、アラビア語、ヘブライ語文献の翻訳によるところが大きいのだが、一つの場所で体系的になされたのではなく、数多くの場所で横へのつながりもなく散発的に蓄積されていったので、基本文献でありながらラテン語訳されたのが、近世に入ってからだったり、誤訳や省略による文章の歪曲など、複雑奇怪な状況がそこにはある。

グンディサリスヌとイブン・ダウードによるイブン・シーナー『魂について』のラテン語訳は五〇の写本として残っているが、そのうちの三五は十三世紀に作成されたものである。十四世紀には十四、十五世紀には一であるから、イブン・シーナーの霊魂論の西洋への影響は十三世紀に頂点に達し、しかも一二五〇年頃には衰え始める。一方、イブン・シーナーの存在論の方は、一二六〇年代以降になってやっと理解され始め、トマス・アクィナス、ガンのヘンリクス、ドゥンス・スコトゥスなどにおいて盛んに研究され、広がっていった。イブン・シーナーの霊魂論と存在論では、西洋における普及の時期がずれているのは興味深いことである。ここでは、霊魂論の影響に話を絞る。

アリストテレスの『デ・アニマ』は、ベネチアのヤコブスがギリシア語からラテン語に訳した。これは一二〇〇の写本が残っており、一二六〇―六九年にメルベケのグイレルムスによって訳された新訳から区別するために、古訳（translatio vetus）と呼ばれている。もう一つの訳があり、アラビア語訳のアリストテレス『デ・アニマ』とアヴェロエスの大注解をラテン語に訳したものである。またミカエル・スコトゥスによるものもある（一二二〇―三五年頃）。最も普及したのは、グイレルムスのものだが、十三世紀前半において普及していたのは、ベネチアのヤコブスによるものである。また、アヴェロエスによる大注釈のラテン語訳は、ミカエル・スコトゥスによるもので、一二二五―三五頃と推定されている。

イブン・シーナー『魂について』がラテン語訳されたのは、一一五二―一一六六年ごろである。その影響は、ドミニクス・グンディサリヌス『魂について』（一一七〇年頃）、ジョン・ブランド（一二〇〇年頃）、ルッペラのヨハネス『魂について』（一二三三―三五年頃）『霊魂論大全』（一二三五―三六年頃）、アルベルトゥス・マグヌス『人間論』（一二四二―四三年）などに見られる。

十三世紀前半のイブン・シーナー霊魂論の受容を見ると、いくつかの段階を設定できるが、まず重要なのは、十三世紀前半においては、アリストテレスとイブン・シーナーの見解が混同され、イブン・シーナーの考えがアリストテレスのものとして紹介されることが少なくなかったことだ。イブン・シーナーの霊魂論は、アリストテレスのそれへの注解ではなく、あくまでイブン・シーナーが記憶にとどめていたアリストテレスの霊魂論の説明であるのだが、西洋ではアリストテレス霊魂論の忠実な紹介と捉えられていたために、そういった誤解が生じた。このような混同は、アヴェロエスの注解が普及するにつれて、修正されていった。アリストテレスの霊魂論にはなくて、イブン・シーナーの霊魂論から附加された論点が何であるかを確認することが重要である。

アヴィセンナの『魂について』のラテン語訳は、アリストテレスやアヴェロエスの訳よりも早く、トレドで一一五二―六六年頃、ドミニクス・グンディサリヌスとイブン・ダウードの共訳によって成立したと考えられている。まずイブン・ダウードがアラビア語テキストを中世スペイン語に逐語訳し、それをドミニクス・グンディサリヌスがラテン語に逐語訳するという手法をとった。これは『形而上学』のラテン語訳にも当てはまる。その内容は広く伝わったが、直接その訳書が読まれるばかりでなく、解説書のようなものが広く読まれたのである。ルッペラのヨハネスの『魂について』は、アヴィセンナの『魂について』の影響を強く受け、アヴィセンナの著書の要約のような著作となっている。

アヴィセンナの『魂について』は、十二世紀末からすでに広く内容は知られ、大きな影響を及ぼしていたのである。例えば、グンディサリヌスは『魂について』をイブン・シーナー『魂について』の翻訳に先立って著している。それはイブン・シーナーの『魂について』をほぼイブン・シーナーの著作を要約紹介したものであった。アヴィセンナ『魂について』の翻訳は十二世紀に完了していたが、その内容が広く伝わり、影響を及ぼすようになるのは、十三世紀に入ってからである。

オーヴェルニュのグイレルムス（一一八〇頃―一二四九年）が『魂について』を書いたのは、一二三五―四〇年頃である。グイレルムスは、アヴィセンナの『形而上学』の方を主に用い、またアリストテレスの名の下にアヴィセンナを引用するなど、多少混乱はあるが、アヴィセンナを大幅に援用した最初の思想家であり、またアヴィセンナの霊魂論がキリスト教徒と対立することを主張したのも彼がほぼ最初である。特に能動知性を分離的なものとして捉えるアヴィセンナの理論はグイレルムスの何度も批判する論点となった。

ルッペラのヨハネス（?―一二四五年）は、『霊魂の諸能力の様々な分類について（*Tractatus de divisione multiplici potentiarum animae*）』（一二三二―三五年頃）、『霊魂論大全（*Summa de anima*）』（一二三五―三六年頃）という二つの霊魂論をまとめている。後者はボヴェのヴィンケンティウスの『自然の鏡（*Speculum naturale*）』のうちに大いに引用され、世に広く普及した。

またそれ以外にも、一二四〇年代初期にペトルス・ヒスパヌス『霊魂論問題集（*Questiones libri de anima*）』、同じペトルスによる『霊魂論（*Scientia libri de anima*）』（一二五〇―六〇年頃）、アルベルトゥス・マグヌスの『人間論』（一二四二―四三年）『魂について』（一二五四―五七年）、トマス・アクィナス『魂について』（一二六八年頃）など、霊魂論をめぐる著作が数多く書かれたのである。イブン・シーナー『形而上学』と『自然学』が論じられるのは、十三世紀後半になってからなので、イブン・シーナーの思想の受容についても、タイムラグを考えないといけないのである。

イブン・シーナーの霊魂論の受容について大まかな見通しをつけると、内的感覚の論点は若干の修正を受けて受容されたが、能動知性論は激しい批判を受けたのである。しかし同時にそこに含まれる可感的形象や可知的形象の理論への批判を通じて、抽象的認識や直感的認識の理論へと結実していったし、霊魂論ばかりでなく、認識論においても大きな基盤を提供したのである。

三　イブン・シーナーの霊魂論

イブン・シーナー『魂について』のなかには、その後の哲学史への影響において重要な論点がいくつもある。すぐに思いつくものを挙げても、空中人間論、内的感覚論、評定力、預言論、能動知性論などである。それらを一つ一つ説明する余裕はないし、それこそ本書の訳文を辿りながら、その内容を探ってほしい。ここでは、私の独断でいくつか論究しておく。

空中人間論は、自己意識を通して、霊魂の存在を証明しようとするもので、デカルトの「コギト・エルゴ・スム」の祖型と見なされるものである。想定がちょっと変わっている。人間が、空中に産み出されるという想定である。しかも、赤ん坊のようにではなく、大人の完全な身体を持ってなのだが、しかし頭、手、足、胴体がばらばらで、それぞれが衝突しないように産み出された時に、自分の目で、自分の胴体が飛んでくるのを目撃しても、「自分の胴体が飛んできた」と知覚できないが、しかしながら、自分は存在する、自分は自己意識として存在すると知ることができるという推論である。アヴィセンナの言葉は「自分の本質の存在（wujūd dhātihi）であるが、ここでの本質は霊魂・精神のことである。

預言の問題もイブン・シーナーにおいては重要な論点であり、独自性が見出されるが、ここでは本文と木下氏の解説にお任せして、内部感覚と評定力の問題、知性論の問題について触れておこう。

内的感覚論は、本訳書第四部第一章に詳しいが、アリストテレスには見出されず、イブン・シーナーにおいて独自の発展を遂げた理論である。内的感覚は、表現の仕方や用語は偏差はあっても、五つあるとするが、イブン・シーナー流であり、（1）共通感覚、（2）想像力、（3）想像能力、想像構成力、（4）評定力、（5）記憶力となる。内的感覚は、アリストテレスには見出されず、その後注釈者たちが共通感覚を中心に論じていた。しかし、イブン・シーナーへの系譜で重要なのは、ガレノスの系譜であり、そこで、脳の空腔の場所との関連で三分類論が展開されていたが、それを五分類することでアヴィセンナの内的感覚論の枠組みが成立したと考えられる。

ここで言われる共通感覚は、共通の感覚対象に対して一つの共通感覚があるようなものではなく、すべての感覚対象が受容される能力であり、受容するための場所となっている。十八世紀のスコットランド常識学派が読み込んだ「常識」という、複数の人間に共通するような感覚ではないし、中村雄二郎が読み込んだような社会的、またはコスミックな感覚がそこにあるわけではない。平明かつ平板な概念であり、特別な意味合いはない。

想像力と想像構成力は言葉においてばかりでなく、内容においても紛らわしく、注意が必要である。イブン・シーナー自身、自分が両者を区別する学派に属することを述べているが、両者は機能的には明確に異なる。想像構成力は、感覚対象を組み合わせたり分離したりする能力である。人間においては、思考能力に対応し、比較したり、複合・分割する能力である。名辞と名辞を結びつけて、命題を構成する能力である。動物では、そういった命題を構成する能力はないが、共通感覚に与えられた感覚与件を、個別的な感覚に配分し、分割するのではなく、取りまとめるのである。その意味で、共通感覚と想像力は連続しており、共通感覚が、あらゆる感覚可能なものの形相を把握（apprehendere）するのに対し、想像力はその形相を保持すると整理される。

なお、トマス・アクィナスは、想像力と想像構成力の区別を必要ないとしている。これらの能力を表象力（phantasia）または想像力（imaginatio）としてまとめている。その結果、トマスにおいては、内的感覚は四つとなる。想像能力は、そういった形相を合成したり、分割することで、所与の形相を変形（transformatio）するものである。それは、夢においても現れるばかりでなく、覚醒中にも生じる。

評定力は、便宜や有用性や害悪といった、感覚される観念（intentio）には含まれないものが伴う感覚である。羊が狼のやってくるのを見て逃げるのは、色や形の醜さといったように感覚与件の中にある快苦によるのではなく、本性的な敵であるためだ。また鳥が藁を集めるのは、藁が感覚を喜ばせるからではなく、巣を作るのに役立つからである。そういった観念（intentio）には含まれないものを自然本性によって察知するのが評定力なのである。その詳しい機序は示されていないが、後にマルブランシュの自然的判断論につながる重要な論点を含んでいる。

四　能動知性論

能動知性は、アリストテレス『デ・アニマ』第三巻第五章を問題の淵源とする難解な問題群である。訳すのが難しい箇所だが試訳を挙げておく。

自然界全体には、各種別ごとに、一方では質料（例えば可能的にはすべてのものであるもの）と、他方ではそれらすべてを作るという意味で始動因となる何か別のもの（例えば、材料との関係における技術）があるように、霊魂の領域においてもこの区別が存在しなければならない。

一つの知性はすべてのものになるようなもの、他の知性はそれらすべてをつくるようなもの、光のような一種の積極的な状態である。というのは、ある意味では光もまた、可能態にある色を現実態にある色にするからである。この知性は、本質において現実態であって、分離されうるものであり、作用を受けないもので、純粋である。というのは、作用するものは、作用を受けるものよりもつねに貴く、また、作用する原理は質料よりも貴いからである。

ところで、現実態にある知性作用は、知性対象と同一である。が、可能態にある知性作用は、ひとりの人間においては、時間的にはより先なるものである。しかし、人類全体としては、時間的にも、より先なるものではなく、あるときには思惟し、あるときには思惟しないということがない。

　知性は、分離されているときには、ただまさにそれであるところのものであり、そしてそれだけが不死で永遠である。しかし、私たちに、その記憶がないのは、そちらは作用を受けることのないものだからであり、作用を受ける知性の方は可滅的だからである。そして、この知性がなくては、何ものも思惟しないのである。


（アリストテレス『デ・アニマ』第三巻第五章）


ここには能動知性に関する議論が詰めこまれている重要な箇所である。しかしあまりにも短く十分に展開されているとは言えない。彼の弟子であるテオフラストスもこの箇所の意味については当惑せざるを得ないほどだったのである。

　霊魂のうちに能動的な部分と受動的な部分がある、というアリストテレスの不用意な言葉は後に大きな論争の源泉となった。「能動知性」という表現は、アリストテレスの言葉ではなく、この文章を注釈してアフロディシアスのアレクサンドロスが初めて用いたものである。ここでもその用語法を用いる。

　この箇所については、テミスティオスの説明と、アレクサンドロスの解釈が代表的なものとなる。前者は、能動知性が各人に備わっていることを示す内在的立場であり、後者は能動知性が個人から超越・離在して存在し、神と同一視される立場と整理される。

　『デ・アニマ』の当該箇所では、能動知性は霊魂の一部であるように読めるが、『霊魂生成論』においては、能動知性は神的なもので外から入り込むものであると述べられている。

アレクサンドロスは、能動知性ということで、個々の霊魂に作用する外的実体ないし力と捉えた。そして、この力を、神の力と同定し、質料と見なされる人間の霊魂を現実化するものと考えた。新プラトン主義者の方は、能動知性を、神から流出して人間の霊魂に溢れだし、それを満たすものと解釈した。

アレクサンドロスは、学習の段階を設定し、（1）何も書き込まれておらず、これからあらゆるものを知ることが可能なものとしての知性、（2）学びつつある知性、（3）学び終え知を獲得している知性、（4）獲得した知を現実に行使している知性というように並べる。そしてそれらを、（1）質料的知性、（2）資質態の知性［常態的知性］、（3）現実的知性、（4）獲得的知性と呼んでいる。

このアレクサンドロスの四段階論がラテン語訳されて『知性論（*De intellectu*）』となり、それを通してラテン中世に広がることになった。この四段階論は、ファーラービーにも継承されることになる。

細部はともかくここで大事なのは、「獲得知性」こそ、あらゆる知性対象によって知性が到達した最高にして完成した状態ということだ。この階梯は、ファーラービーにも継承される。ファーラービーにおいては、この獲得知性に到達した状態は、能動知性が人間霊魂と合体した状態と記述されている。それは能動知性が流出を生み出し、人間を哲学者に転換させることによって可能となるのである。

イブン・シーナーも基本的にファーラービーの霊魂論の枠組みを受容し、それを発展させた。ただ、霊魂の不死性について両者の見解は一致しない。ファーラービーにとって、霊魂が不死性に到達するのは、獲得知性の段階に到達ししてからであり、能動知性こそ、この最終段階に至るための条件なのである。しかし、イブン・シーナーにとって霊魂の不死性はその完成への到達とは無関係にあり、本質そのものによって不死なのである。

イブン・シーナーの不死性に関する議論は激しい論争の的となった。そこに立ち入ることはできないが、イブン・シーナーは不死性の条件として、知性的認識だけで十分なのかを考えていたことはあり得ると思われる。実践知性における完成なしに、霊魂の不死性を語ることはためらわれたのであろう。そのことと本質によって不死であるということが論理的に対立するのか、考えなければならないが、対立しない枠組みを考えることは難しくはないだろう。

また、イブン・シーナーの預言の理論もこの能動知性を結びついていることは触れておいた方がよいだろう。霊魂が能動知性と合一することを習慣化している場合には、その知性は「聖なる知性」と言われるものであり、霊魂が能動知性と合一している状態において預言が成立するのである。

後にアヴェロエスがイブン・シーナーの霊魂論や知性論を批判することになるが、その辺はリーマン『イスラム哲学への扉』が分かりやすい枠組みを提供している。

五　イブン・シーナーの能動知性論その後

さて、イブン・シーナーの霊魂論は、その『魂について』の翻訳によっても広がっていったが、同時にその要約であるグンディサリヌスの『魂について』（一一二六―五〇年）によっても広がっていった。

オーヴェルニュのグイレルムスもルッペラのヨハネスも、イブン・シーナーの能動知性論を批判的に受容したが、さらに強い批判は、アルベルトゥス・マグヌスとトマス・アクィナスにおいて見られる。

オーヴェルニュのグイレルムスは、アヴィセンナの霊魂論をかなり詳しく説明し、アリストテレスの霊魂論の解説としてかなり多くの理論や分類を受容している。内部感覚論、知性分類論においても多くを取り入れている。

しかしながら、能動知性論については、何度も議論を繰り返し論じながら、そのようなものがないことをしつこく論じていている。キリスト教と両立しがたいことを見ぬいていたためであろう。

ルッペラのヨハネスは、能動知性を排除することはしないが、それを離在したものとは考えない。彼の考えでは、能動知性は精神の最上の部分（suprema pars animae）なのである。それは可知的なものを認識するための光であり、内在しているのだが、至高なる可知性を認識することはできず、神によって照明されるしかないとヨハネスは考える。ここには、アヴィセンナの理論とアウグスティヌスの照明説の両者が融合してみられ、「アヴィセンナ化するアウグスティヌス主義」と呼ぶのに相応しい理論が見られる。

アルベルトゥス・マグヌスとトマス・アクィナスは、能動知性についてはほぼ同じ立場に立つ。アルベルトゥスは離在的で唯一の能動知性という説を、まったく不合理で最悪の誤謬として批判した。能動知性も可能知性も霊魂に固有な能力であり、内在するものなのである。

トマス・アクィナスは、能動知性に関する内在論者である。既にオーヴェルニュのグイレルムスがアヴィセンナの能動知性論を激しく批判していた。グイレルムスは能動知性の存在そのものを認めない。トマスは、能動知性の必要性は認める。トマスは認識については抽象説をとり、質料のうちにおける形相は現実的に可知的なものではなく形相をその質料的条件から切り離して取り出す、抽象（abstractio）の働きが必要であると論じる。この抽象の働きをなすものこそ能動知性なのである。色が可視的なものでありながら、それが視覚にとって現実に可知的なものになるには、光が必要とされる。質料のうちにあるものはそれ自体では可能的に認識対象であるのでしかなくて、知性の対象についても、それが現実的に可知的になるには能動知性が必要であり、そしてそれは離在的なものではなく、内在的なものであるというのは成り立つ考えである。

トマスは、そういた能動知性を魂に属する能力であるとする。能動知性は抽象するということもできるが、光と類比的に表象像（phantasma）を照明する（illustrare）ことで、表象像を現実的に可知的たらしめると言うこともできる。トマスは、こういった人間の知性認識とは別の場面で、離在的な能動知性が存在することを認める。天使が存在して構わないからである。しかしながら、人間魂のうちに上位のこうした知性から分与された力があって、人間の魂はこの力によって可知的なものを現実的に可知的たらしめるのであると考える。もし能動知性が離在的なものであるとすると、あらゆる人間に一つの能動知性しか存在しないことになるはずだが、トマスは能動知性を一つと捉える立場、つまりアヴェロエス主義を徹底的に批判する。能動知性の離在性と能動知性の唯一性は論理的に結びつき、トマスはそこにも問題を認める。

十三世紀後半のスコラ哲学は、アヴェロエス主義批判を一つの眼目にしていた。トマスによる徹底的批判と、一二七〇年と一二七七年、二度に及ぶタンピエの弾圧によって、能動知性をめぐる論争は収束に向かう。

能動知性に関する議論は、魂に関する問題ということにとどまっていたわけではない。能動知性が光であるということは単なる比喩としてのみ受け取られるべきではない。可視的なものを実際に見られたものにするのに光が必要であるように、可知的なものを実際に知られるようにするものの探究とは、認識の可能性の条件を問うことでもある。能動知性の離在性と内在性をめぐる論点は、認識を可能ならしめる条件が、経験の中にあるのか、経験の中にないとすれば、「中にない」ということがどのように仕方であるのか、単に外的条件ということなのか、別のことなのか、という超越論的な問題設定に結びつくものでもある。そして、能動知性が光であるとしても、内なる光として考えられれば、能動知性を離在させる必要はなくなる。内なる光を自然の光とし、それを理性と同定するのが近世の哲学の一つの流れであった。そういった存在をめぐる基本的枠組みをめぐる議論（特に超越概念をめぐる議論）はイブン・シーナーが自覚的に取り組んだ課題であったし、それが十三世紀後半のスコラ哲学存在論の大きな問題となった。それがドゥンス・スコトゥス存在一義性の問題に結びつく。能動知性の問題も十三世紀後半にいったん収束するように見えて、認識の可能性を問う問題として、直感的認識の問題などに継承され、近世にまで連なっていくのである。

今回、木下雄介氏が独力でイブン・シーナー『治癒の書』の『魂について』の部分を日本語に訳したことは画期的なことである。東京大学の竹下政孝教授にもご相談したところ、きわめて正確な訳文であるとのお墨付きを得ることができた。ラテン語訳されたイブン・シーナーを翻訳した場合と、アリストテレスのギリシア語からの訳語との対比など、検討すべき課題はあるとしても、それは今後の課題である。木下氏の練り抜かれた訳文は、本邦のイブン・シーナー研究において大きな一歩であるのみならず、私が長年夢見てきた、西洋中世とイスラーム哲学との両輪を踏まえた、中世哲学研究が実質的に進められる第一歩となるものである。大いに慶賀したい。

参考文献

Davidson, H. A., *Alfarabi, Avicenna, and Averroes, on Intellect*, Oxford UP, 1992.
Hasse, D. N., *Avicenna's De Anima in the latin West*. The Warburg Institute, 2000.
Jean de la Rochelle, *Summa de anima*, ed. by J. G. Bougerol, J. Vrin, 1995.
Sorabji, Richard (ed.), *The Philosophy of the Commentators 200–600AD*, 3 vols, Cornell UP, 2004–5.
William of Auvergne, *The Soul*, tr. by R. J. Teske, Marquette UP, 2000.

アリストテレス『魂について』（中畑正志訳）、京都大学学術出版会、二〇〇一年
アリストテレス『心とは何か』（桑子敏雄訳）、講談社学術文庫、一九九九年
マレンボン、ジョン『後期中世の哲学一一五〇―一三五〇』（加藤雅人訳）、勁草書房、一九八九年
リーマン、オリヴァー『イスラム哲学への扉』（中村廣治郎訳）、ちくま学芸文庫、二〇〇二年

川添信介『水とワイン――西洋十三世紀における哲学の諸概念』、京都大学学術出版会、二〇〇五年
木下雄介「イブン・シーナーの魂論」（『イスラーム哲学とキリスト教中世　Ⅰ理論哲学』岩波書店、二〇一一年）所収
竹下政孝・山内志朗編『イスラーム哲学とキリスト教中世』（全三巻）、岩波書店、二〇一一―二〇一二年
中畑正志『魂の変容――心的基礎概念の歴史的構成』岩波書店、二〇一一年
中畑正志「アリストテレス『魂について』をめぐる註解者たちの議論」（『イスラーム哲学とキリスト教中世　Ⅰ理論哲学』所収）、二〇一一年
山内志朗「アヴィケンナの存在論との関連から見た、スコトゥスの個体化論」、『中世思想研究』第四〇号、一九九八年
山内志朗「ドゥンス・スコトゥスの存在の一義性とアヴィケンナの影響」、『哲学雑誌』第七八五号、一九九八年
山内志朗「ドゥンス・スコトゥスとイスラーム哲学」、『大航海』六二号、二〇〇七年
山内志朗「イスラム哲学と西洋中世哲学との媒介としての普遍論争」、『哲学』第六〇号、二〇〇八年
山内志朗「レオ・シュトラウスとイスラーム政治思想」、『思想』一〇一四号、二〇〇八年
山内志朗『普遍論争――近代の源流としての』、哲学書房、一九九二年、平凡社、二〇〇八年

目次

凡例 …… v
解説 …… 山内志朗 vii
〔序文〕 …… 三

第一部（全五章）

第一章 魂の確立と魂であるかぎりにおける魂の定義 …… 九
第二章 古人たちが魂と魂の実体について述べたことの記述とその論破 …… 二三
第三章 魂が実体のカテゴリーに入ること …… 三六
第四章 魂の諸作用の相違が魂の諸能力の相違によるものであることの説明 …… 四二
第五章 魂の諸能力の分類列挙 …… 四九

第二部（全五章）

第一章 植物的魂に関係のある諸能力の確認 …… 六五

第二章　我々にそなわる各種の知覚作用の確認……七二
第三章　触覚について……八三
第四章　味覚と嗅覚について……九二
第五章　聴覚について……九九

第三部　視覚（全八章）

第一章　光、透明体、色彩……一一一
第二章　明るみは物体ではなく物体に生じる質であること、また明るみと光線にかんする諸説と疑問……一一六
第三章　これらの謬説の完全な矛盾、なぜなら明るみは鮮やかな色彩とは別のものである、また透明体と輝くものについての議論……一二三
第四章　色彩とその発生について述べられた諸説の検討……一三〇
第五章　見るはたらきにかんする諸説の相違と謬説そのものにおける謬説の論破……一三九
第六章　彼らの教説をその教説に述べられた事柄によって論破する……一五四
第七章　彼らがもたらした疑問点の解決、そして透明体と光沢のあるものに対する配置がさまざまに異なる視覚対象にかんする議論の締めくくり……一六七
第八章　一つのものが二つのものに見える理由……一七七

第四部　内部感覚（全四章）

第一章　動物にそなわる内部感覚の概説……一九一
第二章　これらの内部感覚に属する形相化能力と思考能力の諸作用、および眠りと覚醒、正夢と逆夢、ある種の預言者的諸特性の議論……一九八
第三章　想起能力と表象能力の諸作用、またこれらすべての能力の作用が物質的な器官によるものであること……二一二
第四章　運動能力のありさまとそれに結びついた預言者性の一種について……二二四

第五部　（全八章）

第一章　人間にそなわる能動作用と受動作用の諸特性、および人間的魂にそなわる思弁と実践の諸能力の説明……二三五
第二章　理性的魂が物質的素材に押印されずに存立することの確立……二四三
第三章　この章は二つの問いを含み、その一つは人間的魂はどのように諸感覚を利用するかということ、第二の問いは魂の発生の確立である……二五六
第四章　人間的魂は滅びることも輪廻することもない……二六二

第五章　我々の魂に作用する能動知性と我々の魂から作用をこうむる受動知性……二七〇
第六章　知性の作用の諸段階と魂の最高段階である聖なる知性……二七六
第七章　魂とその諸作用、魂が一であるか多であるかについて、古人たちから伝えられた教説の列挙、それらについての真実の説の確認……二八八
第八章　魂にそなわる諸器官の解明……三〇三
訳者あとがき……三二一
諸版対照表……19
索　引……1

慈悲深く慈愛あまねき神の御名において

魂について

治癒の書　自然学第六篇

第一篇において、我々は自然学の一般的な事柄にかんする議論を完了し、それに続けて、第二篇では、天、世界(1)、物体、形相(2)、そして自然の世界における第一の諸運動の認識を扱うとともに、不滅の物体と衰滅する物体の諸状態を確かめ、それに続けて、生成と衰滅、その諸要素(3)を議論し、さらにそれに続けて、もろもろの第一の質(4)の能動作用と受動作用、それらから生じるもろもろの混合物を議論した。生成するものについて論じることが残っていたが、鉱物や、感覚も意志的運動ももたないものは、そのなかでもっとも古く、生成において諸元素にもっとも近いため、我々は第五篇においてそれらを論じた。 1.4/1.4

自然学(5)でまだ残っているのは、植物と動物にかんする事柄の考察である。植物と動物は、形相すなわち魂と、素材(6)すなわち身体および諸器官から本質が実体化したものであり、また物事の知識として第一義的なものは形相の観点からのものであるから、まず最初に魂を論じようと我々は考えたが、魂一般の知識を切り捨てて、まず植物的魂と植物、次に動物的魂と動物、その次に人間的魂と人間を論じようとは考えなかった。二つの理由があっ 1.11/1.11

(1) 月下界のこと。イブン・シーナーは、プトレマイオス説に依拠して、宇宙を、至高天、恒星天、土星天、木星天、火星天、太陽天、金星天、水星天、月天、そして月下界という十の天圏（falak; pl. aflāk）または天球（kurrah; pl. kurrāt）に分かち、それぞれの天圏を一対の知性と魂が支配すると考えていた。月下界の直接の創造者であり支配者である知性は、能動知性（al-ʿaql al-faʿʿāl）または形相授与者（wāhib al-ṣuwar）と呼ばれる。

(2) 形相の原語（ṣūrah; pl. ṣuwar）は「形」を意味する普通の名詞だが、素材（または質料）と相関的に用いられ、あるいは何らかの抽象性が含意されているとき、これを形相と訳す。ただし、もともと同じ語なので、区別が困難なことも多い。

(3) 要素（isṭaqis; pl. isṭaqisāt）は、すぐ後に出てくる元素（ʿunṣr; pl. ʿanāṣir）の同義語として使われることも多いが、火、空気、水、地の四元素を表す後者と区別して、広く合成体の要素を表すのに用いられることもある。

(4) 質（kayfiyah; pl. kayfiyāt）は、疑問詞「どのように」（kayfa）から作られた名詞で、いわば「どのようにあるか性」を表す。ラテン語訳では qualitas。

(5) カイロ版・バコシュ版の al-ʿilm *al-ṭabīʿī* による。ラフマーン版は al-ʿilm（この学）とする。

(6) 素材（māddah; pl. mawādd）は「材料」を表すふつうの名詞。他にギリシア語を音写した hayūlā があり、こちらは「質料」と訳したが、第一質料を指す場合を除くと、とくに区別せずに用いられている。

たからこそ、そうはしなかったのであり、理由の一つは、こういう切り捨てが、部分々々が関連しあっている魂の知識を把握しにくくするものの一つであること、第二の理由は、植物が、生長、摂食、生殖の作用をそなえた魂をもつという点で、動物と共通していることである。もちろん植物は、植物という類に特有の、そしてそのもろもろの種に特有の魂の諸能力によって、動物とは区別されなければならないが、植物の魂にかんして我々に議論できるのは、植物が動物と共有しているものであり、我々には、この類的な観念を植物において種に分割する種差がよく分かっていない。こういう次第であるから、考察のこの部分は、動物の議論であるよりも、むしろ植物の議論であることに強い関係をもつということにはならない、というのも動物のこの魂に対する関係は、植物のこの魂に対する関係にひとしいから。人間および他の動物との関係における動物的魂のありようも、これと同様である。

我々は、植物的魂と動物的魂について、もっぱら、それが共通のものであるかぎりにおいて論じようと思ったのであり、特殊なものの知識は、共通するものの知識の後にしか生じない。また、あれこれの魂、あれこれの植物、あれこれの動物にそなわる本質的な種差は、それに取り組むのが我々には困難なので、ほとんど取り組まなかった。そこで、いちばんいいのは、一つの巻で魂について論じ、しかるのちに、もし我々に植物と動物を特殊的に論じるのが可能であれば、そうすることである。そのことで我々に可能なことのほとんどは、動植物の身体、および動植物の身体的諸作用の諸特性に結びついている。魂について学ぶのを先にして身体について学ぶのを後にする方が、身体について学ぶのを先にして魂について学ぶのを後にするより、教育においては正しい道であり、というのも魂の認識が身体の諸状態の認識にもたらす助力の方が、どちらも相手の助けになるとはいえ、身体の認識が魂の諸状態の認識にもたらす助力よりも大きい。両端の一方をかならず先にしなければならないわけではないが、我々としては、我々がはっきりと述べた[7]口実のゆえに、魂についての議論を先にする方を好む。この順序を変えたい者は、そのようにしても我々から論難を受けることはない。

これが第六篇であり、これに続けて、第七篇では植物のありさまを考察し、第八篇では動物のありさまを考察し、そこで我々は自然学を締めくくる。それに続けて四篇にわたって数学[8]を扱い、それらすべての後に神的な学[9]を置き、いくばくかの倫理学をもって補遺とし、それによって我々はこの書を締めくくる[10]。

3.9/2.19

（7） ラフマーン版の *ablaynā-hu* による。カイロ版・バコシュ版は *aʿlaynā-hu*（強調した）とする。

（8） 代数学、幾何学、天文学と音楽からなる。

（9） 存在としての存在を扱う形而上学のこと。神的な学（al-ʿilm al-ilāhī）と呼ばれるのは、そこに必然的存在者たる神にかんする議論が含まれるからだが、第一哲学（al-falsafat al-ūlá）、叡知（ḥikmah）と称されることも多い。

（10） 倫理学は『治癒の書』の独立の巻として書かれることはなく、『形而上学』のなかでかんたんに扱われるにとどまった。

第一部　（全五章）

第一章　魂の確立と魂であるかぎりにおける魂の定義

4.4/5.3 我々は述べるが、まず最初に論じなければならないのは、魂と呼ばれるものの存在の確立であり、次に我々は、そこから帰結することについて論じる。そこで我々は述べるが、感覚し、意志によって動く物体を我々は目撃することがある、それどころか摂食し、生長し、自分に似たものを産む物体を目撃するが、こういうことは、その物体性ゆえに物体にそなわるのではない。すると残るのは、物体そのもののなかに、その物体性とは別に、そういうことの原理とこれらの作用がそこから発出するところのものがあることである。要するに、意志を欠いた一様なものにあらざる諸作用の発出の原理であるものを、我々はどれもみな魂と呼んでいるが、この語がこのものを指す名詞であるのは、その実体についてではなく、それにそなわる何らかの関係性の面から、すなわち、それがこれらの作用の原理であるという面からのことであり、それの実体とそれが収まる範疇を、我々は後ほど探求する。

4.13/5.11 とはいえ、いまのところ我々は、我々が言及したものの原理であるものの存在を確立し、それが何らかの偶有性をもつという面から、何らかのものの存在を確立したにすぎないが、我々はそれにそなわるこの偶有から出発して[1]、それの何であるか性[2]を知るために、その本質[3]を確かめるところまで行かなければならない。これはちょうど、運動するものに何らかの動かすものがあるのを認識していても、そこからして我々が、この動かすものそれ自体が何であるかを知っていることにはならないのと同じである。

そこで我々は述べるが、もし、それに魂が存在するのが見てとれるものが物体であって、植物であり動物であるかぎりにおけるその存在が、それにこれが存在することによってしか完全にならないなら、このものはその存立の一部分である。存立の諸部分は、いくつかの箇所で君が学んだように、二つの区分に分かれ、一つの部分は、それによって何かがそれが現実態においてそうあるものになるもの、もう一つの部分は、それによって何かがそれが可能態においてそうあるものになるものであり、それというのも後者は基体に相当する。そこでもし魂が第二の区分に属すなら、身体がその部分に属することに疑問の余地はないから、動物と植物は、身体によっても魂によっても、動物や植物として完全にはならないことになり、我々が述べた理由によって、現実態にある原理である別の完成が必要になる。ところで、それが魂であり、我々が論じている当のものなのである。いやむしろ魂は、それによって植物と動物が現実態において植物や動物になるものでなければならない。もしそれも物体であるなら、その物体の形相が我々が述べたものであることになる。もしそれが何らかの形相をともなった物体であるなら、それは、物体であるかぎりにおいてその原理であるのではなく、それが原理であるのは、その形相の側でのこと、あれらの状態は、この物体を介してではあっても、形相それ自体から発出していることになる。すると第一の原理はこの形相であり、その作用の第一のものはこの物体の媒介によるものであるが、この物体は、動物という物体の一部分でありながら、原理がそれに結びつく第一の部分であることになる。ところがそれは、物体である以上、基体全体の一部にすぎない。

すると明らかに、魂そのものは物体ではなく、動物と植物の一部分であり、形相あるいは形相のようなもの、あるいは完成のようなものである。さて、我々は述べるが、魂を、そこから発出する諸作用との関係において能力と呼ぶのは正しいことであり、同様にして、それが受け入れる感覚され知解される形相との関係において別の意味で可能態と呼ぶこともできる。魂がそれに宿り、それと魂とから植物あるいは動物の実体[9]がとりまとめられる素材との関係で形相と呼ぶのも正しいし、また高低さまざまな種のあいだで、実現された一つの種として類が魂によって完成されるということから、魂を完成と呼ぶのも正しい、なぜなら類の本性は、それに関係づけられる単純あるいは単純ならざる種差の本性がそれを実現しないかぎりは不完全かつ無限定であり、種差が関係づけられると種は完成する。種差は種としての種の完成であるが、あらゆる種が単純な種差をもつわけではなく、そのことは君もすでに学んでいる。いやむしろ単純な種差は、その本質が素材と形相から合成される種だけにそなわり、そういう種の形相は、それがその完成であるところのものの単純な種差なのである。

さらに、すべての形相は完成であるが、すべての完成が形相であるわけではない、というのも王は都市の完成

（1）偶有性（ʿaraḍ; pl. aʿrāḍ）と偶有（ʿāriḍ; pl. ʿawāriḍ）はともに「たまたま生じる・偶成する」を意味する動詞 ʿaraḍa から派生したことばで、前者がいわば術語として用いられるのに対して、後者は広く「偶成するもの」を表す能動分詞が名詞的に用いられたものだが、ほとんど区別なしに使われているように思われる。

（2）何であるか性（māhīyah）は疑問文「それは何か」（mā huwa）から作られた抽象名詞、ラテン語訳では quidditas となる（cf. Soheil M. Afnan. *Philosophical Terminology in Arabic and Persian.* Brill, Leiden, 1964, p. 117–120）。

（3）本質（ḏāt; pl. ḏawāt）は「まさにそれがそれであるところのもの」という意味ではラテン語の essentia に相当するが、「それ自体」ということの語の一般的な用法も本書中に頻出する。

（4）存立（qiwām）は主に「（本質）構成」と「存続」の二つの意味に用いられるが、もともと動詞「まっすぐに立つ」（qāma）から派生した語であることから、「存立」の訳語をあてる。同じ語根の「存立している」（qāʾim）、「存立させる」（qawwama）なども同様。

（5）「現実態」の原語 fiʿl は「作用」「行為」「活動」も表す。

（6）この「可能態」も、すぐ後に出てくる「能力」も、アラビア語では qūwah という同一の語で表される。

（7）カイロ版・バコシュ版の *id* huwa による。ラフマーン版は *wa*-huwa（そしてこれは）とする。

（8）完成（kamāl）はアリストテレス哲学のエンテレケイアに相当する。動詞「完成する」（istakmala）の形でも用いられる。

（9）カイロ版・バコシュ版の ǧawhar による。ラフマーン版は ǧawhar *māddī*（素材的実体）とする。

であり、船長は船の完成であるが、王や船長は都市や船の形相ではない。完成は完成でも本質において離在的なものは、実際には、素材にそなわり素材のなかにある形相ではない。というのも素材のなかにある形相とは、素材に押印され、素材によって存立する形相のことだからであるが、ただし合意が成立して、種の完成は種の形相と呼ばれることになっている。実際、すでに合意[10]が定着しているように、このものは素材との関係では形相、全体との関係では目的および完成、運動との関係では能動的原理であり動かす能力である。それがそうである以上、形相は、形相によって実現する実体そのものからは遠い何かとの関係、実現する実体が、それがそれによって可能態においてそうあるものになるところの何かとの関係、諸作用がそれに関係づけられることのない何かとの関係を要請するが、その何かは素材であり、なぜなら形相は、それが素材に存在するという点において形相なのである。ところが完成は、諸作用がそこから発出する完全なものとの関係を要請する、なぜなら完成は、それと種とのかかわりに応じて完成なのであるから。

このことから明らかであるように、我々が魂を説明して魂は完成であると言えば、それは魂の観念をよりよく示すことになり、魂のすべての種をあらゆる点において包含し、素材から離在する魂[11]がそこから除外されることもない。さらにまた我々が魂は完成であると言うなら、能力であると言うよりも適切であり、それがなぜかといえば、魂から発出する事柄のなかには運動の領域に属すものがあり、またそのなかには感覚作用と知覚の領域に属すものもある。知覚作用は、作用原理ではなく受容原理である能力をもつものとして魂にそなわるべきであり、運動は、受容原理ではなく作用原理である能力をもつものとして魂にそなわるべきであるが、魂にその能力があるからといって、この二つの一方が、他方よりも相応しいものとして魂に関係づけられることはない。魂が能力と言われ、それによってこの二つが両方とも意味されるなら、それは名詞の多義性によるものであり[12]、魂が能力と言われ、この二つの側面の一方に限定されるなら、我々が述べたことと他のことがそこから生じる。他のこととは、絶対的に魂であるかぎりにおける魂の本質を示すものをこれが包含しておらず、ある特定の観点からのものでしかないこと、論理学の諸巻において我々が説明したように、これは良いことでも正しいことでもない。さらに、我々が完成と言うとき、その完成は二つの意味を含む、というのも魂は、動物の知覚作用がそれによって完成される能力の面において完成であるとともに、動物の諸活動がそこから発出する能力の面においても完成であり、また離在的な魂も完成であれば、離在しない魂も完成である。とはいえ、我々が完成と言っても、そのことから魂が実体であるか、実体でないかはまだ分からない。というのも完成の意味は、それが存在することによって、動物が現実態で動物になり、植物が現実態で植物になることであるが、このことからは、それが実体であるか、実体でないかはまだ了解されない。それでも我々に言わせるなら、これが、基体がそれによって実体になるという意味での実体でも、また合成体[13]がそれによって実体になるという意味での実体でもないことには何の疑問もない。

そこで、形相という意味での実体であるが、それを考察することにしよう。誰かがこう言ったとする、私は魂のことを実体と言うが、それによって私は形相を意味しているのであって、形相よりも広い意味をそれによって意味しているのではなく、実体であるという意味は、形相であるという意味なのである、と。これは多くの人が述べたことであるが、彼らと検討や論争をする余地はまったくない、というのも魂は実体であると彼らが言う意

(10) 合意（iṣṭilāḥ）は、直前に「合意が成立する」と訳した動詞 iṣ-ṭalaḥa の動名詞。ものの呼び方にかんする合意をとくに意味することから、術語（化）を含意する。
(11) 諸天球の魂を指す。
(12) 多義性（ištirāk）は「共有」を意味する動名詞で、ことばについては、複数の語義に共有された状態を表す。
(13) 合成体（murakkab; murakkabāt）は、素材と形相からなるもののこと。

味は、魂は形相であるということ、いやそれどころか、形相は実体であると彼らが言うのは、形相は形相である、あるいは形態であると言うようなもの、また人間は人間である、あるいはヒトであると言っているようなもので、これではたわごとである。(14)もし形相によって、まったく基体のなかにないもの、すなわち、いかなる点においても、我々が君に対して基体と呼んできたもののなかに存立するのがまったく見られないものが意味されるなら、すべての完成が実体であることにはならない。というのも完成の多くはもちろん基体のなかにある。それら多くのものが、合成体との関係において、合成体のなかにあるかぎりにおいて、基体のなかにないとしても、それが合成体の部分であるために、基体のなかにあることができないわけではなく、また基体のなかにあるもののようにではなく合成体のなかにあることが、彼らの一部がそう考えたように、それを実体にするわけでもない。なぜなら実体が、基体のなかにありながら何ものとも関係をもたないものであることはなく、したがって事物が基体のなかにありながら、その事物のなかにないものの面において実体であることもない。いやむしろ事物が実体であるのは、基体のなかにありながら、いかなる事物のなかにもないときにかぎられるが、この観念は、実体が基体ではなく何らかの事物のなかに存在することを排除しない。というのも、そういうことが、あらゆる事物との関係において実体にともなうわけではなく、したがって基体のなかに存在するようにではなしに実体がそのなかにある事物に実体が関係づけられたからといって、他の事物との関係においては偶有性としてありながら実体であるということはなく、これは、その本質においてそれにともなう観点なのである。というのも事物の本質を君が熟視し、眺めても、それに基体がまったく見いだされないとき、その本質はそれ自体において実体である。そしてその本質が、事物が基体のなかに存在する仕方で一つの事物のなかに見いだされたあと、無数の事物のなかに見いだされ、しかし基体のなかには見いだされないなら、それはそれ自体において偶有性であるが、ある事物において偶有性でないからといって、その事物において実体であることにはならない。事物がある事物において偶有性ではなく、その事物において実体でもないというのはありうることであり、それは、事物がある事物においては一でも多でもなく、しかし事物それ自体は一あるいは多であることがありうるのと同じようなことである。また実体的なものと実体は同じではないし、[15]『イサゴーゲー』の偶有的なものの意味における偶有性は『カテゴリー論』の偶有性ではない[16]。我々はすでにこれらのことを論理学の学科において君に説明した。明らかに、魂が合成体のなかに部分としてあるからといって、魂の偶有的性質がなくなるわけではなく、魂は、それ自身においては、まったく基体のなかにないのでなければならないが、君はすでに基体が何であるかを学んでいる。もしあらゆる魂が基体のなかにではなしに存在するなら、あらゆる魂は実体である。もし何らかの魂がそれ自体によって存立し、他の魂がどれもみな質料のなかにあって基体のなかにないなら、あらゆる魂は実体である。もし何らかの魂が基体のなかに存立し、そればかりではなく合成体の部分であるなら、その魂は偶有性である。ところ

(14) カイロ版の wa（また、そして）による。ラフマーン版・バコシュ版には aw（あるいは）とある。

(15) イブン・シーナーの『治癒の書――カテゴリー論』には「事物のなかにある偶有性が、部分ではないものとしてではなく、部分としてあって、その事物を存立させるものであるなら、それはその事物において実体的であるが、実体ではない」とある（*Al-Madḫal*, p. 50）。

(16) 『イサゴーゲー』（*Īsāġūǧī*）は『治癒の書――入門』を指し、そこには、「一般的偶有性とは、本質によってではなく種によって異なる多くのものに対して言われるものであり、またそれは『白さ』ではなく『白いもの』のようなものである、この偶有性は、多くの人がそう考えているように、実体にひとしい偶有性であるわけではない」とある（*Al-Madḫal*, p. 85）。一方、『治癒の書――カテゴリー論』の偶有の定義は、「およそ基体のなかに存在するものはすべて、偶有と呼ばれるものである」（*Al-Maqūlāt*, p. 22）。さらに『定義』には、「偶有性は多義的な名詞であり、受容体（maḥall）のなかに存在するすべてのものに対して偶有性と言われ、基体のなかに存在するすべてのものに対して偶有性と言われ、また多くのものの述語になりながら本質を構成しない単独の一般的概念、すなわち偶有的な概念に対して偶有性と言われ……」（*Livre des définitions*, ed. tr. et annoté par A.-M. Goichon, L'Institut français d'archéologie orientale du Caire, Le Caire, 1963, §16）とある。

10.3/9.8

で、これらすべてが完成なのであって、魂が実体であるか実体でないかは、魂が完成であるという我々の措定からはまだ明らかになっていない。これだけのことで、魂を形相のような実体であると定めるのに十分だと考える者はまちがっている。

10.15/9.19 そこで我々は述べるが、いかなる説明と分析によって完成を分析して、魂は完成であると知ったにせよ、我々は、魂とその何であるか性はまだ知らず、魂であるかぎりにおける魂を知っているにすぎない。魂という名詞は、魂の実体についてではなく、魂が身体の統御者であり、身体と比較されるかぎりにおいて魂に適用される。それゆえ身体は魂の定義に、たとえば建造物が大工の定義に用いられるように用いられる——もっとも建造物は、人間であるかぎりにおける大工の定義には用いられないが。それゆえ魂の考察は自然学に属する、なぜなら魂であるかぎりにおける魂の考察は、素材および運動との結びつきがそれにそなわるかぎりにおける魂の考察なのである。いやむしろ魂の本質の認識には別の探究を捧げなければならない。もしこれによって我々が魂の本質を認識していたなら、どの範疇であれ、魂が収まる範疇に魂を収めるのは我々にとって難しいことではないであろう。というのも事物の本質を認識し理解した者の魂には、その事物にそなわる本質的なものの本性が示されるが、我々が論理学において明らかにしたように、それがその事物に存在することは彼にとって疑わしいことではない。

11.7/10.4 とはいえ、完成には第一の完成と第二の完成という二つの側面がある。第一の完成は、それによって種が現実態の種になるもの、たとえば剣にとっての形状のようなものである。第二の完成は、何かが種である結果として生じる事柄に含まれる能動作用や受動作用、たとえば剣にとっての切断、人間にとっての識別、熟慮、感覚作用、運動である。というのも、これらはまちがいなく種の完成ではあるが第一次的なものではない、というのも種は、それが現実態においてそうあるものになるために、これらの事柄が現実態でそれに実現することを必要としない。

いやむしろ、これらの事柄の原理が現実態で種に実現し、遠い可能態においてしか可能態になかったこれらの事柄が――遠い可能態が実際に可能態になるためには[17]、その前に何かが実現する必要がある――可能態において種にそなわったとき、そのとき動物は現実態の動物になるのであり、魂は第一の完成である。完成が何かの完成であるからには、魂は何かの完成であり、この何かは物体であるが、君が論証学の学科で学んだように、この物体は、素材的な意味ではなく類的な意味で捉えられなければならない[18]。また魂がその完成であるところのこの物体は、任意の物体ではない、というのも魂は、寝台や椅子などのような人工物体の完成ではなく自然的物体の完成であり、しかも任意の自然的物体の完成ではない。魂は、火の完成でも地の完成でも空気の完成でもなく[19]、我々の世界においては、生命のもろもろの作用――その第一は摂食と生長である――においてそれが利用する諸器官によって、第二の完成がそこから発出するところの自然的物体の完成であり、我々が定義する魂は、器官をそなえ、生命の諸活動を行なうことのできる自然的物体の第一の完成なのである。

とはいえ、この箇所について[20]、いろいろと疑問が生じるだろうが、その一つとして、次のように言う者がいる 12.9/10.20
かもしれない。この定義は天圏の魂を包含していない[21]、というのも天圏の魂は器官なしに作用するから。たとえ諸君が諸器官への言及を捨てて生命の言及にとどめたとしても、それで諸君は何ひとつ免除されない、というの

(17)　ラフマーン版・バコシュ版の ḥattá *taṣīra* による。カイロ版は ḥattá *yaṣīra*（これらの事柄の原理が……になるためには）とする。

(18)　『治癒の書――論証学』（アリストテレスの『分析論後書』に相当する）の第一部第一〇章（*Al-Burhān*, p. 100–102）。

(19)　カイロ版・バコシュ版の kamāl nār wa-lā arḍ *wa-lā hawāʾ* による。ラフマーン版は kamāl nār wa-lā arḍ（火の完成でも地の完成でもなく）とする。

(20)　ラフマーン版・バコシュ版の fī hāḏa al-*mawḍiʿ* による。カイロ版は fī hāḏa al-*mawḍiʿ*（この主題について）とする。

(21)　宇宙は中心を同じくする幾層もの天圏（falak; pl. aflāk）によって構成され、その各々が知性と魂をもつと考えられていた。

も天圏の魂にそなわる生命は、摂食でも生長でもなく、また感覚でもないが、この定義に含まれる生命によって諸君はそういうものを意味している。もし生命によって、諸君が、天圏の魂にそなわる、たとえば知覚作用や知性的形相化作用[22]、意志的な目的によって動かすことを意味するなら、魂がそなわるすべてのものから植物を締め出すことになる。さらにまた、もし摂食が生命であるなら、なぜ諸君は植物を動物と呼ばないのか[23]、と。また、このように言う者もいるかもしれない。何が諸君に魂を確立するように強いるのか、なぜ生命そのものがこの完成であると言うだけでは足りないのか、それなら生命は、その発出を諸君が魂に帰しているものがそこから発出するところのものであることになろう、と。

この一つひとつに答え、解決していくことにしよう。そこで我々は述べるが、天体については二つの教説がある。一方の教説を唱える者の見方によれば、各々の星とその運動によって統御される数々の天球[24]が集まって、一つの生きもののような[25]物体のまとまりとなり、その場合、天球のどの一つにおいても、その作用は運動をそなえた数々の個体によって完遂され、それらの個体は器官のようなものであるということになるが、この説は諸天球の全体には及ばない[26]。もう一方の教説を唱える者の見方によれば、どの天球も、それ自身のなかに独立の生命をもっており、またとりわけ第九の物体があって、この物体は現実態において一であり、そのなかに多はないということになる。すると彼らは、魂という名詞が天圏の魂にも植物の魂にも適用されるのは多義性による適用にすぎず、この定義は合成体に存在する魂だけを対象にすると見ているにちがいない。無理にごまかして、もろもろの動物と天圏が魂という名詞の意味を共有するようにしても、このごまかしは容易いものではなく、植物の意味はその全体からはみだしてしまう。それがなぜかといえば、動物と天圏は、生命という名詞の意味も、理性という名詞の意味も共有しないからであり、なぜなら、ここにおける理性が、二つの質料的知性[27]をもつ魂の存在に適

13.3/11.9

用されるのに対して、いずれ分かるように[28]、これは彼処において成立することではない。というのも彼処の知性は現実態にある知性であり、現実態にある知性は、理性的なものの部分である魂を存立させるものではない。同様にして、ここにおける感覚は、感覚対象の摸像と感覚対象からこうむる作用を受け入れるため、それによって感覚対象が捉えられる能力に生じるが、これもまた、いずれ分かるように、彼処において成立することではない。さらに、懸命に努力して、魂が、意志による運動を行ない、物体を知覚するものの第一の完成であるとされ、動物と天圏の魂がこの完成に含まれるようにしても、その全体から植物ははみだす。以上は要約して述べたものである。

生命と魂であるが、それにかんする疑義は、このように言えば解決する、すなわち、すでに確認されているように、物体のなかには、現実態にある生命に関係する周知の諸状態の原理がなければならない、と。そこで誰かがこの原理を生命と呼ぶなら、その誰かとのあいだに論争はない。一方、動物に対して言われる生命ということばの世間一般の理解には二つのことがある。その一つは、それらの状態がそこから発出する原理がそのなかにあるものとして種が存在すること、あるいは物体が、それらの作用がそこから発出することが妥当であるようなあり方であること。第一の理解については、それがいかなる点においても魂の観念でないことは明白であるが、第

(22) 形相化作用（taṣawwur）は、字義としては「形相・概念（ṣūrah）になること、形相・概念にすること」を表す。

(23) アラビア語では、生命（ḥayāh）と動物（ḥayawān）は同語根の語なので、動物は文字どおり「生命をもつもの」である。

(24) 天球（kurrah; pl. kurrāt）は前出の天圏（falak; pl. aflāk）と同義。プトレマイオス以前は、一つひとつの惑星が、それぞれ複数の天球を支配すると考えられていた。アリストテレス『形而上学』第一二巻第八章を参照。

(25) ラフマーン版の *ka-l-ḥayawān wāḥid* による。カイロ版・バコシュ版は *li-ḥayawān wāḥid*（一つの生きものにそなわる）とする。

(26) 恒星天と至高天には妥当しないということ。

(27) 可能態にある実践的知性と思弁的知性のこと。

(28) 『形而上学』で論じられる。

二の理解は、やはり魂の観念とは異なる観念を示している。それがなぜかといえば、事物が、何かがそこから発出することが妥当であるような、あるいは何らかの属性がそれに帰されるようなあり方であることには二通りある。その一つは、存在のなかに、こうあることとそれ自体とは別に、発出するものがそこから発出するところの何かがあるということ[29]。たとえば船が、船の有用性がそこから発出するものとしてあることであり、それは、こうあるためには船長を必要とするものの一つであるが、船長とこうあることは基体において同一のものではない。そして第二は、こうあること以外の何ものも基体のなかにはないということ。たとえば物体は、燃焼がそこから発出するものとしてあるということであり、こうあることとそれ自体が熱なのだから、物体における熱の存在はこうあることの存在であると説く者は、そのように見ている。同様にして、魂の存在は、一見、こうあることの存在であることになるが、しかしそれは魂については正しくなく、こうあることから理解されるものと魂から理解されるものは同じものではない。どうしてそうはならないのか。前述のこうあることから理解されるものは、それに完成と原理が本質的に先行することを妨げず、しかるのちに、こうあるということが物体にそなわる。ところが我々が描いた第一の完成から理解されるものは、もう一つの完成がそれに本質的に先行することを妨げる、なぜなら第一の完成は、もう一つの原理や第一の完成をもたないから。したがって生命によって、世間一般が理解するものを意味する場合、生命と魂から理解されるものは同一ではない。もし生命によって、それが第一の完成を示す点において魂の同義語であることを意味するなら、我々に異議はなく、生命は、我々が確立を目ざしてきたこの第一の完成を表す名詞であることになる。

いまや我々は、それにそなわる関係性ゆえに魂と呼ばれるものに適用されるこの名詞の意味を知っているのだから、すでに述べられた考察によって魂となったこのものの何であるか性の把捉に取り組むべきである。また我々は、ここにおいて、我々にそなわる魂の存在の確立を示唆しなければならない——気づかせ思い出させることによる確立であり、真実そのものを見すえる能力をそなえていて、わざわざ教え込み、その杖を打ちすえ、誤謬の種から遠ざけてやる必要のない者に、正鵠を射た示唆を与えることによって。そこで我々は述べるが、こういう我々の一人を表象してみなければならない(30)。一挙に創造され、完成したものとして創造されながら、その視覚は蔽われていて外部のものは見えず、しかも空中あるいは虚空を落下していくように創造され、立ちはだかる空気が彼に当たって感覚するように強いることはなく、四肢はばらばらに離されていて出会いも触れあいもしない。そこで彼は、自分は自分自身の存在を確立できるだろうかと考える。自分自身が存在することの確立に彼は疑問をもたないが、しかし、それにもかかわらず、自分の四肢の一端も、自分の臓腑の内部も、心臓も、脳も、外界のいかなる事物も彼は確立していない。いや彼は、自分自身にそなわる長さも幅も奥行きも確立することなしに自分自身を確立していたのである。たとえその状態で、手や他の肢部を想像することが可能であったとしても、それが自分自身の一部であり、自分自身に含まれる条件であると想像したわけではない。君も知るように、確立されたものは確立されていないものとは異なり、承認されたものは承認されていないものとは異なる(31)。したがって彼がその存在を確立した本質は、彼にそなわる特有性(32)であり、それというのも彼そのものは、彼が確立し

(29)　ラフマーン版の yakūna *fī* al-wuǧūd shayʾun による。カイロ版・バコシュ版は yakūna al-wuǧūd shayʾan（存在が、そうあることとそれ自体ではなく、発生するものがそこから発生するところの何かがあるということ）とする。

(30)　表象する（tawahhama）は、一般語としては「思い描く、想像する」というほどの意味だが、それが表象力（wahm）のはたらきであることから、この訳語を選んだ。なお空中浮遊人間の思考実験は、第五部第七章でふたたび取りあげられる。

(31)　カイロ版・ハサンザーデ版の wa-l-*muqarr bi-hi* ġayr allaḏī lam *yuqarra bi-hi* による。ラフマーン版は wa-l-*maqrabah* ġayr allaḏī lam *yuqarrib-hu*（近道は彼が自分に近づけたことのないものとは異なる）とするが、これは単純な誤読だろう。アラビア文字の並びに実質的な差異はない。バコシュ版の文字の並べ方はラフマーン版のそれに近いが、カイロ版のように読めないこともない。

ていない彼の身体や四肢とは異なる。したがって確立する者は(33)、魂が、この身体とは異なる、いやむしろ物体とは異なる何かとして存在していることに気づき、そのことを認識し、覚知する手段をもっているのである。もし忘れているなら、その杖を打ちすえてやらなければならない。

(32) 特有性（ḫāṣṣiyah）に、それと同語根の特性（ḫāṣṣah; pl. ḫawāṣṣ）とは別の訳語を宛てたが、意味上の差異はないように思われる。本書では前者がつねに単数形で用いられるのに対して、後者はたいてい複数形で出てくる。たんにそういう使い分けがなされているだけなのかもしれない。

(33) カイロ版・バコシュ版の al-*muṯbit* による。ラフマーン版は al-*mutanabbih*（気づいている者）とする。

第二章　古人たちが魂と魂の実体について述べたことの記述とその論破

我々は述べるが、この点にかんして、先人たちの説は互いに異なっており[1]、なぜならそこへ赴く道が異なっていたのである。彼らのなかには運動の方から魂の知識に赴いた者がおり、彼らのなかには知覚の方からそこに赴いた者もいれば、彼らのなかにはこの二つの道筋を一つに合わせた者もおり、また彼らのなかには詳細な議論のない生命の道を辿った者もいる[2]。

彼らのなかで運動の方から道を辿った者においては[3]、運動は動者からのみ発出し、第一動者は、もちろんみずから動く者であると想像されていた。そして魂は第一次的な動者であり、運動は四肢や筋肉や神経から魂へと上昇していく。そこで彼は、魂はみずから動くものであるとし、それゆえ、みずから動くものが死ぬことはありえないという確信から、魂を不死の実体であるとした[4]。曰く、それゆえ諸天体であるものは衰滅することがない、その理由は、その運動の永続性である。また彼らのなかには、魂が物体であることを否定し、魂はみずから動く非物体の実体であると説いた者がおり[5]、また彼らのなかには、魂を物体であると説き、みずから動く物体を探し

（1）この章の記述はアリストテレスの『魂について』第一巻に依拠するところが多い。以下、言及される哲学者の名を、バコシュ版とアリストテレスの邦訳の註にもとづいて挙げる。

（2）アリストテレス『魂について』第一巻第二章四〇三b二五―二八、四〇四b二七―二九。

（3）アリストテレス『魂について』第一巻第二章四〇四a一―四〇四b七、四〇五a二九―四〇五b一。

（4）プラトン、アルクマイオン、プラトン派の人々。

求めた者もいる。また彼らのなかには、魂を、その運動の永続が容易になるように、部分に分割されない物体であり、球形であると説いた者がおり[6]、その主張によれば、動物は呼吸によってそれを吸い込むが、呼吸は魂の糧であり、息は、非分割の物体であり原理であるその種の塵の出ていくものの代りを取り込むことによって魂を存続させ、またこの塵は、空気中を塵がいつまでも動き続けるのが見られるように、みずから動くものであり、それゆえ塵が他のものを動かすのは当然である。また彼らのなかには、塵は魂ではない、塵を動かすものが魂である、魂は塵のなかにあり、塵が肉体に入り込むことによって肉体に入り込むと述べた者がいる[7]。また彼らのなかには、魂を火であるとし、火は永久に運動すると考えた者がいる[8]。

知覚の道を辿った者はどうかといえば[9]、彼らのなかには、何かが自分以外のものを知覚するのは、それが対象に先行し、その原理であるからにほかならないと考えた者がいる[10]。すると魂は原理でなければならないというので、魂を、これが原理であると彼が見なす種類のものであると説いた、火であれ、空気であれ、地であれ、あるいは水であれ。彼らのある者は、生成の原理である精液が非常に湿潤であるがゆえに水の説に傾き[11]、別のある者は、魂は蒸気状の物体であると説いたが[12]、それは、君が知るもろもろの教説にもとづいて、蒸気を諸事物の原理と考えたからである[13]。彼らの誰もが、魂がすべての事物を認識するのは、魂が万物の原理の実体に由来するからにほかならないと述べた[14]。同様にして、諸原理を数と考えた者は魂を数であるとした[15]。また彼らのなかには、事物はそれに類似したものだけを知覚し、現実態にある知覚体は現実態にある知覚対象に類似したものであると考えた者がおり、魂は、彼が諸元素と見なすものから合成されているとしたが、これはエンペドクレスであり、彼は、魂を四元素と征圧と愛から合成されたものであるとした[16]。曰く、魂はあらゆるものを自分のなかにあるそれに類似したものによってのみ知覚する。

また運動と知覚を一つにまとめた人々は、たとえば、魂は自分自身を動かす数であると述べた人々であり[17]、魂は知覚するものであるがゆえに数であり、第一次的な動者であるがゆえに自分自身を動かす者であるとした。

一方、生命の問題は要約されないと見なした人々は[18]、生命は熱によって成立するのだから、魂は内発的な熱であると述べた者がそのなかにおり、また彼らのなかには、いや、魂は冷である、魂は息から派生するが[19]、息は冷

19.3/15.15　19.5/15.17

（5）アナクサゴラス。

（6）デモクリトス。

（7）レウキッポス，デモクリトス。

（8）デモクリトス。

（9）アリストテレス『魂について』第一巻第二章四〇四b八―二七。

（10）プラトン。

（11）ヒッポン。アリストテレス『魂について』第一巻第二章四〇五b二―五。

（12）ヘラクレイトス。アリストテレス『魂について』第一巻第二章四〇五a二五―二六。

（13）カイロ版・バコシュ版による。ラフマーン版は接続詞 wa（また）をともなった *wa-ʿalá ḥasab*... という異読を採用しているため，「蒸気を諸事物の原理と考えたからであり，また君が知るもろもろの教説にもとづいてのことでもある」となる。

（14）アリストテレス『魂について』第一巻第二章四〇五b一五―一六。

（15）ピュタゴラス派。アリストテレス『魂について』第一巻第二章四〇四b一六―二七。

（16）アリストテレス『魂について』第一巻第二章四〇四b一一―一五。なおエンペドクレス説の「憎悪」には，アラビア語では一貫して ġalabah（勝利・征圧）の語が宛てられてきた（cf. Shahrastani. *Livre des religions et des sectes*, tr. Jean Jolivet et Guy Monnot, t. 2, Peeters/Unesco, Leuven, 1993, p. 195 [n. 13]）。

（17）クセノクラテス。アリストテレス『魂について』第一巻第二章四〇四b二七―三〇。

（18）ラフマーン版の校註に，ラテン語訳の indifferentem に相当するアラビア語が ġayr *mufaṣṣal*（詳細な議論のない）になると記されているのは，ġayr *muḥaṣṣal*（要約されない）に疑問があるからだろう。「詳細な議論のない」は本章第一節に出てくるのと同一の表現なので都合がいいが，ラテン語訳に使われたアラビア語写本がそうなっていたのか，それともラテン語翻訳者の独自の修正なのか，いまさら確かめようもない。なお，アリストテレス『魂について』のアラビア語訳でこれに相当する部分は「ある人々は魂について，重い積荷ならぬ粗雑な言辞を弄した（wa-qāla aqwām fī-l-nafs qawlan ǧāfiyan bi-manǧilat al-wiqr al-ṯaqīl）」となっている（Arisṭūṭālīs, *Fī al-nafs*, ed. ʿAbd al-Raḥmān Badawī, 2nd ed., Dār al-Qalam, Beirut, 1980, p. 11）。

（19）アラビア語表記では魂（nafs）と息（nafas）は同じ綴りになる。カイロ版はこの部分にわざわざ母音記号を添えて「息は魂から派生する」の読みを明示している。

却するものであり、だからこそ魂の実体を維持するため、我々は吸気によって自分を冷やすと述べた者がいる。[20]また彼らのなかには、いや、魂は血液である、なぜなら血液が流出すると生命は駄目になるからと述べた者がいる。[21]また彼らのなかには、いや、魂は体液混合である、なぜなら体液混合が転化せずにしっかりしているかぎり生命は健全であるからと述べた者がいる。[22]また彼らのなかには、いや、魂は諸元素の組み合わせであり、その関係である、と述べた者もいる。[23]それがなぜかといえば、我々が知るように、動物が諸元素から生じるためには何らかの組み合わせが必要とされるからであり、また魂は組み合わせであるからでもある、だからこそ魂は、旋律や香りや味が組み合わされたものを好み、それに愉悦を覚える。[24]また人々のなかには、魂は神――いと高くあるかな、異端者どもが何を言おうと――であり、いかなるものにも、それ相応に含まれており、あるものにおいては性質、あるものにおいては知性、あるものにおいては魂になっていると考えた者もいる。[25]神に称讃あれ、彼らが神々となすものの及びもつかぬ高みにいます神に。[26]

これが、もっとも古い古人たちに帰される魂にかんする教説であるが、そのすべてが誤っている。運動に依拠する人々についていえば、彼らにつきまとう第一の不合理は、彼らが静止を忘れていること。もし魂が、みずから動くことによって他を動かし、魂自身の運動が、疑いもなく他を動かすことの原因であるなら、魂の静止は次のいずれかでなければならない。静止が現に動いている魂から発出するなら、魂がみずから動くことは、静止させることにも動かすことにも同一の関係をもつことになり、魂は動くことによって他を動かすと言うことはできないが、それを彼らは仮定したのである。あるいは、静止がすでに静止している魂から発出するのであれば、魂はみずから動くものではない。さらにまた君が先行する部分で知ったように、[27]動くものは動かすものによってのみ動き、自分自身によって動くものはないのだから、魂は自分自身によって動くものではない。また、この運動は場所的なものか、量的なものか、質的なものか、あるいはその他のものであるか、そのいずれか一つでなければならない。

もし場所的なものであるなら、それは自然的なものか、強制的なものか、魂的なものか、そのいずれか一つでなければならない。もし自然的なものであるなら、疑いもなく一方向に向かい、魂が他を動かすのも一方向だけになる。もし強制的なものであるなら、魂はみずから動くことも、みずから他を動かすこともないことになる。いやむしろ、妥当なのは、強制者が第一原理であり、それが魂であることである。またもし魂的なものであるなら、魂以前に魂があることになり、その魂は、もちろん意志をもつにちがいない。それが差異のない同一の魂であるなら、それが動かすのもあの同一の方向に向けてであることになり、それともそれが異なった魂であるなら、君が学んだように[28]、疑いもなく両者のあいだには静止があり、魂はみずから動くものではないことになる。

量の面における運動はといえば、これは魂からもっとも遠いものであり、またみずから量の面において動くも

20.9/16.12　20.17/16.18

(20)　ラフマーン版の wa-li-hāḏā mā *natabarradu* bi-l-istinšāq li-*naḫfaẓa* ǧawhar al-nafsi による。カイロ版・バコシュ版は wa-li-hāḏā mā *yatabarradu* bi-l-istinšāq li-*yuḫfaẓa* ǧawhar al-nafsi（だからこそ魂の実体が維持されるように、吸気によって自分を冷やすものがある）とする。

(21)　アリストテレス『魂について』第一巻第二章四〇五b二五—二八。

(22)　ヒッポン。アリストテレス『魂について』第一巻第二章四〇五b五—八。

(23)　体液混合は血液、粘液、黄胆汁、黒胆汁が混合したもの。ふつう体質または気質と訳されるが、原語 mizāǧ は混合の意味であり、そこがはっきりしないと理解しにくい表現が出てくるため、体液混合とする。身体はこの四体液からなり、バランスのよい混合状態が健康をもたらすと考えられていた。

(24)　アリストテレス『魂について』第一巻第四章四〇七b三〇—三二。

(25)　エンペドクレス、プラトン。アリストテレス『魂について』第一巻第二章四〇四b一一—一八。

(26)　ストア派。

(27)　『治癒の書　自然学講義（*Al-Samāʿ al-ṭabīʿī*）』第二部第一章。

(28)　『治癒の書　自然学講義』第一部第五章。

のは一つもなく、そのなかに何かが入ってくることによってか、あるいはそれ自身における変化によって動くのである。一方、変化による運動は、魂が魂であることに運動があり、他を動かしたとき魂は魂でなくなるか、あるいは運動は何らかの偶有のなかにあり、魂が魂であることのなかにはないか(29)、そのいずれかである。その第一は、つまり魂の運動は、それが他を動かすことから生じるのではなく、その場所で他を動かすとき、魂はその場所に静止しているということ。第二は、偶有性における変化の目的は、その偶有性の実現であるが、それが実現したとき、変化はすでに止まっていることになる。さらにまた、すでに君に説明されたように(30)、魂は物体であってはならないが、他を動かす方向に動くことによって場所のなかで他を動かす動者は、もちろん物体であり(31)、もし魂に運動と移動がそなわっているなら、魂が肉体を離れ、しかるのちに肉体に戻ることもありうることになる(32)。ところで彼らは魂を、何らかの物体のなかに入れられた水銀に喩えており、水銀が揺れ動くとその物体が動くということであるが、この運動が選択的な運動であることを彼らは否定している(33)。

さらにまた君がすでに学んだように、魂を塵とする説は誤った駄弁であり、単一元素原理説(34)が臆断であることも君は知っている。さらに、彼らが述べた笑い話(35)の一つに、事物が自分の向こう側にあるものを知るには、その事物は原理でなければならないというものがある。というのも我々は、もろもろの事物を、我々自身によって知り知覚するが、我々はそれらの事物の原理(36)ではない(37)。原理は諸元素の一つであると考えた者の考え方からして、そのことの説明(38)になるのは、我々が、いかなる点においても諸元素がその原理ではなく、しかもそれが諸元素の原理でもないような諸事物を知っていること、またあらゆる事物は、存在において実現するか、そうでないかのいずれかであること、そしてある一つの事物にひとしい諸事物は互いにひとしいことである。これらの事物については、火、水、あるいはその他のものがそれの原理(39)であり、それらのものによって我々は事物を知るのであっ

21.11/17.6

てその逆ではない、と言うことはできない。さらにまた魂がそれの原理であることによって認識するのは、その原理そのものだけを獲得するか、あるいは、その原理から生じる諸事物を、それらは原理ではないにもかかわらず獲得するか、あるいはこの二つを両方とも認識するか、そのいずれかである。もし原理だけを獲得するか、あるいは両方とも獲得し、なおかつ事物を知るものはそれの原理でなければならないなら、魂はそれの原理の原理であるとともに、自分自身の原理でもあることになる、なぜなら魂は自分自身を知っているのだから。もし魂が、原理は知らずにいながら、それに付帯するもろもろの状態と転化を知っているなら、いったい誰が、水と火が(40)、あるいはその一方が原理であると判断するのか。

また知覚は数的なものによってなされるとした人々は、あらゆる事物の原理は数であるからと述べたばかりでなく、あらゆる事物の何であるか性は数であり、その定義も数であると述べた。彼らについては、すでに他のい

(29)　カイロ版・バコシュ版の wa-immā ḥarakah fī ʿaraḍ min aʿrāḍ *lā fī* kawn-hā nafs による。ラフマーン版は wa-immā ḥarakah fī ʿaraḍ min aʿrāḍ kawn-hā nafs（運動は魂が魂であることにともなう偶有性の一つのなかにあるか）。

(30)　本書第一部第一章を参照。

(31)　『治癒の書　自然学講義』第二部第一章。

(32)　アリストテレス『魂について』第一巻第三章四〇六b一―五。

(33)　アリストテレス『魂について』第一巻第三章四〇六b一九―二五。

(34)　原語は waḥdat al-mabdaʾ al-istaqisī。『治癒の書　生成と衰滅』第一章には「彼らは、物体の諸原理を分割されない物体であるとしたことについて、それらの諸原理は形状によってのみ異なり、その実体は、性質において一なる実体であって分割されないと述べている」とある（*Al-Kawn wa-l-fasād*, p. 83）。

(35)　カイロ版・バコシュ版 al-mulaḥ による。ラフマーン版は al-muḥāl（不合理）。

(36)　カイロ版・バコシュ版の bi-*mubādili-hā* による。ラフマーン版は bi-*mubādiʾa* la-hā（それらの代り）とする。

(37)　アリストテレス『魂について』第一巻第五章四〇九b二三―二六。

(38)　ラフマーン版の bayān による。カイロ版・バコシュ版は iṯbāt（確立）とする。

(39)　カイロ版・バコシュ版の *mabādiʾu* la-hā による。ラフマーン版は *mubādilu-hā*（それらの代り）とする。

(40)　カイロ版・バコシュ版の al-māʾ *wa*-al-nār による。ラフマーン版は al-māʾ *aw* al-nār（水か、火か）とする。

くつかの箇所において、原理にかんするその見解の誤りを示しており、第一哲学の学科においても[41]、これやこれに似たその見解の不合理を示すことになるが、ここでも彼らの教説は、魂をとくにその対象とする考察にかんして破綻しかねない。それは、こういうことを我々が考察し熟慮すれば分かることである、すなわち、はたして魂は、四や五のような特定の数であることによってのみ魂であるのか、それとも、たとえば偶数や奇数、特定の数よりも一般的な何かであることによってか。

もし魂が、特定の数であることによってのみ、魂がそうあるところのものになるなら、切断されると、その各々の部分が動き感覚する刻み目のある生きもの[42]についていては、彼らは何と言うのか[43]。感覚する以上、疑いもなく、そこには何らかの想像構成作用[44]があり、そういう状態で、その一つひとつの部分がある方角に逃げはじめるが、疑いもなく、この運動は何らかの想像構成作用によるものである。明らかに、この二つの部分は、そのなかにある二つの能力によって動いているが、そのどちらも、全体のなかにあった数よりも少ない。ところが彼らにとって、魂はあくまでも全体のなかにある数であり、それ以外のものではないから、これら二つの部分は魂によることなしに動いていることになり、これは不合理である。否、両者のそれぞれに、他方の魂と同じ種の魂があり、このような生きものの魂は、現実態では一であるが、可能態では複数の魂に多化しうるのである。刻み目のある生きものでは、その二つの魂が衰滅し、植物では衰滅しないのは、次の理由による、すなわち、植物のなかには、魂の作用を維持する基本的な器官が拡がっているが、刻み目のある生きものではそうなっておらず、刻み目のある生きものの肉体のある部分には、魂に適した体液混合を維持する原理がなく、他の部分にはその原理があっても、それを維持するためには、もう一方の部分がいっしょにあることを必要とする。その肉体は、諸部分が互いに依存しあいながら体液混合の保持に協力しているのである。

22.17/18.5

もし魂が数そのものではなく[45]、何らかの質をそなえ、形式をそなえた数であるなら、一つの肉体に多数の魂があることになりそうである。君も知るように、偶数の多くのなかに偶数が、奇数の多くのなかに奇数が、平方数の多くのなかに平方数があり、他のすべての捉え方もまた同様である。さらにまた数のなかに集まったもろもろの単位は、配置をもつか、もたないかのいずれかである。もし配置をもつなら、単位は点であり、もし点であるなら、魂が点の数であるがゆえに、魂は魂であるのか、あるいはそうではなくて[46]、魂が能力、質、あるいは他のものであるがゆえに、魂は魂であるのか、そのいずれかである。ところが彼らは、魂の本性は純粋な数性であり、点に存在する数が魂の本性であると説いた。すると、どんな物体でも、そのなかにその数の点があると想定されれば魂をもつことになるが、どんな物体のなかにも好きなだけの数の点を想定できるのだから、あらゆる物体が、そのなかにそれらの点があるという想定によって魂をもつようになれることになる[47]。また、もし魂が配置をもたない数であり、個々別々の一でしかないなら、いったい何によって、それは個々別々になるのか――相異なる素

(41)『治癒の書　形而上学』第三巻第五章。

(42) カイロ版とテミスティオス『アリストテレス魂論註解』のアラビア語訳（M. C. Lyons (ed.), *An Arabic Translation of Themistius Commentary on Aristoteles De Anima*, Bruno Cassirer, London, 1973, p. 25）の al-ḥayawān al-muḥazzaz による。二番目の語を、ラフマーン版は al-maǧzar（切断された）、バコシュ版は al-muǧarrad（剝き出しになった）、ハサンザーデ版は al-muḥarraz（孔が開いた）とする。なお、アリストテレス『魂について』のアラビア語訳では ǧurrīʾat（励まされる）となっている（Arisṭūṭālīs, *Fī al-nafs*, p.27）。以下、この段落に三回出てくる「刻み目のある生きもの」も同様。

(43) アリストテレス『魂について』第一巻第五章四一一b一九―三〇、第二巻第二章四一三b一六―二四。

(44) 想像構成作用（taḫayyul）は感覚対象から素材を剝ぎ取るはたらきをもつが、抽象度は低い。そうして抽出された形（形相）に対して、たとえば敵か味方かを表象力（wahm）が判断することによって、逃げたり近よったりといった行動が生じる。

(45) カイロ版・バコシュ版の ʿadadan *bi-ʿayn-hi* による。ラフマーン版の ʿadadan *muʿayyan*（特定の数）はラテン語訳によるもの。

(46) カイロ版・バコシュ版の lā takūnu *ka-ḏālika* による。ラフマーン版は lā takūnu *li-ḏālika*（それゆえにではなく）とする。

(47) アリストテレス『魂について』第一巻第四章四〇九a二五―二八。

材をもつわけでも、他の属性や他の種差がそれに結合しているわけでもないのに。互いに類似したものは、相異なる素材においてのみ多になる。もし相異なる素材がそなわっているなら、それらのものは配置を有し、多様な肉体をそなえていることになる。それに、この二つの状態のどちらにおいてであれ、いかにして、これらの単位あるいは点は互いに結合されるのか、なぜなら、もしそれらが、単位や点の本性によって互いに結合し接合するのであれば、それらの単位や点は、いかなる場所にあろうと、集合に駆けつけるはずである。もしそれらのなかにある集合させる者が、その一つを別のものと合わせており、また取りまとめる者が、そのあるものと別のものを一つにまとめて結合し、なおかつ結合したままに維持しているなら、そういうものこそ魂たるに相応しい。

ある人々が述べるには、魂は諸原理から合成されているからこそ、それらの原理や原理以外のものを、自分のなかにある原理によって認識するということが成立するのであって、魂はあらゆるものを、もっぱら自分のなかにあるその類似物によって認識するとのことであるが[48]、彼らによれば、どうしても、諸原理の本性とは異なるものとして諸原理から生じるものを魂は認識しないということにならざるをえない。というのも寄り集まることによって、諸原理のなかにある形態が生みだされることもあれば、骨性、肉性、人間性、馬性などのように諸原理のなかに存在しない形相が生みだされることもあり、これらのものは魂には知られないはずである、なぜなら魂のなかにこれらのものはなく、そこには個々の原理があるだけなのだから。もし人間や馬や象も、魂の組成のなかに火や地や征圧や愛があるように、そのなかに入れられているなら、そして、もしこれらのものが魂のなかにあると言うのであれば[49]、大変な誤りを犯すことになる。[50] またもし魂のなかに人間があるなら、魂のなかに魂があり、人間のなかにまた人間があることになり[51]、それが無限に続くことになるが、これは次のような別の点において罵倒を浴びせられかねない[52]、すなわち、この措定によれば、いと高き神は諸事物を知らないか、諸事物から合成されているか、そのいずれかになるが、両方とも冒瀆[53]である。そればかりでなく、神は征圧を知らないことにならざるをえない、なぜなら神のなかに征圧はない、というのも征圧は、そのなかに征圧があるものにかならず分裂と衰滅をもたらすからである。すると、いと高き神は諸原理を完全には知らないことになる。これはおぞましいことであり、冒瀆である[54]。

さらに、こうである以上、どうしても、地もまた地を知り、水は水を知るが、地は水を知らず、水は地を知らず、熱いのものは熱いのものを知りながら冷たいものは知らないということになる。またそのなかに多くの地性がある器官は、地に対する感覚が鋭いはずだが、そうはなっておらず、それらの器官は地にも、地以外のものにも感覚がきかない——たとえば爪や骨のように[55]。事物は自分に類似したものから刻印を受けるよりも、自分とは反対のものから作用をこうむり、刻印を受けることの方に向いているからであるが[56]、君も知るように、感覚作用は何らかの被刻印作用であり、何らかの受動作用である[57]。また一つの能力で相反するものを捉えるものがあってはならないことになり、白と黒は、同一の感覚能力によって捉えられるのではなく、白は視覚の白い部分によっ

(48)　アリストテレス『魂について』第一巻第五章四一〇a七—一二。

(49)　カイロ版・バコシュ版の wa-in qāla inna fī-hā hāḏihi al-ašyāʾ（そして……と言ったなら）による。ラフマーン版にはない。

(50)　アリストテレス『魂について』第一巻第五章四一〇a一〇—一一。

(51)　カイロ版・バコシュ版の fa-fī-*hi* による。ラフマーン版は fa-fī-*hā*（その魂のなかに）とする。

(52)　カイロ版・バコシュ版の min ǧihat *uḫrā hiya* anna-hu による。ラフマーン版は min ǧihat anna-hu（次の点において）とする。

(53)　冒瀆（kufr）はイスラーム的神観念の否定を指し、最後の審判で地獄堕ちの罰を受ける。

(54)　アリストテレス『魂について』第一巻第五章四一〇b二—七。

(55)　アリストテレス『魂について』第一巻第五章四一〇a三〇—四一〇b二。

(56)　アリストテレス『魂について』第一巻第五章四一〇a二五。

(57)　感覚作用は、感覚体が感覚対象の形——視覚的な形ばかりでなく音や匂いをも含む広い意味での形——を受けとり、それを摸倣することによってなされるが、そういう文脈で、刻印（aṯar; pl. āṯār）を与え（aṯṯara）、刻印を受け取る（taʾaṯṯara）といった同根のことばがよく用いられる。

て、黒は視覚の黒い部分によって捉えられることになる。また色彩には無数の組み合わせがあるから、視覚には、色彩の異なる無数の部分が用意されていなければならない。たとえ中間色に真なるものはなく、増加や減少による反対色の混合にすぎず、それ以外の差異はないとしても、白を捉えるものは純粋に白だけを捉え、黒を捉えるものは純粋に黒だけを捉えるのでなければならない、というのも自分以外のものは知覚できないのだから。すると配合が単純な色彩は、我々にとって不明瞭ではないが、白と黒が現実態で顕れていない中間色は、我々には想像されないはずである。同様にして、我々は三角形を三角形によって、四角形を四角形によって(58)、円形を円形によって、他の無数の形状も、そしてまた数も、それに似たものによって捉えなければならず、感覚能力のなかに無数の形状(59)がなければならないことになるが、これはすべて不合理である。君も知るように、一つのものだけで、反対物がそれによって知られる尺度であるには十分であり、たとえば、まっすぐな定規によって直線と曲線がともに知られるのであって、あらゆるものが、それぞれ特定のものによって知られる必要はない(60)。

ある人々は、魂は円運動によって動く物体であり、それが事物の上で魂を動かし(61)、その円運動によって事物が知覚されると説いたが(62)、彼らについては、後ほど、知性的知覚作用が物体によっては行なわれえないことを説明するさいに、その主張の虚偽を明らかに示す(63)。魂は体液混合であると説く人々については、これに先立つ部分で、その主張の誤謬が知られたが、その衰滅によって生命が衰滅するもののすべてが魂であるわけではなく、というのも事物や四肢や体液などの多くが、この属性をもっている。ところで魂が身体との結びつきをもつために、どうしても何かがなければならないということは否定されないが、そこからして必然的に、その何かが魂であるということにはならない。このことによって、魂は血液であると考えた者の誤りが分かる。どうして血液が、他を動かし、感覚するものになるであろう。また魂は組み合わせであると述べた者は、魂を、諸事物間の知解的関係であるとしたわけだが、反対物のあいだの関係が、どうして他を動かし、知覚するものになるのか。組み合わせはもちろん組み合わせる者を必要とするが、その組み合わせる者の方が魂たるに相応しく、この組み合わせる者が去れば、組み合わせはかならず崩れる。さらに、我々が魂について教えていくうちに、これらの主張すべての誤謬が他の面においても明らかになるのだから(64)、これから魂の本性の探求のその先に進んでいかなければならない。これらの見解に対する反駁として、必然的でも不可欠でもない、さまざまな主張が述べられたが、そのようなものであるから、それらの主張は捨て置いた。

(58) カイロ版・バコシュ版の al-murabbaʿ bi-al-murabbaʿ（四角形を四角形によって）による。ラフマーン版にはない。
(59) カイロ版・バコシュ版の aškāl による。ラフマーン版は amṯāl（似たもの）とする。
(60) アリストテレス『魂について』第一巻第五章四一一a一―七。
(61) バコシュ版の *tuḥarriku-hā*（〔その円運動が〕魂を動かし）による。ラフマーン版・カイロ版の *yataḥarraku-hā* では、「〔その物体が〕運動する」という自動詞的な動詞に目的代名詞がついていることになる。
(62) アリストテレス『魂について』第一巻第三章四〇六b二六―四〇七b一二。
(63) 本書第五部第二章。
(64) 本書第五部第七章。

第三章　魂が実体のカテゴリーに入ること

そこで我々は述べるが、先行する部分から、君は、魂が物体ではないことを知っている。そこでもし魂が、それ自体の存立によって独存すると認められるものであることが君に対して確立されるなら、それが実体であることに君が疑問をいだくことはないが、これは、魂と呼ばれるものの一部についてのみ君に対して確立されることであり、それ以外の植物的魂や動物的魂のようなものについては、それが君に対して確立されることはない。ところが、これらの魂がそのなかに存在することによって近い素材となっているものは、もっぱら特別な混合と特別な形態によって、それがそうあるところのものになっており、魂がそのなかにとどまっているあいだだけ、その特別な混合によって現実態で存在しつづけるのであり、魂が素材をそういう混合状態にしている。というのも魂は、疑いもなく、素材がそれにそなわる混合状態に応じて植物になり動物になるその原因であり、それというのも、すでに述べたように、魂は生殖と成育の原理である。すると魂の近い基体であるものが、魂によることなしに、それが現実態においてそうあるものになり、しかも魂が、基体がそうあることの原因になるのは不可能である。また次のように言うことはできない。近い基体が、魂以外の原因によって、その諸性質に応じて存在するように実現し(1)、それから魂が、それを維持し存立させ成育させるために、不公平なものが付帯する仕方(2)で後から基体に付帯したのであり、それは偶有性のあり方と同じであって、偶有性の場合、その存在は不可避的にそれの

27.15/22.3

基体の存在の後に生じ、偶有性がそれの基体を現実態で存立させることはない、と。ところで魂は、我々が動物を論じるときに君がそのありようを知るように、それの近い基体を存立させ、それを現実態で存在させるのである。

遠い基体の方は、それと魂とのあいだに、それを存立させる別の諸形相がある。魂が離れれば、否応もなく魂の分離が、たいていの場合は基体が別の状態のためのもの(3)になるような事態を惹き起し、無機物の形相をそのなかに生じさせるが、それは、魂に適した体液混合の形相やその形相とは対立するような形相である(4)。したがって魂にそなわる(5)素材が、魂が無くなったあとも元の種にとどまることはけっしてなく、それの種も、基体がそれによって魂の基体であったところのその実体も失われるか、あるいは素材の本性に応じて素材を現実態に維持する形相を、魂が素材のなかに残していくか、そのいずれかになる。その自然的物体は、もはやかつてそうあったものではなく、別の形相と偶有性をもつようになり、また実体における全体の転化にともなって、そのある部分が入れ替わり、離れている。そこに魂が離れた後も本質が保たれる素材はなく、かつては魂の基体であっても、い

28.12/22.17

(1)　カイロ版の ḥaṣala mawǧūdan ʿalá ṭibāʿ-hi bi-sabab ġayr al-nafs、バコシュ版の ḥaṣala ʿalá ṭibāʿ-hi mawǧūdan li-sabab… による。ラフマーン版は ḥaṣala mawǧūdan ʿalá ṭibāʿ-hi *wa-kāna ḏālika* bi-sabab…（その諸性質に応じて存在するように実現するが、それは魂以外の原因によるものであり）とする。

(2)　すでに存在している肉体から特定のものを選んで、それに宿ることを指す。

(3)　カイロ版の *li*-ḥālah による。ラフマーン版・バコシュ版は *bi*-ḥālah（別の状態をともなったもの）とする。

(4)　ここで「それは……その形相とは対立するような（ka-l-muqābilah…wa-*li*-tilka al-ṣūrah *fa*-l-māddah）」の「その（tilka）」は指示形容詞であり、何を指すのかはっきりしないが、生きていたときの身体の形相すなわち魂を指すのだろう。ところがラフマーン版の異読C、Fには *wa*-tilka ṣūrah *wa*-l-māddah とあり、この読みを採るなら、文の切れ目が移動し、「魂に適した体液混合の形相とは対立する形相である。ところでその形相や素材が、魂を失った後も……」となる。

(5)　カイロ版・バコシュ版の allatī li-l-nafs による。ラフマーン版にはない。

まは魂以外のものの基体になっている。したがって身体における魂の存在は、基体における偶有性の存在とは異
なるのであり、したがって魂は、基体のなかにはない形相であるがゆえに実体である。

　とはいえ、次のように言う者がいるかもしれない。植物的魂については、これが素材の形相であることを認め
よう、というのも植物的魂は、それの近い素材が存立する原因であるから。しかし動物的魂の方は、どうやら植 29.9/23.11
物的魂がその素材を存立させ、それから植物的魂は、この動物的魂によってかならず引き継がれることになり、
動物的魂が、それ自体によって存立する素材のなかに実現するのであるらしく、素材はそれに宿ったこれ、すな
わち動物的魂が存立する原因であるから、動物的魂は基体のなかにしか存立しない、と。これに答えて我々は述
べるが、植物的魂としての植物的魂からは、無条件の摂食する身体しか生じないはずであり、無条件の植物的魂
は、類的な観念の存在以外の存在をもたず、それは表象力のなかにしかない。一方、個物の世界にある存在者は、
植物的魂のもろもろの種であり、言っておかなければならないが、植物的魂は、やはり一般的かつ普遍的な実現
されざる何かをもそなえた原因であり、その何かは、摂食し生長する無条件かつ類的な種化されざる身体である。
感覚と識別と意志的運動の器官をそなえた身体の方は、その発出源であるのは植物的魂としての植物的魂ではな
く、それによって別の本性になる別の種差が付け加えられるものとしての植物的魂であり、それは、動物的魂に
なることなしには生じない。

　ともあれ我々は、これに説明を加えることから始めなければならない。そこで我々は述べるが、植物的魂は、 30.5/24.3
動物ではなく植物に特有の種的な魂がそれによって意味されるか、あるいは摂食と生殖と生長を行なわせる点に
おいて、植物的魂と動物的魂を包摂する一般的な観念がそれによって意味されるか、そのいずれかである。後者
が植物的魂と呼ばれることもあるが、これは比喩的な言い方であり、というのも植物的魂であれば植物のなかに

しかない。とはいえ植物と動物の魂を包摂する観念は、植物のなかにもあれば動物のなかにもあり、その存在は、諸事物のなかに一般的な観念が存在するのと同じようなものである。あるいはまた、動物的魂の諸能力のうち、摂食、成育、生殖の諸作用がそこから発出する能力が、それによって意味されるが、摂食を行なう魂との対比において種的なものである植物的魂がそれによって意味されるなら、それは植物以外のものにはなく、動物のなかにはない。もし一般的な観念がそれによって意味されるなら、特殊な観念ではなく一般的な観念がそれに関係づけられなければならない。というのも一般的な製作者は、一般的な製作物がそれに関係づけられる者であり、大工のような種的な製作者は、種的な製作物がそれに関係づけられる者、そして特定の製作者は、特定の製作物がそれに関係づけられる者であるが、これは、君もすでにその確認に出会っている事柄である(6)。すると身体にかんして一般的な植物的魂に関係づけられるのは、それが一般的な生長者であるということ。一方、感覚の受容に適した、あるいは不適な生長者であるということは、一般的なものであるかぎりにおける植物的魂にそれが関係づけられることはなく、この観念が植物的魂に続いて生じる(7)こともない。

そして第三の区分であるが、植物的能力が単独で到来して動物の身体を作ると考えられるような事態は不可能である。もし独占的に統御するものがその能力であるなら、それは植物の身体を仕上げるだろうが、そうはならず、その能力が仕上げるのは、感覚と運動の諸器官をともなった動物の身体にほかならず、これは魂の能力であるが、その魂には他の諸能力(8)もそなわっている。この能力は、その魂にそなわる第二の完成に対する器官の用意(9)

31.4/24.18

（6）『治癒の書　自然学講義』第一部第一二章。

（7）ラフマーン版の yattabiʿu-*hā* による。カイロ版・バコシュ版は yattabiʿu-*hu*（生長者に続いて生じる）とする。

（8）ラフマーン版の quwá uḫrá による。カイロ版・バコシュ版は単数形の qūwah uḫrá（他の能力）とする。

に導いていくようにはたらく魂の諸能力の一つであり、これはその魂の能力ではあるが、その魂は動物的魂である。

31.11/25.3 後ほど明らかになるように(10)、魂は一つであり、これは、魂から諸器官に送り出される(11)諸能力であるが、器官の用意のととのい方に応じて、ある能力の作用が後から現れ、または先に現れる。あらゆる動物にそなわる魂は、肉体がその魂の肉体であるのに相応しくなるような仕方で、その肉体の諸元素を一つに集め、それらを組み合わせ、それらを組み立てる者であり、また魂は、この肉体をしかるべき秩序に維持する者であって、魂が肉体のなかに存在するかぎり、転化をもたらす外部のものが肉体を支配しないようにしており、さもなければ肉体は健全さを保たない(12)。魂が肉体を支配するからこそ、魂が嫌悪しあるいは愛する出来事(13)に魂が気づくとき、生長能力の強さや弱さが生じるが、その嫌悪や愛はまったく非肉体的なものである。そのようになるのは、魂を訪れたものが何らかの真偽判断でありながら、確信であることによって肉体に刻印を与えるようなものではなく、その確信に続いて、歓喜あるいは悲嘆の受動作用が生じるときである。それはまた魂的な知覚対象であり、肉体としての肉体に偶成するものには属さないが(14)、それが生長と摂食の能力に刻印を与える結果、魂のなかに、まず魂に偶成する偶有——理性的な喜びであるとしよう——から魂の作用の激しさと徹底性が生じ、そしてこれとは逆の偶有——肉体的な苦痛をまったく含まない理性的な悲嘆であるとしよう——から弱さと無力が生じるため、魂の作用が減退し、しばしばそのために体液混合が崩れる。

32.9/25.17 いずれにしても、このことから納得できるように、魂は知覚の能力と食物を活用する能力を合わせもつものであり、この二つの能力にとって魂は一であって(15)、一方が他方から分離しているわけではない。明らかに、魂は、そのなかに魂がある肉体を完成する者であり、肉体を分化と分離にもっとも適した秩序に保っている、それというのも肉体のどの部分も別の場所をもつ資格をそなえ、隣接する部分からの独立に値するが、肉体を現にある状態に維持するのは、肉体の本性の外にあるものにかぎられ、それが動物のなかにある魂である。したがって魂は、基体の完成であり、基体はその完成によって存立するが、完成はまた種の完成者でも種の製作者でもある、というのも魂を異にするものは、魂によって種を異にするようになるからであり、それらのものの差異は、個体によるものではなく種によるものである。したがって魂は偶有性には属しておらず、偶有性は、それによって種が異なることはなく、基体の存立に含まれることはない。したがって魂は、実体としての完成であって偶有性としての完成ではないが[16]、だからといってかならずしも、その実体が離在することにはならず、離在しないことにもならない、というのも、すべての実体が離在するわけではなく、質料も離在しなければ形相も離在しないが、君はすでに、事態がかくのごとくであることを学んでいる[17]。さて、これから魂の諸能力とその諸作用を、何らかのかたちで要約的に示し、それから徹底的に論じることにしよう。

(9) 用意(istiʿdād)は自動詞 istaʿadda(用意する)の動名詞。他に分詞形や同根の他動詞 aʿadda(用意させる)もよく出てくる。「用意」の訳語ではちょっと苦しい文脈もあるが、やはりよく使われる tahayyaʾa(準備する)およびそれと同根の語と区別するためにこの訳語を用いる。

(10) 本書第五部第四章。

(11) カイロ版・バコシュ版の tanbaʿiṯu による。ラフマーン版は tanšaʿibu(枝分れする)とする。

(12) ラフマーン版の wa-law-lā ḏālika la-mā *baqiya* ʿalá ṣiḥḥat-*hi* による。代名詞の性のちがいだが、カイロ版・バコシュ版では wa-law-lā ḏālika la-mā *baqiyat* ʿalá ṣiḥḥat-*hā*(魂は健全さを保たない)となる。

(13) 原語は qaḍāyā(qaḍīyah の複数形)。ここでは「事物、出来事、行為」といった一般的な意味で用いられていると思われるが、論理学ではこの語は「命題」を意味する。

(14) カイロ版・バコシュ版の wa-laysa min-mā による。ラフマーン版は wa-laysa(……ではない)とする。

(15) カイロ版・バコシュ版の wa-hiya wāḥidah la-*humā* による。ラフマーン版の wa-hiya wāḥidah la-*hā* は「これらの能力〔双数ではなく複数〕は魂にあっては一であり」のように読める。

(16) カイロ版・バコシュ版の lā ka-l-ʿaraḍ による。ラフマーン版にはないため、「実体としての完成であるが」となる。

(17) 『治癒の書 自然学講義』第一部第二章。

第四章　魂の諸作用の相違が魂の諸能力の相違によるものであることの説明

33.7/27.3 我々は述べるが、魂には、さまざまな仕方で異なる諸作用がそなわっており、そのあるものは強さと弱さによって異なり、あるものは速さと遅さによって異なる、というのも臆見は、確実さと強さにおいて確知と異なる何らかの確信であり、直観は、理解の速さにおいて把握[1]と異なる。また欠如と機能において異なることもあり、たとえば疑念は見解と異なり、というのも疑念が対立する両極への確信の欠如であるのに対して、見解は対立する両極の一方に対する確信であり、たとえば運動と静止もそうである。また対立しあうものとの関係によって異なることもある、たとえば白を感覚することと黒を感覚すること、甘さの知覚と苦さの知覚。また類によって異なることもあり、たとえば色彩の知覚と味の知覚、いやむしろ知覚と運動がそうである。さて我々の目的は、これらの作用がそこから発出するところの諸能力を知り、すべての種類の作用にそれに特有の能力がなければならないか、それともそうである必要はないかを知ることである。

33.18/27.13 そこで我々は述べるが、強さと弱さにおいて異なる作用の場合、その原理は一つの能力だが、それが時には作用においてより完全になり、時には作用においてより減じたものになる。もし減少が、より完全なものに対する能力とは別の能力が、より減じたものに対してあることを要求するなら、減少と増加の段階の数に応じて、数々の能力がなければならないことになり、段階の数は際限のないものになりかねないが、そうではなく、一つの能力が、ある時は選択によって、ある時は器官の反応のよさに応じて、より強く、またより弱く作用を行ない、ある時は[2]外部の障碍に応じて、作用があったりなかったり、少なかったり多かったりするのである。作用とその欠如についてては、すでに全般的な論述において、その原理がただ一つの能力であることが君に対して述べられている。

34.7/28.1

一方、機能の領域に属する能力の諸作用が類によって異なること、たとえば知覚と運動、あるいはこの知覚とあの知覚といったものの相異は吟味されるべきであり、たとえば、もろもろの知覚能力のすべてが一つの能力であるかが検討されるべきである。ただしその能力には、それ自体による何らかの知覚作用[3]、すなわち知性的なものと、器官が異なるために異なった器官によってなされる何らかの知覚作用がある。そこでもし、たとえば知性的なものと感覚的なものが二つの能力にそなわっているなら、内部で想像し、外部で知覚する感覚的な知覚作用のすべては、ただ一つの能力にそなわっているのか。また内部のもろもろの知覚作用が一つまたは複数の能力にそなわるものであるなら、外部のもろもろの知覚作用は相異なる器官において相異なる作用を行なうただ一つの能力にそなわっているのか。というのも一つの能力が類や種を異にする諸事物を知覚するのは不可能ではない、ちょうど学者たちにおける知性のあり方から分かるように、また彼らにおける想像力のあり方から分かるように。いやむしろ、大きさ、数、運動、静止、形状がそれであると主張されている共通の感覚対象が、他の感覚対象を介してではあっても、諸感覚のどの一つによっても、あるいはその多くによって感覚されることがあるように。

35.1/28.12

さらに、はたして動かす能力は知覚能力なのか、なぜそうではありえないのか。欲望の能力それ自体は憤激の

(1) ラフマーン版の talaqqun による。カイロ版・バコシュ版は yaqīn（確知）とする。

(2) カイロ版・バコシュ版による。tāratan（ある時は）はラフマーン版にはない。

(3) カイロ版・バコシュ版の idrākāt *mā* bi-ḏāt-hā による。ラフマーン版はに idrākāt bi-ḏāt-hā（それ自体による知覚作用）とする。

能力であり、それが快楽に出会えば、ある仕方で作用をこうむり、害悪に出会えば、別の仕方で作用をこうむるのか。いやむしろ摂食能力や生長能力や生殖能力は、こういう別々の能力なのか(4)。もしそうでないなら、それらはただ一つの能力であって、身体の形成が完了していないときは、形態と形状に応じてその所々方々に食物を動かし、完成していれば、その運動それ自体を動かすが、しかし形状がすでに仕上がっていて他の形状が生じることがなく、大きさがすでに一定の規模に達しているなら、その能力は分解されるよりも多くの食物をそれにもたらすことができず、身体は停止する、ということなのか。この段階で、生殖に好都合な食物の余剰が生まれるので、その能力はそれを生殖諸器官に送り込む、それはちょうど、その器官を養うために、食物をそこに送り込むのと同じことだが、生殖諸器官が必要とする食物よりも大きな、他の領域に適した余剰が残っているため、同じその能力が、多くの器官が余剰をそうするように、その領域に余剰を振り向けるのである。その後、生涯の終りになると、この能力は、分解されるものと等量の、分解されるものの代りを送り込むことができなくなり、萎え衰えが生じる。ところで生長能力が想定されているわけでも、萎縮能力が想定されているわけでもなく(5)、また相異なる作用が相異なる能力の証拠になるわけでもない、というのも同じ一つの能力が相反することを行なう、いやむしろ一つの能力が、異なる意志によって異なる運動を動かす、いやむしろ一つの能力が異なる素材に異なる作用を及ぼすこともある。これらのことは、その解決が我々において準備されなければならない疑問であり、さもなければ、我々が先に進んで魂の諸能力を確立することも、その数がこれこれであり、そのあるものが別のあるものと異なることを確立することもできない(6)。我々から見た真理は以下の通り。

そこで我々は述べるが、まず第一に、能力であるかぎりにおける能力は、それ自体において、そして何よりもまず、何かができる能力であり、その何か以外の別のものの原理ではありえない、というのもこの能力は、その何かができる能力であるかぎりにおいて、それの原理なのであるから。もし別のものの原理であるなら、原理であるかぎりにおけるこの能力が、それ自体において、その最初のものの能力であることはない。能力であるかぎりにおける能力は、第一の意図によって割り当てられた作用の原理にしかならないのである。とはいえ一つの能力が第二の意図によって多くの作用の原理になることもありうるが、それは、それらの作用が分枝のようになっているためであり、最初からそれらの作用の原理であるのではない。たとえば視覚作用は、もともとは質を知覚する能力でしかなく、その質によって物体は、光を受け入れる物体と発光体とのあいだにその物体があると、発光体は光を受け入れる物体に照明作用を行なわないようになるが、これは色彩であり、さてそれから、この色彩は白である、黒であるということになる。さらにまた想像構成能力は、素材的なものの形相を、後ほど述べるように、一種の非徹底的な剝奪によって素材を剝奪された素材的形相であるかぎりにおいて確立しようとするものであり、さてそれから、それは色彩、味、声、大きさ、あるいはその他のものであったということになる。知解能力は、素材と素材に付随するものを免れているかぎりにおいて、事象の形相を確立しようとするものであり、さてそれから、それはたまたま形状であった、たまたま数であったということになる。

　ところで能力がまさにある作用を目指して用意されたものでありながら、それに付け加えられる別のものを必要とすることもありうるのであり、それが付け加えられると、可能態にあるものが、現実態で実現してその能力

37.1/30.1

（4）ラフマーン版の *šattá* min hāḏihi al-quwá による。カイロ版・バコシュ版は *šayʾ* min...（これらの能力のどれか）とする。

（5）カイロ版の fa-lam *tufriḍ* qūwatun nāmiyatun wa-lā *tufriḍ* qūwatun muḏabbilatun による。ラフマーン版は fa-lam *nafriḍ* qūwatan nāmiyatan wa-lā *nafriḍ* qūwatan muḏabbilatan（我々は生長能力を想定したわけでも、萎縮能力を想定したわけでもなく）、バコシュ版は fa-lima *taʿriḍu* qūwatun nāmiyatun wa-lā *taʿriḍu* qūwatun muḏabbilatun（なぜ生長能力が生じ、萎縮能力は生じないのか）とする。

（6）本書第一部第五章。

にそなわるようになり、その別のものがなければ能力は作用しない。するとこの能力のようなものは、ある時は現実態にある作用の原理であり、ある時は現実態ではなく可能態にあるその作用の原理であることになる。たとえば動かす能力がそうであり、というのも想像構成作用または知解対象による運動への呼びかけによって、欲求能力の同意が成立すれば、動かす能力はもちろん動かすことになるが、それが成立しなければ動かさない。ところで一つの器官をもつ一つの動かす能力からは、一つの運動しか発出しない、それというのも多数の運動は、我々のなかにある筋肉という運動器官の多さによってなされ、それぞれの筋肉のなかに、特定の運動だけを動かす個別的な動かす能力がある。一つの能力の刻印作用が、相異なる受容体や相異なる器官に応じて異なったものになることもあるが、これは分かりきったことである。

さて我々は述べるが、魂の諸作用の第一の区分は三つに分かれ、摂食や成育や生殖のような動物と植物が共有する諸作用、動物あるいはその大半が共有しながら植物には割当てられない感覚作用や想像構成作用や意志的運動のような諸作用、そして人間特有の諸作用があり、これはたとえば知解対象の形相化、諸技芸の創出、生成者の世界についての熟慮、美しいものと醜いものの区別である。もし魂の諸能力が一つであり、植物の諸作用が、第一の発出としては動物の諸作用がそこから発出する能力から発出するのであれば、摂食はしても感覚作用によって硬かったり軟らかかったりするものは感覚しない、そういう植物の身体や動物の諸器官は存在しなかったであろう。感覚しないのは、その能力が無いためか、あるいは素材がその作用をこうむらないためであるが、素材が熱さや冷たさの作用をこうむらず、その両者からも、強い味や強い香りからも刻印を受けないなどと言うのは不合理である、というのも素材はそれらから作用をこうむっている。すると残るのは、それを行なう能力が無いからであるが、摂食の能力はすでに存在している。したがってこの二つの能力は互いに異なる。

さらにまた魂が動かす運動は、絶対的な移動によるものであって、それぞれの物体は絶対的に移動を受け入れ 38.7/30.21
るのか、あるいは収縮と伸長という移動によってであるか、(7)そのいずれか一つでなければならない。我々の身体のなかには筋肉よりも移動をよく受け入れる諸器官があり、それらの器官のなかには摂食の生命があるが、その生命は動かすことができない。するとその原因は生命の側にはなく、それらの器官が動かす能力を欠いていることの方にある。同様にして、ある神経には運動がなく、感覚能力だけがそのなかで機能しており、またある神経はそのなかで運動が機能しているが、それと分かるような優劣はない。それどころか、感覚がそのなかで機能するものに形が似ていて、感覚を質において増減させるものもあり、運動能力がそのなかで機能していることもある。またそれと同じようなものでありながら、感覚能力がそのなかで機能していないものが存在することもある。同様にして、君も知ることができるように、眼は、近くにある味から作用をこうむる点では舌に劣らないが、眼は、それが味わわれるものであるかぎりにおいては――質であるかぎりにおいて、と私は言っているのではない――味を感覚することなく、声も感覚しない。

ところで人間的な能力については、それが素材への押印を本質的に免れていることを我々は明らかにし、(8)また 39.3/31.8
動物に関係づけられるすべての作用において、器官が必要であることを明らかにする。(9)したがって諸感覚と想像構成作用は、動かす能力から流出したものではあっても、動かす能力とは別の素材的な能力にそなわっている。運動の諸能力もまた、これから明らかにするように、(10)ある面においては感覚と想像構成の諸能力に依存している。

（7）　カイロ版・バコシュ版の *li-naql* による。ラフマーン版は *al-naql*（移動であるか）とする。

（8）　本書第五部第二章。

（9）　本書第五部第八章。

（10）　本書第四部第四章。

このことと根本的な諸原理について我々が授けたことを君が理解したなら、君は容易に、我々がその分類と列挙に取り組んでいる諸能力のあいだの区別を知り、どの能力にも、他の能力が共有することのない第一次的な作用がそなわっていて、他の能力の方にはその能力の第一次的な作用とは別の第一次的な作用がそなわっていることを学ぶことができる。

第五章　魂の諸能力の分類列挙

さてこれから、魂の諸能力を配置に応じて列挙し、それから、それぞれの能力のあり方の説明に取り組むことにしよう。そこで我々は述べるが、魂の諸能力は、第一の分類において、三つの区分に分かれる。その一つは植物的魂、これは産み出され、生長し、摂食するという点において、器官をもつ自然的物体にそなわる第一の完成であるが、食物は、それを食物にすると言われる物体の本性に似ていることがその持ち前になっている物体であり、分解されるものにひとしい量を、あるいはそれよりも多く、あるいはそれよりも少なく、その物体に付け加える。第二の区分は動物的魂、これは個物を知覚し、意志によって運動するという点において、器官をもつ自然的物体にそなわる第一の完成である。第三の区分は人間的魂、これは、思考による選択と見解による導出によって成り立つ諸作用を行なうことがそれに帰されるという点において、そして普遍的な事象を捉えるという点において、器官をもつ自然的物体にそなわる第一の完成である。もしこういう慣習がなければ、いちばんいいのは、先立つものの一つひとつが、それに続くものの記述中に述べられる条件として措定されることであろうが、それは、そういう作用に応じて魂にそなわる魂の諸能力ではなく、魂をこそ記述したいと我々が思った場合のことである、というのも完成は、魂の能力の定義ではなく、魂の定義に使われるのだから。これから君は、動物的魂と知覚作用および運動の能力とのあいだの区別を、理性的魂とすでに言及された識別などの事柄を行なう能力とのあいだの区別を学ぶことになる[1]。もし君が徹底的にやりたいなら、正しいやり方は、植物的魂を動物的魂の類となし、動物的魂を人間的魂の類となし、もっとも特殊なものの定義のなかにもっとも一般的なものを捉えることである。しかしながら、その動物性と人間性にかんして特定の諸能力がそれにそなわるかぎりにおける魂に関心があるなら、おそらく君は我々が述べたもので満足するであろう。

40.14/33.2
　植物的魂には三つの能力がある。摂食能力、これは摂食能力がそのなかにある物体とは別の物体を、それがそのなかにある物体と同形のものに変化させ、分解されたものの代りに、それを前者に付加する能力である。生長能力、これは生長能力がそのなかにある物体を、それに類似した物体によって増大させる能力であり、その諸部分を、釣合いを保ちながら長さと幅と奥行きにおいて増大させ、その物体を発育の完成に到達させようとする。そして生殖能力、これは生殖能力がそのなかにある物体から、可能態においてその類似物である部分を取り、それに似た他の諸物体の援けを借りて、その部分を現実態においてそれに類似したものにする創出と混合を、その部分に対して作用させる能力である。

41.3/33.9
　動物的魂には、第一の区分によって、動かし知覚する二つの能力がそなわる。動かす能力は二つの区分に分かれ、運動を惹起するものとしての動かす能力であるか、あるいは作用を行なうものとしての動かす能力である。惹起するものとしての動かす能力は願望と欲求の能力であり、これは、我々が後ほど述べる想像構成作用のなかに[2]、求められる形あるいは避けられる形が描かれたとき、我々が述べた、もう一方の動かす能力を運動へと惹起する能力である。これには二つの分枝があり、欲望能力と呼ばれる分枝、これは必要または有益と想像される諸事物が、快楽を求めて近づけられる[3]運動を惹起する能力である。そして憤激能力と呼ばれる分枝、これは、有害または衰滅をもたらすと想像される諸事物が、征圧を求めて遠ざけられる[4]運動を惹起する能力である。また作用を行なうものである動かす能力は、神経と筋肉において惹起される能力であり、筋肉を収縮させて四肢に繋がる腱と紐帯を起点の方向に引き寄せ、あるいは[5]それらを緩め、あるいはそれらを長く伸長させ、腱と紐帯を起点とは逆の方向に行かせるようにできている。

一方、知覚の能力であるが、これは二つの区分に分かれ、その一つは外部において知覚する能力、もう一方は内部において知覚する能力である。外部において知覚する能力は五つもしくは八つの感覚。そのなかには視覚があり、これは中空の神経に配置された能力であって、色彩をそなえた諸物体の映像が、現実態にある透明な物体を通って滑らかな物体の表面に行きつき、氷状の湿気に押印されたものの形を捉える。またそのなかには聴覚があり、これは耳道の表面に散在する神経に配置された能力であって、打つものとそれに抵抗する打たれるものに挟まれて激しく圧縮された空気の波動がそこに行きついたものの形を捉えるが、その圧縮から音が生じ、音の波動が耳道の空洞に淀む封入された空気に行きつき、その動きの形なりに空気を動かすと、神経がその動きの波動に触れて音が聞こえる。またそのなかには嗅覚があり、これは脳の前部にある乳房の乳頭に似た二つの突起に配置された能力であって、吸入された空気が届ける、空気に混じった蒸気に存在する匂い、あるいは匂いをもつ物体の変化によって空気に押印された匂いを捉える。またそのなかには味覚があり、これは舌の本体に拡がる神経に配置された能力であって、舌に触れる諸物体から分離分解した味を捉えるが、その味は、舌にある混入し変化をもたらす甘い湿気に混入している。またそのなかには触覚があり、これは全身の皮膚と肉の神経に配置された

41.16/33.21

（１）本書第四部第四章、第五部第一章。
（２）本書第四部第二章。
（３）ラフマーン版の yuqrabu による。カイロ版・バコシュ版は taqrubu（近づける）とする。
（４）ラフマーン版の yudfaʿu による。カイロ版・バコシュ版は tadfaʿu（遠ざける）とする。
（５）ラフマーン版の aw による。カイロ版・バコシュ版は wa（そして）とする。

能力であって、体液混合を変化させ、あるいは合成の形態を変化させる対立によって、肉体に触れそれに刻印を与えるものを捉える。この能力は、ある人々の見解によれば、最後の種ではなく、ともに皮膚全体に拡がる四つあるいはそれ以上の能力の類であるらしく、それらの能力の一つは熱いものと冷いものの対立を判断し、第二の能力は湿ったものと乾いたものの対立を判断し、第三の能力は硬いものと軟らかいものの対立を判断し、第四の能力は粗いものと滑らかなものの対立を判断するが、しかし、それらの能力が一つの器官に集合していることから、それらは本質において一と化しているように表象される。

一方、内部の知覚能力であるが、その一部は感覚対象の形を捉える諸能力であり、あるものは感覚対象の含意(6)を捉える。知覚能力のなかには、知覚と作用をともに行なうものがあり、そのなかには、知覚はしても作用は行なわないものがあり、またそのなかには、第一次的に知覚するものがあり、またそのなかには、第二次的に知覚するものがある。形の知覚と含意の知覚とのちがいは、形の方は、内部感覚と外部感覚がともに知覚するものではあっても、まず外部感覚がそれを知覚して、それを内部感覚に届けることにある。たとえば羊による狼の形の知覚、すなわち狼の形状と形態と色彩の知覚がそうであり、というのも羊の内部感覚も狼の形を知覚するが、最初は羊の外部感覚だけがそれを知覚する。含意の方は、魂が感覚対象から知覚するものであるが、最初に外部感覚がそれを知覚するわけではなく、たとえば羊による狼のなかにある敵対的な含意の知覚、あるいは羊に狼を恐れ、狼から逃げるように強いる含意の知覚において、それを感覚はまったく知覚しない。狼から、最初に外部感覚が知覚し、それから内部感覚が知覚するものは、ここではとくに形の名を与えられており、内部の諸能力が感覚なしで知覚するものは、ここではとくに含意の名を与えられている。また作用をともなう知覚と作用をともなわない知覚のちがいは、一部の内部の諸能力の作用には、知覚された形と含意を互いに組み合わせ、またそれらを分離するものがあり、知覚するとともに知覚したものに作用を及ぼしもするのに対して、作用をともなわない知覚の方は、形や含意が何かのなかに描かれるだけで、自由にそれに作用を及ぼすことはけっしてないことである。また第一の知覚と第二の知覚がちがうのは、第一の知覚が、形の何らかの仕方での実現がそれにおのずから生じることであるのに対して、第二の知覚は、それにおける形の実現が、その形をそれに送り届ける[7]別のものの方から生じることである。

　動物の内部知覚能力の一つにファンタシア[8]の能力、すなわち共通感覚があるが、これは脳の第一空洞に配置された能力であり、そこに届けられる、五感に押印されたすべての形をみずから受け入れる。さらに想像力と形相 44.3/35.20
化能力があるが、これもまた脳の前部空洞の端に配置された能力であり、共通感覚が五つの個別的な感覚から受け入れたもので、それらの感覚対象が消滅した後も共通感覚のなかに残っているものを保存する。知っておかなければならないが、受け入れは、それによって保存が行なわれる能力とは別の能力にそなわる。そのことを水から学ぶがよい、というのも水には画像や図柄を、要するに形状を受け入れる能力はあるが、後ほどそれを十分に確かめるように[9]、形状を保存する能力はない。また外部感覚[10]の作用と共通感覚の作用、そして形相化能力の作用のちがいが知りたければ、雨から落ちてくる滴のありさまをじっくりと眺めるがよい。直線と回転するまっすぐ

（6）ここで「含意」の訳語を宛てた maʿnā（pl. maʿānī）は非常に多義的なことばで、元来は「（語の）意味、（語によって）意図されたもの」を意味するが、場合によっては「観念」、またたんに「もの」を表すこともある。表象力（wahm）の対象として術語的に用いられているとき、これを「含意」（ラテン語訳では intentio）と訳す。

（7）ラフマーン版と『救済の書』（*Al-Naǧāt*, p. 328）の addā-*hā* ilay-*hi* による。カイロ版・バコシュ版は addā ilay-*hā*（その形に送り届ける）とする。

（8）共通感覚（al-ḥiss al-muštarak）のこと。ここでは banṭāsiyā と音写されているが、本章の末尾には fanṭāsiyā の形で出てくる。

（9）本書第四部第二章。

（10）カイロ版・バコシュ版の al-ḥiss al-ẓāhir による。ラフマーン版は al-ḥiss *al-ʿāmm* al-ẓāhir（外部の一般的な感覚）とする。

な事物のありさまが見えるだろうが、その先端は円に見え、何度も見なければ、その事物が線であるか円であるかは捉えられない。外部感覚にできるのは、それを二度見ることではなく、それが現にある場所においてそれを見ることだが、その事物が共通感覚のなかに描かれ、その形が共通感覚から消える前にその事物が消滅した場合、外部感覚がそれを現にある場所において捉えるのに対して、共通感覚は、それがあったところにあるとともに、それが赴いたところにもあるかのようにその事物を捉え、円形あるいはまっすぐな延長を見る。これを外部感覚に帰するのはまったく不可能である。一方、形相化能力は、その事物が失くなり見えなくなっていても、その両者を捉え、その両者を形相化する。

45.2/36.16 また動物的魂については想像構成能力と呼ばれ、人間的魂については思考能力と呼ばれる能力であるが、これは脳の中央空洞の虫状体(11)に配置された能力であり、意志に応じて、想像力のなかにあるものを互いに組み合わせたり、それらを分離したりする。次は表象能力(12)、これは脳の中央空洞の終端に配置された能力であり、個々の感覚対象のなかに存在する非可感的な含意を捉え、たとえば羊のなかに存在するその能力は、この狼は逃げるべきもの、この仔は愛すべきものという判断を下す。どうやら、これもまた想像されたものを組み合わせと分離によって処理する能力であるらしい。次は保存し記憶する能力であるが、これは脳の後部空洞に配置された能力であり、表象能力が捉える、個々の感覚対象のなかにある非可感的な含意を保存する。この保存能力と表象能力の関係は、想像力と呼ばれる能力と感覚の関係のごときもの、その能力(13)と含意の関係は、この能力(14)と感覚された形の関係のごときものである。以上が動物的魂の諸能力である。

45.17/37.7 人間の理性的魂についてであるが、その諸能力は実践的能力と認識能力に区分され、この二つの能力のいずれもが、名詞の多義性により、あるいは類似性によって知性と呼ばれる。実践的な能力は、熟慮に特有の個別的な活動に向けて、とくにその活動に該当する一般に是認された諸見解の要請にそって人間の肉体を動かす原理であり、この能力には、動物的な願望能力に関連する考慮、動物的な想像構成と表象の能力に関連する考慮、そしてそれ自身に関連する考慮がそなわる。実践的能力において動物的な願望能力との関連に対応する考慮は、人間特有の諸態勢[15]が、そこから実践的能力のなかに生じる種類のものであり、その諸態勢によって、恥ずかしさや気おくれ、笑いや涙、あるいはそれに似た能動的または受動的な作用をすみやかに行なう態勢がととのう。実践的能力において動物的な想像構成と表象の能力との関連に対応する考慮は、実践的能力が、生成衰滅する事象の処理の考案や人間の諸技芸の創出に専念するとき、実践的能力に加わる種類のものである[16]。そして実践的能力において実践的能力自身との関連に対応する考慮は、実践的知性と思弁的知性から、実践に結びついていて、通念として広く行きわたっていく諸見解がそのなかに生み出される種類のものである。たとえば証明を経ていない「嘘は醜悪である」や「不正は醜悪である」、そしてそれに似た諸前提であり、論理学の書物では純粋な知性的諸原理からの切り離しによって定義されるものである[17]。もっとも、いったん証明されれば、君が論理学の諸巻で学んだ

(11)　虫状体（dūdah）は松果体を指すものと思われる。

(12)　表象力（wahm）または表象能力（al-qūwat al-wahmiyah）は、ラテン語訳では多く aestimatio（評価）とされているが、評価ということばは知性との結びつきを連想させるし、すぐ後に説かれるように、この能力には想像構成能力に似たはたらきがあるため、評価力といったような訳語は避けた。cf. F. Rahman. *Avicenna's Psychology*. p. 80-83; Parviz Morewedge. *The Metaphysics of Avicenna (ibn Sīnā)*. Columbia University Press. New York. 1973. p. 321-324.

(13)　表象能力のこと。

(14)　想像力のこと。

(15)　ここに態勢と訳した hayʾah（pl. hayʾāt）は日常語では「外形、外見」を意味するが、本書では、同じ語根から作られた動詞 hayyaʾa（準備させる）、tahayyaʾa（準備する）とのつながりで、「準備のできた態勢・状態」を表す語として用いられている。ラテン語訳では affectio。

(16)　ラフマーン版の *yanhāzu ilay-hā* による。カイロ版・バコシュ版は *tanhāzu ilay-hi*（実践的能力が加わる種類のものである）とする。

ように、これも知性的なものの一つになるのではあるが。

またこの能力は、我々が述べるもう一つの能力のはたらき方からして必然的に、肉体の諸能力をすべて支配し、それらの諸能力からはまったく作用をこうむることなく、むしろ諸能力がこの能力の作用をこうむり、この能力の下に抑え込まれているのでなければならず、自然の諸事象から獲得される服従的な態勢、すなわち低劣な性格と呼ばれる態勢が、肉体からこの能力に生じることがないようにしなければならない。いやむしろ、この能力は、まったく作用をこうむることも服従することもなしに支配し、優れた諸性格がこの能力にそなわるようにならなければならない。それらの性格が肉体的諸能力に関係づけられることもありうるが、もし肉体的諸能力が勝者であれば、そちらに能動的な態勢がそなわり、この知性には受動的な態勢がそなわることになる。あらゆる態勢が性格と呼ばれるとしてみよう、すると同一のものから、こちらには一つの性格が、そちらには別の性格が生じることになる。もし肉体的諸能力が敗者であれば、それに受動的な態勢がそなわるが、この知性にそなわる能動的な態勢が無関係なわけではない。すると、それはやはり二つの態勢であり、二つの性格であるか、あるいは二つの関係をそなえた一つの性格であるか、そのいずれかであるが、我々のなかにある諸性格がこの能力に関係づけられるのは、後ほど明らかになるように、人間の魂が一つの実体であり、それが二つの領域、すなわちそれよりも下の領域とそれよりも上の領域に対する関係と関連性をそなえているからにほかならない。またこの実体には、それぞれの領域について、実体とその領域との結びつきがそれによって整えられる能力がそなわっている。この実践的能力は、この実体よりも下にある領域との結びつきゆえに実体にそなわる能力であり、それは肉体と肉体の統治である。一方、思弁的能力は、この実体よりも上にある領域との結びつきゆえに実体にそなわる能力であり、その領域の作用をこうむり、その恩恵に浴し、そこから受け入れるためのものである。すると我々の魂には二つの顔があるかのようである。肉体の方を向いた顔、この顔は肉体の自然本性の要請という類からはまったく刻印を受け入れないようでなければならない。そして高い諸原理の方を向いた顔、この顔はつねに彼処にあるものから受け入れ、その刻印作用を受けていなければならない。こうして低い面からは諸性格が生み出され、上の面からは知識が生み出される。以上が実践的能力である。

一方、思弁的能力は、素材を剝奪された普遍的形相によって押印されることをその役目とする能力である。もともと剝き出しになっていれば、そういうものの形相を思弁的能力が自分自身のなかに取り込むのはもっと容易であるが、そうでなければ、素材に付随するものがそのなかに何も残らなくなるまで、思弁的能力の剝奪によって剝き出しにされる。それがどのようにしてであるかは後ほど明らかにする。この思弁的能力はこれらの形相に対してさまざまな関係をもっており、それがなぜかといえば、何かを受け入れるべきものは、可能態においてその受容体であることもあれば、現実態においてその受容体であることもあるからであり、能力は、先行するか後行するかによって、三つの意味で言われる。現実態においてはそこから何一つ出てきておらず、それによって出てくるものが実現してもいない、そういう絶対的な用意に対して能力と言われる、たとえば小児の文字を書く能力。また媒介を経ることなしに現実態の獲得に辿りつくのを可能にするものしかその事柄に実現していない、そういう状態にあるこの用意に対して能力と言われる、たとえば成長してインク壺やペンや文字の基礎を知った子供の文字を書く能力。そしてまた道具によって補完され、道具とともに用意の完成も生じ、そうしたいときに、

48.1/39.1

(17)　カイロ版・バコシュ版の al-muqaddamāt al-maḥdūdat *li-l*-infiṣāl ʿan al-awwalīyāt al-ʿaqlīyat al-maḥḍah fī al-kutub al-manṭiq による。ラフマーン版は wa-mā ašbaha ḏālika min al-muqaddamāt al-maḥdūdat *al*-infiṣāl ʿan… とするが、文法的に苦しい。「……から切り離して定義されるものである」とでもなるのだろうか。なお、「純粋な知性的諸原理」は、たとえば「全体は部分よりも大きい」といったようなもの。

わざわざ獲得しなくても意図するだけで作用することができるようになった、そういう状態にあるこの用意に対して能力と言われる、たとえば、その技芸において完成に達した書記の書かずにいるときの能力。第一の能力は絶対的とも質料的とも呼ばれ、第二の能力は可能的能力と呼ばれ、第三の能力は能力の完成と呼ばれる[18]。

したがって思弁的能力が、我々が述べた剝き出しの形相に対してもつ関係は、時には絶対的可能態にあるものがもつ関係になるが、それは魂にそなわるこの能力が、それに対応する完成からまだ何ものも受け入れていない 48.18/39.17 ときのこと、このときそれは質料的知性と呼ばれる。質料的知性と呼ばれるこの能力は、この種に属するあらゆる個体に存在し、この能力が質料的と呼ばれるのは、それ自体としてはいかなる形相ももたず、しかもあらゆる形相の基体である第一質料にそなわる用意に、この能力をなぞらえてのことにすぎない。

またその関係は、時には可能的可能態にあるものがもつ関係になるが、これはさまざまな知解対象から、この質料的な能力に、第一の知解対象——そこから、それによって第二の知解対象が到達される——がすでに実現し 49.5/39.22 ているということである。第一の知解対象とは、それによって真偽判断が生じる諸前提のことだが、その判断は獲得によって生じるのではなく、それを肯定する者が、肯定しないこともできると片時でも感じることはけっしてない、そういう諸前提であり、たとえば我々は、全体は部分よりも大きく、同じ一つのものにひとしいものは互いにひとしいと確信している。現実態にある観念としてはまだこの程度のものしかそのなかに実現していないとき、この能力は資質態の知性と呼ばれるが、第一の能力と比較して、現実態の知性と呼ぶこともできる、なぜなら第一の能力が、現実態では何一つ知解できないのに対して、この能力の方は、現実態で探求しはじめるなら、知解することができる。

またこの関係は、時には完成した可能態にあるものがもつ関係であり、それはこの能力に、第一の知解対象の 49.16/40.5

後で獲得され知解された形相も実現しているということであるが、ただし知性が形相を現実態で眺め、形相に還帰するわけではなく、知性のもとに形相が貯蔵されているかのようであって、そうしたいときに、それらの形相を現実態で眺めて知解し、自分はそれらを知解したと知解する。これが現実態の知性と呼ばれるのは、そうしたいときに、わざわざ獲得することなしに知解する知性だからであるが、しかしその後に来るものと比較するなら、可能態の知性と呼ぶこともできる。

またこの関係は、時には絶対的な現実態にあるものがもつ関係であり、それは知解された形相が知性のなかに 50.2/40.10
現前し、それを知性が現実態で眺め、それを現実態で知解するとともに(19)、現実態で自分がそれを知解しているのを知解するということであるが、そのとき知性に実現しているものは獲得知性と呼ばれる(20)。これが獲得知性と呼ばれるのは、これから我々にとって明らかになるように、可能態にある知性は、恒常的に現実態にある知性(21)によってのみ現実態に出ていくのであり、可能態にある知性が現実態にあるその知性にある種の繋がりによって繋がるとき、ある種の形相が知性に押印され、それが外部から獲得されたものだからである。これらは思弁的知性と呼ばれる諸能力の諸段階でもあり、獲得知性において、動物という類とそれに属する人間という種が完全になり、そこにおいて人間的能力は、存在全体の第一の諸原理に似たものになっている。

さて注意を凝らして、これらの能力のありさまを眺めるがよい、そのあるものが他のものをどのように指揮し、 50.13/40.20
あるものが他のものにどのように仕えているかを。獲得知性が頭（かしら）であり、すべてがそれに仕えているのを君は見

(18)　『救済の書』には「……第三の能力は資質（malakah）と呼ばれるが、第二の能力が資質、第三の能力が能力の完成と呼ばれることも多い」とある（*Al-Naǧāt*, p. 334）。

(19)　カイロ版・バコシュ版の fa-yaʿqilu-hā *bi-l-fiʿl* による。ラフマーン版は fa-yaʿqilu-hā（知解する）とする。

(20)　カイロ版・バコシュ版の yusammā（呼ばれる）による。ラフマーン版にはこの語がないので「獲得知性である」となる。

(21)　能動知性 al-ʿaql al-faʿʿāl のこと。

いだすが、これが極限である。次が現実態の知性であり、これに資質態にある知性が仕え、そして質料的知性は、そのなかにある用意によって資質態の知性に仕える。次に実践的知性がこれらすべてに仕える、なぜなら肉体との結びつきは、後ほど明らかになるように、思弁的知性を完成させ、純化し、浄化するためにあるが、実践的知性はその結びつきの統御者である。次に実践的知性には表象力が仕え、その表象力に二つの能力が仕える[22]――その後に位置する能力とその前に位置する能力であるが、その後に位置する能力は、表象力がそれに届けるものを保存する能力、すなわち記憶能力であり、その前に位置する能力は動物的諸能力のすべてである。次に想像構成能力には取り組み方の異なる二つの能力が仕える。願望能力は協議によってそれに仕え、なぜなら、それがある種のやり方で想像構成能力を動かすように仕向けるからであり、そして想像能力[23]は、そのなかに貯蔵されていて、組み合わせと分離を受け入れる態勢にある形相を想像構成能力に見せることによってそれに仕える。さらに、この両者は二つの集団の頭(かしら)である。想像能力にはファンタシア[24]が仕え、そのファンタシアに五感が仕える。願望能力には欲望と憤激が仕え、その欲望と憤激に、筋肉のなかにある動かす能力が仕えるが、ここで動物的諸能力は尽きる。

さらに動物的諸能力に植物的諸能力が仕えるが、その第一であり頭(かしら)であるのは生殖能力であり、次に生長能力が生殖能力に仕え、次に摂食能力がこれらの能力の双方に仕える。次に四つの自然の能力がこれらのものに仕え、 51.8/41.11 その一つである消化能力には、ある面において保持の能力が、ある面においては惹き寄せる能力が仕え、このすべてに排泄能力が仕える。そのすべてに四つの質が仕えるが、熱には冷が仕える、というのも冷は熱のために素材の用意をととのえるか、さもなければ熱が準備したものを保存するからであり、後に続くものの利益を別にすれば、自然の偶有性のなかに入る諸能力に、冷はいかなる位置も占めていない。そして熱と冷の双方に乾と湿が仕え、そこが諸能力の序列の最後である。

61　第1部第5章

(22) カイロ版の mā addā-hu *ilay-hā*（それに届けるもの）による。ラフマーン版は mā addā-hu（届けるもの）とする。

(23) al-qūwat al-ḫayālīyah（想像能力）は、ラフマーン版校註の写本A、Bでは al-qūwat *al-muṣawwirat* al-ḫayālīyah（形相化と想像の能力）となっている。

(24) ファンタシア（fanṭāsiyā）は共通感覚（al-ḥiss al-muštarak）のこと。

第二部（全五章）

第一章　植物的魂に関係のある諸能力の確認

それでは、すでに言及された諸能力について、一つひとつそのありさまを説き明かすことから始め、その作用の面から諸能力を説き明かすことにしよう。その第一は植物的諸能力の諸作用であり、その最初は摂食のありさまである。そこで我々は述べるが、すでに君は先行する部分において、食物と摂食者の関係、両者の各々の定義とその特有性を学んでいる。そこでいま我々は述べるが、いつでも食物が即座に摂食者の自然本性に変わるわけではなく、まず何らかの変化によってその質から変化し、摂食者の実体への変化にそなえる。すると摂食能力に仕える諸能力の一つ、すなわち消化能力が食物に作用するが、これは動物のなかにある食物を溶かし、それが一様に浸透するように用意する能力である。次に摂食能力が、有血動物においては、第一の変化として、それを血液と体液に変えるが、他のいくつかの箇所で説明したように、肉体はその体液によって存立する。またどの器官も、自分のなかに自分専用の摂食能力をそなえていて、それが食物を自分に似た特別なものに変化させ、自分にそれを付加するのであり、摂食能力は代替物、すなわち分解されるものの代りをもたらし、それを類似物にして付加する。ところで食物の有用性で最大のものは、分解されるものの代りを存立させることであるが、それだけのために食物が必要なのではなく、まず第一に自然本性が成育のためにそれを必要とする。もっとも、後には分解されたものの場所にそれを据える必要しかないようになるが、とにかく植物的魂の諸能力の一つである摂食能

52.4/45.3

力は、個体の全生存期間をつうじて作用し、それが存在してその諸作用を行なっているかぎり、植物も動物も生存するものとして存在し、それが機能しなくなれば、植物も動物も生存するものとしては存在しない。

ところが他の植物的諸能力の場合はそうではなく、生長能力は、動物の生成初期においては、たんなる摂食で 53.1/46.2
はない作用を行なう、それがなぜかといえば、摂食の目的が、我々が定義したところのものだからである。この能力の方は、摂食能力の要請とは異なった具合に食物を分配するが、それがなぜかといえば、摂食能力がそれ自体で行なうことが、各々の器官に、その大きさと小ささに応じて食物をもたらし、その器官の分量に応じて食物を平等に付加することであるのに対して、生長能力の方は、肉体のある部分から、他の方面における増大のために必要な食物を取り上げ、それをその方面に付加し、その方面が他の方面の増大以上に増大するようにするのであり、このすべてにおいて、生長能力は摂食能力を自分に仕えさせる。もしこれが摂食能力に委ねられたなら、それらの方面を平等に扱うか、生長能力が減らした方面を優遇するであろう。

一例をあげるなら、摂食能力だけがあって、その作用が強力であり、そのもたらすものが分解されるものより
も多いのであれば、摂食能力は、諸器官の幅と奥行きを目立って肥大させながら、長さの方はそれと分かるほど 53.11/46.10
増大させない。ところが成育能力[1]は、幅を増大させるよりも、はるかに多く長さを増大させるが、長さの増大は幅の増大よりも困難である。それがなぜかといえば、そのためには、骨や神経という硬い器官に食物を入り込ませ、器官の諸部分に縦方向に食物を入り込ませて、器官が生長しその端部と端部のあいだが拡がるようにする必要がある。それに対して、幅の増大は、肉の成育と骨への食物供給を横方向に行なうだけで十分なことがあり、多くのものをそれに入り込ませてそれを動かす必要はない。

往々にして、ある器官は発育初期には小さく、あるいは器官は発育初期には大きい。その後、発育の終りには、 53.20/46.17

小さなものが大きくなり、大きなものが小さくなる必要がある。もし統御するのが摂食能力であったなら、それは同一の比率を保ちつづけることになろう。摂食能力であるかぎりにおける摂食能力は、食物をもたらし、平等あるいはほぼ平等に、本来肥大させるときにそれがそうする仕方で、それが肉体に付加されることを要請する。それに対して生長能力は、摂食能力に忠告を与えてその食物を分割させ、摂食能力の要請に逆らって、成育が要請するところにそれを入り込ませるように仕向ける。このことでは摂食能力は生長能力に仕えており、なぜなら摂食能力はもちろん食物を付加するものであるが、成育能力がそうさせておくかぎりにおいて自由に振舞うにすぎないのに対して、成育能力はひたすら発育の完遂をめざすのである。

生殖能力はどうかといえば、これには二つの作用がそなわっており、その一つは精子を創出し、それを成形し、それに本性を与えること、第二の作用は、第二の変化において、全能を一手に握る者[2]に服従しながら、精子の各部分にその形を、つまり、さまざまな能力、分量、形状、数[3]、粗さ、滑らかさ、そしてそれらに連なるものを授けることである。摂食能力は生殖能力に食物を供給し、生長能力は、相似形に伸長させることによって生殖能力に仕える。この作用は、精子[4]生成の第一段階に生殖能力によって完了し、その後、統御は生長能力と摂食能力に委ねられたままになる。生長能力の作用がほとんど完了すると、そのとき生殖能力は精子と精液を産み出すように促されるが、それは生殖能力と同じ類に属する能力が、奉仕者たる二つの能力とともにそこに宿れるようにするためである。

（１）　成育能力（murabbiyah）は、生長能力（nāmiyah）の同義語として使われているようである。

（２）　最終的には神ということになるが、直接には形相授与者（能動知性）を指す。

（３）　カイロ版・バコシュ版の wa-l-aškāl wa-l-aʿdād による。ラフマーン版は wa-l-aʿdād wa-l-aškāl（……数、形状）とする。

（４）　原語は al-šayʾ（その事物）。

54.18/47.9 要するに摂食能力は、それによって個体の実体が維持されるためのもの、生長能力は、それによって個体の実体が完全になるためのもの、そして生殖能力は、それによって種が存続するためのものであり、それというのも永続への愛は、いと高き神から(5)、あらゆるものの上に注がれるものであるとはいえ、個体による存続には相応しくなく種による存続に相応しいものにあっては、ある能力が、それに取って代るものを連れてくるように促され、それによって種が維持されるようにする。摂食能力は個体において分解されるものの代りをもたらし、生殖能力は種において分解されるものの代りをもたらす。

55.5/47.15 彼らの一人は(6)、摂食能力は火である、なぜなら火は摂食し生長するからと考えたが、彼は二つの点でまちがっている。一つには、摂食能力は自分で自分を養うのではなく、肉体を養い、肉体を生長させるのに対して、火は、摂食はするにしても、自分を養い、自分自身を生長させることしかしない。もう一つの点においては、火は摂食するのではなく、次々に産まれ、前にあったものは消えるということ。さらに、もし火が摂食を行ない、火のはたらきが肉体の食物のはたらきと同じであるなら、肉体の生長に終りがあってはならないことになる、というのも火は、素材が見つかるかぎり、とどまることなく無限に進みつづけるからである(7)。

55.12/48.1 これよりもさらに驚くべきものは、次のことばを述べた者(8)が述べたことである。樹木が下方に根を張るのは地性のものが下方に動くからであり、樹木が上の方に枝分れするのは火が上に動くからである、とのことであるが、彼の第一の誤りは、植物の多くは根よりも枝の方が重いということ、第二に、なぜこの運動によって、重いものが軽いものから分離し、離れていかないのかということ。もしこれが魂の統御によるものであるなら、根を伸ばし枝を張ることもまた魂のわざであるとするがよい。とはいえ植物における上部はその頭部のあるところであるが、植物の頭部はその根であるらしく、そこから発育するのである。

さらに、この根本的な能力の道具は内発的な熱である、[9]というのも熱は、素材を動かす用意のととのったものだからであるが、熱の後には冷が続き、冷が素材を包み込み、[10]創造の完成状態に静止させる。受動的な質はどうかといえば、その第一の道具は湿である、というのも湿は、形づくられ、成形されるものだからであり、その後に乾が続く、というのも乾は形状を保存し、まとまりを与える。 55.19/48.6

ところで動物のなかにある植物的能力は動物の身体を生みだす。それがなぜかといえば、この能力は植物的能力であるが、動物の能力がそれに結びついており、後者がその種差となって、同じように摂食能力と生長を有するものからそれを区別し、諸主要素と諸元素が[11]、動物に相応しい混ぜ方で混合されるようになる、それというのも植物と動物に共通の能力は、共通なものであるかぎりにおいては、その混合を引き受けない。というのも共通なものであるかぎりにおいて、その能力はかならずしも特殊な混合状態をもたらさず、それがかならず特殊な混 56.4/48.10

（5） カイロ版・バコシュ版の al-ilāh *taʿālā* による。ラフマーン版は「神」だけで「いと高き」がつかない読みを採用している。たしかに、この種の頌辞は写字生によって書き添えられることが多い。

（6） ヘラクレイトス。

（7） カイロ版の tadhabu（進み）による。ラフマーン版は tazayyadat（増大し）とする。

（8） エンペドクレス。

（9） 「体液の生成については、ピッポクラテス、アリストテレス、プラクサゴラス、ピロティモス、その他多数の古人が言ったこと以上に賢明な何か別のことを言いうる人があるかどうか、私は知らない。これらの人々は、養分が静脈内で内発的な熱によって質的に変化し、熱が適度である場合は、その熱によって血液が生じ、適度を外れている場合に、他の体液が生じることを証明した」（ガレノス『自然の機能について』種山恭子訳、内山勝利編、京都大学学術出版会、一九九八年、一二四頁）。

（10） カイロ版・バコシュ版の maḥtawīyah による。ラフマーン版は maḥtūmah（封印される）とする。

（11） 『定義』の主要素の項には「主要素（rukn; pl. arkān）は、世界の本質的な部分である単純な物体、たとえば天圏や元素（ʿunṣur; pl. ʿanāṣir）である。同じものが、世界にかんしては主要素になり、……それから生成されるもの——その生成が合成と変化の両方によるものであれ、それからの変化によるものであれ——にかんしては元素になる」（Avicenne, *Livre des définitions*, §11）とある。また Amélie-Marie Goichon, *Lexique de la langue philosophique d'Ibn Sīnā*, Desclée de Brouwer, Paris, 1938, §279, p. 144を参照。

合状態をそれらのものにもたらすのは、その能力が摂食の能力であるとともに動物的でもあって、器官が実現すれば感覚し動かすようになることがその性質に含まれているからにほかならない。ところで、この能力それ自体が、そういう組み合わせと混合状態を維持しており、その維持は、組み合わせを有するものに関係づけられるときは強制的である、なぜなら相反する諸元素と諸物体の性質のなかに、おのずから組み合わされるということはなく、その性質に含まれるのは相異なる方向に向かう傾きであり、特殊的な魂だけがそれらを組み合わせる、たとえば棗椰子(なつめ)(12)においては棗椰子的魂、葡萄においては葡萄的魂、要するに、その素材の形相になる魂である。魂が棗椰子的になると、それが生長の魂であるばかりでなく棗椰子的魂であること、葡萄にあっては葡萄的魂であることという追加がそなわるが、棗椰子は、それがそれによって棗椰子になる植物的魂や他の魂を必要としない。とはいえ、その魂に植物の諸作用から逸脱する作用があるわけではなく、棗椰子の植物的魂のなかにある植物的魂そのものが棗椰子的なのである。

一方、動物のなかにある植物的魂は、動物の性向を、植物的であるかぎりにおける植物的魂の諸作用だけにとどまらぬ諸作用に向けて用意し、動物的魂の統御者になっている。いや、実際には植物的魂ではないが、それでも我々が述べた意味において、すなわち一般的な意味において植物的魂と言われる。植物的魂の一つひとつの種性を存立させる種差(13)、すなわち植物のどれかにはあっても別の植物にはない種差は、特殊化された植物的作用の原理にすぎない。一方、動物の植物的魂において、植物的魂を分割し、その下に一つひとつの種を存立させる種差は、植物的魂に結合した動物的魂の能力であり、肉体の用意はそれに向けてととのえられ、またこの種差は、単純体にそなわる種差のようなものであり、合成体にそなわる種差ではない。

ところが人間的魂は、これから我々が説明するように、形相として身体に結びついているわけではなく、それ

57.1/49.3

57.11/49.11

のために器官が用意されることを必要としない。たしかに人間的魂にそなわる動物的魂が他のすべての動物から区別されることはあるが、それは人間的魂の動物的魂のために用意された諸器官についても同様である。

（12）棗椰子 naḫl はイスラーム圏では代表的な食用植物で、その実はかなり甘いが、『新イスラーム事典』（平凡社、二〇〇二年）によると、地方によっては現在でも主食に用いられているらしい。

（13）バコシュ版の fa-l-faṣl al-muqawwim *li-nawʿīyat* nafs *nafs* min al-nufūs al-nabātiyah による。カイロ版は fa-l-faṣl al-muqawwim *li-nawʿīyat* nafs min...（植物的魂の一つの種性を存立させる種差）とする。ラフマーン版は fa-l-faṣl al-muqawwim *alladī ʿan-hu* nafs *nafs* min...（そこから植物的魂の一つひとつが生じる存立的種差）とする。

第二章　我々にそなわる各種の知覚作用の確認

さて、これから感覚と知覚の諸能力を論じ、それらについて一般的に論じることにしよう。そこで我々は述べるが、どうやら、どの知覚作用もみな、何らかの仕方で知覚対象の形相を取得するだけであるらしい。知覚作用 58.3/50.3 が素材的なものを捉えるときは、これは何らかの剥奪によって素材を剥奪されたそれの形相の取得になるが、ただし剥奪の種類はさまざまであり、その段階は互いに異なる。というのも素材的形相には、その素材ゆえに、さまざまな状態や事象が偶成するが、その形相が何であるかという観点からすれば、そういう状態や事象はその形相それ自体にそなわるものではない。時には素材の除去は、そういう付随するもののすべてあるいは一部をともなった除去であり、時にはその除去が完全な除去であることもある。そしてこれは、素材と素材の側からそれにそなわるもろもろの付帯性が、観念から剥奪されることによってなされる。

一例をあげるなら、人間の形相と人間の何であるか性は、疑いもなく人間という種の個体すべてがひとしく共有する本性であり、それはその定義からして一つのものである。この本性は、この個体にもあの個体にも存在し 58.11/50.10 て多数化してはいるものの、そういうことが、それらの個体の人間的本性から人間的本性に生じたわけではない。もし人間的本性に、必然的にそれに多数化をもたらすものがそなわっているなら、人間が数において一であるものに述語づけられて存在することはないであろうし、もし人間的本性が、ザイドの人間的本性であるがゆえにザイドに存在するなら、それはアムルにはそなわらないことになる。[1] したがって素材の側から人間的本性に偶成する偶有の一つは、この種の多化と分化である。人間的本性にはこれ以外の偶有も偶成し、人間的本性は、それが何らかの素材のなかにあるとき、一定の量と質と場所と配置をともなって実現するが、これらすべてのものはその諸性質[2]とは無関係である。それがなぜかといえば、もし人間的本性が人間的本性であるがゆえに、この程度あるいは他の程度の量や質や場所や配置のものであるなら、どの人間も、それらの観念を他の人間と共有することになるをえない。そしてもし人間的本性が人間的本性であるがゆえに、他の程度もしくは他のあり方の量や質や場所や配置のものであるなら、どの人間も、それを共有しなければならないことになる。したがって人間の形相それ自体は、人間的本性に偶成するこれらの付帯性のどの一つに対しても、その付帯を要請することはなく、それは素材の側のこと、なぜなら人間の形相に結合している素材にこそ、これらの付帯性は付帯したのだから。

感覚は、素材から形相を、これらの付帯性とともに、しかも付帯性と素材の関係が成立したまま取得し、その 59.11/51.8
関係が消滅すれば、取得も失われる。それがなぜかといえば、感覚は、形相から素材を、そのすべての付帯性も含めて除去するわけではなく、素材が消えれば、その形相を確立しようとすることができなくなる。形相は素材を根こそぎ除去されたわけではなく、感覚にとってその形相が存在するためにも、感覚は素材の存在を必要とするようなのである。[3]

一方、想像力と想像構成作用は、除去を経た形相をいっそう徹底的に素材から解放する。それがなぜかといえ 59.14/51.13
ば、想像力は素材から形相を、想像力のなかにそれが存在するために自分の素材を必要としないものとして取得

（1）ザイドとアムルは個々の人間の例としてよく使われる名前。
（2）ラフマーン版の *tibāʿ-hā* による。カイロ版・バコシュ版は *tabāʾiʿ-hā*（その諸本性）とする。

するからであり、なぜなら、たとえ素材が感覚から消え去り、あるいは失われても、形相の想像力における存在は確立している。想像力による形相の取得は、形相と素材の結びつきを完全に破壊するが、それでも想像力は、形相から素材的付帯性を剝奪してはいない。感覚は、形相から素材を完全に剝奪してはおらず、素材の付帯性を剝奪してもいない。想像力の方は、素材は完全に形相から剝奪しても、素材の付帯性はまったく剝奪していない、なぜなら想像力のなかにある形相は、感覚された形相に見合ったもの、そして何らかの大きさ、何らかの質、何らかの配置に見合ったものなのである。また想像力にあっては、当該の種のすべての個体がそれを共有できるような状態で形相が想像されるのはまったく不可能であり、というのも想像された人間は、人々のなかの一人のようなものであるが、想像力がその人間を想像するのとはちがった仕方で人々が存在し、想像されることもありうる。

一方、表象力は、剝奪において、この段階を少し超えることがある、なぜなら表象力は、それ自体においては素材的でない含意を、たまたまそれが素材のなかにあっても獲得するから。それがなぜかといえば、形状や色彩や配置やそれに似たものは、物質的な素材にしかそなわりえないものであるのに対して、善と悪、一致と相違、そしてそれに似たものは、たまたま素材的であることはあっても、それ自体においては非素材的である。これらのものが非素材的であることの証拠に、もしこれらのものが本質的に素材的であったなら、善も悪も、一致も相違も、物体に偶成するものとしてしか知解されないであろうが、そういうものが知解され、それどころか存在するのである。明らかに、これらのものは、たまたま素材的であることはあっても、それ自体においては非素材的であり、表象力は、これらのものの摸像だけを獲得し捉える。したがって表象力は、非素材的なものを捉えるのであり、それらのものを素材から取得することもあれば、素材的ではあっても、感覚されないもろもろの含意を捉えることもある。したがって、この除去はいっそう徹底的であり、最初の二つの除去よりもさらに単純さに近いが、しかしそれでもなお、この形相から素材の付帯性を剝奪するわけではなく、なぜなら表象力は形相を、個別的なものとして、一つひとつの素材において、素材との関係において、素材の付帯性に蔽われ、感覚される形に結びついたものとして、想像力と共有のものとして、取得するのである。

　ところで確立された形相、つまり、まったく素材的ではなく、たまたま素材的になったこともない存在する形相であるか、あるいは存在する素材的形相であっても、素材に付随するものとの結びつきからあらゆる点において解放された形相であるか、そのいずれかであるが、そういう確立された形相がそのなかにある能力は、明らかに、その形相を、あらゆる面において素材を剝奪する取得によって取得する。ところで、みずから素材を剝ぎ取っているものは、それがどうあるかは明白である。また素材に存在するものは、その存在が素材的であるか、さもなければ、そういうことがそれに偶成しているのだから、その能力が、それから素材を、そして素材とともに素材の付帯性を除去し、剝き出しにする取得によってそれを取得するため、それは、たとえば多くの人に対して言われる「人間」のようなものになり(6)、多くの人がただ一つの本性として取得されることになり、それをこの能

61.5/52.17

（3）テヘラン版の wa-ḏālika li-anna-hu lā yanziʿu al-ṣūrah *ʿan al-māddah maʿa ǧamīʿ lawāḥiq-hā, wa-lā yumkinu an yastaṯbita tilka al-ṣūrah in ġābat al-māddah, fa-yakūna ka-anna-hu lam yantaziʿ al-ṣūrah* ʿan al-māddah nazʿan muḥkaman…（p. 297）による。カイロ版・バコシュ版はテヘラン版の読みを採用しているが、カイロ版はテクストに差異がある。ラフマーン版は wa-ḏālika li-anna-hu lā yanziʿu al-ṣūrah ʿan al-māddah nazʿan muḥkaman…（それがなぜかといえば、感覚が形相から素材を根こそぎ除去することはなく、感覚にとってその形相が存在するためにも、感覚は素材の存在を必要とするからである）とする。

（4）カイロ版・バコシュ版の wa-in ġābat *ʿan al-ḥiss* による。ラフマーン版は wa-in ġābat（たとえ素材が消え去り）とする。

（5）ラフマーン版の yataḫayyalu *al*-ḫayāl ḏālika al-insān による。カイロ版・バコシュ版は yataḫayyalu ḫayāl ḏālika al-insān（その人間の心像（イメージ）が想像される）とする。

（6）たとえば「ザイドは人間である」「アムルは人間である」というように。

力は、あらゆる素材的な量、質、場所、配置から切り離す。もしそういうものをそれから剝奪していないなら、それが人間集団に対して言われるのは正しくないことになる。

61.15/53.6 以上に述べたことによって、感覚における判断者の知覚作用、想像力における判断者の知覚作用、表象力における判断者の知覚作用、そして知性における判断者の知覚作用が区別されるが、まさにこの観念に向けて、我々はこの章における議論を導いてきたのである。

61.18/53.8 そこで我々は述べるが、感覚体の能力には、現実態で感覚対象の摸像になることが含まれる、それというのも感覚作用とは事物の形相をその素材を剝奪されたものとして受け入れることであり、その形相によって感覚体が形づくられる。視覚体は、可能態において視覚対象の摸像であり、それは触覚対象でも、味覚対象でも、またそれ以外のものであっても同じである。第一の感覚対象は、実際には感覚の器官に描かれるもの、それを感覚は捉える[7]が、どうやら「私は外界の事物を感覚した」と言われるとき、その意味は「私は魂のなかで感覚した」の意味とは異なるらしく、というのも「私は外界の事物を感覚した」ということばの意味は、「その形相が私の感覚のなかに摸像された」ということであるのに対して、「私は魂のなかで感覚した」の意味は、「形相そのものが私の感覚のなかで摸像された」ということ、それゆえ感覚された質が物体のなかに存在することを確立するのは難しい。とはいえ我々が確実に知っているように、感覚は、二つの物体の一方から刻印として何かを受けても、もう一方の物体からはその何かを刻印として受けないが、その何かはある特定の感覚器官を変化させる原理である質に、それ自体において特有のものなのである。

62.9/53.18 デモクリトスと自然学者たちの一派は、これらの質にはまったく存在を認めず、分割されない物体に彼らが措定する形状が、順序と配置の相違によって諸感覚の受ける刻印が異なることの原因であるとした。曰く、それゆえ同一の人間が、二つの立ち方のどちらで立つかによって、相異なる二つの色(8)の一方を感覚することがあるが、立ち方によって、同一の見られるもののさまざまな配置と二つの色の関係(9)が異なるのである。たとえば鳩の頸飾りが、あるときは赤茶色に、あるときは紫色に、またあるときは金色がかって見え、それが立つ場所のちがいに対応している。それゆえ同じものが、健康な人にとっては甘く、病人にとっては苦くなる、と。すると彼らは、感覚される質は、それ自体においては真実性をもっておらず、形状にすぎないとした人々である。

　この点にかんしては、別の人々もいて、この流派が、これらの質が物体において真実性をもたないとするとは考えずに、これらの質は諸感覚体の受動作用でしかなく、そのいかなるものも感覚対象のなかにはないと考えて
62.18/54.6
いる。我々はすでにこの見解の誤りを説明したが、我々が説明したように、ある物体には、たとえば味わうときに甘味と呼ばれるもののように、舌に何らかの刻印を与える特有性があり、ある物体には、これと同じ類に属する別の特有性があり、この特有性を我々はただたんに味と呼んでいる。

　一方、形状を唱える人々の教説については、すでに我々は先行する部分においてその根柢を突きくずした。さ
63.3/54.12
らに、その誤謬がたちまち明らかになることもある、というのも、もし感覚対象が形状であるなら(10)、我々が形状に触れ、そしてとりわけ瞳によってそれを知覚するとき、我々はその色彩も見るにちがいない。というのも一つの事物は、一つの相においては一つのものとして知覚される。ある相において知覚され、別の相においては知覚

(7) カイロ版・バコシュ版の *yudriku* による。ラフマーン版は nudriku（我々は捉える）とする。
(8) カイロ版・バコシュ版の lawnayni *muḫtalifayni* による。ラフマーン版は lawnayni（二つの色）とし、「相異なる」はない。
(9) カイロ版・バコシュ版の nisbat-*humā* による。ラフマーン版は nisbat-*hu*（彼の関係）とする。
(10) ラフマーン版、バコシュ版の al-šakl, *la-kāna* yaǧibu... による。カイロ版には al-šakl *li-kull*, yaǧibu...（もし感覚対象がいかなるものにおいてもその形状であるなら）とあるが、誤植と思われる。

されないなら、知覚されなかったものは、知覚されたものとは異なることになる。したがって、その色彩はその形状とは異なることになり、同様にして、熱も形状とは異なるが、ただし同じものが二つのものに相異なる二つの刻印を与えると言われているから、あるものにおけるその刻印は触知され、別のものにおけるその刻印は見られる。そうである以上、形状そのものが感覚されるのではなく、形状から形状そのものではなく相異なる刻印が相異なる諸感覚に生じるのである。

感覚体もまた物体であるが、この教説によれば、形状によってしか刻印を受けないのだから、感覚体も形状によってのみ刻印を受けるわけであり、同じものが、ある器官にはある形状の刻印を与え、別の器官には別の形状の刻印を与えることになる。とはいえ、この教説によれば、形状のいかなるものも触れることだけが可能なのだから、この見られたものも触れることは可能である。さらに、明白きわまることながら、色彩には対立があり、味もそうなら、他のさまざまなものもそうであるが、形状で何かに対立するものはない。彼らは、実際、あらゆる感覚対象は触知されるとしており、というのも彼らは、視覚のなかに何かが入ってきて触知されるとしてもいるのである。もしそうであるなら、その二つの仕方のどちらで感覚されるものも、形状だけであるにちがいない。驚くべきことに彼らは見過しているが、形状は、色彩か味か匂いか、あるいは他の質がそこにあってはじめて知覚されるのであり、剝き出しの形状はけっして感覚されない。もし感覚されるなら、剝き出しの形状が感覚されるようになったとき、形状ではないこれらの刻印のどれかを、それが感覚のなかに生みだしたがゆえに感覚されたのだから、これらの刻印の存在が確認されたことになる。そして、もしこれらの刻印がその形状そのものでしかないなら、剝き出しの形状が、他の何ものもそれとともに感覚されないのに感覚されることにならざるをえない。

先人たちの一部は、感覚対象は、魂が何の媒体も器官もなしにそれを感覚することもありうる、と述べている。 64.8/55.7
媒体は、たとえば視覚作用にとっての空気のようなもの、器官は、視覚作用にとっての眼のようなものであるが、彼らは真実から遠く離れている。というのも、もし感覚作用が、これらの器官なしに魂それ自体に生じるなら、これらの器官は、使用されないのだから、体内で停止されていたであろう。それにまた彼らの見解によれば、魂は物体ではなく、配置ももたないのだから、ある物体は魂の近くにあり魂の方を向いているので感覚され(11)、他の物体は魂から遠くにあって魂から隠れているので感覚されない、ということはありえないことになる。要するに、魂から見た物体の配置のちがいも、掩蔽や顕れもないはずであり、というのも、そういう状態は、物体から見た物体にそなわる。すると魂は一切の感覚対象を知覚するか、あるいは知覚しないか、そのいずれか一つでなければならず、また感覚対象の隠蔽が、知覚からそれを消すことになってはならない。というのもこの隠蔽は、当然のことながら、ある事物から見ての隠蔽であり、それはその現前の逆であるから、その事物から見ると、この事物に(12)、あるときは隠蔽があり、あるときは現前があることになる。それは場所と配置にかかわることであり、魂は物体でなければならないことになるが、これは彼らの教説ではない。

後ほど君に説明するが、知覚された形で、素材と素材に付随するものが完全に除去されていないものが、物質 65.1/55.19
的な器官なしに確立されることはありえない。もし魂が事物の知覚において媒体を必要としないなら、視覚が光や透明体の媒介を必要とするはずはなく、視覚対象を眼に近づけることが視覚作用を妨げることも、耳をふさぐ

(11)　カイロ版・バコシュ版の muttaǧihan ilay-hā *fa-yuḥassa* による。ラフマーン版は muttaǧihan ilay-hā（魂の方を向いており）とし、「感覚され」はない。

(12)　カイロ版・バコシュ版の li-hāḏā al-šayʾ による。この句はラフマーン版にはない。

ことが音を遮ることもなく、これらの器官に生じた損傷が感覚作用を妨げることもないであろう。

人々のなかに媒体を障碍と見なす者がいて、このように述べた。媒体は薄ければ薄いほどよく示すのだから、媒体がなければ、いやむしろ純然たる虚空があるなら、表示は完全になり、事物はいま見えるよりもよく見えるように、空のなかの蟻が見えるほどになるであろう、と。これは誤った議論である。媒体の薄さがかならず表示性を高めるからといって、その不在もまた、かならず[13]それを高めることにはならない、というのも薄さは、物体の不在に通じる途ではない。また虚空は、彼らによれば物体の不在であるが、しかし、もし虚空が存在するなら、互いに隔たった感覚対象と感覚体のあいだに、繋がりとなるものはまったくなく、能動作用も受動作用もないことになる。 65.7/56.1

また人々のなかには別のことを考えた者もいた、すなわち、共通感覚体あるいは魂は、気息――これは微細な物体であり、後ほどそのありさまを説明する[14]――に結びついており、気息は知覚作用の器官であって[15]、単独で感覚対象まで伸びていき、配置によって、それに出会ったり、それに向き合ったり、あるいはその一部分になることができるが、その配置が必然的に知覚作用を生じさせる、と。この教説もまちがっている、というのも気息は、それを包むあの覆いのなかでしかその実体が保持されず、外界のものが混入すれば、それが混合と合成によって気息の実体を駄目にする。また気息に外や内に移動する運動はそなわっていない。もしこれが気息にそなわっていたなら、気息は人間から離れ、そして人間のところに戻ってくることができることになり、その時点における気息の選択によって、人間は死んだり生きたりすることになる。もし気息がこういう属性をもっていたなら、もろもろの身体器官は必要ないだろうが、実際には、諸感覚は物質的諸器官を必要としており、そのいくつかは媒体を必要とする。というのも感覚作用は何らかの受動作用であり、なぜなら、それは諸感覚が感覚対象の形を受 65.14/56.8

け入れること、現実態にある感覚対象の相似形に変化することなのである。現実態にある感覚体は現実態にある感覚対象の摸像であり、可能態にある感覚体は可能態にある感覚対象の摸像であるが、本当に近い感覚対象は、それによって感覚体が形づくられる感覚対象の形であるから、感覚体は、ある意味では、感覚された物体ではなく自分自身を感覚しており、なぜなら感覚体は、諸感覚に近い感覚対象である形によって形づくられるものなのである。

一方、外界は、遠い感覚対象である形によって形づくられたものであり、媒体を含まない、もっとも近いものという意味でいうなら、諸感覚は、雪ではなく自分自身を、冷たさではなく自分自身を感覚する。(16) 感覚体が感覚 66.11/57.1
対象から受ける受動作用は、運動としてはたらくわけではない、なぜなら、そこに反対から反対への転化はなく、これは完成である、すなわち可能態にあった完成が、いかなる作用も可能態に陥ることなしに現実態になったのである。

すでに我々は感覚よりも一般的な知覚作用のことを論じ、さらに感覚の感覚作用がどのようになされるかも絶対的なかたちで論じている。そこで我々は述べるが、どの感覚器官も、自分の感覚対象を知覚し、自分の感覚対 66.17/57.7
象の不在を知覚する――感覚対象はそれ自体によって、そして眼にとっての闇、聴覚にとっての静寂などのよう

(13)　カイロ版・バコシュ版の yağību による。この語はラフマーン版にはない。

(14)　本書第五部第八章（最終章）。

(15)　カイロ版・バコシュ版の mutaʿalliq bi-l-rūḥ [...] wa-*anna-hu* ālat al-idrāk による。ラフマーン版は mutaʿalliq bi-l-rūḥ [...] wa-ālat al-idrāk（気息……と知覚作用の器官に結びついており）とする。

(16)　この見解は、少なくともその力点の置き方においてアリストテレス説とは異なる。「感覚の場合、感覚に作用してその現実活動を作り出すものは、見られるものや聞かれるものなど、外的なものである」（アリストテレス『魂について』中畑正志訳、四一七b二一、八九頁）。

な自分の感覚対象の不在は、感覚器官が現実態ではなく可能態にあることによって。[17] 一方、感覚器官が知覚したという知覚は、感覚器官によるものではない、[18] というのも知覚作用は、色であって見えるわけでも、音であって聞えるわけでもなく、それはもっぱら知性の作用によって、あるいは表象力によって捉えられるのであり、このことは、後ほど両者のありようからして明らかになる。

(17) ラフマーン版の fa-*li-anna*-hā... による。カイロ版・バコシュ版の fa-*inna*-hā...（感覚器官は現実態ではなく可能態にある）では、この節が宙に浮いてしまう。

(18) ラフマーン版の fa-laysa *li*-l-ḥāssah による。カイロ版・バコシュ版は fa-laysat *la-hu* al-ḥāssah（それに対する感覚器官はない）とする。

第三章　触覚について

67.8/58.3 諸感覚のなかで、それによって動物が動物になる第一の感覚は触覚である、というのも地上的な魂をもつあらゆるものに摂食能力がそなわっており、他の能力のあれこれを欠くことはあっても、その逆はないが、動物的魂をもつあらゆるものの事情もそれと同じで、それらには触覚がそなわり、他の能力のあれこれを欠くことはあっても、その逆はない。地上的な魂の他の諸能力に対する摂食能力の位置は、動物の他の諸能力に対する触覚の位置にひとしい。それがなぜかといえば、動物の第一の合成は、もろもろの触知される質からなっており、というのも動物の体液混合はそれらの質からなり、動物の衰滅はその劣化[1]によるからである。

67.13/58.8 また感覚は魂の斥候であるから、第一の斥候は、それによって衰滅が起るもの、それによって健康が保たれるものを指示するものでなければならず[2]、また存立とは無関係の有益さや衰滅とは無関係の害悪に結びついたものがその知らせる事柄に含まれる斥候たちよりも前にいなければならない。味覚は、それによって生命が維持される食物を示すとはいえ、味覚が失くなっても、動物が動物でありつづけることはありうる。他の諸感覚は、しば

（1）カイロ版・バコシュ版の li-*iḫtilāl*-hā による。ラフマーン版は li-*iḫtilāf*-hā（その変動）とする。

（2）ラフマーン版の fa-yağibu an yakūna al-ṭalīʿat al-ūlá huwa mā yadullu... による。カイロ版・バコシュ版は fa-yağibu an yakūna al-ṭalīʿat al-ūlá *wa*-huwa mā yadullu...（第一の斥候がいなければならないが、それは……を示すものであり）とする。

しば適切な食物を探しもとめ、有害なものを避ける助けになるが、そういう他の諸感覚は、たとえば肉体を取り囲む空気が灼熱しているか、それとも凍てついているかを知る助けにはならない。要するに、空腹は乾いた熱いものに対する欲望であり、渇きは冷たい湿ったものに対する欲望であるが、実際、食物は触覚が捉えるこれらの質を自分の質としてもつものである。味の方は、美味にするものであり、それゆえ、たまたま起った損傷のために味覚が駄目になっても、動物が生存しつづけることは多い。したがって触覚は、諸感覚のなかで第一のものであり、地上のあらゆる動物にかならずそなわっている。

一方、運動は、動物にとって触覚の姉妹であると言うことができる。(3) 感覚に先を行く種類があるように、それと同じように、運動の諸能力にも、どうやら先を行く種類があるらしい。ところが周知のように、動物のなかには、たとえば各種の貝のように、触覚はそなえていながら運動の能力はもたないものがある。とはいえ我々は述べるが、意志的運動には二種類あり、場所から場所へ移動する運動、そして全身が自分の場所から移動するわけではないが、動物の諸器官にそなわる収縮と膨張の運動がある。触覚をもちながら、運動の能力がそのなかにまったくない動物はありそうにない、というのも何らかの仕方で、触れたものから逃げ、触れたものを求めるのが、それにおいて目撃されることによらずして、どのようにして、それに触覚がそなわっていることが分かるのか。彼らが例に挙げる貝や海綿などについては、殻のなかの貝が、自分の場所を離れはしないものの、収縮、膨張、屈曲、伸張の運動を凹んだところで行なうのを我々は見いだし、それゆえ我々は、触れたものをそれが感覚するのを知っている。どうやら触覚をもつあらゆるものが、その全身にであれ、その部分にであれ、何らかの意志的運動をそれ自身のなかにそなえているようである。

ところで触れられるもので、それについてよく知られているのは、熱さと冷たさ、湿り気と乾き、粗さと滑らかさ、重さと軽さである。硬さや柔らかさ、粘りやぬめりなどは、先に挙げたものの後に続くものとして感覚される。熱さと冷たさは、どちらもそれ自体によって感覚され、それらからの受動作用として器官に偶成するものによって感覚されるのではない。硬さと柔らかさ、乾きと湿り気は、それ自体によって感覚されるものではないと考えられており、湿り気には、その物体に入り込むものの浸透を受け入れることが起り、乾燥には、抵抗して感覚器官を縮こまらせ、それを押し出すことが起る。粗さにもそれに似たことが起り、その突き出た部分は押し出しを生じさせるが、その凹んだところには何も生じさせない(4)。また滑らかなものは、滑らかさと平坦さを生じさせる。一方、重さは下方への伸張を生じさせ、軽さはその逆を行なう。

　そこで、このように説く者、すなわち、それ自体によって感覚されるものの条件に、それに対する感覚作用が、それからこうむる受動作用なしになされることは含まれないと説く者に対して、我々は述べる。熱いものにしても、それが加熱しないかぎりは感覚されず、実際には、感覚対象にあるものばかりでなく、そこから感覚体のなかに生じるものも感覚されるのだから、それが生じなければ、感覚対象も感覚されないことになるが、しかし、それ自体によって感覚されるものは、そこから感覚器官のなかに、感覚対象のなかにあるものに似た質が生じ、それで感覚される。乾いたものや粗いものから生じる圧迫、滑らかなものから生じる滑らかさ、重さと軽さから生じる周知の方向への伸張もこれと同様であり、というのも重さと軽さは傾きであるが、伸張もまた何らかの方向への傾きである。これらの状態は、それが器官のなかに生じると、熱さも冷たさも色彩も味も、あるいはその他の感覚対象も介することなしに感覚され、さもなければ、その介在するもののために、それは第一の感覚対象、

69.10/59.17

（3）「運動」の原語 ḥarakat は女性名詞。

（4）カイロ版・バコシュ版の wa-lā tuḥdiṯ *li*-l-ǧāʾirah fī-hā šayʾan による。ラフマーン版は wa-lā tuḥdiṯ al-ǧāʾirah šayʾan（凹みは何も生じさせない）とする。

すなわちそれ自体によって感覚されるものではなく、第二の感覚対象、すなわち偶有的に感覚されるものであることになる。

ところがここに、打撃などから生じる連続性の断絶のような別の種類の感覚されるものがあり[5]、それは熱さや冷たさや湿り気や乾きや硬さや柔らかさではなく、先に列挙されたもののどの一つでもない。たとえば交合などにそなわる快楽のような触覚的な快楽に対する感覚作用も同様であり、これがどのようなものであるか、どのように触覚能力に関係するかが考察されなければならない。とくに述べるなら、他のもろもろの質は、連続性の断絶から生じるものを介してのみ感覚されると考えた人もいるが、そうではない。というのも、それによって体液混合が転化するものであるかぎりにおける熱いものや冷たいものは、その均一さのまま感覚されるが、連続性の断絶は全身にわたって均一かつひとしいことはなく、我々は述べるが、ちょうど動物が諸元素の混合によって生成されるように、それと同じように、これもまた合成によって生成されるのである。健康と病気もまた同様である、というのもこの両者には体液混合に関係するものがあり、またこの両者には形態と合成に関係するものがある。体液混合の衰滅のなかに衰滅をもたらすものがあるように、それと同じように、合成の衰滅のなかには死をもたらすものがある。触覚が、それによって体液混合を衰滅させるものが警戒される感覚であるように、それと同じように、触覚は、それによって合成を衰滅させるものが警戒される感覚である。触覚によって連続性の断絶とその逆も知覚されるが、その逆とはすなわち修復である。

69.21/60.6

我々は述べるが、肉体の状態に対立するどの状態も、その状態に変化し移行するときに感覚されるが、それが実現して定着しているときは感覚されない。それがなぜかといえば、感覚作用は、何らかの受動作用であるか、あるいは何らかの受動作用に結びついたものであるが、受動作用は、何かが終るときと何かが実現するときにの

70.17/60.19

み生じ、定着しているものにあっては、それによる受動作用はない。それは好ましい体液混合と悪い体液混合の双方について言えることで、というのも悪い体液混合も、それが定着して元の体液混合を駄目にし、この悪い方が元の体液混合のようになってしまえば、感覚されない。だからこそ消耗熱は、三日熱よりもひどいものでも感覚されないのである。ところが元の体液混合が、それに対立するこの外来の体液混合とともにまだ存在しているなら、それは感覚される。これは異なる体液混合の病と呼ばれ、この定着したものの方は、適合した体液混合の病と呼ばれる。

71.8/61.4 苦痛と苦痛からの解放もまた触覚的感覚対象に属し、この意味で、触覚は他の諸感覚から離れている。それがなぜかといえば、他の諸感覚のなかには、その感覚対象のなかに何の快楽も苦痛もないものがあり、またそのなかには、感覚対象の一つを介して、快楽と苦痛を覚えるものがあるからである。その感覚対象のなかに何の快楽もないのは、たとえば視覚であり、色彩に快楽を覚えることはなく苦痛も覚えないが、魂は内部でそれに苦痛を覚えたり快楽を覚えたりする。それは耳でも同じことで、耳が強い音に、眼が陽光のような過剰な色彩に苦痛を覚える場合、聴いたり見たりするかぎりにおいて苦痛を覚えるのではなく、触れるかぎりにおいて苦痛を覚えるのである、なぜなら耳や眼に触覚的な苦痛が生じるからで、同様にして、それが消えれば、そこに触覚的な快楽が生じる。また嗅覚と味覚は、それが相容れないまたは適合する質を自分の質にするとき、苦痛あるいは快楽を覚える。一方、触覚は、触知された質に苦痛を覚えたり快楽を覚えたりすることがあり、また第一の感覚対象である質を介さずに、連続性の断絶とその修復によって苦痛を覚え、快楽を覚えることもある。

71.20/61.13 触覚の特性の一つに、それによって感覚する自然の器官、すなわち神経をもつ肉、あるいは神経と肉が、まっ

（５）「打撃」と「種類」の原語はどちらも ḍarb、イブン・シーナーはこの種のことば遊びが好きらしい。

たく媒介がなくても接触によって感覚するということがある[6]、というのも、もちろん質をそなえた接触物によって触覚が変化するからであり、変化すれば[7]、感覚する。すべての感覚器官がその感覚対象に対してこのようであるわけではなく、また感覚体は神経だけだと考えるべきでもない、というのも神経は、実際には、触覚を自分とは別の器官、すなわち肉に届けるものなのである。もし感覚体が神経そのものだけであったなら、人間の皮膚と肉のなかにある感覚体は、線維のように拡散するものであることになり、感覚体の感覚は、肉のすべての部分にではなく、肉のなかの線維状の部分にそなわっていたであろう。ところで接触を感覚する神経は、送り届けるものであるとともに受け入れるものでもある。また中空の神経は、視覚は送り届けても受け入れは行なわず、受け入れを行なうのは、それが送り届ける相手だけであり、それは冷体あるいは冷体を支配するもの、すなわち気息である。したがって明らかに、肉の性質の一つに感覚の受け入れがあるが、別の場所や別の器官の能力から感覚を受け入れなければならないときは、神経が両者を媒介する。もし肉のなかに原理が存在するなら、その原理は、肉ではあっても自分自身で感覚するものである、たとえば心臓のように。もし心臓の実体のなかに神経線維が拡がっているなら、心臓から感覚を集めて一つの源泉に届けるために、その神経線維が心臓から脳まで、そして脳から別の諸器官まで送り届けるのは十分にありうることであり、それは後ほど明らかになる[8]。肝臓は、そのなかに線維状の血管が拡がり、肝臓から受け入れ、肝臓以外のものに送り出せるようになっている点でこれに似ているが、肝臓内の線維の拡がりは、肝臓の存立が強化され、その肉が強くなるためのものであるのかもしれない。これらの状態は、我々が行きつく別の場所で説明することになる。

また触覚の特性の一つに、肉体を取り巻く皮膚の全体が接触によって感覚し、皮膚の一部分だけが触覚に宛てられるのではない、ということがある。それがなぜかといえば、この感覚は斥候であり、肉体にやって来るもの

73.1/62.11

で、それがどの器官にやって来たにせよ、その器官に取りついた場合、衰滅をもたらす危険が大きいものを見張っている以上、全身を、接触によって感覚するようにしなければならない。他の感覚体では、そういうものがやって来ても、接触しなかったり、遠くからであったりするため、そのための道具は一つの器官で十分であり、危害に結びつく感覚対象がそこにやって来れば、魂はそれを認識し、それに危惧をいだき、その方角から身をそらす。もし接触の道具が一部の器官であったなら、その器官が接触する衰滅の要因しか魂は覚知しないであろう。

どうやら触覚の能力は、その各々が一つの対立をとくに受けもつ多くの能力であるらしく、それによって熱いものと冷たいものの対立が知覚されるものは、それによって重いものと軽いものの対立が知覚されるものとは別であるらしい(9)。これらのものは感覚の第一次的な作用であり、その一つひとつの類が特有の能力をもつにちがいないが、にもかかわらず、これらの能力はすべての器官に満遍なく拡がっているため、ただ一つの能力であると

73.9/62.17

(6)　この見解は、五感のすべてについて、感覚対象と感覚器官のあいだに媒体があると考えていたアリストテレスとは異なる。「むしろ硬いものも軟らかいものも、われわれは感覚器官とは別のものを媒介して感覚するのであり、この点は音を発するもの、見られるもの、嗅がれるものを感覚するのと同様である」(アリストテレス『魂について』中畑正志訳、四二三b四—五、一一六頁)。ただし、アリストテレスも第三巻第一章の冒頭では、触覚が媒体なしに対象を感覚すると記しており、イブン・シーナーがそこに付した註釈からは、これをそのままアリストテレス説と認めていたかのようにも見える(“Al-Taʿlīqāt ʿalá ḥawāšī Kitāb al-nafs li-Arisṭū”, in ʿAbd al-Raḥmān Badawī (ed.), *Arisṭū ʿinda al-ʿarab*, 2nd ed. Dār al-Qalam, Beirut, 1978, p. 96)。

(7)　ラフマーン版の iḏā istaḥāla による。カイロ版・バコシュ版は iḏā istaḥāla *ʿan-hā*(接触物によって変化すれば)とする。

(8)　カイロ版・バコシュ版の ka-mā *sayattaḍiḥu* baʿdu による。ラフマーン版は ka-mā *sanuwaḍḍiḥu* baʿdu(それを我々は後ほど明らかにする)とする。「後ほど」とは本書第五部第八章のこと。

(9)　カイロ版・バコシュ版の fa-yakūna mā yudraku bi-hi al-muḍāddah allatī bayna *al-ḥārr wa-l-bārid* ġayra allaḏī yudraku bi-hi al-muḍāddah allatī bayna *al-ṯaqīl wa-l-ḫafīf* による。ラフマーン版は fa-yakūna mā yudraku bi-hi al-muḍāddah allatī bayna *al-ṯaqīl wa-l-ḫafīf* ġayra allaḏī *mā* yudraku bi-hi al-muḍāddah allatī bayna *al-ḥārr wa-l-bārid*(それによって重いものと軽いものの対立が知覚されるものは、それによって熱いものと冷たいものの対立が知覚されるものとは別であるらしい)とする。

思われている。それはちょうど、もし触覚と味覚が、舌のなかに両者が拡がるような仕方で全身に拡がっていたなら、両者の原理はただ一つの能力であると思いなされるだろうが、舌以外のところでは区別されるため、両者の異なることが知られるのと同じようなものである。かならずしも、これらの能力の一つひとつに、それに特有の器官がそなわる必要はなく、(10)一つの器官がこれらの能力に共有されていることもありうるし、諸器官における分化がそこでは感知されないということもありうる。

ところで触覚は、たまたま自然の器官そのものが媒体になっている。あらゆる媒体は、それ自体においてはそれが届けるものの質をもたずにいなければならず、その質を受け入れ送り届けるときは、何か新しいものを届け、その新しいものによる受動作用が生じることで、それに対する感覚作用が生じるのであり、受動作用は新しいものからしか生じない。それは触覚器官も同じであるが、媒体、たとえば熱くも冷たくもない媒体には二通りのあり方があり、その一つは、この二つの質にはまったく何の割り当てもないあり方、第二のものは、両者に割り当てられる部分はあっても、その部分は媒体のなかでは平衡に達していて、熱くも冷たくもなく、平衡した中間のものになっている。さらに、触覚器官はこれらの質から合成されている以上、それをまったくもたないことはありえない。したがって触覚器官がこの両端をもたないのは、体液混合と平衡によるものであり、自分の範囲から外れるものを感覚するためであるにちがいない。接触体の体液混合のなかでもっとも平衡に近いものがもっとも微細に感覚するが、人間は、すべての動物のなかでもっとも平衡に近いため、触覚がもっとも微細なのである。触覚は諸感覚のなかで第一のものであり、また地上の動物はそれから離れることができず、触覚は、対立項がそれによって判断される平衡した合成によることなしには成立しないのだから、このことから明らかなように、単純なものやそれに近いものは、まったく感覚をもたず生命ももたないが、ただし生長は、単純なものに近いものの一部にはそなわっている。以上で、触覚について我々が述べることは述べつくしたことにしよう。

(10) カイロ版・バコシュ版の wa-laysa yaǧibu ḍarūratan an... による。ラフマーン版は wa-laysa yaǧibu an *yuqāla* ḍarūratan an...（かならずしも……と言われる必要はなく）とする。

第四章　味覚と嗅覚について

75.3/64.3 味覚は触覚に次ぐものであり、その有用性もまた、肉体がそれによって自らを存立させる作用、すなわち食物への欲望を与え、食物を選択することにある。味覚はある事柄においては触覚と類を同じくし、ほとんどの場合、味われるものは接触によって知覚されるが、触覚と異なるのは、接触自体が味を届けるわけではないこと、つまり、たとえば熱いものとの接触自体が熱さを届けるのとはちがって、味覚は、味は受け入れるがそれ自身は味をもたない媒体を必要とするらしく、その媒体は、唾液腺と呼ばれる器官から送り出される唾液性の湿り気である。この湿り気が味をもたないなら、味を正しく届けるが、胆汁質の人々における苦味や胃のなかに酸が混じっている人における酸味のように、湿り気に何かの味が混じっていると、湿り気は、それに含まれる味をそれが届けるものに混ぜ、それを苦いもの、あるいは酸っぱいものに変えてしまう。

75.12/64.11 考察すべきところのある点の一つは、湿り気の媒介作用が、味をもつものの諸部分が湿り気に混入してそのなかに拡がり、次に舌に入り込み深く浸透することによってのみ行なわれ、その結果、その諸部分が舌と混じり合い、舌がその味を感覚するのか[1]、それとも湿り気自体が、混じり合うことなしに味を受け入れるように変化するのか、ということ、これは考察すべきところである。もし感覚対象が混入するものであるなら、湿り気は、絶対的な媒体ではなく、質そのものを担う感覚された実体が感覚体に辿りつくのを容易にする媒体であり、感覚それ自体は、感覚体が媒体を介さずに感覚対象に触れるだけで生じることになる。もし湿り気が味を受け入れ、それを自分の質にするのであれば、実際の感覚対象も湿り気であるから、やはり媒体はなく、味が味覚器官に出会えば、それが味を感覚することになる。そこでもし外部からやって来る感覚対象に、この媒体を介さずに豊かな接触に辿りつく道があるなら、味覚は、媒体がなければ視覚器官に出会えない視覚対象とはちがうことになるが、視覚器官の方は、触れられても何も知覚しない(2)。とはいえ、この湿り気は容易にするためのものであり、質を獲得するとともに混じり合うというのが妥当なところであろう。もしこの湿り気によることなしに深い接触に辿りつく道があるなら、味覚というものがあることになる。そこでもし、いったいどうして、辛味は、閉塞をもたらし浸透を妨げるにもかかわらず味わわれるのかと言われたなら、我々はこう述べるであろう。まず第一に、辛味はこの湿り気を介して混入するからであり、さらにまた、厚くするというその刻印を与えるとき、すでに辛味は混入しているのである、と。

76.10/65.6

　味覚が知覚する味は、甘味、苦味、酸味、収斂味、辛味、刺戟味、脂っこさ、不味さ、無味であるが、無味は、味の不在のようなものであるらしく、たとえば水や卵の白身から味わわれるようなものである。それ以外のこれらの味は、中間的なものであることによって、また味覚を生みだすとともに一部は触覚も生みだすことによって数が増えることになった。味の質と触覚的刻印から、この感覚においては区別されない一つのものが合成され、その一つのものが、区別される純粋な味のようなものになる(3)、というのも、どうやら両端に挟まれた中間的な味

（1）カイロ版・バコシュ版の fa-yuḥissa-*hu* による。ラフマーン版は fa-yuḥissa-*hā* なので、目的語は「湿り気」か「味をもつものの諸部分」になる。

（2）カイロ版・バコシュ版の wa-iḏā mussat al-ālat al-*mubṣirah* lam *tudrik* albattah による。ラフマーン版は wa-iḏā massat al-ālat al-*mubṣar* lam *yudrak*（器官が視覚対象に触れても、視覚対象は知覚されない）とする。

の一つに、引き離しと加熱をともなうものがあり、その全体が刺戟味と呼ばれているようであるが、別のものには、味と引き離しはあっても加熱はともなわず、これは酸味であり、また別のものには、その味に加えて、乾かし厚くすることがともない、こちらは辛味である。医学の諸書においてすでに説明された通りであり、以下同様。

76.21/65.16 嗅覚はどうかといえば、人間は、他の動物よりも嗅ぐことに工夫を凝らしているとはいえ——というのも人間は隠れた匂いをこすって掻き立てるが、これは人間以外のものにはないことであり、また匂いを吸い込んで徹底的に調べるが、こちらの方は人間以外のものも行なっている——人間は、触れたものや味わったものに実現するようなくっきりとした摸像が、匂いから想像力のなかに生じてくるほど、しっかりと匂いを受け入れることがなく、かろうじて匂いの描像が魂のなかにうっすらと生じるにすぎない。それゆえ人間にとって、匂いは二つの観点によってのみ名称をもつ。その一つは一致と相異の観点であり、良い、臭いと言われるのがそれであるが、これは、味について、種差を形相化したり名づけたりすることなしに、良い、良くないと言われるのと同じようなものである。もう一つの観点は、味との類似から名称が派生して匂いにそなわり、甘い匂い、酸っぱい匂いと言われること、これは、それを何らかの味に結びつけるのが習慣になっている匂いが、その味に関係づけられ、その味によって認識されるようなものである。どうやら人間による匂いの知覚は、硬眼動物(4)による事物の映像や色彩の知覚のようなものであるらしい、というのも、そういうものを硬眼動物は、かろうじて未確認のまま想像するように、そして視力の弱い者が遠くから映像を捉えるように知覚するにすぎない。硬眼動物の多くは、蟻のように、匂いの知覚においてきわめて能力が高く、どうやら蟻に似たものたちは嗅いだり吸入したりする必要がなく、匂いの方から空気中を漂って来るかのようである。

77.17/66.7 嗅覚の媒体もまた、空気や水のように、それ自体は匂いをもつことなしに、嗅覚対象の匂いを運ぶ物体である。

ところで匂いについては、人々の見解が分かれている。[5] 彼らのなかには、匂いが届くのは、匂いをもつ物体から分解し蒸発したものの混入によってであり、その匂いが媒体に混じっている[6]と主張した者がいる。また彼らのなかには、匂いが届くのは、媒体の変化によってであり、匂いをもつ物体から分解したものはそれに混入していないと主張した者もいる。また彼らのなかには、匂いは、その物体から何かが混入することも、媒体が変化することもなしに届くと述べた者がいる。その意味は、匂いをもつ物体は匂いをもたない物体に作用し、両者のあいだに匂いをもたない物体があるが、この媒体に匂いをもつ物体が作用することはなく、音や色彩の到来について言われるように、この媒体が前者の後者への作用を可能にするということである。

そこで我々はこのことを確かめ検討するべきであるが、これらの教説のどれかを唱える者の誰もが論拠をもっている。蒸発物と煙を主張する者が論拠を挙げて述べるには、もし匂いが、事物の分解によって発散するのでないなら、熱も、熱を生じさせる摩擦も、蒸発および蒸発と同じようにはたらくものも、匂いを掻き立てるものではないことになり、寒冷が匂いを隠すこともないであろう。ところが明らかに匂いは、匂いをもつものから蒸発して空気に混入する蒸発物によってのみ嗅覚に辿りつき、そのなかに入り込む。それゆえ林檎をあまり強く嗅ぐと、そこから分解するものが多いため、林檎はしおれる、と[7]。また変化を主張する人々が論拠が挙げて述べるに

78.6/66.14

（3） カイロ版の fa-*yaṣīru* ḏālika al-wāḥid ka-ṭaʿm *maḥḍ* mutamayyaz による。ラフマーン版は fa-*yubṣaru* ḏālika al-wāḥid ka-ṭaʿm wāḥid mutamayyaz（その一つのものが、区別される一つの味として見られる）とする。

（4） 魚や昆虫を指す。アリストテレス『動物部分論』第二巻第一三章六五九b三〇を参照。

（5） アリストテレス「感覚と感覚されるものについて」『自然学小論集』第五章を参照。

（6） カイロ版・バコシュ版の bi-muḫālaṭat šayʾ min ǧirm ḏī al-rāʾiḥah *mutaḥallil mutabaḫḫir fa-tuḫāliṭu* al-mutawassiṭ による。ラフマーン版は bi-muḫālaṭat šayʾ min ǧirm ḏī al-rāʾiḥah *yataḥallalu fa-yatabaḫḫaru fa-yuḫāliṭu* al-mutawassiṭ（匂いをもつ物体から分解し、蒸発し、媒体に混入したものの混入によってである）とする。

は、もし集会所を満たす匂いが、何かが分解することによってのみ生じるのであれば、匂いをそなえたその何かは、そこから分解するものの分解とともに、その重さが減り、その嵩が小さくなるはずである、と。そして送り届けを唱える人々は、とりわけ次のように述べている。我々は、蒸発物が匂いをもつものから分解して、一〇〇ファルサフ(8)以上も旅すると言うことはできない。また匂いをもつものが、火が熱するよりも甚だしく物体を変化させると判断することもできないが、強い火であっても、周囲のものをある程度まで熱するにすぎず、それが矢の届く距離に達するなら、大変なことである。ところで匂いが遠方の国々に辿りつくことに、我々は、匂いの到達が拡散する蒸発物によるものでも、拡がる変化によるものでもないことにかんして、疑念を消し去るものを見いだす。すでに知られているように、ギリシア人やマグリブ人の国々にエジプト禿鷲はまったく見られず、それらの国々に巣を作ることもない、またそれらの国々とエジプト禿鷲が棲息する国々のあいだには、先述の距離に近い大きな距離がある。ところが、ある年に、たまたまそれらの国々で殺戮があると、匂い以外に屍骸のしるしが何もないにもかかわらず、エジプト禿鷲が屍骸のところまで旅してきたのである。すると匂いは、蒸発物や空気の変化がエジプト禿鷲まで到達したとは言いえないほど遠く隔たったその距離を越えて、しるしを示したことになる、と。

そこで我々は述べるが、嗅覚対象が蒸発物であることはありうるし、また匂いをもつもののために空気そのものが変化して匂いがそなわることもありうるが、それなら、空気のはたらき方は、蒸発物のはたらき方にひとしいことになる。その諸部分が微細であって、嗅覚器官に到達してそれに出会うと入り込むようにできているものはすべて、蒸発物であれ、匂いに変化した空気であれ、感覚されることになるが、君がすでに学んだように、いかなる媒体への到達も変化によってなされる、というのも感覚対象であっても、もし感覚体に出会うことが可能

79.9/67.15

なら、媒体を介さずに感覚される。変化がこの部門に入ることを示す例を挙げるなら、たとえば我々が樟脳を蒸発させ、蒸発がその実体の全体に及ぶようにすると、そこから匂いが拡がり、樟脳からその匂いが、移動と配置によって、樟脳が占める場所の何倍もの場所に、その場所全体の一つひとつの部分に拡がるほどにまで拡散し、その何倍もの場所の細く小さな点に、樟脳のその匂いに似たものが嗅ぎとられるようになる。それら小さな点のどの一つにも樟脳から蒸発したものが入っているなら、樟脳から分解して、いま述べた一点一点より多くの、それらすべての点のなかに入っている蒸発物の全体は、蒸発によって生じる蒸発物全体の何層倍にもなるか、あるいはそれに比例していることになる。したがって、そのことにおいて樟脳に生じた減少は、それに近いか、それに比例しているはずだが、そうはなっていない。明らかにそこには変化が介在している(9)。

また先に述べられた送り届けの話は、ありそうにないことである。それがなぜかといえば、送り届けは、何らかの関係、そして送り届けの起点から送り届けの終点への道標がなければ生じないが、匂いをもつ物体はそういうものを何も必要としない、というのも君が、すでに樟脳は君にその匂いが届かないところに移されていると、それどころか、いきなり消え失せたと表象したとしても、その後もそれの匂いが空気中に残ることが不可能になるわけではなく、それが変化あるいは混入によるものであることに疑問の余地はない。

（7）　ラテン語訳の註には、これはよく使われる論拠で、ヨハンネス・ピロポノスによるアリストテレス『魂について』の註解にも見られるとあるが（*Liber de Anima I-II-III*, p. 149）、ピロポノスは、林檎が萎れて、布で遮られると匂いがしないことから、匂いは何らかの実体とともに運ばれてくると主張しており、ここでの議論とは異なるようである（Philoponus, *On Aristotle's* On the soul 2.7-12, tr. William Charlton, Cornell University Press, New York, 2005, p. 78-79）。

（8）　一ファルサフは五ないし一〇キロメートルに相当する。

（9）　カイロ版・バコシュ版の li-l-istiḥālah madḫalan による。ラフマーン版は li-l-istiḥālah madḫalan *mā*（そこには変化が何らかのかたちで介入している）とする。

一方、エジプト禿鷲の話については、強い風が、屍骸から分解した匂いと蒸発物を、それだけ隔たったところまで高空において移動させ、それを人間よりも感覚が強力で、きわめて高いところにいるもの、たとえばエジプト禿鷲などが感覚するのはありうることである。ところで君も知るように、匂いは、動物の多くにあっては、人間に到達するよりもはるかによく到達することもあるとはいえ、視覚対象が、遠い距離を渡って動物のところに到来することもあり、そういう動物は空中を旋回しているため、その視覚は非常に遠く離れたところにまで届き、その高度は高山の頂上の高さの何倍にもなる。非常に高い山々の頂上を我々が見ると、鷲がそれを越えて旋回していることがあったが、鷲の高度は山々の高さに倍するほどであり、それらの山々の頂上は六、七日旅程も離れたところから眺められることもある。ところで高さと高さの比は、見えるものの隔たりどうしの比と同じではない、というのも幾何学において君が学ぶように、そこから眺められる隔たりにおける比の方が大きくて広いのである。したがってエジプト禿鷲が、この距離の隔たりが意味をなさなくなるところまで空中を上昇して屍骸を見たのもありえないことではない。もしこれらの屍骸の映像の禿鷲への到来が否定されるなら、到来がもっと弱い屍骸の匂いの到来は、いっそう否定されるに相応しい。

またあらゆる動物が見るために瞼や眼球を動かす必要があるわけではないように、それと同じように、あらゆる動物が嗅ぐために吸入を必要とするわけではない、というのも動物の多くには、吸入することなしに嗅覚作用が到達するからである。

第五章　聴覚について

81.15/70.3

すでに触覚と味覚と嗅覚について論じたので、聴覚について論じるべきである。そこで我々は述べるが、聴覚を論じるには、音とその何であるか性を論じる必要があり、それには谺（こだま）を論じるのが適当であろう。そこで我々は述べるが、音は、それ自体が存立し確固たる存在によって存在していて、白や黒や形状においては可能な確たる判断が可能であるようなものではなく、音に存在の延長を想定するのは妥当であっても、たとえば音以外のものに想定するのが妥当な時間的存在の原理は、音にはそなわっていない。いやむしろ音にかんして明瞭かつ明白であるのは、それが生じるものであり、引き裂きか打撃によってのみ生じることである。打撃とは、岩や木材が打たれて音が生じるようなこと、引き裂きは、裂かれる両半分の片方がもう一方から引き裂かれるようなこと、たとえば、その半分を他の半分から縦方向に引き離すことによって、木材が折られるようなことである。

82.7/70.11

ところで君は、すべての打撃とともに音を見いだすわけではなく、羊毛のような物体をとても弱く打つのであれば、君は音を感覚しない。君が打つ物体に何らかの抵抗がそなわり、打撃に用いられるものから打たれるものへの動きにも打ちつける激しさがそなわっていて、そのとき音が感覚される。また同様にして、君が何かを少しずつ裂き、その何かがまったく硬さをもたないなら、引き裂きにはまったく音がともなわないだろうが、打撃としての打撃に差異はなく、また引き裂きとしての引き裂きにも差異はない、なぜならその一方は接触させることであり、他方は分離であるから。とはいえ接触は力と速やかさにおいて他の接触と異なり、分離もまた、それに似たものにおいて他の分離と異なる。何かに接触しようとするものはどれもみな、その何かに触れている他の物体の場所を自分のために空けなければ、そこに移動することができず、また何かから引き裂かれるものはどれもみな、自分の場所を空けて、そこに別のものが来られるようにするが、これらの運動がそのなかで行なわれるこの事物は、疑いもなく湿った流れるもの――水であれ、空気であれ[1]――であるから、打撃や引き裂きが生じるたびに、空気あるいはそれと同様のものに、そっと少しずつ、あるいは一挙に、波動あるいは力づくで引っ張られる運動が生じる。ここに、音が生じるときに存在せずにはいられない何かがあるにちがいないが、それは空気あるいはそれと同様なものによる強力な運動である。

知られなければならないのは[2]、音は打撃や引き裂きそのものなのか、それとも、そういうものから空気に偶成する波打つ[3]運動なのか、あるいは、そういうものから生まれるか、そういうものに結合するかした第三のものなのか、ということである。打撃と引き裂きは、色彩を介して視覚によって感覚されるが、音のなかに色彩を介して感覚されるものはないから、引き裂きと打撃は、たとえ音の原因であり、原因であるほかないとしても、音ではない。運動の方は、運動が疑われて、音は空気の波動そのものであると考えられることもあるが、これもちがう、というのも運動の類は、他の感覚対象を介してではあるにせよ、他の諸感覚によっても感覚される。音を発する波動も、苦痛を与えるほど強く感覚されることがあり、というのも雷の音は、山々を平らかにすることもあり、動物を打って死に至らしめることも多く、またしばしば高い城塞を崩すために喇叭の音が補助として用いられる。とはいえ以前にも指摘したように、触覚が、運動であるかぎりにおけるその運動から受動作用をこうむりながら、音は感覚されないということはあるし、また何かが運動であると理解する人は、それが音であるとは理解していない。もし音の真相がそのまま運動の真相であって、運動に続いて音が生じ、かならず運動から出てくるというものではないなら、音があるのを知る人は、運動があるのを知っていることになるが、こういうことは存在しない。というのも二つの観点と二つの状態があるのでないかぎり、同じ一つの種的なものが知られ、かつ知られないということはないのだから、その何であるか性と種性においてそれが音であるという観点は、その何であるか性と種性においてそれが運動であるという観点と同じではない。したがって音は、ここに記述された運動から偶成してその後に続き、それとともにある偶有なのである。空気または水の波動が耳道に辿りつくと、そこに空洞があり、そのなかの淀んだ空気が、そこまで辿りついたものの波動によって波動し、その向こう側には、音を感覚する神経に覆われた壁のようなものがあって、音が感覚される。

曖昧になっている問題に、音は、運動の存在に続いて生じる外部に存在するものなのか、それとも運動に結合しているのか、あるいは聴覚がその刻印を受けたときだけ音として生じるのか、ということがあるが、それについては、音は外部の存在をもたず、波動する空気の接触から感覚に生じる、いやむしろ、その場所に接触によって触れるすべてのものが感覚に音を生じさせると確信している者もいる。それでは、その音は耳道内の空気の波動によって生じるのか、それとも接触自体によって生じるのか。これは判断の難しい問題である。それがなぜかといえば、音の外部における存在を否定する者に、他のもろもろの感覚される質を否定する者にかならずともなうものが、かならずともなってくるわけではない、なぜなら、このことによって、音を発するという周知の特有

（1）　水は冷と湿、空気は熱と湿をその質とする。
（2）　カイロ版・バコシュ版の fa-yaǧibu an *yutaʿarrafa* による。ラフマーン版は fa-yaǧibu an *nataʿarrafa*（我々は知らなければならないが）とする。
（3）　カイロ版・バコシュ版の mawǧīyah による。ラフマーン版の muwajji[a]bah（必然的に惹き起す・惹き起された）は誤植と思われる。

性が音声感覚対象にそなわることが確立されるのであり、その特有性は波動である。波動と音の関係は、蜜のなかにある質と蜜から感覚に刻印されるものとの関係にひとしいが、ここでは事情が異なり、なぜなら蜜から感覚器官に、また火から感覚器官に実現する刻印は、それぞれの感覚器官のなかにあるものの類に属し、それゆえ熱に触れるものは、そのなかに刻印が確立しているなら、それ以外のものを加熱することもある。ところが音と波動のありさまはそうではない、というのも波動は何かであるが、音は別の何かであり、波動は他の器官によっても感覚されるが、その質は他の器官によっては感覚されない。また刻印を与えるあらゆるものが、かならず、それ自体において、その刻印の摸像であるわけでもない。そうなると、このことの真相が知られなければならない。

そこで我々は述べるが、聴きとられる偶有も外部の存在をもつことを認識する助けになるものの一つに、次のことがある。すなわち、もしそれが耳道そのものにしか生じないなら、空気の波動は、波動であるかぎりにおける聴覚によって感覚されるか、それとも感覚されないか、そのいずれか一つでなければならない。もし空気の波動が聴覚によって——聴覚器官の接触によって、と私は言っているのではない——波動であるかぎりにおいて感覚されるなら、それは第一次的に感覚されるか、あるいは音を介してであるか、そのいずれかである。もしそれが第一次的に感覚され、聴覚によって第一に感覚されるものが音であるなら——これには疑問の余地がない——もしそうであるなら、波動であるかぎりにおける波動は音であることになるが、我々はすでにこれが誤りであることを示した。もしそれが音を介して感覚されるなら、音を聴いた誰もが波動があるのを知っていることになり、それはちょうど、四角形の色彩を、そしてその色彩を介して四角形を感覚した誰もが、そこに四角形があるのを知っているようなものであるが、そうはなっていない。また触覚だけによって感覚されるとしても、やはり我々がすでに述べたことがそこから生じることになる。したがって音を聴くときにかならず波動が感覚されるわけではない。

これに続いてかならず起ることを検討してみよう。そこで我々は述べるが、音が聞えると、音にそなわる方角が聴きとられる。方角が聴きとられるのは、音は、それが生れて存在することの始まりがその方角にあり、そこから音が終るからであるか、それとも耳に到来する移動体は、耳に繋がって音を発してしまえば耳のなかに音はなくなるが、それがその方角から移動してきて、その方角からぶつかってくるため、音がその方角からやって来たと想像させるからであるか、あるいはこの二つの両方によってであるか、そのいずれかである。もし移動体だけによってそうなるなら、その意味は、移動体自体が感覚対象であるということ、というのも、移動体が覚知されなかったときには、どのようにして音の始まりの方角が覚知されるのか。その場合、音の方角が知覚されるとき、空気の波動が聴覚によって感覚されるはずだが、我々がすでに述べたように、かならずしもそうはならない。二つの両方によってであるとしても、やはりこの不合理がそこから生じるが、音が波動にともなうことは確かである。すると残るのは、音そのものがそこに生れ、そこから終るがゆえに、そうなるということである。もし音が耳のなかに生じるだけであるなら、その原因が右から来ようが左から来ようが同じである[5]、とりわけ音の原因が感覚されないのであれば。また、ここで自分の摸像を刻印として耳に与えるものは[6]、到達するときにしか知覚されない以上、その方角は知覚されないが、その原因が到達するときにしか生じないものとは、いったいどうい

85.17/73.7

（4） カイロ版・バコシュ版の allaḏī *yamassu* al-ḥarārah による。ラフマーン版は allaḏī *yuḥissu* al-ḥarārah（熱を感覚するものは）とする。

（5） カイロ版・バコシュ版の sawāʾan *atá* sabab-hu *min* al-yamīn aw al-yusār による。ラフマーン版は sawāʾan *anna* sabab-hu *ʿan* al-yamīn aw al-yusār（その原因が右からであっても左からであっても同じである）とする。

（6） カイロ版・バコシュ版の wa-hāhunā muʾaṭṭir *fī-hi* maṯal nafs-hu による。ラフマーン版は wa-hāhunā muʾaṭṭir maṯal nafs-hi（……刻印として与えるものは）とし、「耳に」はない。

うものなのか。これで明らかになったように、音には、現実態で聞えるかぎりにおいてではなく可能態で聞えるかぎりにおいて、何かしら外部の存在が、そして波動そのものではなく波動にそなわる何らかの形態のようなものが、そなわっている。

86.14/73.22 また我々は、打つものと打たれるものについての議論を確かめなければならない(7)。そこで我々は述べるが、打撃においては、打撃に先立つ運動と打撃に続いて生じる運動がどうしてもあることになる。打撃に先立つ運動は、二つの物体の一方から生じて第二の物体に赴くものもあれば、その両者から生じることもあり、両者のいずれもが、あるいはその一方が他方に向かって、可感的に起き立っていなければならない、というのも、もしその一方が、触れられた途端、いやむしろ感じとれないほどの時間のうちに押し退けられるなら、音はない。打つものと打たれるものは両方とも音を発するものであるが、それにより適しているのは、より硬く、より抵抗が強い方であり、というのも音を発することへの関与がより強いからである。一方、第二の運動は、空気が逃れ、それが二つの物体のあいだで激しく圧縮されることである。硬さも、また滑らかさも、空気を強く圧縮するのを助け、空気が粗さの隙間に逃げ込まないようにするが、それには厚さの方が適しており、空気を稀疎の隙間に入り込ませることがない。

87.5/74.7 往々にして、打たれる物体が極端に湿っていて柔らかいことがあり、力がかけられ、中間にある空気がそれに入り込むように、あるいは二つの物体のあいだで圧縮されるようにされても、その物体は、中間にある空気が短時間でそれに入り込み、それを引き裂くことができるようにはなっておらず、それに抵抗して、中間にあるその空気の方へは飛び出していかない。さらには、打つものにも抵抗する、なぜなら打つものが、無理やりそれをごく短い時間でずたずたに引き裂こうとしても、それは受け入れるものの能力にも、打撃を与える作用者の能力にも可能なことではなく、打たれるものは、砕けることができずに打つものに抵抗し、打つものとともに中間にある空気を圧迫するが、この打たれるものにおいては、抵抗が硬さの代りになる。君にこのことが分かるのは、鞭をそっと水に打ち込むところをじっくりと観察するときである、というのも無理に力をこめなければ水を裂くことができるが、すばやく行なえば、水は君に立ち向かい抵抗する。空気も同様であるが、空気自体が、その一部分は抵抗し、その一部分と打ちつけ圧迫するもののあいだに挟まれた部分が圧縮されるようになることもあり、それどころか空気が三つの部分に分かれ、波動の形態に応じて、その一部分は風のように打ちつけ、他の一部分は抵抗し、両者に挟まれた別の部分が圧縮されるようになることもありうる。

ところが硬さと厚さは、この波動を生みだす第一次的な原因ではなく、硬さと厚さによってそうなるのは、両者が抵抗を助長するかぎりでのこと、第一次的な原因は抵抗である。音は、湿った流れる物体が、そういうものであるかぎりにおいて、打ち合い抵抗し合う二つの物体に挟まれ、圧縮されるその波動から生じる。水と空気と天圏が色彩を送り届けるという本性を共有し、その本性に透明性という名前があるように、それと同じように、水と空気は、音がそのなかに生じるかぎりにおいて両者が共有するはたらきをそなえている。その名前を波動受容性であるとしよう。ただしそれは媒体が水や空気であるかぎりでのことではない、ちょうど、媒体が天圏や空気であるかぎりにおいて透明性があるわけではないように。どうやら水と空気は、匂いや味を届けるかぎりにおいて、やはりそういうはたらきをそなえているようだが、それには名前がない。そこで味を届ける湿り気は風味であるとしよう[8]。匂いの移動が共有するものの方には名前がない。

（7）カイロ版・バコシュ版の wa-yajibu an *nuhaqqiqa...* による。ラフマーン版は wa-yajibu an *yuhaqqaqa...*（また……が確かめられなければならない）とする。

谺はどうかといえば、谺はこの波動が必然的に生じさせる波動から生じる、というのもこの波動に何か山や壁のようなものが抵抗してそれを止めると、壁あるいは山を打ちに行くこの波動とそれに打たれるものに挟まれ、どうしても別の空気が圧縮されることになり、それが波動を跳ね返し、その圧縮によって波動を後ろへ投げ返すが、波動の形状は最初の形状と同じで、その形態に合致している――ちょうど壁に投げつけられた鞠によって、両者に挟まれた空気がかならず波動を強制されることになり、かならず逆行が戻ってくるように。先立つ部分ですでに明らかにしたように、その鞠が戻ってくる原因は逆行である。そこで、これを空気が戻ってくる原因であるとしよう。我々が検討すべきことはまだ残っている――谺は第二の波動である空気の波動によって生じる音なのか、それとも谺は、跳ね返ってくる折り曲げられた第一の空気の波動に付着しているものなのか。どうやら谺は、跳ね返ってくる折り曲げられた空気の波動であるらしく、それゆえその属性と形態に合致しており、またこの空気から生じる打撃は、第二の空気の波動からはそれと分かるような音を生み出さないようである、というのもこの空気の打撃のような打撃は、激しくはない打撃であり、もし音を生じさせるほど激しかったなら、それは聴覚を損なうことになろう。また、どうやらどの光にも反射があるように、どの音にも谺はあるが聞えないようである。家や住居のなかではたいてい谺が聞えないことの原因は、音を発するもの[9]と音を反射するものの距離が近いと、分離した二つの時に聞えるのではなく、同時に聞えてしまうためであるらしい、ちょうど打撃の音が、実際には打撃より後であっても、打撃と同時に聞えるように。反射するものが遠くにあれば、二つの音のあいだの時間的な隔たりが、感じとれるほど離れたものになり、それが硬く滑らかであれば、そこからの反射が跳ね返りの力によって繰り返されるため、風呂場のなかでそうなるように、谺は長いあいだ持続する。どうやらこれが原因で、沙漠にいる歌手の声はより弱く、屋根の下にいる歌手の声は、声とほとんど同時に感覚される谺による増幅のため、より強くなるのであるらしい。君は知っておかなければならないが、波動は同一の空気が移動する運動ではなく、水の波動がそうであるように、衝突につぐ衝突と静止に先立つ静止の交替によって生じ、音を発するこの波動は、速くはあっても衝撃は強くない。

疑問をいだく者がこう述べるかもしれない。君たちは触覚に疑問をいだき、多くの対立を知覚するがゆえに、触覚は多くの能力であるとしたが、それと同じように、聴覚もまた重い音と鋭い音の対立を知覚し、かすかな音 89.15/76.13
と大きな音、硬い音と滑らかな音、まばらな音と密度の高い音などの対立を知覚する。それならなぜ聴覚は多くの能力であるとしないのか、と。それに対する答えは、なぜなら聴覚の第一の感覚対象は音であるが、これらのものは、その第一の感覚対象が音になった後でそれに偶成する偶有性であり、そこでは対立者のいずれもが、他のもののゆえにではなくそれ自体によって感覚される、というものになる。音および音の感覚作用の説明については、この程度で十分であるとしよう。

（8）ラフマーン版の fa-l-takun *al*-ruṭūbat al-muʿaddiyah li-l-ṭaʿm al-uḏūbah による。カイロ版は fa-l-takun *li-l*-ruṭūbat al-muʿaddiyah li-l-ṭaʿm al-uḏūbah（味を届ける湿り気には風味があるとしよう）とする。

（9）カイロ版・バコシュ版の al-muṣawwit による。ラフマーン版は al-ṣawt（音）とする。

第三部　視覚（全八章）

第一章　光、透明体、色彩

さて、我々は視覚について論じるべきであるが、これを論じるためには、光や透明体や色彩、そして感覚体と視覚的感覚対象のあいだに生じる繋がりがどのようなものであるかを論じなければならない。まず最初に光について論じよう。そこで我々は述べるが、光は、光と呼ばれたり、明るみと呼ばれたり、光線と呼ばれたりする。どうやら、ことばの慣用において、この三つのあいだに大きな隔たりはなさそうだが、我々は、この三つを使用するさいに区別しなければならない、なぜなら、ここには互いに近似した三つの意味があるからである。その一つは、視覚が太陽や火において捉える質でありながら、黒であるとも、白であるとも、赤であるとも、あるいはこういう色彩のいずれであるとも言われないもの。二番目は、そういうものから輝きでて物体に降りそそぐように想像され、白や黒や緑が現れるもの。最後は、物体において、きらきらするように、また物体の色彩を蔽い隠すように、そして物体から流れ出るもののように想像されるものであり、他の物体からそれを獲得した物体にあれば、きらめきと呼ばれ、たとえば鏡などにおいて感覚されるが、物体自体にそなわっているなら、光線と呼ばれる。

とりあえず光線やきらめきは必要なく、我々に必要なのは最初の二つの区分である。それではその一つを、事物に本来的にそなわるものの方を光であるとし、獲得されたものは明るみであるとしよう。たとえば我々が光と呼ぶ太陽や火にそなわっているようなものは、それ自体によって見えるものである、というのも、この質を担っている物体は、視覚とその物体のあいだに空気や水のようなものが存在すれば、かならず見えるのであり、壁が必要とするものが存在することを必要としない。壁は、それがそうあるように見えるには、空気や水やそれに類似したものが壁と視覚のあいだに存在するだけでは十分でなく、我々が明るみと呼んだものがすでにそれを覆っている必要があり、それではじめて見える。その明るみは、光をもつ物体の壁に対する刻印作用だが、そのようになるのは、その発光体が壁と向きあっていて、発光体が明るみの受容体に刻印を与えるのを遮らないような物体が、発光体と壁のあいだにあるときのこと、たとえば空気や水であれば、助けにはなっても妨げはしない。

物体は第一の分類で二つの区分に分かれる。いま述べたこの遮蔽を行なわない物体――これを透明体と呼ぶことにしよう――そしてこの遮蔽を行なう壁や山のような物体。この遮蔽を行なうものには、透明な媒体が存在していれば、見えるために他のものの現前を必要としないものがあり、これは太陽や火のような発光体、そしてそれに似たもので、透明ではなく、向こう側のものを遮蔽して知覚できないようにするものがある。ランプがランプを蔭にすることをじっくりと考えてみるがよい、というのもランプの一方が、両者に挟まれたものに第二のランプが作用するのを妨げるからであるが[1]、それと同じように、こういう物体は視覚を遮蔽し、向こう側にあるものが見えないようにする。またそのなかには、ある属性をそれに付与する別のものの現前を必要とするものがあり、これは色彩をもつものである。したがって光は、そのようであるかぎりにおいて第一の区分の質であり、色彩は、そういうものであるかぎりにおいて第二の区分の質である。というのも壁は、その背後にあるものを発光体が照らすことを可能にするわけではなく、それ自体が照明体であるわけでもなく、可能態で色彩をもつ物体であり、現実態の色彩は明るみがあってはじめて生じる。というのも明るみが何らかの物体に降ってくると、現実態の白や黒や緑などが物体に生じるが、もし明るみがなければ、黒が暗くあるばかりであり、ただしこの黒は可能態では色彩をもっている――もし我々が現実態にある色彩によって、白や黒や赤や黄やそれに似たこういうものを意味するのであれば。

93.4/80.18 ところで白が白であり、赤が赤であるのは、それらが我々から見える側(2)にあるときにかぎられ、それらがこの状態にあるのは(3)、それらが明るみを発しているときにかぎられる。我々から見える側にある白や赤などが現実態で物体に存在しているのに、暗い空気がそれを見るのを妨げているとは考えられない(4)、というのも空気そのものが暗いわけではなく、暗くなっているのは照らされるものだけであり、空気そのものは、そのなかに発光するものが何もなくても、照らされるものの知覚を妨げることはなく、事物に色彩が存在するときにその色彩を隠すこともない。君が洞窟のなかにいて、そのなかのすべての空気が、君が暗いと思う状態にあると考えてみるがいい。明るく輝いていると君が見なす空気のなかに置かれた外部の物体に明るみが生じると、その物体が君に見えるが、君と物体のあいだにある暗い空気が君を損なうことはなく、君には二つの状態にあるように思われる空気は何ものでもないかのようである。闇というのは何も見えない状態であり、不透明な物体のなかに存在すれば照らされるようになるもろもろの質がないため、物体は暗くなっていて、可能態にあって君には見えず、空気も見えない

（1）　この記述では「第一のランプ―物体―第二のランプ」という配置になり、「両者に挟まれたものに第二のランプが作用するのを妨げる」ことにはならない。原文の bayna-humā（両者のあいだに）をたとえば warāʾa-hu（その〔第一のランプ〕の向こう側に）に置き換えれば、「物体―第一のランプ―第二のランプ」になる。

（2）　カイロ版・バコシュ版の narā-hā による。ラフマーン版は tarā-hā（それらが君から見える）とする。

（3）　バコシュ版の wa-lā takūna ʿalá hāḏihi al-*ṣifah* による。ラフマーン版・カイロ版は wa-lā takūna ʿalá hāḏihi al-*ǧihah*（それらがこちら側にあるのは）とする。

（4）　カイロ版・バコシュ版の wa-lā *yuẓannu* annna al-bayāḍ ʿalá al-ǧihah allatī *narā*-hā... による。ラフマーン版は wa-lā *taẓunna* anna al-bayāḍ ʿalá al-ǧihah allatī *tarā*-hā...（君から見える側にある……と考えてはいけない）とする。

ので、君が両眼を閉じて両眼を覆ったときに君に想像されるものが君に想像され、拡がる闇が君に想像される。その闇は、暗い空気に取り囲まれた君の状態から生じるもののように君には見えるが、それがそうではなく、眼を閉じているとき君は暗い空気を見てはおらず、さもなければ君に見える闇を瞼のなかにある何かとして見ており、これはたんに君は見ていないということである。

要するに、闇は照らされるようにできているもの、すなわち見えることもある事物における光の欠如である、なぜなら明るみは見えるものであり、そのなかに明るみがあるものは見えるものであるからであるが、透明なものはまったく見えない。したがって闇は照明が宿る場のなかにあり、両者のいずれもが、すなわちその二つの場は不透明な物体なのである。その色彩が見えるようにできている物体は、照らされていなければ暗いが、実際に現実態の色彩がそのなかにあるわけではない。そこに色彩があるにもかかわらず何かに隠されていると考えられてもいるが、そのようなことはない、というのも空気は、暗く見える状態にあっても、色彩が現実態にあれば隠さない。しかしながら諸物体のなかにある種々さまざまな用意――照らされるとその一つが君に白く見えるものになり、別の一つは赤に見える――そういう用意を人が色彩と呼ぶなら、そう呼ぶこともできるとはいえ、それはこの名詞の多義性によるものにすぎない。というのも実際には、白は君にそう見える状態にある「これ」であるが、「これ」は存在するものではなく、君と「これ」とのあいだには透明で君に見えない透明体がある(5)。なぜなら透明体は、現実態で透明であることもあれば、可能態で透明であることもあるが、現実態になるためにそれ自身における変化は必要とせず、必要なのは、それ以外のものにおける変化か、あるいはそれ以外のものにおける運動である。これはちょうど道や抜け穴のようなもの、というのも、そういうものは、それが現実態になるために、それ自身のなかにあるものは必要とせず、必要なのは、通行人や通り抜ける人が現実態で存在することなのである。

94.19/82.1

そこで可能態にある透明体が必要とする、現実態において透明になる変化であるが、それは、色彩をもつ物体の照明される状態への変化とその色彩の現実態における実現である。また運動の方は、発光する物体が、そのなかに変化が生じることなしに、その色彩をもつ物体の方へと動くことであり、すでに君は先行する部分において、この問題の精髄を学んでいる。この二つのことの一つが実現すると、見られるものが届き、この透明体は自分以外のものの存在によって現実態で透明になる。この届くという事態を我々は確かめるべきだが、しかしその問題は、我々が述べたことにかんして生じるさまざまな疑問——その解決によって我々が述べたことの立証が容易になる——に言及するときまで延期しなければならない。

（5）ラフマーン版の wa-bayna-ka wa-bayna-hu šaffāf yašiffu *wa-lā tarā-hu* による。カイロ版・バコシュ版は wa-bayna-ka wa-bayna-hu šaffāf *lā* yašiffu（君と「これ」のあいだには、不透明な透明体がある）とする。

第二章　明るみは物体ではなく物体に生じる質であること、また明るみと光線にかんする諸説と疑問

人々のなかにこう考えた者がいる。発光体から物体に照射される明るみは、物体に生じる質ではなく、発光体から四方八方に分離する小物体であり、発光体からの隔たりと想定されるものに付着して発光体の移動にともな 95.8/83.4 って移動し、物体の上に降ってくるとそれによって物体が光る、と。また人々のなかには、この明るみには何のはたらきもなく、たんに色彩をもつものの現れにすぎないと考えた者もいる。それどころか、人々のなかには、太陽の光は、その色彩の現れの強烈さ以外のものではなく、それでも視覚を圧倒すると考えた者もいる。我々は、まず最初にこれらの教説の内容をじっくりと検討しなければならない。

そこで我々は述べるが、この明るみも、太陽や火から物体の上に降ってくる光線も、こういう可感的な質を担う物体ではありえない、なぜなら、もしそれらのものが透明であるなら、ちょうど水晶の小さなかけらは透明で 95.16/83.10 もその堆積は不透明であるように、堆積するとその透明性が失われるか、あるいはその透明性は失われないか、そのいずれか一つでなければならない。もし透明であり、しかもその透明性が失われないなら、それらは発光体ではない、というのも我々は透明なものと発光体の区別をすでにすっかり説明している。もし堆積することによって再び不透明になるなら、その堆積が下にあるものを覆い隠すわけであるから、堆積が進めば進むほど覆いも厚くなるが、光の方は、もしかりに光が堆積するなら、堆積が進むほど色彩をよく顕れさせるようになる。同様

にして、もともとこれらの発光体は、火や火に似たもののような不透明な発光体である以上、色彩を見せる光線が物体でないのは明らかである。またそれが物体であって、しかもそれがさまざまに異なる方向に本来的に運動するということはありえない。

96.6/84.3
　さらに、もしそれらのものが発光体から分離して照らされるものに出会う物体であるなら、窓が覆われたときは、無くなるか、変化するか、覆いの先を行くか、そのいずれか一つがそれらのものに起るにちがいない。覆いに先行するという説は出まかせである、というのも、それは一挙になされることであるから。覆われることによって無くなるというのもその種のことに属する、というのも、ある物体が二つの物体に挟まれているときに、両者の一方が無くなっていると、どのようにして判断されるのか。また変化は、我々がすでに述べたことを必然的に惹き起す、すなわち、それらのものは輝体に向き合うことによって照らされ、輝体が覆われれば変化するということだが、もしこういうことであるなら、どんな必要性があって、物体は輝体[1]から旅してくるのか、なぜ、これらの物体は、その変化に向き合うことによって自分で変化しないのか。

96.14/84.11
　ところで光線を唱える人々がしがみついている論拠であるが、その一つとして彼らは次のように述べた。疑いもなく光線は太陽があるところから降下し、火があるところから方向づけられるが、これは運動であり、運動は物体にしかそなわらない。また光線は発光体の移動とともに移動するが、移動は物体にそなわる。さらにまた光線は何かに出会い、その何かから別のものに反射されるが、反射が物質的な運動であることに疑問の余地はない、と。これらの三段論法はすべて崩れており、その諸前提は正しくない、というのも我々が、光線が降下する、出てくる、入ると言うのは比喩的な言いまわしであり、そういうものではない。光線は、それと向き合うもののな

（1）カイロ版の nayyir による。ラフマーン版は munīr（照らすもの）とする。

かに一挙に生じ、それが高いところにあるものから生じれば、降りてくるかのように表象されるが、生じるように見えるという方が下降よりも適切である、それというのも途中はまったく見えず、感じとれるほどの時間も必要としないのだから。するとこの論証は光線の降下を示したのか――いったいどこから彼らはそんなことを思いついたのか――それとも降下を示すのは感覚であり、彼らは感覚を信頼しているのか、そのいずれか一つでなければならないが、感覚は、どのようにして運動体の運動を示すのか――その移動時間は感覚されず、行程の中間においては感覚されないというのに。

ところで光線が移動するという話であるが、光線の移動は影の移動ほど大きくはない。すると影もまた移動する物体でなければならないことになるが、じつは両者のどちらも移動ではなく無化と更新であり、というのも対応関係が更新されると、それが更新される。誰かが言いつのって、影もまた移動すると言うなら、影が明るみの上を移動するのか、明るみが影の前後を移動するのか、そのいずれか一つでなければならない。もし影が明るみの上を移動して明るみを覆い隠すのであるなら、大地の全面を覆う明るみは移動せず、影だけがそれを覆っていると仮定してみよう。すると明るみが移動するという主張はすでに崩れている。もし明るみが闇の前を移動して、闇が移動できるようにするのであるなら、発光体は停止していると仮定してみよう。当然のことながら、発光体が停止すれば、それとともに明るみも停止するが、このことは、影をもつものの運動が、明るみを追い払う原因であるという帰結に導く。彼らの多くが、発光体が停止しているときは所々方々から明るみを追い払うことも可能であるとしており、その場合、その場所が暗くなるか、さもなければ明るみは、影から逃れるときに背後へ跳躍し、影が明るみから離れたその場所に戻ることになるが、これらはすべてお伽噺である。否、影が明るみを壊すことはなく、影も明るみも物体ではない。両者が移動するとすれば、それは更新によるものであり、同一の事物がそのまま移動するわけではない。光線の反射も比喩的な言いまわしであり、というのも物体は、それが照らされていて光沢のあるものであれば、それに向き合う物体も、まったく移動することなしに、それに照らされるようにできている。

もう一つの教説は、この明るみに何のはたらきも認めず、色彩がはっきりと現れているなら、それは色彩そのものであるとする教説である。この教説を唱える人々は、この章で説明されることは[2]、色彩とともに想像される、色彩をもつものに付着したきらめきであると言うだろうが、そのきらめきは、見えるものそれ自体においては何ものでもなく、光がより少ないものと光がより強いものとの対照から視覚に偶成するものであり、色彩の現れの強さは、発光するものの刻印作用の強さによるものである。というのもランプからの照射は月からの照射よりもいくらか少なく、月からの照射、すなわち月光は、日中の閉ざされた屋内における太陽からの照射よりも、いやむしろ太陽光線のない蔭になった場所よりも、いくらか少ない。それがなぜかといえば、月光は、太陽が昇ると、屋内の蔭のなかでは効力を失って消滅し、陽光のなかで見えるものの方が月光のなかで見えるものよりも強くなるからである。人々は、蔭のなかにあるものには、それが明るみを与えていても、きらめき性や光線性をまったく認めないくせに、ランプの明るみは物体にきらめきを生じさせ、夜になれば月の明るみがそれを行なうと思っているが、それは夜の闇との対照によるものであり、というのも夜の闇は、その程度のものをきらめく光線のように想像させる。ところがそれは色彩の何らかの現れにすぎず、太陽にそなわるものの方が刻印作用は強力かつ強烈である。 98.3/85.17

色彩以外の何かがあると確言する人々は、その誰かが我々に見せるがよい――白い壁の上に、白でもなければ 99.1/86.7

（2）　カイロ版・バコシュ版の yufassaru による。ラフマーン版は naʿtabiru（我々が検討する）とする。

白の現れでもない何かが、光線と呼ばれる何かがあることを。それを壁の上の影と比較するなら、その影は、現れるはずだった白を、何らかの闇によって我々に対して隠しており(3)、その影には、隠蔽あるいは隠蔽の増大以外のはたらきをもたない闇が混入しているようなことになるが、それは光に、現れあるいは現れの増大以外のはたらきがないのと同じことである。

彼らのなかには、太陽の光はその色彩の現れの強烈さ以外のものではないと考える者がおり、色彩の現れの強烈さに眼が眩んでいるときに、きらめきと色彩を隠す光線が見えるのは、視覚が弱いからであって光線による隠蔽それ自体のためではなく、視覚は明瞭に知覚する気力を失っているようだが、それが弱まれば色彩が見える、と考えている。曰く、夜になると輝く生きものは、輝いているときはその色彩がまったく感覚されず、昼になると鮮やかな色彩をもつようになるが、そのなかに輝きはない。するとその輝きは、そういう生きものの色彩の現れが、闇のなかで見えるほど強烈であるためであって、それ以外に原因はなく、闇のなかに現れると輝きは力の極点に達し、闇のせいで視覚が弱くなっていれば(4)、視覚を眩ませる。ところが太陽が昇ると、太陽の現れがそれの現れを圧倒し、その色彩が戻ってくるが、そのために視覚が眩むことはない、なぜなら視覚は鮮やかなものとの出会いには慣れており、太陽の上昇によって強くなってもいるからである、と。

また彼らのなかにはこう述べた者がいる。この問題はそういうものではなく、光と色彩は別々のものだが、光は、それが視覚を圧倒すると、光のなかにあるものの色彩を隠すようにできている。太陽にも色彩はそなわっているが、色彩とともに光もあり、その光が輝きによって色彩を隠すのは、月や光沢のある黒い石(5)に色彩がそなわっているのと同じことで、輝くと発光しているように見え、その黒さは見えない。また曰く、これは明るみではない、というのも明るみは色彩の現れ以外のものではないが、光は色彩の現れではなく別のものであり、色彩を隠すことがある。これらの夜に輝くものは、闇のなかではその明るみが現れてその色彩を隠すが、太陽が現れると、その明るみは圧倒されて隠され、その色彩が現れる、と。それではこの説を、すでに言及されたその分枝とともに検討すべきである。

（3）カイロ版・バコシュ版の la-*nā* による。ラフマーン版は la-*hā*（それに対して）とするが、女性単数の代名詞「それ」が何を指すかは不明。

（4）カイロ版・バコシュ版の iḏā による。ラフマーン版は iḏ（なぜなら……であるから）とする。

（5）カイロ版・バコシュ版の li-l-*sanǧah* による。R・ドジーによれば、やはり「石」を意味するペルシア語の sang に由来する（R. Dozy, *Supplément aux dictionnaires arabes*, Brill, Leiden, 1881, t. 1, p. 690）。ラフマーン版は li-l-*subǧah*（スブジャ服〔主婦が着る袖の短い寛衣〕）とする。

第三章　これらの謬説の完全な矛盾、なぜなら明るみは鮮やかな色彩とは別のものである、また透明体と輝くものについての議論

100.10/88.4 そこで我々は述べるが、ここでは色彩の現れから二つの意味が了解され、その一つは色彩が現実態になること、もう一つは、それ自体によって現実態で存在する色彩が眼に対して現れることである。第一の意味は、色彩が生じること、あるいは色彩が色彩として存在することを示し、第二の意味は、色彩との関係が生じること、あるいはその関係の存在を示すが、この第二の見方は明らかに誤っている。もし明るみが、色彩の視覚に対する関係そのものであると考えられるなら、明るみは関係であるか、あるいは関係が生じることであることになり、明るみ自身には存在も存立もない(1)ことにならざるをえない。もし明るみによって意味されるものが、視覚があれば(2)視覚に色彩が見えるという色彩の結果であるか、あるいは色彩がそのようにあることであるなら、これは色彩そのものであるか、あるいは遮蔽物などの除去のように、外部のものが消えたときに生じるものであるか、そのいずれかである。そこで、もしそれが色彩そのものであるなら、これは第一の見方であり、もしそれが色彩に偶成し、それによって色彩が現れる状態であるなら、それは光であって色彩ではない。

101.2/88.13 ところで第一の意味は、これもまた次のいずれか一つでなければならない、すなわち現れによって意味されるのは、可能態から現実態に出ていくこと、その一瞬が過ぎれば事物はもう照らされないということか、あるいは、それによって意味されるのは色彩そのものであるが、それを現れと呼ぶことにも意味はなく、照らされることが

色彩であると言わなければならないということか、あるいは、それによって意味されるのは、恒常的にであれ、一時的にであれ、色彩に結合する一つの状態であり、その結果、色彩は、あるときはそれに明るみが偶成し、別のときにはそれに闇が偶成し、そのどちらの場合にも色彩は現実態で存在するということか、そのいずれかである。そこでもし現れが、そこに色彩が現れるものに対して色彩がもつ関係そのものであるなら、もう一つの教説に戻ることになり、もし何か別のものであっても、やはりそこに戻る。

　もしこのことを、光は色彩そのものではあっても、現実態にあるときの色彩そのもののようになっていると定 101.10/89.5
めるなら、光は現実態にあるすべての色彩に対して言われるか、(3)あるいは、白だけが色彩であり、黒は闇であることになるか、そのいずれか一つでなければならない。後者の場合、黒い物体が光によって照射するのは不可能であることになるが、しかしこれは不可能ではない、というのも黒いものは照射し、他のものを照らすからであり、光は白だけではない。ところが、もし光が白だけではなく、あらゆる色彩であるなら、光であるものの一部が、光であるものの別の一部に対立することになり、しかし光に対立するのは闇だけであるから、これは矛盾である。さらにまた、黒いものがそれによって発光するようになるものは、もちろんその黒さ以外のものであり、また同様にして、それは白以外のものでもある。ところで色彩は、すなわち黒のなかにある色彩という類の本性は、黒そのものであり、白のなかにある色彩は白そのものであって白に偶成するものではないから、類的な無限定の色彩が光なのではない。さらにまた、光によって透明体が照らされることがあり、たとえば水や水晶が闇の

（1）　カイロ版・バコシュ版の wa-lā *wuǧūd wa-lā qiwām la-hu fī nafs-hi* による。ラフマーン版は wa-lā *qiwām wuǧūd*…（存在の存立をもたない）とする。

（2）　ラフマーン版の law kāna *baṣarun* による。カイロ版・バコシュ版は law kāna *baṣaran*（視覚であれば）とする。

（3）　たとえば「この赤は光である」というように述語づけられること。

なかにあって、それに光だけが落ちると、光がそれを示しそれを透明にするが、これは光であって色彩ではない。

102.2/89.17 さらにまた事物は、発光し色彩をもつものになり、時には、水や壁に照射されるときのように、光だけがそこから別の事物に照射され、時には、光が強力であると、光とともに色彩も照射され、照射を受ける水や壁を赤くしたり黄色くしたりする。そこでもし光が色彩の現れであり、闇が色彩の隠蔽であるなら、向き合ったものに対する赤い色彩の刻印作用は、単純なきらめきではなく赤であることになろう。もしこれが別の色彩の現れであるなら、なぜそれが強いとき、この色彩が強いものの色彩をそこに移動させることによって、向き合ったものに対してその色彩の隠蔽を行なうのか。ところがこの人の説によれば、緑や赤などは(4)、さまざまな白い現れ(5)と黒い隠蔽の混合でなければならず、するとどうしても、降りかかる光線のために、ある物体の色彩が現れていて、さらに何らかの色彩をそなえた別の物体の光が、我々が理解する意味において反射されたとしても、後者の色彩は前者に降ってこないことにならざるをえない。なぜなら、この照らされるとともに他を照らすものは、色彩が現れた諸部分だけであるか、あるいはそれ以外のものをともなっているか、そのいずれか一つでなければならないが、もしその諸部分だけであるなら、その色彩がかならずそれに現れるようにするには、赤や緑にすることによって色彩を隠し、それによって白くするしかなく、またもしそれ以外のものをともなっていて、色彩が現れた部分と色彩が隠れた部分がいっしょに作用し、こちらは隠し、あちらは現わすというようであるなら、色彩の隠蔽が向き合ったものに刻印を与えることになるが、色彩の隠蔽にこの刻印作用はそなわっていない。君は見ないだろうか、剝き出しの色彩の隠蔽があるときは、向き合ったものに刻印を与えることがなく、彼らが唱えるように、色彩の現れが、もしそれだけがあるなら刻印を与えるということはない。

102.21/90.11 そこでもし彼らが、色彩は赤や緑であるかぎりにおける赤や緑などの現れでもあり、赤や緑は(6)、その現れが強ければ自分の摸像を作り、赤や緑を作りだすと言ったなら、次のように問われるであろう。いったいなぜ、現れが少なければ、剝き出しの光だけであるという意味において、あるがままの色彩を向き合ったものに現れさせ、発光体が色彩をもたないときに行なう作用を行なうのに、色彩の現れが強いと、その色彩を自分自身の色彩で無化し、あるいは隠すことになるのか、と。色彩が行なうはずのことは、まず第一に、向き合ったものに自分の色彩を少しだけ作りだし、次に、色彩が強くなっていれば、多くをそれに作りだすことであり、色彩が行なうどの作用も、自分の色彩を混ぜることによって、それの色彩を隠すことでしかないはずである。ところが、それがそうではなく、まず最初に自分の色彩を強く現れさせるのであって、その用意のなかにある色彩を向き合ったものに現れさせるのは、その作用のなかに赤も緑もない発光体がそこにあるときにかぎられ、その後、現れがさらに強まれば、再びその色彩を無化し、隠し、その性質にも本性にもない別の色彩をそれにまとわせることに取り組む。

したがって、この二つの作用の一方は、もう一方の作用とは別のものから生じ、二つの作用の一方の発出源は光であり、発光する水晶のように、物体に色彩がなく光があるときにそれが発する光であるのに対して、もう一方の作用は、この光のためにその色彩の現れが過度に強まったとき、その色彩から生じる。我々は、光は色彩の現れではないと言ってきたが、光が色彩の現れの原因であり、その移動の原因であることは否定していない。

103.11/91.3

（4）カイロ版・バコシュ版の *al-ḫuḍrah au al-ḥumrah* wa-ġayr ḏālika による。ラフマーン版は *al-ḥumrah wa-l-ḫuḍrah* wa-ġayr ḏālika（赤と緑などは）とする。

（5）カイロ版・バコシュ版の ẓuhūrāt *bayādiyah* による。ラフマーン版はたんに ẓuhūrāt（さまざまな現れ）とする。

（6）ラフマーン版の *al-ḥumrah wa*-l-ḫuḍrah による。これはラテン語訳にもとづく訂正で、アラビア語写本の裏付けはない。カイロ版・バコシュ版・ハサンザーデ版はたんに al-ḫuḍrah（緑は）とし、「赤や」はない。

我々は述べるが、光は、我々が色彩と呼ぶこの見えるもの全体の一部分であり、それはまた、それが可能態にある色彩と混じり合うと、現実態の色彩であるものが両者から混合によって生じてくるものであり、もしそういう用意がないなら、照明作用が純粋なきらめきとともにあることになる。光は、色彩というものの一部分のようなもの、色彩の混入のようなものであり、それはちょうど白や黒に、あれらの中間色がそこから生じるものが混じり合っているようなものである。

104.1/91.14 誰かが述べた、光や輝きも色彩の現れにほかならないということ、さらにまた、夜に輝くものについて彼が述べたことは、ランプと月がしばしばそういうものの輝きを消し去り、その色彩を現れさせるということによって崩れる。それならランプの明るみの方が、色彩の現れが強いはずであり、またランプによって色彩が現れるものは、闇のなかではそれに色彩があるようには見えないはずなのに、そうはなっていない、というのも輝くものは、そのきらめきが見えるばかりでなく、夜にはその色彩も見えるからであり[7]、彼らが述べたことは真実ではない。また太陽と星には色彩がそなわっているが、その色彩を光が隠していると述べた者がいるが、真相はこういうことであるらしい、すなわち、一部のものはそれ自体に色彩がそなわっていても、それが発光すると、発光が強烈なために視覚が眩んで色彩が識別できなくなる。そういうもののなかには、色彩の代りに光がそなわっているものがあり、獲得されたものではなく、本性的かつ不可離のものとして光がそなわっている。また一部のものは、そういうことがその実体と混じり合っており、たとえば火のように、発光する部分と色彩をもつ部分が合成した混合であったり、あるいは火星や土星にそなわっているような、さまざまな質が入り交じった混合であったりするが、いまのところ私は太陽については何も判断することができない。

104.15/92.5 すでに我々は、光のありさま、明るみのありさま、色彩のありさまと透明性のありさまを説明した。光は、透明であるかぎりにおける透明なものにそなわる、それ自体による完成である質であり、それはまた他の原因によってではなくそれ自体によって見えるものにそなわる何らかの質でもあるが、もちろんそれ自体によって見えるものは、その向こう側にあるものを視覚作用から遮蔽しもする。明るみは一つの質であり、不透明な物体はそれを発光体から獲得し、それによって透明体は現実態の透明体として完成する。色彩は光によって完成する質であり、この質のおかげで物体は、発光体とのあいだにその物体が挟まっているものに、発光体が作用するのを妨げるようになる。つまり物体は、発光するものであったり、色彩をもつものであったり、透明なものであったりするのである。

105.1/92.12　人々のなかに、物体には、それ自体のなかにある質によって見えるものと他のもののなかにある質によって見えるものがあると述べた者がおり、最後の区分を透明体であるとし、第一の区分については、まず最初にこれを二つの区分に分け、一方はそれ自体によって、その現前によって透明体のなかに見えるもの、すなわち発光体、第二のものはそうではないものであるとした。次にこれを二つの区分に分割したが、その一方は、透明体という条件に加えて、それが見えるには光が必須であるもの、すなわち色彩をもつもの、第二のものは、透明なものという条件に加えて、それが見えるには闇が必須であるもの、たとえば蛍や一部の朽木や一部の地虫のような輝き方で夜に輝く生きものがそれである。

105.9/93.18　私は、こういう属性をもつ鶏卵やこういう属性をもつ死んだ蝗虫（ばった）、こういう属性をもつ死んだ蟋蟀（こおろぎ）を見たことがあるが、この区分は病んだものの区分でも、健康なものの区分でもない、というのも発光体は、闇のなか、光

（7）　二つの「見える」はカイロ版・バコシュ版の *yurá* による。ラフマーン版は *turī*（〔その輝くものが〕見せる）または *tará*（〔君が〕見る）とする。

のなかのどちらでも、それ自体によって見えるからであり、たまたま見る者が発光体の発する光のなかにいればそれが見え、たまたまそのなかにいなくても、やはり見える、ちょうど火の光があっても、火以外のものの光があっても、光のなかにいる人間に火が見え、闇のなかでも火が見えるように。太陽については、我々が闇のなかでそれを見ることができないのは、見る者の視覚にそれが向き合うところでは、太陽はすでに世界を光で満たしており、いかなる場所も暗いままに残してはいないということにすぎない。

105.17/93.6

星の方は、それが闇のなかでしか見えないのは、星の光が太陽の光に匹敵せず、事物を照らすことも、明るくすることもないからであり、星が存在できないわけではなく、闇とともに星があり、闇のなかで星が見えることはありうるが、それは闇が、星がそれ自体によって見える原因であるからではない。知っていなければならないが、他の明るみが見えなくなるほど圧倒する明るみがある、たとえば太陽の光が弱い火の光や星の光を圧倒するため、太陽の光のもとで(8)は発光しているように見えず、目にも見えないが、それは、そういうものが見えるために闇が必要だからではなく、それ自身が、我々の視覚にとって、暗いものではなく発光するものになる必要があるからであり、太陽が隠れると星が現れて見えるのは、我々の視覚にとって星が発光するものになったから、我々の視覚がそういう状態にあるからである。火や月がそれよりも弱いものの光のもとにあるときの状況は、まさにこの状況であることが多く、そういう光は、火や月が現れていれば、我々にとって存在しないはずであり、その光が現れるには闇がなければならない、あるいは、その光が見えて、視覚がそれを捉えられるためには、眩しいものがあって(9)はならないのである。

106.9/93.18

君も知るように、空中の塵は、照らされても闇のなかでしか見えないものの類には属しておらず、人間が闇のなかにいて、これらの塵に太陽光線が当たれば、それらの塵を見ることができるが、その人が光線のなかにいれば見ることはできない。これは人間の視覚の側の事情によるものであり、塵の光の側の事情によるものではない、というのも人間の視覚は、大量の光に圧倒されていれば塵が見えず、圧倒されていなければ塵が見える。それと同じように、夜のなかで輝くあれらのものも、別の類ではなく発光体であり、すべての性質において発光体と異なるわけではなく、弱さにおいて異なっている。もしそれらのものが、すべての性質において発光体と異なっているなら、星もまたそうであることになる。この区分から得られる正しい結果は、ある発光体は他の発光体を目眩ませ、ある発光体は他の発光体によって目眩まされると言えることくらいだが、その眩しさの意味は、発光体の発光体に対する刻印作用ではなく、我々の視覚に対する刻印作用である。それはちょうど頑丈なものに、より頑丈なものとより脆いものがあるようなもの、したがって夜に輝くものが、色彩をもつものや発光体の外にある独立の種あるいは類であると言うことはできず、これも発光体の全体に属してはいるものの、照射においてそれを超えるものに目眩まされるため、そういうものがいっしょにあると、そのときは我々の視覚が弱いために見えないということ、それでも眩しい太陽による我々の視覚の支配がそれらの発光体に及ばなくなったときだけは、我々の視覚に捉えられる。もし彼らがこういう主張をしたのであれば、この区分は妥当だが、しかし彼らはこう主張しているのではなく、発光体は一つの部類、色彩をもつものは別の部類、これらのものはさらに別の部類であると彼らは表象している。

（8）カイロ版・バコシュ版の ʿinda *daw’* al-šams による。ラフマーン版は ʿinda al-šams（太陽のもとでは）とする。

（9）ラフマーン版の bāhirun による。カイロ版・バコシュ版の bāhiran（眩しくあっては）では、「（火や月よりも弱い）その光が眩しくあってはならない」ことになる。

第四章　色彩とその発生について述べられた諸説の検討

我々がやり遂げなければならないことのなかに、色彩と光にかんする別の説の検討がある。それをやり遂げないかぎり、我々の説の正しさを区分によって示す手立てはない[1]。そこで我々は述べるが、色彩にかんする諸説のなかに、白色は、空気と光だけから生成され、黒色はそれとは反対のものから生成されると見る者の説がある。白色は、透明なものが小部分に分割されてから堆積したとき、透明なものから生じる、というのもその場合、それらの小部分の表面が明るみを受け入れ発光するからである。小部分が透明であって、互いに発光させ合うからでもあり、またそれらの部分が小さく、それが連続したもののように小部分に生じるからでもあり、さらにまた、透明なものは自分以外のものの色彩によってしか見えないからでもあって、というのもその透明さは見えないが、小部分の堆積した表面からの反射は連続して見えるため、全体が白く見える。また曰く、だからこそ水泡は空気の混入によって白くなり、また雪が白いのは、それが凝固した透明な小部分であって、それに空気が混入し、そこに光が浸透するからである。破砕された水晶や破砕されたガラスは透明ではないが、これらのどれであっても、各々の個体それ自体の独立性が失くなる[2]ような仕方で表面が繋がると、透明に戻る。また嵩の大きな透明なものは、それに亀裂が生じると、その場所が白くなる。曰く、黒の方は、物体の底と深さが光と透明性をともに欠くがゆえに想像される。

107.6/95.3

また彼らのなかには、水が黒の原因であると説いた者がいる。曰く、だからこそ、これらの事物は[3]、湿ると黒みを帯びる。曰く、それがなぜかといえば、水は空気を追い出すが、水の透明さは透明にすることがなく、水中では光が事物の表面まで浸透しないため、表面が暗いままだからである。また彼らのなかには、黒は実際に一つの色彩であり、もろもろの色彩の根源であると説いた者がいる。曰く、だからこそ黒は剝ぎとられることがない。一方、白は、堆積によって透明なものに偶成するものであり、それゆえ染まることが可能である、と。黒についての最初の教説をこの教説に還元するのは難しいことではない、それというのも黒は不透明なものの、それが不透明であるという点における真相であるとされ、その黒は反射される色彩の真相でもあるのだから。 108.6/95.17

またこのように述べた人々もいる。すべての元素は透明であり、諸元素が合成されると、すでに述べられたようにして、それらから白が生じるが、それは、視覚に接するものが透明なものの平坦な表面になり、そこに視覚が浸透するからである。黒が偶成するのは、物体において視覚に接するものが角であるときであり、角はそこに位置する先端が透明になるのを妨げ、たとえ先端が発光しても、光がよく浸透しない部分のために[4]暗い、と。この全体のなかで成立しがたいのは、白が光から生れ、黒は真の色彩であると説かれる部分である、というのも我々は、透明なものが砕かれて空気と混じり合うと白くなるのを知っている。同様にして、ラフラハ香水やナーティフ菓子は、その性質に透明性が含まれるにもかかわらず、空気がそのなかに封入されたものが集まると白く 108.13/96.6

（1）カイロ版・バコシュ版の lam-yakun による。ラフマーン版は lam-yakun *la-nā*（……手立ては我々にはない）とする。

（2）ラフマーン版の yabṭulu による。カイロ版・バコシュ版は *lā* yabṭulu（失くならない）とする。

（3）カイロ版の *hāḏihi* al-ašyāʾ による。ラフマーン版は al-ašyāʾ（諸事物は）とする。

（4）ラフマーン版の wa-in aḍāʾat fa-*bi*-mā lā yanfuḏu fī-hā... による。カイロ版・バコシュ版は wa-in aḍāʾat fa-*fī*-mā lā yanfuḏu fī-hā...（先端が、光がよく浸透しない角を照らしても）とするが、文法的に難がある。

なる。また我々は、白が受け入れるようには、黒がけっして色彩を受け入れないことを知っている。白はその透明性ゆえに、受け入れの用意がととのった裸の基体であるかのようであり、質をもたない裸のものは、何も取り除かなくても質を受け入れるが、一つの質に占められているものは、それが失くならないかぎり他の質を受け入れない。

109.8/96.16 彼らは、色彩が透明性と不透明性から出てくると説く人々であるが、彼らとは逆にまったく透明性を語らず、すべての物体は色彩をともなっており、色彩をもつことなしに物体が存在することはありえないと考える別の人々がいる。それでも空虚な孔や開口部が物体のなかに多くあれば、発光体から出てきた光線が物体のなかを反対側まで貫通するばかりでなく、視覚の光線も貫通するため、その向こう側が見える、というのである。

109.14/97.1 第一の説について、まことに我々は述べるが、透明なものが砕かれ、空気と混じり合うと、白い色が現れることがあるが、これは一つにまとまった連続する物体ではないものにしか生じないばかりか、その色彩はその堆積にのみ現れ、それが一つに集められて湿らされれば、集合し乾燥しているときの白さがそこから失われる。ところが石膏は、私が考え、私の考えの大部分が必然的に導くところによれば、ただそれだけのことによってその白さが白くなるのではなく、焼灼によって石膏は、そのなかに生じる混合のため、湿らされてから乾燥させられると、きわめて白くなるようになるからでもある。その証拠に、もし石膏に対する火の作用が分離の促進にすぎないなら、というのも[5]分離の促進が、白さが生じる原因であると述べられた、その形態に行きつかせることもあるからだが、もしそうであるなら、諸部分の極小化に導く多重破砕が、石膏や石灰などにおいてそういう作用を行なうであろうし、また破砕と攪拌によって準備されたものも、水によって一つに集められれば、石膏の白の作用を行なうはずなのに、それがそうはならない。

それでは、石膏においては、すでに述べられたようにしてそれが生じると仮定してみよう。ところが、すべての白さがこのようにして生じるわけではない、というのも卵は、茹でられるとその透明な白身が白くなるが、火がその稀疎性と分離を高めたと言うことはできない、というのも火は、何らかの形でその凝縮性を高めたのであり、そのなかに空気的なものが生じて混入したわけではない。第一に、卵の白身は加熱されると重くなるが、それは卵から分離する空気的なもののためであり、第二に、もし空気的なものが卵の湿り気に入り込んで卵を白くするのであれば、粘りは出ても、凝固することはあるまい。このことを君は以前に学んでいる。さらにまた薬剤師[6]が調合して乙女の乳と呼ぶ薬は、酢に蜜陀僧を入れて溶解するまで加熱したものを、さらに酢が極度の透明さと白さを保つようになるまで精製し、灰汁（あく）を入れて煮た水を混ぜ、どこまでも透きとおって涙のようになるまで精製したものでできている。そこまで行かないと、彼らが求める混合液は両者から調和よく合成されない。この二つの液体が混ぜ合わされると、蜜陀僧の透明な溶液が、混合液のなかで凝乳のように極端に白く凝固し、それから乾燥させられることになるが、それは、そこに透明なものがあって、それに分離が起ったからではない、というのも、それはすでに分離して酢のなかに溶けているからであり、また非常に小さい透明な諸部分が寄り集まり、互いに接近したわけでもなく、もしそうであるなら、それらの諸部分は灰汁の溶液のなかでは一層拡散するにちがいない、しかも外界の空気は、いかなるかたちでも、それらの諸部分に混入しておらず、それは変化によるものである。したがって私が見るところによれば、白の誕生のすべてが、先述されたようにして起るわけではない。

110.8/97.11

（5）ラフマーン版の *fa-inna* による。カイロ版・バコシュ版は *wa-anna*（そして）とする。

（6）ahl al-ḥilah の ḥilah を「化学処理」の意味にとり、「薬剤師」と解した。*Liber de anima I-II-III*, p. 204 note 00 を参照。

111.7/98.5 もし白が光以外のものではなく、黒が述べられた通りのものでしかないなら、白と黒の合成はただ一つの道しか辿らないことになり、これを説明するなら、白は三つの道を通って少しずつ黒へ向かうということ。その一つは埃色の道、これは単色の道である、というのも行程が単色である場合、まず埃色に、そこから木材の色に向かい、それから同じようにして黒くなるまで進み、道を辿りながら、黒だけがたえず少しずつ強まっていった末に純粋な黒になる。第二の道は、まず赤に、それから暗色に、さらに黒に向かう道であり、第三の道は、まず緑に、それから藍色に、さらに黒に向かう道である。

111.14/98.11 これらの道は、そこから中間色が合成されるものが多様になりうるからこそ多様になりうるのであり、もし白と黒以外のものがなく、白の根源が光以外のものではなく、その光がこれらの相のどれかによってすでに変化しているなら、白と黒の合成は、減少と強化によってのみ多様化が生じるただ一つの道をとることしかできず、多様な道はなかったであろう。多様な道があるなら、見えるものの混合物でありながら、白と黒以外のものからなる混合物があるのでなければならない。ところが諸事物のなかで、見えるものと考えられ、しかも白でも黒でもなく、両者から合成されたものでもないのは、光は白と黒以外のものであるとする者にとっては、光しかない。もしその人の教説が誤っているなら、多種多様な道における色彩の変化は不可能になる。もしこの変化が可能なら、白と黒の管轄外にある第三の見えるものがなければならないが、第三の見えるものがとにかく存在するためには、光は色彩ではないと定めるしかない。

112.4/99.2 そこから色彩の合成が可能になる。白と黒がそれだけで混じり合うなら、道は埃色の道にしかならないが[7]、光が黒に混じって、太陽がその上に輝く雲のようになり、また火の混じった黒煙のようになった場合は、黒が圧倒していれば赤があるようになり、黒が圧倒され、輝く白の圧倒がそこにあれば黄色があるようになる。さらに、そこに黄色があり、諸部分に光の射していない黒がそれに混じれば緑が生じるが、要するに、それは黒がより多く隠され、発光体がより多く現れているときのこと、逆の場合は赤が生じる。さらにまた、第一のものにおいて黒が圧倒していれば暗色があるようになり、第二のものにおいて黒が圧倒していれば強烈な葱の色になるが、それほど強烈なものには名前がない。またそれに白が混じれば緑青（ろくしょう）がかった埃色があるようになり、葱の色が黒と少量の赤に混じれば藍色になり、赤が藍色に混じれば紫色になる。

これによって、物体の混合によってであれ、あるいは質の混合によってであれ、色彩の組み合わせが可能になる。もしこれらの色彩が物体の混合によってしか生じないなら――すでに知られているように、黒から発した光が反射によって物体を黒く染めることはけっしてない――緑と赤の色彩からは白だけが反射され、黒い部分からは何も反射されないはずである、とりわけ、それらの部分が脆弱で衰えているときは。もし、混合されたものから、それらの色彩が反射されるのが見えることもあると言われたなら、返答はこうなる。それがなぜかといえば、混合は必然的に能動作用と受動作用を惹き起し、それによって、人為が行なうにせよ、自然が行なうにせよ、必然的に質の混合がなされるからである。自然が変化による混合を行なうことができるのに対して、人為にそれはできないが、集合を行なうことはできるため、往々にして自然が、その後で変化を強制することになる。自然は、混ぜ合わせによる混合を微細にし、諸部分を小さくすることができるが、人為は、そのように深くはたらくことはできない。また分割と関係性における自然のはたらきは、能力としても、作用としても尽きることがないが、人為には、自然の内奥にある一切のものを現実態に出ていかせることはできない。

112.15/99.12

（7）カイロ版・バコシュ版の hiya ṭarīqat al-iġbirār *lā ġayr* による。ラフマーン版は hiya ṭarīqat al-iġbirār（道は埃色の道になるが）とする。

113.11/100.4　これで、実際に事物のなかにある白が光ではないことが明らかになった。また我々は、白色化にかかわる刻印作用が空気にそなわることは否定しないが、それは彼らが述べるような仕方ではなく、白くする混合状態を生みだすことによってなされる。それゆえ我々は、ナーティフ菓子の白さがすべて彼らの述べる方面から来ると言うことはできず、それは混合から生じる、というのも空気は、混合ばかりではなく、変化によっても、白い色がかならず生じるようにする。もし彼らの教説が正しいなら、白いものや色のついたものを非常に薄くして、その堆積が透明になるか、あるいは透明に近くなるところまで、もっていくのが可能であることになるが、そういうことは起らない。また彼らは、黒は他の色を受け入れないと述べたが、変化によるそれを意味しているか、あるいは染色によるそれを意味しているか、そのいずれかである。もし変化によるそれを意味したのであれば、彼らは嘘をついたのであり、彼らを嘘つきにするものの一つに若さと老年の白髪がある。もし染色によるそれを意味したのであれば、それは隣接状態であって質の状態ではない。すると、これはありそうなことであるが、黒くするものは、浸透し、結びつき、捕捉する能力がそのなかにあってはじめて黒くするようになり、混入し、浸透し、付着するのに対して、事物のなかに白いものとして存在するものは、それとは逆の性質であり、黒を覆い、黒に入り込み、黒に付着することはできないのかもしれない。とはいえ、それもまた不可能なことではなく、というのも黒を埋没させ、黒に分け入る[8]、白粉などのような小細工が用いられると、それが黒を白く染める。

114.6/100.19　ところで第二の説であるが、その説の主張は空虚が存在すると仮定されたときにしか成立しない。それがなぜかといえば、彼らの述べる孔は、物体によって満たされているか、あるいは虚ろであるか、そのいずれか一つでなければならない。もし物体によって満たされているなら、その物体は、孔によってではなしに透明であるか、あるいはそれもまた孔をそなえているかのいずれかであり、疑いもなく、最終的には孔をもたない透明なものに行きつくか――これは彼らの主張に反する――あるいは空虚に行きつき、彼らの説は空虚の存在を要請することになるが、空虚は存在しない。

その後で彼らが述べるには、どんな孔でも透明さを想像させるのに適しているわけではなく、孔が折れ曲がることなくまっすぐに配置され、そのなかを光線がまっすぐに通り抜けるようでなければならない、とのことである。それでは氷の球、いやむしろ水晶の球、いやむしろ透明な白い宝石の球を切り出してみよう。その球のなかにある透明でまっすぐなこれらの孔の向きは、縦方向でそうなっていると思うがよい。それでは横方向でもそうであるのか。対角線方向でも、君が定めるどの方向でも(9)、そうであるのか。いったいどうすれば、まっすぐなものがまっすぐなものに入り込み、どの方向から眺めても折れ曲がらないようになるのか。どうしても、ある方向にはまっすぐではないものが生じ、眼からまっすぐに出てくるように表象される直線上に孔をもたない部分が立ちふさがることになり、さもなければ、その物体は全体が空虚でなければならないが、これは不合理である。この球は、それを透かし見る君の位置が変化すれば、否応もなく、その透明性が君にとって変化せざるをえない。さらに、そこにある孔や開口部が色彩を隠して、それ自身は色彩をそなえているのに色彩をもたないように見える物体とは、いったいどんな状態にあるのか。しかもその色彩は、物体の向こう側に密着しているものは何も隠さず、その向こう側にあるものを実際に送り届けるのである。もしそれが隠蔽を生じさせるとしても、何かを存在しないもののように生じさせるだけであろう。その物体にある穴が、そのなかにある充満よりもはるかに多い

(8)　カイロ版・バコシュ版の yatahallala による。ラフマーン版は yuhallila（分解させる）とする。

(9)　カイロ版による。ラフマーン版の句読点の打ち方では、「君が定めるどの方向でも」は次の節に組み入れられ、「いったいどうすれば、君が定めるどの方向でも、まっすぐなものが……」のようになる。

ことに疑問の余地はないが、宝石の全体が開いているなら、どのようにして孔が宝石を維持できるのか。もし人が宝石に貫通孔を三つか四つ穿ち、それに微弱な力をかけるなら、宝石は潰れて壊れる。この説もやはり不合理である。

したがって色彩は存在者であるが、その存在はそれが光であるということではなく、光が色彩の現れであるわけでもない。それにもかかわらず、色彩は、光によることなしに現実態にあるものには属しておらず[10]、また透明なものも存在している。以上は、我々がこの程度までは説明したいと思っていたことである。まだ視覚作用のあり方について、それがどのようであるかを伝えなければならないし、それに付随して、どのようにして光が透明なものを通って辿りつくかを確かめなければならない。

115.12/101.17

(10) カイロ版・バコシュ版の fa-laysat hiya *min-mā* hiya bi-l-fiʿl bi-ġayr al-aḍwāʾ による。ラフマーン版は fa-laysat hiya *mā* hiya bi-l-fiʿl bi-ġayr al-aḍwāʾ（光によることなしに現実態にあるものではない）とする。

第五章　見るはたらきにかんする諸説の相違と謬説そのものにおける謬説の論破

115.20/102.4 そこで我々は述べるが、この部門にかんする有名な教説は、その一つひとつが枝分れしているとはいえ、三つの教説である。その一つに、直線状の光線が円錐形をなして視覚から出てくるが、その頂点は眼に接し、その底部は視覚対象に接すると考える者の教説があり、もっとも正しく知覚する光線は光線の矢であり、事物を見るとはその事物のなかに矢を移動させることであるとする。またそれらの教説の一つに、光線は何らかの形状をなして視覚から出てくるが、しかし光線の大部分は、見るはたらきを拡散させざるをえない拡散をともなわずには天の球体の半ばに出会うことができず、それでも光線が出てきて発光する大気に繋がれば、それが光線の道具になり、それを使って知覚作用を行なうと考える者の教説がある。またそれらの教説の一つに、それ以外の感覚対象の知覚が、諸感覚体のどれかが感覚対象のところまでやって来て、そこに現れ、それに繋がり、あるいは感覚対象に使者を派遣することによってなされるのではないように、それと同じように、視覚作用も、けっして光線が出てきて視覚対象に出会うことによってなされるのではなく、視覚対象の形が、透明体によって運ばれ、視覚器官に行きつくことによってなされると考える者の教説がある。

ところで最初の二派は、証拠を示そうとして次のように述べた。それ以外の感覚体において、[1]感覚対象が感覚116.12/102.14 体に到達することが可能なのは、感覚対象の知覚が、触覚や味覚や嗅覚のように、接触によって成立するからにほかならず、嗅覚は、匂いに出会って匂いから作用をこうむるために、吸入によって匂いを近づけるし、音にしても、波動が音をともなって聴覚まで辿りつく。ところが視覚においては、そういうことはありえない、なぜなら見られるものは分離しており、だからこそ視覚に近接したものは見えない。やはりありえないのは、見られる物体に存在する偶有性、すなわちその色彩や形状が、視覚まで移動してくることであり、というのも偶有性は移動しない。形がこういうものである以上、感覚能力が、感覚対象に出会うためにその場所まで出向いていくのは当然であるが、能力がそれを担う物体を介さずに移動するのは不合理であり、またこの物体は光線や気息の類に属する微細なものにほかならず、だからこそこれを我々は光線と呼んだのである。このような物体が眼のなかに存在しているため、闇の状態では、自分の両眼から分離した明るみが、自分の鼻の上や自分と向き合う近くの事物の上で輝くのを人は見る。さらにまた人は、朝になり、目覚めの混乱に促されて眼をこすると、眼前に光線が現れる。さらにまた眼の一方の眼窩は、もう一方の眼が閉じているとき、そしてまた過度に視つめているときにも充満しており、こういう性質をもつ物体が眼窩に流れ込んでいることに疑問の余地はない。

次は第二の派であるが、この派は、世界の見える部分に行きつく線は別として、眼のような物体が、視覚と恒星を一本の線として繋ぐ光線を容れる広さをもつことを否定した。とりわけ恒星で見えるものは、まっすぐに繋がっているようにしか見えないのだから、繋がって見えるようにするものがあるはずだが、出ていくこの光線が、感じとれないほどの時間で眼から恒星まで一挙に動いていくことも、この派は否定した。曰く、君から前腕二つ分離れたものの方へ君が動く時間と恒星まで動く時間の比は、その距離と距離の比にひとしいはずだから、この二つの時間に差違のあることがはっきりと現れなければならない。第三の教説を唱える人々もまた、しばしば、直線状の光線を唱える人々に対する反証にこれを用いたが、それが誤っていることを知らずにいた。それがなぜかといえば、短いために感覚されない時間、あるいは短いために感覚されない最長の時間というものを想定することは可能であり、その短い時間に光線が恒星に到達する運動がなされるのである。さらに、この時間は無限に分割できるのだから、その時間のなかに、これとそれの比が短いと見なされる距離と長いと見なされる距離の比にひとしい部分ないしは諸部分が見いだされ、そういう隔たりのある二つの時間が、短いために両方とも感覚されないというのは、ありうることである。

とはいえ解決はちっとも難しくないが、光線を唱える人々は論拠をもっている、すなわち、鏡がこれらの光線とその反射が存在する証拠になると彼らは言うのである。つまり視覚に鏡の形が辿りつくときは、鏡に摸像されて映る見られるものの形がすでに鏡に辿りついているか、あるいは、我々が述べるように、光線が出てきて鏡に出会い、次にその鏡から、特定の角度で反射されたものに出会うまで進んでいくか、そのいずれか一つでなければならない。第一の主張が成立しなければ、第二の主張が残るが、第一の主張の誤りがそれによって明らかになることの一つは、もしこの形が鏡に映っているなら、疑いもなく、それは鏡の表面に属する何らかのものそれ自体に映っているということ。これではまるで、光と色彩がともに反射され、透明なものを通って、その最初の担い手とは別のもののところに辿りつくと、そこから辿りついたものは、まさに一つの地点において摸像され、眺める人々の位置がそれぞれに異なっていても、その地点に眺められるというようなものであるが、鏡のなかの映像はこの性質をもたず、眺める人の移動にともなって鏡のなかを移動する。もし映像が見られるものの移動によってしか移動しないなら、そのことに疑問はなかったであろう。ところで、それが眺める人の移動にともなって

(1)　カイロ版・バコシュ版の bi-l-mulāmasah ka-l-lams... による。ラフマーン版は bi-l-mulāmasah ka-*mā li*-l-lams...（触覚や味覚や嗅覚にそなわっているような接触によって）とする。

移動することは、形が映る場所が実際にはそこにないことを示しており、眺める人が移動すれば、線が落ちる場所も移動し、その線が見られるものに反射すれば、それが特定の角度をつくり、まさにその線によって、眺める人は見られるものを見るとともに鏡の別の部分を見て、それが鏡のその別の部分にあると想像し、そしてまた同じようにして移動をつづける。

119.2/104.16 また曰く、このことの正しさを示すことの一つに次のことがある。人間にそなわる視覚体に見られるものの映像が押印され、それが別の眺める人の視覚に反射された結果、この第二の眺める人がそれを見るようになることがあるが、その映像がそこに摸像されたと想像される瞳の持ち主はそれを見ない。もしそれが、その人の視覚体に本当に押印されているなら、映像を唱える人々の教説からして、両者のいずれもがそれを知覚することにおいて同等なはずである、というのも彼らによれば、知覚作用の真相は、視覚体への映像の摸像であり、視覚体に映像が摸像された者の誰もが、それを見ることになる。

119.9/104.21 また曰く、このことの一つとして、我々は判断を下して述べるが、鏡を眺める人は、鏡のなかに自分の形を見ていると想像するが、それがそうではなく、光線は、鏡に出会ってそれを知覚すると、反射されて引き返し、眺める人の形に出会ってそれを知覚する。それで鏡と自分自身が、光線が出ていく一本道の上に見えると、両者の一方がもう一方のなかにあると想像される。曰く、それが鏡に押印されていない証拠に、鏡のなかの見られるものは、それが鏡の表面にないことが疑いえない見え方で見え、見られるものは表面の底に沈んだもの、表面から隔たったもののようでしかない。この隔たりが、鏡の底の隔たりであるとしても、その底は鏡にそなわっておらず、また、もしその底が鏡にそなわっているなら、鏡は、その内部に映るものを見せるものの一つであることになるが、そういうこともない。すると残るのは、その隔たりは、底へ向かう方向とは逆方向の隔たりであるということ、実際、事物はもっぱら鏡からのその隔たりによって知覚されるのだから、見られるものの映像は鏡に押印されていない。

我々がまず最初にしなければならないことは、最初の二つの説を論破し、我々の説、すなわち第三の説の正しさが確立されるようにすることであり、しかるのちに、あれらの疑問点に戻り、それを解決する。そこで我々は 119.21/105.11 述べるが、視覚から出てくるものは、配置をもち、それ自体によって存立する何らかのものであり(2)、物質的実体であるか、あるいは、それ自体による存立をもたず、視覚と視覚対象のあいだにある透明なものによってのみ存立するのか、そのいずれか一つでなければならない。ところで、こういうものは、実際には、視覚から出てくると言うことはできず、それは視覚による空気の受動作用であり、その受動作用によって空気が視覚作用を助けると言わなければならない。それには二通りあり、媒体の助けによるもの、そして器官の助けによるものである。

詳細な説明に入る前に、私の全般的な判断を示すなら、視覚作用は、空気が視覚を助ける状態に変化することによってなされるのではまったくない。 120.8/105.19 それがなぜかといえば、その状態は、疑いもなく空気の態勢であるが、その態勢は、我々から見ると、ある特定の眺める人に関係的なものではない。この区分の存在は否定しないが、我々に言わせるなら、それは起るべくして起ることであり、眺める人が眺めれば、否応もなくある関係が空気に生じ、その関係によって視覚作用が行なわれる。我々は、空気そのもの、空気それ自体のなかに宿る状態や態勢——空気にとどまり続けることはなく、存在を付与する能動者が離れれば存在しなくなるとはいえ——それによって空気が質や属性をそれ自身のなかにもつようになる状態や態勢の存在を否定する、なぜなら、この態勢の

（2）カイロ版・バコシュ版の šayʾan *mā* qāʾim al-ḏāt による。ラフマーン版は šayʾan qāʾim al-ḏāt（それ自体によって存立するもの）とする。

ようなものは、ある特定の視覚にかんして空気にそなわるのではなく、あらゆる事物にとって空気に存在するようになるから。ちょうど白が、ある特定の事物にとって白なのではなく、白くする原因が消えても白でありつづけることはないとしても、それ自体によって白であり、あらゆる事物にとって白であるように。

120.19/106.6 　さらに、その態勢は、強さと弱さを受け入れて、弱くなったり強くなったりするか、あるいは一定の程度にあるか、そのいずれか一つでなければならない。それでもし一定の程度にあるなら、必然的原因は、より強いものとより減じたものを受け入れるか、あるいは受け入れないか、そのいずれか一つでなければならない。その原因の本性が、より強いものとより減じたものを受け入れ、しかもこの本性がそれ自体によって原因であるなら、より強いものとより弱いものを受け入れれば、それに続いて結果が生じるはずである、というのも、その強さとその弱さが、原因としての事物の本性に含まれるものである以上、弱いものが、強いもの自身が行なう作用を行なうのは不合理であるから。

121.4/106.12 　そこからして必然的に、空気に作用する視覚能力の数が多くなり群がり集まると、空気におけるこの状態と態勢の発生はいっそう強くなり、また視覚の強い者は視覚の弱い者よりも、いっそう強力に空気をこの態勢に変化させるはずであるが、とりわけこれは、より強いものとより弱いものを受け入れないものの領域には属さないことである、なぜなら、それは諸能力および諸能力の状態の領域に属することであるから。また我々が言及した状態と態勢の能力が、ある特定の視覚にとってのものではなく、それ自体によるものであることも、すでに述べた。すると視覚の弱い者がいっしょに集まればより強く見え、離れ離れになればより弱く見えるはずであり、視覚の弱い者が視覚の強い者のかたわらに坐れば、よりよく見えるはずである。それがなぜかといえば、空気は、多くの強力な原因が集まることによって、より大きくその態勢――それがどのようなものであれ――に変化し、視覚それ自体の弱さが欠損を増大させるにせよ、空気による形の送り届けも、視覚作用に対する空気の援助もいっそう強まるからである。二つの弱さがいっしょに集まるのは、一つの弱さが生じるのとは異なり[3]、それはちょうど視覚の弱い者が、濁った空気のなかと澄んだ空気のなかとでは、見え方がひとしくないのと同じようなこと、なぜなら弱い者も、外部に援助を見いだせば、もちろん作用が強くなる。ところが我々が目撃しているように、視覚の弱い者は、視覚の強い人々が付き添っていても、また多くの視覚の弱い者がそばに集まっていても、その視覚作用は少しも増大しない。したがって明らかに前提が誤っている。

さて、我々が後に残してきた詳しい説明に戻ることにしよう。そこで我々は述べるが、そうなると、空気は器官であるか、媒体であるか、そのいずれか一つでなければならない。もし器官であるなら、感覚するものであるか、送り届けるものであるか、そのいずれかであるが、もし誰かが、空気は感覚をもつように変化し、星を感覚して感覚したものを視覚まで届けるようになると述べるなら、それは不合理である。また我々が眺めるもののすべてに空気が接触しているわけではない、というのも我々は恒星を見ることがあるが、空気は恒星に接触してはいない。我々にとってさらに醜悪なのは、中間にある諸天圏も我々の視覚から作用をこうむり、空気が視覚の器官になるのと同じように、視覚の器官になると述べることであり、というのも知性をそなえた学習者なら、このようなことは受け入れない。あるいは、光は空気中に拡散した物体であり、天圏は我々の視覚と一体になり、視覚の器官になると述べるのもそれと同じであり、もし我々がこういう醜悪な主張を支持するなら、そして天圏に孔があるという別の謬見を承認した後では、星々という物体が全部は見えなくなるしかない。それがなぜかとい

122.1/107.4

（3）　カイロ版・バコシュ版の fa-iǧtimāʿ *al-ḍuʿfayni* maʿan laysa ka-ḥuṣūl *ḍuʿf* wāḥid による。ラフマーン版は fa-iǧtimāʿ *al-ḍaʿīfayni* maʿan laysa ka-ḥuṣūl *ḍaʿīf* wāḥid（二人の弱い者がいっしょに集まるのは、一人の弱い者が生じるのとは異なり）とする。

えば、星々の孔は、星々の嵩の半分を超えることはできないからであり、それではどうしても、眺められる星々は、見える部分もあれば、見えない部分もあることにならざるをえない。

122.14/107.14 それに我々の視覚の能力は何と強力であることか――すべての空気と諸天圏の諸物体のあいだに拡がる光を、彼らの主張によれば、感覚能力に、あるいは君が望むどんな能力にでも変化させるのである。さらに空気と光は、ある特定の視覚に繋がっているわけではないのに、なぜそれらが感覚するものをある特定の視覚に届けるのか。もし見る視覚の条件の一つが、見られるものに向き合う位置にあって、空気がその感覚したものを視覚まで届けられるようにすることであるなら、空気の感覚作用は、感覚対象が魂に辿りつく原因ではなく、視覚対象に対する視覚は、両者の関係とそのあいだに空気があることによって生じることになる。もし空気がそれ自身で感覚するばかりでなく送り届けてくるなら、空気の感覚作用それ自体を我々が気にすることはなく、この我々が感覚するにさいして空気が有用なのは、それが我々に見られるものを送り届けることだけであり、空気がそれ自体において感覚しているか、それ自体において感覚していないかは、我々にはどうでもいい。ただし空気の感覚作用が我々の感覚作用にそなわるものとされ、天圏と空気全体が我々のために感覚するのであれば、話は別である。

123.3/107.23 それが器官ではなく媒体であるとされ、まず視覚から作用をこうむり、それから完全に媒体になるのであれば、いったいどんな作用をこうむれば送り届けるようになるかを我々は検討すべきである。単純な元素である空気が視覚から生命力を受けとることによってか――これは不可能である――あるいは視覚によって空気が現実態で透明になることによってか。しかし視覚よりも太陽の方が、空気を現実態で透明にすることにあっては強力であり余裕がある。そこで私が知りたいのは、視覚がこの空気をどうするのかということ。もし視覚が空気を暖めるなら、空気が冷えれば空気は視覚作用を妨げることになり、もし視覚が空気を冷やすなら、空気が暖まれば空気は視覚作用を妨げることにならざるをえない。残りの対立項についても同じことになるが、それによって空気が変化する対立項のすべてに視覚とは別の原因があり、そういう原因がたまたま生じれば、わざわざ視覚が変化させる必要はないし、対立する原因の方がたまたま生じるなら、視覚による変化では足りない――あるいはおそらく、視覚は透明性も、既知の対立項のどれかをそなえた質も生じさせることはなく、何とも言い表しようのない特有性を生じさせるということになろう。それなら、この教説を唱える人々は、どのようにしてその特有性を知ったのか。いったいどこから彼らはそれに到達したのか。我々の方では、言い表せる特有性あるいは本性に関係するにせよ、言い表せない特有性あるいは本性に関係するにせよ、これらの変化をすべて否定する普遍的な前提をすでに提出している。そうした上で、我々は、空気が現実態で透明であり、色彩が現実態で色彩であり、視覚が健全であるなら、視覚作用の実現には、他のいかなるものの存在も必要ないと考えている。

123.20/108.14
　さて、彼らの大多数にそう考える傾向があるように、出ていくものは光線状の物質的実体であると措定してみよう。そこで我々は述べるが、その場合、出ていくものの状態は四つの区分のいずれか一つにならざるをえない。すべての視覚対象に繋がっていて視覚体から分離していないか、すべての視覚対象に繋がっていて視覚体から分離しているか、視覚体との関係はどうであれ、ある特定の視覚対象に繋がっているか、視覚体の外に出ていて視覚対象に繋がっていないか。

124.3/108.18
　第一の区分は不合理きわまる、すなわち視覚から、世界の半分を満たし諸天体に出会う連続した物体が出ていくが、瞼が閉じると視覚のところに戻り、また瞼が開いて最初のものに似た別の物体が出ていき、あるいは瞼が閉じれば、その全体が視覚のところに戻り、さらにもう一度瞼が開けば、それが視覚から出ていき、つまりは、眼を閉じる者の意志次第で止まるようなことになる。それに、もし見ることがそれに視覚が到達して触れることであるなら、どうして遠方のものは本来の形状と大きさに見えないのか。というのも大きさは、対象の全体に触れることによって捉えるには、色彩よりも都合がいい、なぜなら往々にして光線は、分裂したり解れたりするため、色彩を、色彩の混合がそう見えるように見ることになる。量はどうかといえば、この場合は、分量の混合のように、それも物質的な分量の混合がそう見えるように見え、たとえ疎らになり、物質的な分量と非事物あるいは非物質とから合成されたようになっても、その全体の大きさを下回ることはない。また視覚における角度は彼らの助けにはならず、それが助けになるのは映像を唱える人々だけである、それというのも彼らの言によれば、映像は、その先端が内部にある表象された円錐が氷状体の表面で切断されるところに生じる。対象が近くにあるために角度が大きければ、切断面は大きくなり、そのなかにある映像も大きく、対象が遠いために角度が小さければ、切断面は小さくなり、そのなかにある映像も小さい。視覚対象が視覚の器官によって触れられるとする者の教説にとって、この角度に何の益があろう。

第二の区分は、明らかに途方もない不可能なことである、すなわち、その出ていくものが視覚体を離れ、小熊座の二つ星(4)に赴いてそれらに触れ、出ていくものと視覚体のあいだに何の繋がりもないのに、それが感覚したものを視覚体が感覚するということであるが、これではまるで、切断された手によって触れることができ、また切断され分離された蛇の尾に感覚が残っていて、それに触れるものは蛇の腹のなかに送り込まれると述べるようなものである。これとは別に、出ていくものは媒体を変化させ、それを伝言として視覚器官に運ぶので、空気は届けるものであるとともに変化するものであるとも言われているが、これについてはすでに十分に述べた。

もし出ていくものが視覚対象の一部に繋がっているなら、必然的に、そのすべてではなく、それが出会う視覚対象しか見えないことになる。もし空気が出ていくものの性質に変化し、それと一体のようになるとされるなら、

125.3/109.12

125.10/109.17

我々が天圏を見るとき、その天圏については何と言われるのか、はたして天圏もまた出ていくその光線の性質に変化し、光線と一体であるかのように光線とともに感覚するようになり、土星の全体に出会ってそれを見たり、木星や他の大きな星々にもそうしたりするのか。これは明らかに誤っており、まったくありそうにない[5]。それに、この変化説の誤りについては、すでに述べたことを述べた。

そこでもし彼らが、透明な空気は、出ていくものと一体であるかのように一つになるのではなく、送り届ける性質に変化するのであり、光線が出会うものを光線は知覚するが、出会わないものは、空気に偶成した変化によって、空気がその形を光線に届けると述べたとしよう。それに対する第一の答えは、空気は、もし送り届けるようにできているなら、なぜ瞳からただちに変化して瞳に届けるようにしないのか、それなら出ていく物体は不要ではないか、ということ。第二に、これらの変化が不可能なこと[6]はすでに説明しつくした。第三には、出ていく二本の線に挟まれた空気は、線のどの一方にも、もう一方に届けるのと同じものを届けることになるから、最終的には、線と線のあいだにある空気の全体から光線の全体に、感覚対象の形が二回あるいは数回にわたって届けられることにならざるをえない。すると必然的に、感覚対象は二回あるいは数回にわたって見られることになり、それもとりわけ、これらの人々の教説の一つに、線はそれ自身で知覚するのではなく、空気が線に届けるものによって知覚すると説かれている通りであるなら、そうなるしかない。

さらに、瞳への送り届けが全体から、すなわち線と空気の双方からのものであるなら、空気は第一の師[7]が述べ

125.16/110.1　126.4/110.10

（4）小熊座のβとγ、船乗りが方位を定めるために用いた。

（5）カイロ版の baʿīd *ǧiddan* による。ラフマーン版は baʿīd（ありそうにない）とする。

（6）原文は istiḥālat hāḏihi al-istiḥālāt。一種のことば遊びになっている。

たのと似たやり方で映像を送り届けるものであることになるが、空虚が存在せず、諸天圏の諸物体が固体であって隙間も裂目もないことを知る者は、それが不条理かつ不可能であり、この出ていくものが諸物体に入り込むのが不可能なことを知っている。そもそも、水のなかに虚ろがあるのでないなら、どのようにしてこの光線は水のなかに入り込み、繋がったまま、水の下の大地全体に出会ってそれを見るのか、しかも水は、光線の混入によって嵩が増えることもない。もしそこに虚ろがあるなら、水は重いものであり、隙間に下降してそれを満たすにもかかわらず、それでも水のなかにあるその虚ろな隙間の量はどれほどなのか。見られる通り、水の全体、そのほとんど、あるいは半分が隙間でないかぎり、出ていくものが、視覚から切り離されないまま水底にあるすべてのものに入り込み、それに出会い、それに触れることはできない。もし切り離されているなら、いっそう驚くべきことである。

もし誰かが、少量のものが大量の水に入り込み、少量のサフランが大量の水を染めるように、その全体を占めるのを我々は目にすると言ったなら、我々はこう答えよう。少量のサフランによる大量の水の染色は、二つの方式のいずれか一方でなされるのでなければならない。水のなかに生じる染料は、サフランの諸部分にのみ存在し、水の諸部分の方はそのままの状態であるか、あるいは、水の諸部分も、それが熱さや冷たさや匂いに変化するように、それ自身において染料に変化したのか。とはいえ実体が、本物の染料への変化によってであれ、想像上の染料への変化によってであれ、水の諸部分に入り込むわけではなく、ここで想像上というのは、水に放り込まれるものの映像が、視覚に向き合っていないのに水面に見えたり、水が容器の色を帯びていると想像されるようなこと、これは染料が増えて拡がると、水中の染料は少ないのに水面全体がその染料をともなって見えるのと同じ種類のことである。

126.16/110.20

ところで、もしこの染色が最後の区分の要請にそったものであるなら、この反論はその目的の役に立たない、 127.6/111.8
というのも少量の染料が水全体に浸透したために、水はすでに変化し、あるいは映し出しているからであり、量の多いものが、少量だが能力の高いものによって変化することはある。要するに、空気の状態が光線によって変化してこの状態になるなら、先行する部分で我々が否定したことが起り、光線が非常に多いときは、空気が視覚作用を助ける変化もかならず増大する。もしそれが変化ではなく送り届けによって起り、空気の本性が、映像を受容体に送り届けることであるなら、さらに視覚まで届けさせるがよい。

もしそれが第二の区分の要請ではなく第一の区分によるものであるなら、我々には疑いえないことであるが、
水がサフランの部分と部分のあいだで分割されるとともに、サフランも水の部分と部分のあいだで分割され、水 127.13/111.14
の諸部分は、当然のことながらサフランの諸部分よりも嵩が大きく、サフランの隣接するどの二つの部分のあいだにも混じり気のない水があり、サフランの二つの部分に挟まれた場所の大半にあるこの混じり気のない水は、サフランの諸部分よりもはるかに大きく、一つずつ比べたときの諸部分と諸部分の比は、全体と全体の比にひとしいにちがいない。それがそうであるなら、サフランの諸部分の分量は小さくて水全体を占めることはできないのだから、水がすっかり染まるはずはない。

いや、この見方は誤っている。水全体が染まって見えるのは、二つの事柄のどちらかによるものにほかならな
い。これは、水の諸部分とサフランの諸部分の一つひとつが、感覚が区別して捉えられないほど小さいからであ 128.1/112.2
り、その場合、両者の一方が他方よりはるかに多くてもかまわない、なぜなら、物体は無限に分割されるので、

（7） 第一の師（al-muʿallim al-awwal）はアリストテレスのこと。そのアラビア語訳『魂について』には、「色彩は大気の光沢体を動かし、そして空気が連続していることによって間隔を動かす」（Arisṭūṭālis, *Fī al-nafs*, p. 46）とある。

水の部分がサフランの部分の千倍になり、それでもサフランの部分が個別に感覚されないほど小さいことはありうる。それがそうであるなら、視覚には、とうていサフランの諸部分と水の諸部分を識別することはできず、両者から、赤と無色のあいだにある単一の染料が広がっているのを見ることになる。これが一つの見方である。もしくは、感覚されるサフランの諸部分が向き合い平行するように配置されておらず、何らかの仕方で配置された(8)二つの部分のあいだに感覚できる量の水がある場合、下にある別の諸部分は、もし引き上げられたなら第一の部分とともに表面を覆うような位置を占めることになり、そのあるものは最上層の表面にあるがゆえに見え、別のあるものはその映像を最上層の表面に送るが、水がその透明性によって一つひとつの部分の色彩を送り届けるため、映像と映像が単一の染料で補完されて一つの表面に全体が連続しているように見え、そうはなっていないのに、水を領するように想像される。この説は、厚みのない浅いものに見える染料の少なさと厚く深いものに見える染料の多さの説明になり、もしその比が類似しているなら、浅いもののなかにあるサフランと浅いものとの比は、深いもののなかにあるサフランと深いものとの比と同じようになる(9)。この二つの見方によれば、少ないものが多いものを占めることは可能である。実際には、少ないものは量によって多いものを占めるのではなく、おそらくは多いものを変化させる質によって占めるのであろう。

かりに彼らが、出ていくものは空気に少し入り込むだけで視覚対象に繋がることはなく、遠方の空気がその出ていくものに届け、そしてそれが視覚体に届けると説いたとしてみよう。もし空気が変化ではなくその透明さだけによって出ていくものに届けるなら、なぜ空気は瞳まで届けないのか。それなら、わざわざ気息が空気中に出ていき、損傷を受ける危険に身をさらすことはない。もし変化によってであるなら、それについては、述べられたことがすでに述べられている。さらに、なぜ気息が不要なように、瞳から変化するようにならないのか。

（8）カイロ版・バコシュ版の min tartīb *bi-ḥāl* による。ラフマーン版は、ラテン語訳に依拠して、min tartīb *ʿalī*（上方に配置された）とする。

（9）カイロ版・バコシュ版の wa-in kāna al-nisbah mutašābihatan *fa*-kānat… による。ラフマーン版は wa-in kāna al-nisbah mutašābihatan *wa*-kāna…（もしその比が類似しており、浅いもののなかにあるサフランと浅いものとの比が……同じくらいになるなら、この二つの見方によれば……）とする。

第六章　彼らの教説をその教説に述べられた事柄によって論破する

129.9/114.3　さてこれから、彼らの措定からして彼らにつきまとわざるをえない不合理のいくつかの列挙に取り組もう。その一つに、視覚から出ていくものの諸部分が、物体から別の物体に反射されるという措定がある。それらの諸部分がある物体を見ると、そこから別の物体に反射され、最初の物体を見るとともに、反射された先のその別の物体も見る、たとえば鏡に到達すると鏡を見るが、次に鏡から別の物体に反射されると、それもいっしょに見ることになり、一つのものが同時に二つのものを見て、二つのものの一方がもう一方のなかに見えているように想像する。このように彼らが措定した以上、どうしても彼らの批判検討が必要になる。

129.16/114.9　一つには、この光線の反射は硬いものからか、滑らかなものからか、あるいは両者が合わさったものからか、そのいずれかであるが、この反射が、たとえば水のような硬くはない滑らかなものから生じるのを彼らが見ることもある以上、硬さはその条件ではなく、残るのは、その原因は滑らかさだということになる。その原因が滑らかさであるなら、たまたま出会う滑らかな表面のどれでもそれに十分なのか、それとも諸部分が連続した滑らかな表面が必要なのか、そのいずれか一つでなければならない。もしその必要条件が第二の区分であるなら、水による反射はありえないことになる、なぜなら水には孔がたくさんあると彼らは措定しており、その孔のおかげで向こう側のものが完全に見えるのだから、彼らの見解では、水の表面に連続性はない。もし連続性がその条件に含まれないなら、ざらついたものであっても、すべての物体からこの反射が生じるのが見いだされなければならない、なぜなら、ざらつきの原因は角であるか、あるいは角に似て凸面から凹んでいるものであるが、角をもついかなるものも、角のない滑らかな表面をもたないことはない、さもなければ角が無限に続くか、あるいは表面の一部が表面ではない部分に行きつくことになり、これはいずれも不合理である。したがって、あらゆる物体の表面が滑らかな表面の組み合わせから成っており、そのどの表面からも反射が生じるはずである。

あるいは二つのことが言われており、その一つは、小さな表面からは光線が反射されないということ、そして二つ目は、位置が異なる複数の表面からは光線がさまざまな方向に反射されるため、反射されたものが散乱し、まとまりを欠くがゆえに光線は何も獲得しないということ。第一の区分は誤っている、というのも当然のことながら、もし視覚から物体が出てきて一挙に世界の球体の半分に拡がるなら、出てくるときは諸部分が極端に小さく細分されているわけであり、反射されるときは、疑いもなくその小さな部分の一つひとつ、その細い線の先端の一つひとつが自分にひとしい部分だけに出会ってそれによって反射され、その向こう側にあるものは、それを助けも妨げもしないことになる。おそらく、それに出会う滑らかな表面がたまたまそれよりも小さければ、そこからの反射はないであろうが、よく考えてみると、このことは、我々のところに存在する諸事物においては、反射を妨げる原因でも条件でもない、なぜなら、たまたま起ることだが、ざらざらしたもので、何らかの量の滑らかな表面をそなえたその諸部分が何らかの分量をもつことを我々が確実に知っているものがあり、出てくる光線の先端の分量よりもそれが大きいことは疑いようがなく、それでもその諸部分から光線の先端は反射されない。これはたとえば破砕されたガラスや粉末状の塩や粉末状の水晶のようなもの、その諸部分の表面が滑らかなのを我々は知っているし、出てくる光線の諸部分よりも小さいというほど極端に小さくもない。ところがその諸部分が寄せ集められても、そこから光線が反射されることはなく、それよりも大きなものによっても反射されない。また地上の分厚い物体が、光線状の物体が部分への分割を受け入れる、その部分よりもさらに小さな部分への分割を受け入れ、分厚いものの一部分が、微細なものからそれに似たものに分割されたものよりも、さらに小さくなることはありそうにない。

さらに、もし滑らかなものからの反射の原因が、開口部が不在で、そこに背後からの押し出しがあるということであるなら、そういうものはざらざらしたものにも存在する。もし背後から押し出すものがなく、開口部の不在もないなら、光線は何からも反射されないはずである、というのも物体は、本来の性質によってではなく強制によって、さまざまな運動をもつようになるのだから。君も知るように、発光体がすでに本来の性質によって光線を傾かせているなら、それは強制によってしか曲げられない。さらに、滑らかさは、物体に作用してそれに出会うものの本性を転化させるような態勢の一つではなく、また自分の物体から何かを押し返し、諸物体が自分から遠ざかるように強いる能力の一つでもない。もし滑らかさが物体から物体を遠ざける原因であるなら、どんな配置で触れても、それらが遠ざかり合うようにするであろうし、また視覚は、先端だけで鏡に出会うとき以外は、出ていく光線が触れる鏡によって、鏡の上に描かれ、反射されるはずである。もし反射の原因が、鞠に起るような背後からの押し出しや跳ね返りであるなら、滑らかではなくても、開口部をもたない硬いものであれば、どんなものからでも反射されるにちがいない。

ところで映像を唱える人々の説によれば、それには一つの理由があり、彼らは、滑らかさが映像の送り届けの原因であるとした。大きくても、小さくても、あらゆる滑らかさが何らかの映像を送り届ける原因になるが、小さな表面が送り届ける映像は、視覚が識別できないほど小さいため、感覚されない。ざらざらした物体は、闇と

131.12/115.19

132.5/116.9

明るみがそのなかで混じり合い、底部はどれもみな暗く、突出部はどれもみな感覚が識別できる映像を届けるには小さすぎるが、もし連続していたなら、そういうことは起らない。一方、反射を唱える人々にとって、この小ささは、そこからの反射がないことの言い訳にはならない。

132.13/116.16 もし彼らが、小ささではなく散乱が原因であると説いたとしても、この散乱は、形状を摸倣する鏡から発するものとしても存在し、鏡から光線が世界の球体の半分にくまなく反射されるのは、鏡の学において知られていることの一つである。おそらく、ざらざらしたものからの反射は、それが光線を散乱させるため、あれらの鏡が到達するものに到達せず、その線が一点に積み重なることも多いのであろう。これは検討すべき問題の一つである。

132.18/117.1 第二の探求は、光線が時には水によって反射され、時には水中に入り込むこと[1]、これは水晶についても同様である。したがって二つの事態の一方に、他方に欠けているものが含まれているにちがいない。水中の視覚対象は正しく見えず、それに属する点が、感覚には完成した形ではなく、ばらばらに見えるということか、あるいは反射されたものは完全には見えず、それに属する点が、感覚には完成した形ではなく、ばらばらに見えるということか。その一方がより完全に見えれば、他方はそれだけ欠けて見えるはずなのに、それがそうはなっていない。

133.6/117.6 第三の探求は、事物から反射されたものが、すでにその事物を離れてそれ以外のものに到達していながら、それによって両者の形が両方とも見えている場合、反射された光線が分離しても、感覚対象の形はかならずしも光線から引き剝がされないか、それともかならず引き剝がされるか、そのいずれか一つでなければならない、ということ。もしかならずしも引き剝がされないなら、どうして我々が背を向け、光線がそこから離れたものは我々

(1)　カイロ版・バコシュ版の wa-l-baḥṭ al-ṭānī anna-hu… による。ラフマーン版は wa-l-baḥṭ al-ṭānī anna-hu *kayfa*…（第二の探求は、どのようにして……入り込むのかということ）とする。

に見えないのか、というのも光線がそれの代りに別の地点に行ったことを別にするなら、我々はこのことに原因があるのを知らない。もし分離によって、かならず光線からその形が引き剝がされるなら、どうして鏡と形が同時に両方とも見えるのか。もし光線のうち鏡にとどまっているものが鏡の形を見ており、鏡から別の何かの方へ去ったものはその何かの形を見ているなら、二つの視覚対象のどの一方も、光線のそれぞれ別の部分が引き受けているのだから、両者はいっしょには見えないにちがいない。たとえば眼を一度開いたとき、ザイドに当たる光線とアムルに当たる光線が両方ともあるからといって、かならずしもザイドについて見えるものがアムルについて見えるものに入り交じって想像されはしないように。

そこでもし、その原因は、その光線がその線の道を辿って形を魂に送り届け、ただ一つの線が両者をともに届けることにあり、ただ一つの線によって届けられるものは、配置において一つに見えると言われたなら、次のように答えられるであろう。まず第一に、私はすでに君の教説を論破し、出ていく線が外部の視覚体であることを否定した、否、それは送り届けるものなのである。第二に、反射された線に出会ってそれに繫がる第二の線が出てくるのは、ありえないことではない。もしそれが、それが繫がる線だけを届け、しかるのちに、外部の能力ではなく眼のなかにある能力が感覚するなら、その場合、その事物は二つの線の両方によって見られ、その形が鏡の形とともに、そして鏡のその形以外のものとともに見えるにちがいない。また視覚に何か原因があるのではなく、さまざまな視覚の線がただ一つの線に繫がるために事物が二重に見えることも、たびたび起っているはずだが、こういうことは生じも起りもしない、というのも我々が、事物を鏡のなかに見ることができ、その事物だけを見ることもできるのは、事物が視覚に向き合っているときにかぎられ、向き合っていなければ、我々はそれを鏡のなかにしか見ない。

それでは彼らの原理に則って、視覚の点 *a* と鏡の位置 *b* があるとし、線 *ab* が視覚から出て、*c* にある物体の方へ反射されるとしよう。線をもう一本出すが、これは *ad* であり、*e* で線 *bc* と交わり、そこでそれに繋がる。そこで私は述べるが、彼らの諸原理によれば、映像 *d* は映像 *c* および *b* とともに見え、映像 *c* は二つの端部 *e* と *b* から、そして二つの線 *ea* と *ba*[2]から見えなければならない。それがなぜかといえば、視覚から出るこれらの線

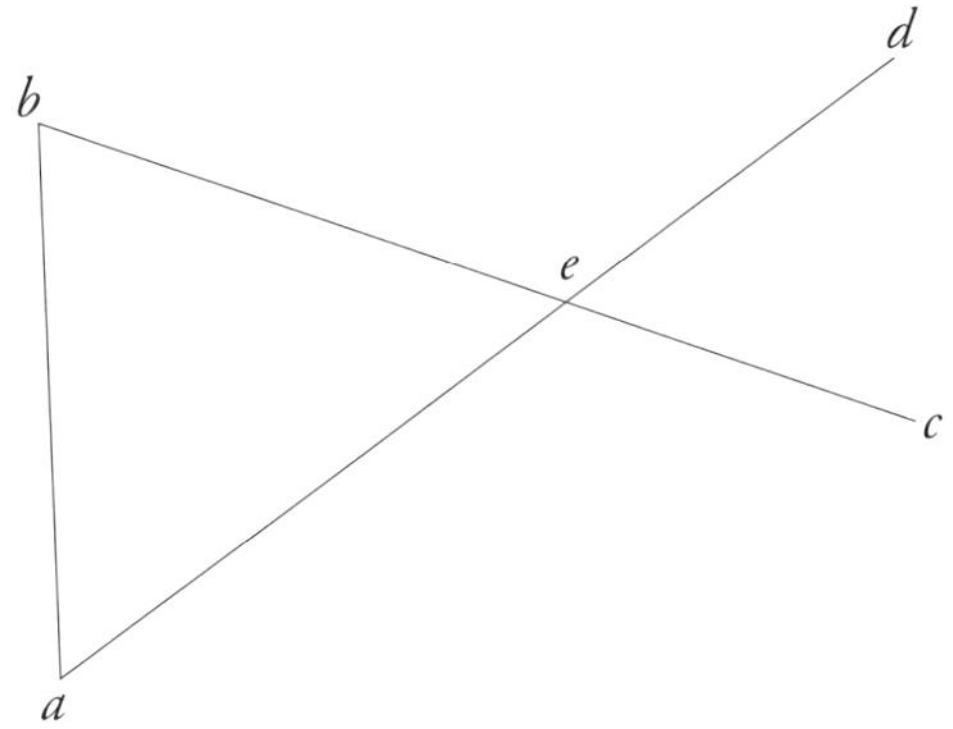

の諸部分は、繋がっているか、あるいは接触し合っているか、そのいずれかである。もし繋がっているなら、そしてもし線が、我々が想定したように、繋がっているときは相手の線から[3]刻印を受け入れ、それを瞳まで届けるようになっており、刻印も、一方向だけを受けもつ表面ではなく、物体[4]そのものの全体に与えられ、その送り届けが意志によるものでも人為によるものでもなく、自然なものであるなら、受動者が、出会いによって作用する能動者に出会うように生じた場合、どうしても能動者から作用をこうむらざるをえない。というのも諸事物の実体のなかにある本性的準備態勢が現実態に出てくるということは、準備態勢の本性が受動者自体のなかに存在するということである――たとえ能動者の本性に属する何かによってそうなるのではなく、そこから作用が出てくるものが能動者自体のなかには存在しなくても、また

134.10/118.2

（2）カイロ版・バコシュ版の bāʾ alif による。ラフマーン版は alif bāʾ（*ab*）とする。

（3）ラフマーン版・バコシュ版の *min* baʿḍ による。カイロ版は *maʿa* baʿḍ（相手の線とともに）とする。

（4）テヘラン版では al-ǧirm（物体）の上に al-šuʿāʿī（透明な）と書き添えられている（p. 324）。

たとえば受動者のなかにそれが存在しなくても。それが実現すると、両者の一方がもう一方に到達するまで、現実態に出ていくのが止まらない。能動者が受動者に到達し、あいだにある媒体が取り除かれ、こちらには能動作用の能力が、そちらには受動作用の能力があるというようになれば、どういう繋がり方であっても、両者のあいだに本性的に存在する能動作用と受動作用がかならず行なわれる。いかなる状態で存在する角にも意味はなく、鏡における開口部の欠如や透明体の消滅も刻印をもたない、というのも線が繋がっている開口部が消滅していても、線が繋がっている開口部が消滅していなくても、能動者はかならず作用し、受動者はかならず作用をこうむる。

たとえば映像と刻印が、延長を有する光線状の物体それ自体のなかにあるのではなく、その一つの表面か、あるいはその消滅であり終端である点のなかにあり、しかもその点が、その方向からあの線が光線状の物体に繋が 135.14/119.2
って光線状の物体から作用をこうむるような、あの線の方向にはなく、あの線の延長ではないところにあるなら、線の先端と末端のあいだにあるものは作用をこうむることなく、映像は、接触された表面から第二の表面に一挙に生じ、中間の諸部分からは作用をこうむらないにちがいない。それは不合理である、なぜなら[5]繋がっているものは現実態では断面をもたないからであり、あるいは送り届けは直線にそってなされ、角の点は直行から逸れるがゆえに、角にそってはけっして送り届けないが、これは言うまでもないことに属する。

このことから明らかなように、線 *ea* が線 *ce* からこうむる受動作用は、線 *ba* が線 *eb* からこうむる受動作用に似てはいても、いっそう妥当であり、いっそうありそうである。 136.3/119.9 それゆえ、映像 *c* は線 *ea* と線 *ba* の双方から届けられるはずであり、そのとき *c* は一つのものではなく二つのものに見えなければならない。さらにまた映像 *d* も映像 *c* とともに届くはずであるが、彼らは、映像 *b* が映像 *c* とともに届くと定めている。すると三つの映像がいっしょに見えるはずであるが、そのすべてが生じないのである。同様にして、これらの線が互いに接触している場合は、もしこれらの線のすべての部分がその物体全体によって刻印を受け入れるなら、その接触によって、それに隣接するものに作用と刻印が及ぼされるにちがいない。もし視覚対象に向き合った表面にしか刻印を与えないなら[6]、その表面から逸れた角のどれかから、視覚対象が視覚に届くことはありえない。

もし我々が問いかけられ、いったいどうして諸君は、この映像の送り届けが、かならず直線的に、あるいは何らかの形態にそって、それに接触するある特定の視覚に向けて行なわれなければならないとするのかと訊かれた 136.12/119.17
なら、我々はこう述べるであろう。じつをいうと我々は、空気が送り届けるものであり、図形や何かの映像から、かりにも何かを受け入れ、それを別の何かに運ぶとは言っていない。我々が言っているのは、輝体は、もし両者のあいだに邪魔物、すなわち色彩をもつものがなく、両者のあいだの媒体が透明であるなら、その映像がそれに向き合うものに届くようになっているということ。もし媒体がまず受け入れてから届けるのであれば、媒体は、視覚がどのように配置されていても、すべての視覚に届けるであろう、ちょうど触覚体がどのように配置されていても、すべての触覚体に熱が届くように。

さて、この箇所で探求されなければならない事柄の一つに、しばしば映像とその映像をもつものが両方とも一度に見え、しかも両者が区別されて見えるということがある、つまり鏡のなかに何かの映像が見え、その何か自 136.21/120.1
体もかたわらに見え、それが両方いっしょに見えるのである。おそらくそれは、一方の光線はその何かのところ

（5）ラフマーン版の wa-ḍālika *muḥāl* li-anna による。カイロ版・バコシュ版は wa-ḍālika li-anna（それがなぜかといえば）とする。

（6）カイロ版・バコシュ版の wa-in kāna lā *yu'aṯṯiru* illā... による。ラフマーン版は wa-in kāna lā illā...（……にしかそれがないなら）とする。

にまっすぐ進み、もう一方の光線は反射角に応じて進む、そういう二つの光線によってのみ起ることなのであろう(7)。それにまた、その何かに当たるものが二つあり、その方角からはその何かが二つに見えるからであろう。

さて、これを一言でいうなら、可能なのか、それとも不可能なのか。そこで我々は述べるが、二つの部分が視覚対象に当たるからといって、かならずしも一つのものが二つに見えるわけではない、というのも彼らによれば、光線は、その諸部分が視覚対象において一つに集まって堆積すればするほど、それらによる視覚対象の知覚はよく確かめられたものになり、数をまちがえにくくなるからである。このことは敵対者たちも認めていることであるが、彼らは、一つの光線がその事物だけを見るとき、光線はかならず一つであるとしているわけでもない。すると、もし別の光線がそれに当たって最初の光線に繋がったなら、そのせいで見る作用に誤りが生じることになる。とはいえ最初から二つの光線であるにせよ、最初の光線と反射光線であるにせよ、一つの事物に同時に二つの光線が触れるわけにいかないのは、彼らの考えでは光線は物体であり、物体は物体のなかに入り込まないからである。光線が光線に当たることならありうるが、もし我々がこの道を辿るなら、二つの光線の双方による視覚作用は接触によるものではなく、その一方が接触し、他方はその一方から受け入れるということになるであろう――その二つの光線が、まっすぐに出てきた二つの線の端であるにせよ、あるいは一方の光線だけがそうで、もう一方は反射からのものであるにせよ。

したがって、もしそこに理由があるとすれば、二つの線は無条件に一つのものに当たるのではなく、ある条件によってそうなるのであり、それは、二つの光線の一方が単独でそれに当たり、さらに第二の光線が第一の光線とともにそれとは別のものに当たるということになるが、この区分は向き合うように配置された二つの鏡には通用しない。というのも、この観点からすれば、光線は二つの鏡に分離することなく、どの部分も一つの光線にな

137.18/120.16

っていて、それが全部いっしょに二つのものに当たることになるが、それにもかかわらず視覚はそれぞれの鏡とその映像を一度に見るのであり、ここでは二つの光線は分離していない。したがって一方の光線がある映像を届け、もう一方の光線がその映像とは別のものを届けるということはありえない、というのも両者のそれぞれが他方が捉えるものを捉えるが、捉えられるものは一つなのだから、捉えることと届けることが別々であるはずはなく、それぞれの鏡の形は、反復されずに一度に視覚に到達するにちがいない。たとえ反射のために反復され、そのことに何らかの理由と我々が寛大に受け入れられる苦しい言い訳があったとしても、何度も何度も鏡の形が生じるはずはないのである。

それでは、いったいどうして二つの鏡のそれぞれから多くの映像が届き、一つの鏡が多くの回数にわたって見えるのか、一度はそれ自体がありのままに見え、それからさらに非常に多くの回数にわたってその映像が見えるのか。そこで我々がこう述べたとする。光線は、この鏡から別の鏡に反射されると、その別の鏡をこの鏡のなかに見るが(8)、次にもう一度最初の鏡に反射されると、最初の鏡をその別の鏡のなかに見る、それならなぜ、もう一度反射されたとき、最初にその映像を見たときのように見ないのか。もっとも彼らは、最初の映像をある部分によって見て、もう一つの映像を別の部分によって見ると言うかもしれないが、もしそれらの部分がそれを見せるために送り届けるなら(9)、別のものではなくその映像そのものを届けるであろう。それ自体は一つだったものに光線の諸部分が異なった当たり方をしたからといって、かならず見え方に差異が生じるわけではなく、そのことも

138.8/121.4

（7）　カイロ版・バコシュ版の wa-ʿasá anna ḏālika *inna-mā* yaqaʿu bi-sabab ḥaṭṭay šuʿāʿ... による。ラフマーン版は wa-ʿasá anna ḏālika yaqaʿu bi-sabab ḥaṭṭay šuʿāʿ...（おそらくそれは……二つの光線によって起ることなのであろう）とする。

（8）　ラフマーン版・バコシュ版の *raʾá al-uḫrá* fī hāḏihi al-mirʾāh による。カイロ版には fī hāḏihi al-mirʾāh（〔光線は……〕この鏡のなかにあるが）とあるが、これは脱落であろう。

我々はすでに明らかにしている。彼らの見解によれば、反射されたものの諸部分が反射元の視覚対象を通り抜ける以上、必然的に、視覚対象の形はそれらの諸部分において置き換えられることになるが、そうであっても、諸部分が視覚対象に置き換わったからといって、かならず初回と二回目に知覚されるものの数が増えることにはならない、というのも形から届けられるものは一つなのであるから。もし諸部分自身が見るものであるなら、我々が述べたように、反射元の映像のなかに反射先の映像が見えてはいけないはずであり、またすぐに複数の映像が小さくなって見えるはずはない。

おそらく彼らはこう言うであろう、光線が投げ返されると、その行程が長くなって、そのたびに小さく見えるようになり、この小ささによって第一の光線は第二の光線とは別のものになるのである、と。すると光線は、まず第一に、積み重なっても、最初の線より太く強力な一本の線にはならずに、折り返されて横に並んだままでいて、一体化することなく、それぞれの存立が保たれることにならざるをえないが、この仕組みは驚くべきものである。おまけに彼らは、折り返された距離による縮小に、直進する距離に見いだされる角の先鋭化を見いださない。さらに、その見られるものそれ自体について彼らが述べるところによれば、それによって、反射から反射への旅に要する距離の何倍も引き離されるなら、その小ささでは見えないということになる。たとえば視覚が鏡 *a* から鏡 *b* に反射されると形 *b* が鏡 *a* のなかに見え、さらに視覚が鏡 *b* から鏡 *a* に反射されて形 *a* が鏡 *b* のなかに見え、さらに視覚は鏡 *a* から鏡 *b* に反射されて形 *b* が見え、さらに同様にして、形 *a* が鏡 *b* のなかに見えるが、両者のあいだの距離は二シブル(10)であるから、光線が走った折れ曲がった距離は、眼から鏡の一方までの八シブルになるはずである。もし我々が鏡 *b* をそれが据えられた場所から十シブル以上遠ざけたなら、その小ささでは鏡は見えなくなるであろう。我々が述べ伝えたことに含まれる驚くべきことは、事物それ自体から取得された形とそこから反射によって取得された形が、あるいは[11]二回の反射によってそこから取得された形が分離していることから生じる、というのも、これらすべてが視覚において分離しているが、一つの素材から取得された二つの形が一つの受け入れるもののなかにあるのに、なぜその二つが分離するのか。なぜというに、形と形が分離するのは、定義と観念による分離であるか、あるいは受け入れるものにおける分離であるが、この二つの形の観念は同一であり、それらを担う第一のものも一つ、両者を受け入れる第二のものも一つであるから、二つになるはずがない。我々の教説によれば、この醜悪さは、かならずともなうものではない、なぜなら我々の見方では、その二つの形は二つの受け入れるものから取得され、その一つは両者を担う第一のもの、二つ目は、両者の映像をある種の受け入れ方で受け入れ、そして[12]眼のなかの両者の形にある種の作用を及ぼす、光沢のある物体である。

さらにまた、これは光線継起説の驚くべきところであるが、もしこの説が我々が述べた通りのもので、第二の光線は第一の光線に入り込まずに、外部でそれに接触しなければならないなら、反射された光線は、それが覆う先行する接触者にしか触れていないのに、いったいどのようにして見られるものに触れ、それを見るのか。もし第一の光線からの受動作用と、それとの繋がりによって受け入れたものの受容とに応じて、それが見たものを見るなら、特定の角度における受動作用という条件は崩れ、それが捉えるのは最初のものが捉えたものだけである

140.13/122.17

(9)　カイロ版の fa-in kānat al-aǧzāʾ muʾaddiyatan *li-irāyat-hi* による。ラフマーン版は fa-in kānat al-aǧzāʾ muʾaddiyatan *lā rāʾiyatan*（もしそれらの部分が見るのではなく送り届けるなら）とする。バコシュの仏訳からすると、バコシュ版は fa-in kānat al-aǧzāʾ muʾaddiyatan *lā raʾayta-hu*（もしそれらの部分が送り届けるなら、君はそれを見ないであろう）と読まなければならないことになるが、アラビア語の文字面はカイロ版と同一といっていい。

(10)　シブル（šibr）は手の小指から親指までの距離に相当する。

(11)　カイロ版・バコシュ版の aw による。ラフマーン版は wa（そして）とする。

(12)　ラフマーン版・バコシュ版の wa による。カイロ版は aw（あるいは）とする。

ことになり、数においてそれと異なるものは、いかなるかたちであれ何も捉えないことになる。もしそれぞれの光線が、事物の諸部分において他のものが触れていない部分に触れるのであれば、両者のどちらも徹底的な知覚作用ではなく、両者は同じものを知覚していないことになる。

第七章　彼らがもたらした疑問点の解決、そして透明体と光沢のあるものに対する配置がさまざまに異なる視覚対象にかんする議論の締めくくり(1)

さてこれから、言及された疑問点を解決しよう。彼らは、近さが視覚作用を妨げ、色彩と形状が素材から移動 141.11/124.4 するのは不可能であると言い張るが、これが彼らにとって正しいことになるのは、視覚作用またはどれか一つの感覚作用が、もっぱら素材からの形の剝ぎ取りによってなされると述べられたときにかぎられ、それなら視覚作用は、素材から形そのものを取得し、感覚能力に移動させることになるが、こんなことは誰も説いていない。彼らは、それは受動作用によってなされると述べたが、受動作用は、受動者が能動者の能力や質をもぎとることではなく、そういうものの摸像か、あるいはそれとは別の類を能動者から受け入れることである。

我々は述べるが、視覚は視覚対象から、そのなかにある形に類似した形を自分自身のなかに受け入れるのであ 141.18/124.10 って、形そのものを受け入れるのではない。これもまた嗅覚対象や触覚対象のように、近づけることによって感覚されるものであるが、それによって感覚体がその形を奪い取るわけではなく、感覚体のなかにはその形の摸像が存在するにすぎない。とはいえ事物のなかには、出会いによってその作用をこうむる道のあるものがあり、ま

(1)　ラフマーン版の fī ḥall al-šubah allatī awradū-hā *wa-fī*... による。カイロ版・バコシュ版は fī ḥall al-šubah allatī awradū-hā fī...（透明体と光沢のあるものに対する配置がさまざまに異なる視覚対象にかんする議論の締めくくりにかんして彼らがもたらした疑問点の解決）とする。

たそのなかには、それに出会うと、その刻印を刻印するために必要な何かがそこから切り取られるものもある。ここでその何かは、形をもつものがその形から映像を自分以外のものに投影するさいに、見てとられた形に繋がる必要のある光線であり、その映像は、それに当たる光が強まって向き合うものをその染料で染めるときにそれが投影する、我々に見えるその確実な映像に対応しており、こうして光線は、鏡を介してであっても、向き合うものがそれを受け入れるときは、それを確定したものとして届ける。見られるものが光に照らされる必要はあるが、それは光線が、それが投影するのを助ける道具のような媒体、すなわち透明性を必要とするからであり、また媒体の分量に一定の限界があって、それよりも小さなものがそのなかに入ってこないようでなければならない。

142.10/125.4 知覚体が知覚対象から映像を取得することを示すものに、想像力のなかに残存していて、想像力が想像したいときに想像する見られたものの形がある。はたしてその想像されたものは事物そのものの形であって、それが想像力に移動し、事物の方はその形を剝奪されたのだろうか。とんでもない、それは事物に対応してはいてもそれとは別のものである。また君が太陽を見つめてから眼をそらしたとき、眼のなかに長くとどまる太陽の形の残存が、眼による映像の受け入れを君に示している。

142.15/125.9 同様にして、落下する水滴は線のように想像され、円を描いて高速で動く点は円周のように想像されるが、君は何らかの延長を見ることなしに、それを想像し、それを見ることはできないし、運動する点の延長は、時間のないところに見ることも、二つの場所にそれを想像することなしに見ることもできない。つまり水滴が上に、それから下に生じ(2)、そのあいだが水滴の延長になり、また点は、それが巡る行程の一端と別の一端にあり、そのあいだに点の延長があって、映像が君のもとに形相化されるのでなければならないが、それは一瞬では行なわれない。したがって先行するものの映像は、それがなくなった後も保存されてその後継者として残り、次に感覚作用が後からきたものをそれに結びつけ、両者が合して一つの感覚対象のような延長になるにちがいない。それがなぜかといえば、水滴や点が、君が想定するいかなる境界からも消え去り、時間的にはそこに残っていなくても、その形はしっかりと根づいているからである。

彼らが述べた、眼の正面にあると想像される明るみはどうかといえば、このことで彼らが誤謬に陥った原因は、 143.8/125.20
彼らの見方では、それはたった一つのあり方でしか存在しないため、眼は、先行する部分で我々が述べた輝くもののような、その実体のなかに光をそなえたものではありえないと彼らが考えたことである。明るみは、闇があれば輝き、そこから分離するものによってではなく、それが刻印として与える質によって正面にあるものを照らすが、摩擦や接触が闇のなかに微細な火の光線を生じさせるというのは、闇のなかで猫の背に触れたり、枕や顎髭を手で撫でるときにそうなることはあっても、やはりありえないことのようである。君にもはっきり分かることがあるように、瞳そのものが、夜になると輝き、光を発し、その光線を向き合ったものに投げかけるようなものの一つであってもおかしくはない、というのもライオンや蛇の眼のように、多くの動物の眼がこの性質をそなえており、それがそうである以上、そういう眼が暗いものを照らすことはありうる。それゆえ動物の多くは、その眼から流れ出る明るみで事物を照らすことによって、そしてその眼の能力によって、闇のなかで見るのである。

瞳がもう一方の瞳を閉じるときに満たされるという話があるが、これは、中空の神経のなかに視覚能力の乗物 144.1/126.11
である微細な物体があって視覚の気息と呼ばれており、その微細な物体が運動して、時には奥に逃げ込み、時には姿を現わして見つめる、ということを知らない者から出た話である。眼の一方が閉じられると、気息は、元来

（2）カイロ版・バコシュ版の *takawwun* al-qatrah fawqu ṯumma taḥta による。ラフマーン版は *[ḏālika] li-kawn* al-qatrah...（そうなるためには水滴が上に、それから下にあり）とする。

の性質から、無活動と闇を逃れてもう一つの眼の方へ逸れる、なぜなら両眼にある貫通口は、解剖学者たちが教えるところによれば、共通であるから。何かが何かで満たされるからといって、そこからして必然的に、満たすものの性質に、姿を現わし、外に出て、大地を進み、世界の各地を旅することが含まれることにはならない。

また鏡の話はどうかといえば、彼らの問いは、感覚対象の形が鏡のなかに押印されると考えるすべての人にとって避けては通れないものだが、それに答えられる回答は三つある。一つの答えは、ある周知の教説にもとづく 144.9/126.18 もののようであり、その形相は、素材的形相がその素材に押印されるときの形態をとって、対立し合うものがそこに集まらないように鏡に押印されるのではなく、この形相はその全体が鏡の全体に押印される、というもの。鏡に白と黒の映像が両方ともいっしょにあってもかまわない、なぜなら両者は、鏡を自分の質にするようにしてではなく、知解対象のなかにあるもののようにして鏡のなかにあるからであり、知性は黒と白を対立も分割もなしに知解する。さらに、視覚に届くものは、三つのもの、すなわち視覚対象と鏡と視覚体という三つのものの関係にもとづくものにかぎられ、その全体の関係は、鏡のすべての部分から生じるのではなく、鏡の一部分は白そのものを届け、別の部分は黒そのものを届け、その両者のあいだで見るはたらきの境界が定まり、送り届けることと境界画定の全体が、視覚のなかにある視覚対象の摸像の形を実現させる。

この回答は、私が口にすることも、教えることもないものの一つであり、私には、どのようにして形相が、素材である物体のなかに存在することなしに、それに押印されるのかが理解できない。そこに押印されているという形相を、この物体が欠いていることもあるのである。 144.21/127.6 また、どのようにして、形相がそこに見えないのに、それがこの物体が欠いていないことになるのか、それどころか、この物体にそなわるそれ自身の形が見えたりするのか——なるほど、それは見えるようにもできてはいるが。あるいは、どのようにして、ある特定の場所に立つ人にとって、それを欠くようになるのか。これは行きすぎであり、相当な無理がある。これに含まれる無理なことの一つは、彼らが、そこに形状が押印されるとは説いていないこと、もしそうするなら、彼らは形状は無限定であると説くであろう。また、これに含まれる無理なことの一つは、彼らが、物体のなかに黒の形相があり、しかもそれが物体にそなわる黒ではないと説き、さらに白が物体のなかに同時にいっしょにあることをも許容し、黒の形相を黒ではないもの、白の形相を白ではないものであると説いていることである。知性と知解対象の話は、その時が来るまで放っておこう。

回答者が答えに使うことのできる他の二つの回答は、一方は回答者が厳格に振舞っているもの、もう一方は回答者が中庸を行くものである。回答者が厳格である方の回答で言われるのは、まず第一に、事物が事物に作用するためにある事物が必要とされるからといって、ここで必要とされる鏡や透明体のようなものが、第三のものがそれによって作用をこうむる受動作用のような原理から、かならず作用をこうむるわけではなく、剣によって苦痛が与えられれば剣が苦痛を与えると見なされ、贈物が喜ばれれば贈物が喜ばせると見なされるようなことにはならない、ということ。第二に、あらゆる能動的な物体が、接触されるものに出会わなければならないというのは、それ自体によって明らかなことでも、一目瞭然で疑問の余地のないことでもない、というのも、このことが帰納法的にはほとんどの物体に存在するとはいえ、あらゆる能動作用と受動作用が出会いと接触によって生じるというのは不可避的に必然であるわけではなく、事物の事物に対する作用が出会いによることなしに生じることもありうる。たとえば創造主や知性や魂のように物体ではないものが、出会いによることなしに物体に作用を及ぼすことがありうるように、出会いによることなしに物体が物体に作用を及ぼすのは目新しいことではなく、出会いによって作用を及ぼす物体もあれば、出会いによることなしに作用を及ぼす物体もある。これが不可能であ

145.12/127.17

ることを証明し、二つの物体のあいだに、出会いによることなしに一方が他方に刻印を与えることの可能な設置や配置がありえないことを証明することは誰にもできない。これにはただ驚くばかりであり、もし物体のすべてが、そういう離れた設置のようなものによってのみ互いに作用を及ぼしていたなら、能動者が出会いによって作用を及ぼすのがたまたま目撃されたときは、出会いなしに刻印を与えるものにいま驚くように、それに驚くことになるような、これはそういう驚きである。

そこで、このことが直覚的に不可能ではなく、証明された我々の教説の正しさからしてそれが必然であり、それを論破する証明がまったくない以上、我々は述べるが、それ自体によって発光する物体と色彩をもつ照らされるものは、それに向き合う物体が、視覚の受け入れ方で映像を受け入れるものであり、両者のあいだに無色の物体があるときは、向き合う物体に作用を及ぼすようになっていて自分の形の摸像である形を刻印するが、中間にあるものには何の作用も及ぼさない、それというのも、それは透明であるがゆえに受け入れを行なわない。また、それに向き合うものに、透明なものを介して作用を及ぼす物体がまったくないことは自明ではなく証明もされておらず、またこのことは直覚的に可能であるとされ、我々が証明した知覚のはたらき方によっても明白であって、それが不合理ではない以上、同様にして、一つの媒体の代りにその媒体と別の媒体の二つの媒体があっても、また一つの設置と配置の代りに二つの設置と二つの配置が、すなわち前述の設置と配置が別の配置と設置とともにあっても、不合理にはならない。するとこの透明な媒体だけがある代りに、色彩をもつ光沢のある媒体が透明な媒体とともにあり、この発光体と照らされるものについての向き合う設置がある代りに、その光沢のあるものについての設置と向かい合いがあることになるが、その光沢のあるものには、発光し照らされ見られるものについての前述の設置と配置がそなわっている。この物体は、それに向き合う光沢のあるものに向き合うすべてのものに作用を及ぼすようになっており、それに向き合うもの[3]は透明なもののなかにある。ある限定された配置になった後は光沢のあるものから光沢のあるものへと無限に続くことになるとはいえ、その作用はその物体の形の摸像であり、光沢のあるものにはまったく作用を及ぼさない。すると透明体と光沢のあるものは、事物が他の事物に作用を及ぼすために必要な二つのものではあっても、その作用そのものは両者のなかにない。それがそうである以上、そして光沢のあるものの心像が別のものの心像とともに視覚に到来し、視覚体のただ一つの部分において両者がいっしょに見られるようなことがあるなら、その心像は、彼らが光線について述べたこととは逆に、光沢のあるもののなかに見られていると考えられる。

この問題についての穏当な道の方は、自分自身の摸像を刻印することもありうるとはいえ、かならずしも、あらゆる事物があらゆる事物に自分自身の摸像を刻印するわけではないというもの。すると発光体と照らされるものが、空気に何らかの刻印を刻印するのはありうることであり、その刻印が発光体や照らされるものの形の摸像である映像によって映像化されることはないが、視覚的感覚によっても、諸感覚中の他のものによっても捉えられない刻印を空気に刻印し、同様にして、透明体の媒介があろうがなかろうが、光沢のあるものに何らかの刻印を刻印するのもありうることになる。しかるのちに、その透明体または光沢のあるものが視覚の器官に刻印を与えるが、その刻印は、最初に両者のそれぞれに刻印を与えたものの形の摸像であり、刻印を与えるもののそれぞれが、自分のなかにあるものとは逆の刻印を刻印する。私が刻印を与えるものというのは、透明体と光沢のあるものに刻印を与える見られるもの、そして視覚に刻印を与える透明体や光沢のあるもののことであるが、このようなことは多い、すなわち事物が事物に、自分の本性とは逆の刻印を与え、次にそれが、最初の事物の本性の摸

（3）　カイロ版・バコシュ版の muqābil-hu による。ラフマーン版は　*kull* muqābil-hi（それに向き合うすべてのものは）とする。

147.15/129.8

像を別の事物に刻印する。それはたとえば運動であり、というのも運動は事物の本体に熱を生じさせてその事物を熱し、次にその熱が、数においては最初の運動と異なるが種においてはその摸像である運動を生じさせる。これは鏡によって視認できることであり、鏡から光と色彩が、壁に定着するように壁に反射されるが、眺める人の位置から見るとそれは移動しておらず、鏡にはまったく定着していない。この定着したものが鏡の道を通って壁に到来したことは分かっているが[4]、鏡のなかに見えてはいても、そこに定着しているようには見えず、鏡は、それに刻印を与えたものの質の摸像である刻印を与えるが、その刻印はそれが定着するときの質の摸像ではない[5]。視覚のあり方もそれと同様である。

水による屈折の話については、すでに光線を唱える人々が、光線は水に当たると、まず拡がって砕け、より大きな場所を占めるようになってから入り込むので、光線に向き合うものよりも多くのものをともなった水を光線は見ることになる、と述べている。映像を唱える人々の方は、その一人がこう述べている。その原因は、向き合うものの一部は、水が向かい側の入り口であるようにして送り届けられ、向き合ったものの別の部分は、水が鏡であるようにして送り届けられることである、と。内部の鏡は外部の鏡の逆であるから、その全体が、水が鏡であるようにして送り届けられると考えられないこともない。

また昔の註釈者のなかでも優れた者が[6]、視覚は、事物を徹底的に熟視しても見逃されるもののせいで、それをもっと遠くにあるように見ることがあり、また事物を熟視すると、視覚が分裂し、その映像を拡大することになると述べている。この主張は次のことから納得できる、すなわち、ある距離からある大きさに見えることに慣れた事物が、それがある場所よりも遠くにあるように想像され、しかもその大きさがその距離から想像される大きさには見えず、実際は近くにあるためにそれよりも大きく見えるとき、その距離に相応しい寸法よりも大きな寸

148.18/130.4

149.4/130.8

法をもつように見え、見慣れた寸法よりも大きく想像される。またこれについては補足的な考察もあり、根本的な諸原理を自分で確かめる者はそれを理解し、その真相がどうあらねばならないかを見逃さないようにしなければならない。

さらに、この疑問点は、とくにこの二つの流派の一方にのみつきまとうというものでもない。というのも破砕を唱える人々が述べる破砕は、もしそれが打撃によるものであるなら、なぜ光線は元の状態にとどまり、なぜもう一度元に戻ってまっすぐにならないのか、それというのも光線の本性は一直線に入り込むことであるから。もしそのことが、水に出会って水に入り込み、ますます深く沈んでいく光線にとっては不可能であるなら、なぜ光線は、沈むことによって破砕が増大するようになり、なぜ伸びることによって秩序が増大するようにはならないのか、というのも推測によれば、伸びることからは、拡散ではなく連続がそれに生じるはずであるから。要するに、第一の師がいみじくも述べたように、視覚対象は広から狭へと伸びていき、狭さのなかに集まるのであって、それが狭いところにある方が、見るものが眼から出てきて広いところに拡散するよりも、対象の形の確認に役立つのである。 149.12/130.15

この箇所に関連があることの一つに、見られるものと見るものと光と鏡の配置についてどう述べるかというこ 150.1/131.3

（4）カイロ版・バコシュ版の yuʿalamu による。ラフマーン版は taʿālamu（……を君は知っているが）とする。

（5）ラフマーン版 fa-takūnu al-mirʾāh aṯarat *aṯaran* maṯal kayfiyat mā aṯara fī-hā aṯaran laysa maṯal *kaifiyat-hi* fī al-istiqrār による。カイロ版は fa-takūnu al-mirʾāh aṯarat aṯaran maṯal kayfiyat mā *uṯṯira* fī-hā aṯaran laysa maṯal *kaifiyah* fī al-istiqrār（鏡はそれに刻印として与えられたものの質の摸像である刻印を与えるが、その刻印は定着するときの質の摸像ではない）とする。バコシュ版は fa-takūnu al-mirʾāh aṯarat aṯaran maṯal kayfiyat mā *uṯṯirat* fī-hā laysa maṯal *kaifiyah* fī al-istiqrār であるが、意味はカイロ版とほぼ同じ。

（6）バコシュによる仏訳の註五四二によれば、アフロディシアスのアレクサンドロス。

とがある。そこで我々は述べるが、見られるものと発光体と見るものは単一の透明体のなかにあることもあれば、発光体と見られるものは、いくつかの表面に隔てられた複数の透明体のなかにあることもある。もし表面の配置が、見るものと照明作用を行なう発光体が向き合うそのあいだであるなら、天圏や空気の表面がそうであるように、表面は見えないが、もし水の表面のように、表面がその外にあり、我々は空気のなかにあって、発光体がこの向かい合いに挟まれていないなら、その表面は、発光体から到達した光を視覚に反射するため、区別されて見える。すでに君は反射によって我々が何を意味するかを知っている。もし表面が、見られるものを反射する表面の内部にあるなら、表面のなかにあるものは、透明であることによって見られるものを見せ、鏡であることによって見られるものを見せる。そこにある鏡は、見られるものが見るものに対して剝き出しであるなら、見られるものに向き合ったものに相当するが、見られるものが覆い隠されているなら、鏡は、視覚から出る線と水中の見られるものから出る垂線の交点になる、というのもその映像は見られるものからまっすぐに届くからであり、というのも君が水盤のなかに指環を見えないように投げ込み、それから水盤を水で満たせば、指環は見えるようになる。もし見られるものが、見るものと発光体がそのなかにある透明体とは別の介在する透明体の外にあるなら、介在する透明体がそれを見えるようにする。もしそれがそうではなく、見られるものが見るものの側にあるなら、その透明体の表面はそれを見えるようにしないが、ただし、そちら側に置かれた何かによって自分のものではない色彩を付与されるなら、片側が彩色された水晶の玉のように、それは見えるようになる。

第八章　一つのものが二つのものに見える理由

一つのものが二つのもののように見える理由について述べることにしよう、というのもこれは考察すべきことであり、それがなぜかといえば、これは光線を唱える人々が固執していることの一つでもあるから。彼らが述べるところによれば、視覚作用は、視覚から出てきて視覚対象に出会うものによってなされ、その後、たまたま視覚においてその配置が壊れると、一つのものが、当然のことながら、分離した二つのもののように見えるため、二つに見えるようにならざるをえない。ところが彼らは、これによって実際には醜悪な不合理を抱え込むことになるのを知らずにいる。それがなぜかといえば、もし視覚作用が光線の先端の接触によってなされ、その先端が視覚対象においてすでに一つに集まっているなら、いずれにしても一つに見えるはずであり、砕けた光線の先端の破砕がそれに害を及ぼすことはない。否、真相はどうかといえば、視覚対象の映像は、透明体の媒介によって、それに対する態勢のととのった照り輝く滑らかな受容器官に届けられるのであり、透明体の実体が、映像をその形であるかぎりにおいて受け入れることはまったくなく、映像は、時間においてではなしに向き合うことによって生じる。また視覚対象の映像は、それが初めて押印されるとき、氷状の湿り気だけに押印されるが、視覚作用は実際にはその湿り気においてなされるのではない、さもなければ、一つのものが二つのものに見えるであろう、なぜなら両手で触れれば二つの触覚になるように、二つの氷状体においては、その一つのものが二つの映像をも

151.1/132.3

つからである。この映像は、二つの中空の神経を通って、二つの神経が十字架の形態で出会うところに届けられるが、この二つの神経がどのようになっているかは、我々が解剖学を論じるさいに君に説明する。

151.19/132.16 ところで外部にある形から円錐が伸びて細くなり、ついにはその頂角が氷状体の向こう側に落とし込まれると表象されるように、それと同じように、氷状体のなかにある映像は、二つの神経のなかにある送り届ける気息を介して、二つの神経が出会うところに円錐の形態で届けられ、そこで二つの円錐が出会って交差すると、気息において視覚能力を担う部分で二つの円錐が合して一つの映像的な形になる。そしてそれよりも先には、視覚対象を送り届ける気息も、それをもう一度知覚する気息もありはしない、さもなければ知覚作用は、二つの神経の分離のために、もう一度分離されることになる。ところでこの送り届ける気息が、視覚体の実体から発して脳の前野に満ちる気息に入り込むと、見てとられた形が、共通感覚の能力を担うその気息にもう一度押印され、すると共通感覚がその形を受け入れるが、これが視覚作用の完成である。

152.9/133.8 視覚能力は、共通感覚から流出してくるとはいえ、共通感覚とは別物であり、共通感覚が視覚能力を統御している、なぜなら視覚能力は見ることはしても、聴くことも、嗅ぐことも、触れることも、味わうこともないが、共通感覚能力という能力は、[1]君が学ぶことになるように、見、聴き、嗅ぎ、触れ、味わうのである。さらに、共通感覚体であるところの能力が、気息においてその能力を担う部分に繋がっている気息の一部分に形を送り届けると、そこにその形が押印され、気息は形をそこにある形相化能力に保存するが、君が学ぶことになるように、これは想像能力であり、それがその形を受け入れて保存する、というのも共通感覚が形を受け入れても保存はしないのに対して、想像能力の方はそれが受け入れたものを保存するからである。その理由は、共通感覚がそのなかにある気息に、外部から取得された形が押印されて定着するのは、その形と視覚対象のあいだの前述の関係が保存されているか、知られたばかりであるあいだにかぎられ、視覚対象が見えなくなれば、形は気息から消去され、それと分かる時間にわたって定着することはない。想像力がそのなかにある気息の方は、君にもすぐに明らかになるように、多くの時間が過ぎた後もそのなかに形が定着している。形は、それが共通感覚のなかにあるときは、実際にそのなかにあるように感覚されるため、存在にかんして偽である形がそこに押印されると、胆汁質の人々がそうするように、それを共通感覚が感覚するが、そういう形が想像作用のなかにあれば、感覚されずに想像される。

　次に、想像力のなかにあるその形は、表象能力が欲すると、後部の空洞に入り込み、虫の尾と呼ばれる二つの器官を引き離して虫状体を開き、表象力を担う気息に、人間においては思考能力と呼ばれる想像構成能力を担う気息を介して繋がり、すると想像力のなかにある形が表象能力の気息に押印される。想像構成能力は表象能力に仕えており、想像力のなかにあるものを表象能力に届けるが、ただし、それが表象能力のなかに現実態で定着するわけではなく、道が開いて二つの気息が出会い、二つの能力が向き合っているあいだにかぎって生じることであり、表象能力が想像構成能力に背を向ければ、その形は表象能力から失われる。表象力におけるこの形の実現は、想像力におけるその実現とは異なるという主張の正しさを示すのは、想像力は貯蔵庫の管理人のようなものであり、そのなかにある形は、魂によってつねに現実態で想像されているわけではないということ、さもなければ、どんな形が想像力のなかにあっても、我々は同時に多くの形を想像しているはずである。またこれらの形は、可能態にあるもののようにして想像力のなかにあるのでもない、さもなければ、外部の感覚によってもう一度取

153.9/134.2

（1）カイロ版・バコシュ版の wa-l-qūwah *allatī hiya* al-ḥāssat al-muštarakah による。ラフマーン版は wa-l-qūwah al-ḥāssat al-muštarakah（共通感覚能力は）とする。

り戻される必要があるが、これらの形は想像力のなかに貯蔵されている。表象力は、思考能力もしくは想像構成能力を介して、これらの形を魂に見せるが、感覚された形の送り届けは表象力に至って止まる。記憶力の方は、後ほど述べるように、別のものを対象にしている。以上が、君の手もとに備えられているべき根本的な諸原理である。

154.12/134.16 我々の目的に戻ることにしよう。そこで我々は述べるが、一つのものが二つに見える原因として四つの原因がある。その一つは、氷状体のなかにある映像を二つの神経が出会うところに届ける器官の捻れであり、そのため二つの映像はまっすぐに(2)一つの場所に届けられるのではなく、その各々が、そこに配置された視覚の気息の一部分に別々に行きつくことになる、なぜなら二つの映像の線が、二つの神経が出会うところの真近で交差するような入り方で入ってはこないから。それゆえ必然的に、氷状体から入ってくるそれぞれの映像によって、心像は別々に、それも視覚の気息の別々の部分に押印されることになり、外部の分離した二つのものから生じる二つの心像のようになる、それというのも(3)両者から出て二つの氷状体の中心に向かい、二つの神経に入り込む二つの線は一体化することがない。こういう理由で、事物が互いに分離した多くのものに見える。

155.1/135.4 第二の原因は、視覚の気息の運動とその左右への揺れであり、知覚する部分は、もともとそのために描かれている中心よりも前に出て、波を打つ乱れた進み方で二つの氷状体に向かって進むことになり、二つの円錐が交わる前に、その部分に映像と心像が描かれるため、二つの映像に見える。これはちょうど、よどんだ静かな水に一気に描かれた太陽の映像と波打つ水に繰り返し描かれたその映像のようなもの、つまり視覚から水への線と太陽から水への線のあいだに成立する角度は、そこにおいて事物に対する視覚作用が、鏡から事物が届けられる道にそってなされる角度であるが、それはただ一つの角度にとどまらず、ところどころで波が角度を捉えるため、この角度の数が増え、一つ以上の映像が押印される。

第三の原因は、交差した後、内部の気息の運動が乱れて前と後ろに動き、共通感覚に向かう運動と二つの神経が出会うところに向かう運動という、方向が正反対の二つの運動をもつようになること、気息が共通感覚に届けたものが消える前に、感覚対象の形がもう一度気息に届けられるため、まるで気息が形を共通感覚に届けた途端、気息において視覚能力が届けるものを受け入れる部分が戻ってくるようなことになる。それは運動が速いためであり、たとえば送り届ける気息にすでに形が描かれていて、その形を気息は共通感覚に移動させるが、どの描かれたものにも、消えるまで定着している時間はあり、最初に受け入れた気息が、その運動の乱れのために共通感覚の中心から見えなくなると、[4] 別の部分がその後を引き継ぎ、その受け入れが最初のものから消える前に、その受け入れを受け入れる。気息はこの乱れのために二つの部分に分裂し、先行部分は、見られるものが辿る径路にあってそれを捉え、その後その見られたものが消えても、形はすぐにはこの部分から消えずにそのなかに残っており、そして最初の径路と同じようなところにある径路に居合わせることによって、やはり形を受け入れるもう一つの部分が第一の部分に続いて形を捉えるが、その原因は乱れである。このようになっていれば、両者のどの一方にも見られた形が実現する、なぜなら第一の形は、共通感覚に送り届ける第一の受け入れ部分から、あるいは共通感覚に届けられて[5]第二の部分に押印されたものから、まだ消えていない。この区分とこれに先立つ区分のちがいは、この乱れた運動が前方と後方へのものであるのに対して、前の区分の運動は左右へのものだったこと

155.10/135.11

(2) カイロ版・バコシュ版の ʿalá al-istiqāmah（まっすぐに）による。ラフマーン版にはない。

(3) カイロ版・バコシュ版の iḍ による。ラフマーン版は iḏā（……ときに）とする。

(4) カイロ版・バコシュ版の fa-lammā（……ときに）による。ラフマーン版は qallamā（めったに）とする。

(5) ラフマーン版の al-muʾaddá ilay-hi による。カイロ版・バコシュ版は *ġayr* al-muʾaddá ilay-hi（共通感覚に届けられずに）とする。

である。

この原因に似た原因によって、二つの方向に高速で運動するものは二つのもののように見える、なぜなら一つの方向にあるその形が共通感覚から消える前に、別の方向にあるそれを視覚が見て、二方向にあるそれに対する二つの知覚が両方とも完遂されるからである。同様にして、色彩を有する点が丸いものの上で回れば丸い線に見え、直線にそって高速で引き伸ばされれば直線に見える。この運動に似ているのは眩暈（めまい）である、というのも医学書に記されている原因の一つが生じると、脳の前部空洞のなかにある気息が回転するように動かされるが、視覚能力は感覚された形をそこにあるものに届けるのである。気息において形を受け入れる部分が、位置が定まらずに移動し、この部分が受け入れた後、そこから形が消える前に、それに続く別の部分がその形を受け入れ、そのようにして回転が進む。見る者にとっては、見られるものが回転し入れ替わるように想像されるが、見られるものにとっては、見る者の方が回転し入れ替わっているのである。受け入れるものが揺るぎなく定まっていて、見られるものの運動が高速であれば、内部にあるその映像は、もちろん受け入れるものの一つの部分から別の部分に移動する、というのも、もし映像が、まさにその部分に定まっているなら、受け入れるものと受け入れられるものの関係も一つの定まったものになる。したがって映像を担うものが、たまたま自分の場所から移動することになれば、もちろん映像も移動し、それと外部にある物体との関係が変化し、外部にあるものが移動したときに起ることが起る(6)。

さらにまた、流れの激しい水を眺める人には、自分がある方向から離れるように傾き、そちらへ落下するように想像されるが、その原因は、すべてのものが水の傾斜方向の逆に傾くように想像されることにある、というのも否応もなしに速やかな分離をもたらす運動の激しさのために、同時に二つの方向に離れていくように表象されるからであり、映像が、君が想定する各々の部分にいくらかの時間はとどまりながらも、受け入れるもののなかを移動していくのがその原因である。知っておかなければならないのは、これらの原因とともに、それらを補助する別の素材的な原因があること、つまり気息の実体は、きわめて微細な実体であり、運動の受け入れにきわめて迅速に反応するため、映像を部分から部分へと否応もなく移動させる原因がそのなかに生じると、どうしても、たとえわずかであっても、何らかの運動によって気息の実体がその部分の方へ動くことになる。その原因は、どの知覚能力も、自分の知覚対象を目ざして本能的に飛び出していくことにあり、ほとんど知覚対象に快楽を覚えるほどであるが、知覚能力が対象の方へ飛び出していくと、その能力を担うものも対象の方へ傾き、あるいは能力がそれを担うものを連れて対象の方へ傾くようになり、それゆえ視覚の気息であるものは、本性的に、全部そろって光に殺到し、闇からは退く。映像が気息のある特定の部分へ傾けば、能力はその器官を連れて、映像が傾く方に殺到するもののようになり、というのも器官がその能力に応えて、能力が求める方へ向かうからであり、気息のなかに、その微細さゆえに、刻印を受け入れるその速さによって、映像の運動を追うかのようにその方向へ向かう波動が生じる。この原因によって、人が回転するものを長いあいだ眺めていると、その人には、それ以外のすべてのものが回転するように想像されるが、それは映像の移動を追うことによって気息のなかに回転運動が生じるからである。同様にして、高速で直線的に運動するものを長いあいだ眺めていると(7)、その方向の逆に向かう直線運動が気息のなかに生じるが、それは、その事物の運動方向が、映像の所有者の運動方向の逆だからで

（6）ラフマーン版の fa-ʿaraḍa mā yaʿridu による。カイロ版・バコシュ版は fa-ʿaraḍa *miṯl* mā yaʿridu（……起るようなことが起る）とする。

（7）カイロ版・バコシュ版の *ḏī* al-šabaḥ による。ラフマーン版は al-šabaḥ（映像）とする。

あり、その場合は、事物の映像が定まっていないせいで、あらゆるものがその方向の逆に向かって移動するように見える。

158.8/137.20 第四の原因は、眼窩に生じる運動の乱れである、というのも眼の被膜はある形態に向かって滑らかに動き、その形状によって眼窩は、時には外部に、時には内部に向かって、直線的に、あるいはある方向を目ざして、拡がったり狭まったりするが、被膜が外部に突進すれば、被膜に生じる圧縮と眼窩の膨張がそれに続いて起り、内部に突き進めば、被膜に生じる集中と眼窩の狭隘化がそれに続いて起る。たまたま眼窩が狭まれば事物は大きく見え、拡がれば小さく見え、たまたまある方向に傾けば別の場所に見える。すると最初に見えたものは二度目に見えたものとは別であるようなことになるが、それはとりわけ、第一の形が消える前に別の形が摸像されたときに起る。

158.17/138.7 誰かがこう述べるかもしれない、なぜこの形は、受け入れるものが移動しても一つのまま定まっているようにならないのか、光の形が、受け入れるものが移動しても一つでありつづけるように。それなら受け入れるものが向き合わなくなれば、形は受け入れるものから消えて、それに代るもののなかに生じるようになるから、二つの形があることも、二つの見える作用があることもなく、一点から生じる線の連続もなければ、すべての事物が回転して見えることもない、と。そこで我々は述べるが、共通感覚にそなわる気息は、ただ向き合うだけでは形を摑まないものであってもおかしくはない。長いあいだ向き合った後でも形を摑まないのであれば、気息が摑む[8]のは、光に照らされるものが光を摑んでいてその光が急に消えるのとは異なり、また石が彫刻を摑み、それが長期間にわたって存続するのともちがって、中間的なものである。気息が形を放すのは、強くなってくる何らかの原因のせいであり、いくらかの時間向き合っていた後は他のいくつかの原因にも助けられるが、それらの原因は、これに似たものを我々が論じるところで、動きが衰えたものや自然に帰っていくものにかんして言及されるのを君は見いだすことになる。またこれについては、内部の気息による眺められた心像の受け入れは、向かい合いが終るとともに消える単純な映像の受け入れとは異なることが知られている。

当然のことながら、諸感覚は、これらのよく知られた感覚であり、自然は、その段階のものが全部満たされないかぎり、動物性の段階からその上の段階へは移行しない。そこからして必然的に、諸感覚のすべてが我々にお 159.9/138.17
いて実現していなければならないことになる。このことを必然的な三段論法によって解明したいと望む者は極論に走ったが、これについて言われたすべてのことは論証されていないか、あるいは、私以外の人は理解していても、私は論証されたものとして理解していない。そういう人は、我々の議論とは別のものからそれを学ぶがよい。

個々の感覚と個々の感覚対象は、我々がすでに述べたものであるから、ここで扱うのは共通感覚と共通の感覚対象である。そこでまず最初に共通の感覚対象を論じることにして我々は述べるが、我々の諸感覚は、それが感 159.15/139.3
覚するものとともに、それだけで独立した感覚であれば感覚しないはずの他のものを感覚することがある。他のものとは、分量、配置、数、運動、静止、形状、近さ、遠さ、接触、およびそれ以外のここに収まるものであるが、それらのものは偶有性だけでは感覚されない。それがなぜかといえば、偶有性によって感覚されるものは実際に感覚されるものではなく、(9) 実際に感覚されるものに結びついたものである、たとえば我々がアブー・アムル

（8）ラフマーン版の fa-yakūnu *dabṭ-hu* lā ka...、バコシュ版の fa-takūnu *tadbuṭu* lā ka...による。カイロ版は fa-yakūnu lā ka...（「気息は……」のようではない）とする。

（9）「偶有性によって感覚されるもの（al-maḥsūs bi-l-ʿaraḍ）」と「実際に感覚されるもの（al-maḥsūs bi-l-ḥaqīqah）」は、それぞれ、アリストテレスの『魂について』四一八a二〇―二六で「付帯的に……感覚されるもの」と「それ自体として感覚されるもの」と呼ばれているものに対応する（Meryem Sebti, *Avicenne: L'âme humaine*, PUF, Paris, 2000, p. 53）。

やアブー・ハーリド(10)を見るときのように。というのも感覚されるのは形状と色彩であるが、関係するものにそれがたまたま結合しているため、その関係するものを感覚したと我々は言うが、それを我々はまったく感覚しておらず、我々の魂のなかに、アブー・ハーリドであるかぎりにおけるアブー・ハーリドの心像や描写(11)、感覚から何らかの仕方で獲得されるそういう描写や心像はない。一方、形状や数などは、単独では感覚されなくても、その描写やその心像は、たとえば色彩や暑さや寒さであることによって感覚され知覚されるものの心像に分かちがたく結びついており、色彩や暑さや寒さなしに、これらのものの摸像が想像力のなかに描かれるのは不可能である。ところで事物が、何かによって、何かを介して、何かに摸像され知覚されたからといって、それが実際にはそこに摸像されていないということにはならない、というのも偶有性によってではなく実際にあるものの多くが、媒体によるものであるから。

これらの共通感覚対象は、これらの諸感覚による知覚が可能であれば、他の感覚能力は必要とされない。いやむしろ、それらを媒介なしに知覚するのが可能でないなら、とくに一つの感覚能力がそれらに宛てられるのは無理である。視覚は、大きさと形状と数と配置と運動と静止を色彩を介して知覚するが、どうやら運動と静止の知覚には、この感覚とは別の能力が混じっているらしい。触覚はこのすべてを、たいていは硬さや柔らかさを介して知覚するが、熱と冷が媒介になることもある。味覚は、味がたっぷりとあって拡がっているのを味わうことによって大きさを知覚し、物体のなかに多くの味を見いだすことによって数を知覚する。運動と静止と形状の方は、味覚はそれらもかろうじて知覚するが、微弱なので、そのさいに触覚の助けを求める。また嗅覚は、大きさや形状や運動や静止が嗅覚によって知覚され、嗅覚体に摸像されることはまずないが、数は、それが嗅覚体に摸像されることにより、嗅覚によって知覚される。ところが魂は、一種の三段論法あるいは表象力によって数を知覚し、それは、匂いが急に途絶えたものは無くなっており、匂いが残っているものは定着していると知ることによってなされる。

161.4/140.6

一方、聴覚は、大きさを知覚することはないが、聴覚が魂に断続的な示し方で大きさを示すことはあり、それは、大きな音を聴覚が大きな物体に関係づけることによるものであるが、大きな音はしばしば小さな物体から生じ、あるいはその逆である。しかしながら持続する音に偶成する安定性あるいは減衰によって、聴覚が数を知覚し、運動や静止を知覚することもあり、音は、あの距離というような限定を受けると、そういうさまざまに異なったものになる。とはいえ、この知覚作用は、魂が馴染みのある習慣によって知覚するすべてのものの一部であり、静止したものの音が、運動するものの音が聞えるのと同じ形で聞えたり、運動するものの音が、静止したものの音が聞えるのと同じ形で聞えたりすることもありうるからには、この指標は信頼できるものではなく、必然的なものでもなく、たいていの場合に妥当するにすぎない。形状については、聴覚はそれを音の形状としてのみ知覚し、物体の形状としては知覚しない。また空洞から聞えるものは、それが中空であることを教えるが、それは魂に生じるものであり、それを魂は推論とそういうものの習慣的な成り行きの検討によって認識する。どうやら視覚が知覚するものの多くにおける視覚のありさまも、このありさまと同じであるらしいが、ただし視覚が知覚するそういうものに対する視覚の知覚作用は、もっと明瞭である。

161.19/140.19

これらが共通と呼ばれる感覚対象であり、それというのも、いくつかの感覚がそれらを共有することがあるか

(11)　ラフマーン版の ḫayāl wa-lā rasm による。カイロ版・バコシュ版は ḫayāl *aw wahm* wa-lā rasm（心像または表象や描写）とする。

(10)　カイロ版・バコシュ版の wa-*abū* Ḫālid（アブー〔父〕・ハーリド）による。ラフマーン版は wa-*aḫū* Ḫālid（アフー〔兄〕・ハーリド）とする。

らである。数は、共通と呼ばれるにもっとも相応しいもののようであり、というのも諸感覚のすべてが数を共有している。人によっては、こういう共通感覚対象に対して、諸感覚がそれを共有し、それによって知覚する一つの感覚能力が動物のなかに存在すると考えたが、そうはなっていない。君も知るように、共通感覚対象のなかには、色彩によって知覚されるものがあり、もし色彩がなければ知覚されない。またそのなかには触覚によって知覚されるものがあり、もし触覚対象がなければ知覚されない。もしそのなかの何かが、この諸感覚のどれかの第一知覚対象である質を媒体とすることなしに知覚されうるなら、そういうことが可能であることになる。我々において、その知覚は、既知の感覚能力の知覚対象を介することなしには、あるいは感覚能力を介さなくても推論によることなしには不可能である以上、いかなるかたちであれ、共通感覚対象を対象とする共通感覚能力はない。

第四部　内部感覚（全四章）

第一章　動物にそなわる内部感覚の概説

共通感覚は、実際には、共通の感覚対象に対して一つの共通感覚があると考えた者が説いたようなものではなく、共通感覚は、すべての感覚対象がそこに届けられる能力である、というのも、もし色彩をもつものと触知されるものを知覚する単一の能力がなかったなら、我々は、両者を識別して、これはあれではないと言うことはできないであろう。この識別が知性によるものであると仮定しよう。両者を識別するためには、もちろん知性は両者をともに見いださなければならない。それがなぜかといえば、感覚対象であるかぎりにおけるそれらのものは、そして感覚対象が届く届き方で届くものとしては、後ほど明らかにするように、知性はそれらを知覚しないにもかかわらず、我々はそれらを識別することがある。するとそれらのものは、識別者自体のなかにであれ、識別者とは別のところにであれ、識別者のもとに集合しなければならないが、君が学ぶことになるように、それは知性においては不可能であり、集合は別の能力のなかに生じるしかない。もし欲望によって甘いものに惹きよせられる、知性をもたない獣の想像力のなかに、たとえばこういう形をしたものは甘いということがすでに集合していなかったなら、それを見ても、食べる気にはならないであろう。これは、この白い男はこの歌手であると我々に分かっていなかったなら、彼その人の歌を聴いても、まさに彼その人であると確かに知ることはなく、あるいはその逆であるのと同じである。もし感覚対象の形が集合する場が動物のなかになかったなら、動物が生きるのは困難なことになり、嗅覚が動物に味を教えることも、音が動物に味を教えることもなく、木片の形が動物に痛みの形を思い出させて、動物が木片から逃げることもないであろう。疑いもなく、これらの形のために、一つの集合の場が内部にあるのでなければならない。

164.4/146.3 事象の考察がこの能力の存在を示すこともあり、これらの形のために外部の諸感覚とは別の器官があることを示すそういう事象の一つに(1)、あらゆるものが回っているという、我々が目にする回転の想像がある。それは見られるものに偶成する偶有であるか、さもなければ見る作用がそれによって完遂する器官に偶成する偶有であり、それが見られるもののなかにないからには、もちろん別のもののなかにあるはずだが、眩暈（めまい）は、脳における、そして脳のなかの気息における蒸気の運動に応じて生じるものにほかならず、その気息がたまたま回転するのである。したがってそこに配置された能力こそ、すでに我々が説明を済ませたことがそれに偶成するところのものであり、そういうわけで、回転するものをあまり見つめていると、我々が示したようにして人に眩暈が起るが、眼の一部分にせよ、そこに満ちている気息にせよ、そのなかにある何かのためにそれが起るのではない。同様にして(2)、運動する点の速い動きを、先行する部分で述べたように(3)、我々は直線あるいは円のように想像する。

164.15/146.11 また偽りの映像が摸像されたり、偽りの音が聴こえることが、感覚の諸器官が駄目になっていたり、たとえば目を閉じていたりする人に起ることがあるが、その原因は、それらがこの原理のなかに摸像されることにほかならない。また睡眠中に生じる想像は、形を保存する貯蔵庫に形が描かれるために(4)それが生じるなら、もしそれがそうであるなら、貯蔵庫に貯蔵されたすべてのものが魂に摸像されるはずであり、ある特定のものが摸像され、その特定のものだけが見えるかのようであったり、聞えるかのようであったりすることはないであろう。あるいは、それらの想像がたまたま他の能力において摸像されるのであれば、それは外部の感覚であるか、あるいは内部の感覚であるか、そのいずれかであるが、外部の感覚は睡眠中は停止されており、また往々にして、何らかの色彩を想像するのは眼を抉り取られた人である。すると残るのは、内部の感覚があるということ[5]、それは外部諸感覚の原理以外のものではありえず、表象能力が支配して、貯蔵庫のなかにあるものを検分しはじめるとき、覚醒中であっても、この能力を使ってそれを検分し、それがこの能力にしっかりと定着すれば、まるで目のあたりに見るかのようになる。この能力が共通感覚と呼ばれる能力であり、これは諸感覚の中心であって、そこから分枝が枝分れし、そこに諸感覚は送り届けるのであり、実際、これが感覚するのである。

しかしながら、この能力が知覚するものの把持は、想像力と呼ばれ、形相化能力と呼ばれ、想像構成能力と呼ばれる能力によってなされる。しばしば想像力と想像構成能力は術語的に区別され、我々はそれを別々に扱う人々に属する[6]。共通感覚と想像力は同一の能力のようでもあれば、基体ではなく形相において異なるようでもあり、つまり受け入れは保存ではない。感覚対象の形は、形相化能力や想像力と呼ばれる能力が保存するが、この能力が判断を下すことはけっしてなく、保存するだけである。一方、共通感覚と外部の諸感覚は、何らかの面において、あるいは何らかの判断によって判断を下し、この動いているものは黒い、この赤いものは酸っぱいと言われることになるが、この保存者の方は、存在するいかなるものに対しても、それによって判断が下されること

165.9/147.5

（1）バコシュ版の min-*hā* mā による。カイロ版・ラフマーン版の min-mā は構文に難がある。
（2）カイロ版・バコシュ版の *ka*-ḏālika による。ラフマーン版は *li*-ḏālika（それゆえ）とする。
（3）本書第三部第八章。
（4）ラフマーン版の li-irtisām *al-ṣūrah* による。カイロ版・バコシュ版は li-irtisām（〔……貯蔵庫に〕描かれるために）とする。
（5）ラフマーン版・バコシュ版の an yakūna *ḥissun bāṭinun* による。カイロ版は an yakūna *ḥissan bāṭinan*（内部の感覚であるということ）とする。
（6）カイロ版・ラフマーン版の wa naḥnu min-man yafṣilu ḏālika による。バコシュ版は wa naḥnu min-man yafṣilu ḏālika *wa-l-ṣuwar allatī fī al-ḥiss al-muštarak*（我々はそれと共通感覚のなかにある形を……）とする。

はなく、ただ保存者それ自体のなかにあるものに対して、そのなかにこれこれの形があると判断するにすぎない。

165.19/147.14 さらに、我々が確実に知ることがあるように、我々の本性には、感覚対象を互いに組み合わせたり、分離したりするはたらきがあるが、感覚対象を我々が外界に見いだす形にもとづいて行なうものではなく、そのどれかの存在あるいは非存在の真偽判断がともなうわけでもない。したがって、そうするさいに我々が用いる能力が我々のなかになければならず、これは、知性がそれを用いるときは思考能力と呼ばれ、動物的能力がそれを用いるときは想像構成能力と呼ばれるものである。

166.5/147.19 さらに、我々は自分が感覚していない含意によって感覚対象に判断を下すことがあり、そういう含意は、その本性からして、まったく感覚されないものであるか、あるいは感覚されるものではあっても、判断を下すときに我々がそれを感覚していないか、そのいずれかである。その本性からして感覚されないものは、羊が狼の形に知覚する敵意や邪悪さや忌避のようなもの、つまり羊に狼を忌避させる含意であり、また羊が自分の仲間に知覚する親和性、つまり仲間に馴染ませる含意である。これらの含意は、動物的魂が知覚するものでありながら、感覚はそのどの一つも動物的魂に示すことがなく、したがって、その知覚に用いられる能力は別の能力であることになるが、それを表象力と呼ぶことにしよう。一方、感覚される含意の方は、たとえば我々が何か黄色いものを見て、それは蜜であって甘いと判断するようなこと、というのも、この瞬間に感覚体が表象力に届けるわけではないが、これは感覚対象の類に属しており、ただし判断の諸部分は感覚対象の類に属しているとしても、判断そのものはけっして感覚対象ではなく、感覚体がその場で知覚することもない。これは、誤謬がしばしば含まれる判断がそれによって下される判断にほかならず、やはりその能力によってなされる。人間においては、判断全体のうち特殊的なものは表象力によってなされ、その表象力を魂が担うが、魂は、表象力のなかに想像されも描かれもしない事物の存在を否定し、そういうものを真と判断するのを拒む。この能力は、もちろん我々のなかに存在しているが、動物にあっては、それは判断における長であり、その判断は知性的判断のような分離ではなく、個物や感覚的な形に結合した想像的判断になっており、そこから動物の行為の大半が発出する。

167.4/148.14　慣習的に、感覚によって捉えられるものは形と呼ばれ[7]、表象力によって捉えられるものは含意と呼ばれ、両者のそれぞれに貯蔵庫がある。感覚によって捉えられるものの貯蔵庫は想像能力であり、その場所は脳の前部である。それゆえそこに損傷が生じると、形相化作用のこの領域が駄目になり、存在しない形が想像されたり、あるいは貯蔵庫に存在するものの確定が困難になったりする。表象力によって捉えられるものの貯蔵庫は保存能力と呼ばれる能力であり、その鉱脈は脳の後部にある。それゆえそこに損傷が起ると、それらの含意の保存を担当する部分が駄目になる。この能力は想起能力とも呼ばれ、自分のなかにあるものの保持によって保存能力になり、それを確定し、見つからなければそれを呼び出し、それを自分の形にする用意の速やかさによって想起能力になるが、そうなるのは、表象力がその想像構成能力によって取り組み、想像力のなかに存在する形を一つひとつ検分しはじめ、それがその形であるところのものを目の当たりに見るかのようになるときのことである。表象力に対して、いまは失くなった含意がそれとともに知覚された形が見せられると、そのときその含意が、外部から現れるようにして表象力に現れ、保存能力は、そういう場合に確定してきたように、その含意を自分自身のなかで確定し、するとそれが想起される。

167.17/149.8　往々にして含意から形になることがあるが、求められる想起の対象は[8]、保存力の貯蔵庫のなかにあるものとは

(7)　カイロ版・ラフマーン版の mudrak al-ḥiss による。バコシュ版・ハサンザーデ版は mudrak al-ḥiss *al-muštarak*（共通感覚によって捉えられるもの）とする。

関係をもたず、想像力の貯蔵庫のなかにあるものと関係をもっているため[9]、それを呼び戻すには、何らかの戻り方で保存力のなかにあるそれらの含意に戻り、含意が否応もなく形として現れ、想像力のなかにあるものとの関係がもう一度戻ってくるようにするか、あるいは感覚に戻ることによってそうするか、そのいずれかになる。最初のものの例としては、こういうことがある。かつて知っていた含意と形との関係[10]を忘れたとき、それによって意図されていた作用を君は熟考するが、その作用を知り、それを見いだし、どんな味と形状と色彩がそれに相応しいかを知ると、君はそれによってその関係を確定し、それに馴染み、形との関係として想像力のなかにそれを実現させ、その関係を記憶力のなかに戻らせる、というのも作用が含意に属する以上、その作用の貯蔵庫は記憶力なのである。もしこのようにしても、それが君にとって曖昧であり、明瞭にならないなら、感覚がその事物の形を君にもたらし、形は想像力のなかに戻って定着し、その事物との関係が記憶する能力のなかに戻って定着する。

ところで形と形、形と含意、含意と含意を合成するこの能力は、判断を下すかぎりにおいてではなく、判断に達するためにはたらくかぎりにおいて、基体をともなった表象能力であるらしい。この能力の場所は、含意と形の二つの貯蔵庫と繋がりがもてるように脳の中央に定められている。どうやら表象能力は、それ自身が思考能力と想像構成能力と想起能力であるとともに、それ自身が判断能力でもあるらしく、それ自体においては判断能力であるが、その運動と作用によって想像構成能力と想起能力になり、形と含意に対してはたらくことによって想像構成能力になり、そのはたらきが最後に行きつくものによって想起能力になる。一方、保存能力は、表象能力の貯蔵庫がもつ能力であるが、どうやら意図によって生じる想起は人間だけにそなわるものであるらしく、また形の貯蔵庫は形相化能力と想像力、そして含意の貯蔵庫は保存能力であるらしい。表象能力が、それ自体においては判断能力であり[11]、その運動によって想像構成能力と想起能力であるというのも、ありえないことではない。

（8）ラフマーン版・バコシュ版の al-*mutaḏakkir al*-maṭlūb による。カイロ版は al-*taḏakkur li-l*-maṭlūb（求められるものによって想起されるのは）とする。

（9）カイロ版・バコシュ版の *laysat* nisbat-*hu*... bal nisbat-*hu*... による。ラフマーン版は *laysa la-hu* nisbah... bal nisbah...（それにそなわっているのは、保存力の貯蔵庫のなかにあるものとの関係ではなく、想像力の貯蔵庫のなかにあるものとの関係であるため）とする。

（10）カイロ版・バコシュ版の nisbat-*hu* ilá ṣūrah による。ラフマーン版は nisbah ilá ṣūrah（形との関係）とし、「含意と」が抜けている。

（11）ラフマーン版の ḥākimah による。カイロ版・バコシュ版は ḥākimah *mutaḫayyilah*（想像構成的判断能力であり）とする。

第二章　これらの内部感覚に属する形相化能力と思考能力の諸作用、および眠りと覚醒、正夢と逆夢、ある種の預言者的諸特性の議論

それでは、まず最初に形相化能力にかんする言説を要約しよう。そこで我々は述べるが、想像力である形相化能力は、感覚対象の形が定着する最後のものであるが、それが感覚対象に向ける顔は共通感覚であり、共通感覚は、諸感覚が届けるものを貯蔵させるために形相化能力に送り届け、形相化能力はそれを貯蔵する。形相化能力が、感覚から取得されたものではないものを貯蔵することもある、というのも思考能力が形相化能力のなかにある形を、合成と分解によって処理することがあり、なぜなら思考能力にとってそういう形は基体なのである。そういう形の一つを合成したり分解したりするとき、思考能力がそれを形相化能力に保存させることもありうる、なぜなら形相化能力は、この形が何かに関係づけられていたり、内部あるいは外部からやって来たものであるという面におけるこの形の貯蔵庫ではなく、形相化能力がこういう仕方の剝奪によるこの形であるからこそ、この形の貯蔵庫なのである。もしこの形が、そのなかにある合成と分離の仕方からして、外部からやって来たものであるなら、この能力はその形を確定しようとするが、それは別の原因で形がこの能力のもとに現れた場合も同じである。ところが想像構成作用と思考に由来するものであれ、天の形成物のどれかにそなわるものであれ、何らかの原因によって、たまたま形が形相化能力のなかに摸像され、しかも心が不在であったり、その熟慮を休止していたりすると、その形がその形態のまま共通感覚そのもののなかに描かれ、外部の存在も外部の原因ももたな

169.10/151.5

い色彩や音を聞いたり見たりすることがありうる。たいていこれが起るのは、知性的諸能力が休止していたり、表象力が怠けていたり、理性的魂が忙しくて想像力と表象力の監督ができないときであり、そういうとき形相化能力と想像構成能力は、特有の作用を行なえるようになり、それらがもたらす形が感覚されたものとして摸像される。

　これにさらに説明を加えよう。そこで我々は述べるが、後ほど明らかになるように[1]、これらの能力のすべてが 170.15/152.4 ただ一つの魂に属しており、これらの能力は魂の召使いなのである。それを定まったものとして承認し、次のことを学ぶがよい、すなわち、これらの能力のどれかに魂が専念すると、魂は、他の諸能力が作用するのを助けることも、それらが逸脱しないように引き止めたり、それらを正しい道に据えたりすることもできなくなる、というのも魂は、内部の物事に専念していれば、外部の物事の確定を怠って感覚対象の真相をきちんと確定しないようになり、外部の物事に専念すれば、内部の諸能力を使役するのを怠るようにできている。というのも魂が外部の感覚対象に耳を傾けていて、あるときそれに集中するようになれば、魂の想像構成作用と想起作用が弱まり、また欲望能力の諸作用に流れ込んでいくなら、憤激能力の諸作用が途絶え、憤激能力の諸作用に流れ込んでいくなら、欲望能力の諸作用が途絶える。要するに、運動的作用の完成に流れ込んでいくときは知覚的作用が弱まり、あるいはその逆になる。魂が、何らかの能力の作用にかまえなくなるほど諸能力の作用に忙殺されておらず、いやむしろ魂が穏やかで、退いているかのようであるときは、諸能力のなかでもっとも強くもっとも活動的な能力が圧倒するようになる。また魂が何らかの能力と何らかの偶発事に専念していて、ある能力の指導がおろそかに

（1）　カイロ版の sayatabayyanu baʿdu による。ラフマーン版は saya-tabayyanu *la-nā* baʿdu（後ほど我々にとって明らかになるように）、バコシュ版は *sanubayyinu* baʿdu（後ほど我々が明らかにするように）とする。

なり、後者の能力が節度のない運動に走るのを引き止められるものが、魂あるいは表象力によるその監督以外にないなら、その能力が支配してその本来の諸作用を発揮し、大空を我がものとし、(2)みずから我が身を律するのみ。(3)これは、一つまたは複数の能力の作用に魂がかまわずにいることから魂に起ることであり、怪我のためであったり、病気や恐怖にとらわれたときのように、完成への専念を妨げる衰弱のためであったり、睡眠中のように何らかの休息のためであったり、また他の能力をないがしろにしてその集中する能力の使役に努力を傾けすぎるためであったりする。

さらにまた想像構成能力は、魂が二つの逸らし方で特有の作用から逸らすことのある能力である。一つは、魂が外部の諸感覚に専念しているときに起るようなことであり、形相化能力は外部の諸感覚に向けられ、諸感覚から到来するものに動かされていて想像構成と思考の能力に服従しないため、想像構成能力はそれ特有の作用への専念を妨げられるが、形相化能力の方にも想像構成能力を独占する余裕はなく、両者が必要とする共通感覚は、外部の諸感覚に対する専念に腰を据えていて動かない。このあり方が一つの逸らし方。もう一つは、魂が、魂の作用のなかでも想像構成能力に繋がりのある識別と思考に、想像構成能力を使役しているときのことだが、これにはさらに二つのあり方がある。その一つは、魂が想像構成能力を専有して召し使い、想像構成能力とともに共通感覚も、魂にとって正しい目標が形に生じるような具合に、形どうしを組み合わせたり分解したりしているため、想像構成能力は、その本来の性質からすれば処理できるはずのものが処理できずに、理性的魂から処理を任されているにもかかわらず、引き回されることになる。第二に、魂が想像構成能力を、外界の存在者に一致しない想像構成作用から逸らし、誤謬に陥っているとして想像構成能力にそれを行なわせないため、想像構成能力はそれらの想像構成をあざやかに映像化し摸像することができない。

171.17/153.4

172.11/153.16 もし想像構成能力が同時にこの二つの仕方で専念を妨げられるなら、その作用は弱い。ところが、たとえば睡眠状態にあるときのように、この二つの仕方による妨げが両方とも想像構成能力からなくなると、あるいは一方だけであるが、肉体を衰弱させ、知性と識別に対する魂の専念を妨げる病気であったり、また恐怖にとらわれたために魂が衰弱し、ありもしないものを認めそうになったり、衰弱のために、そして何か身体にかかわる事象が生じることに対する恐怖のために、すっかり知性から逸らされ、魂が知性と知性による統御を放棄するかのようになったりして、想像構成能力から妨げがなくなると、そのとき想像構成作用は力を増して形相化能力に近づき、それを使役することができるようになり、両者のまとまりがさらに強まれば、形相化能力は顕著な作用を発揮するようになり、形相化能力のなかにある形が共通感覚体に現れ、それらの形が外界に存在するかのように見える。なぜなら外部から来るものでも、内部から来るものでも、そこから捉えられる刻印は、共通感覚体に(4)摸像されるものであり、関係によって異なるにすぎない。実際には、感覚対象は摸像されたものであるから、摸像されれば、そのありさまは外部から来るもののありさまにひとしい。それゆえ気が狂っていたり、怯えていたり、衰弱していたり、眠っていたりする人には、さまざまな映像が、健康なときに実際に見るようにしっかりと存立したものに見え、また音もそのように聞える。ところが識別のはたらきや知性がその種のものを捉え、想像構成能力に注意を促して我に返らせると、そういう形や心像は消滅する。

173.9/154.11 　人によっては、想像構成能力が、たまたまきわめて強力な圧倒的なものとして造られており、諸感覚がそれを

(2)　ラテン語訳の註によれば、タラファ・イブヌ・ル・アブドの詩句をふまえた表現とのこと（*Liber de anima IV-V*, p. 15）。

(3)　カイロ版・バコシュ版の wa-taṯaqqafat による。ラフマーン版がこの異読を採用していないのは、写字生または第三者による付加と判断したからかもしれない。

(4)　ラフマーン版の *fī-hi* による。カイロ版・バコシュ版は女性形代名詞で *fī-hā*（想像構成能力に）とする。

支配することも、形相化能力がそれに抵抗することもなく、また魂も強力であって、諸感覚に集中していても、知性や知性の先にあるものに向かうのが止まらない。そういう人々は、それ以外の人が睡眠中にもつ状態――それについては後ほど述べる――を覚醒時にもつが、その状態は、不可視のものを、そのままの状態で、あるいはそれにそなわる似姿によって確かめながら、眠っている人が知覚する状態である。ところが彼らには、それに似たことが覚醒時に起ることもあり、しばしばその媒介によって、最終的には感覚対象から遠ざかり、卒倒のようなものに襲われることになるが、そうならないことも多く、しばしば、彼らはその事物をありのままに目にし、しばしば、その事物の似姿が彼らに想像されるが、これは、後ほど説明するような、眠っている人が見るものの似姿がその人に想像されるのと同じ理由によるものであり、またしばしば、幻影が彼らのもとに摸像され、自分の知覚するものがこの幻影から出たことばであって、耳に聞える音声をともなうかのように想像され、そのことばが記憶され誦えられることになる。これは想像構成能力に特有の預言者性であるが、後ほど明らかにされるように、ここには別の預言者性もある。

　ところで夢や覚醒中に生じるこの知覚作用にまったく与ることのない人は一人もいない、というのも魂に不意に生じる想念の原因は、それ自体も、何がその前後に繋がっているかも分からない、そういう何らかの繋がりにほかならず、魂は、その想念から、その想念の流れとは異なる別のものに移動する。それはどの類であることもあり、知解対象であったり、予示であったり、詩であったり、また用意や習慣や気質に見合ったそれ以外のものであったりもする。これらの想念は、たいていは盗み見のように魂に現れるさまざまな原因によって生じ、魂が急いでしっかりと捉えないかぎり定着して後で思い出されることのない、盗み取った合図のようなものである。魂がもっとも頻繁に行なうのは、想像構成作用を、それが従事していることとは類縁性のない種類のことに専念

174.1/155.1

174.11/155.9

させることである。

この想像構成能力は、つねに形相化能力と想起能力という二つの貯蔵庫の上にかがみこんでいて、つねに形を提示しつづけるようになっており、感覚され、あるいは想起された形から出発して、そこから反対のものやひとしいもの、あるいは何らかの原因でそこから出てくるものに移動するが、これらのものはその形の本性である。形がその何かから、それにひとしいものではなく反対のものに移動するか、それとも反対のものではなくひとしいものに移動するかを何が決定するかといえば、それにはいくつかの個別的な原因があるが、列挙はしない。要するに、その根本的な原因は、検分した含意と形を魂が結びつけるときに、無条件にであれ、たまたま目撃したばかりだからであれ、その含意から、自分にいちばん近い(5)形に魂が移動して、両者を感覚あるいは表象力のなかで組み合わせ、また同じようにして形から含意に移動することであるにちがいない。ある特定の形やある特定の含意をとくに選択する第一の原因は、感覚からやって来て、それをこれに特有のものにするもの、あるいは知性から、あるいは表象力からやって来て、それをこれに特有のものにするもの、あるいは天界のものである。とくにこれに割り当てられたとき、その持続と移動は、二つの原理の特有化によって、また習慣的に結びつけられる諸状態のゆえに、そしてある形と含意を知った新しさのために、特有のものとなる。やはり天界の諸状態によってなされることもあれば、第一の特有化の後で知性と感覚から現れ出て、それに関係づけられるものによってなされることもある。

175.9/156.1

知っておかなければならないが、理性的思考はこの能力によって試練にかけられており、それは何かに専念しているこの能力の惑わしから生じる。というのも理性的思考力が、何らかの形について、何らかの目的に向けて

(5)　カイロ版・バコシュ版の aqrab ilay-*hā* による。ラフマーン版は aqrab ilay-*hi*(その含意にいちばん近い)とする。

この能力を用いるとき、この能力は、その目的とは類縁性のない別のものに、そしてそこから第三のものに速やかに移動し、最初にそこから始めたものを魂に忘れさせてしまうため、魂は、逆向きの分析を頼みの綱にしながら、始まりに戻るまで想起しつづける羽目になる。魂が、たまたま覚醒状態で何かを知覚し、あるいは後ほど我々が描くように、睡眠状態で天使界に繋がったとき[6]、もしこの能力が休止するか屈服するかして、魂がそれをきちんと確定できるようにし、しかもこの能力が魂を圧倒して、魂に現れる想像構成作用の産物を確定する時間を短縮させたりしなければ、その形は、想起のあり方と形式にそって見事に想起されることが可能になり、魂は、目覚めていれば想起を必要とせず、眠っていれば夢解釈を、啓示であれば釈義を必要としない、というのも夢解釈と釈義は、ここでは想起と同じはたらきを行なう。もし魂が、自分が見たその種のものを、記憶の能力のなかでしかるべく確定しようとせず、想像構成能力が、睡眠中に見たもののそれぞれの個体を個別のまたは合成された心像に対置させ、あるいは睡眠中に見た合成体を個別のまたは合成された心像に対置させて、そこに見るものを、形と含意を組み合わせた摸倣にたえず対置させつづけるなら、見せられるものに対する魂それ自体による確定は、想像構成作用がもたらすものに対する形相化能力と想起能力による確定よりも弱くなり、見せられた天使界のものは記憶力のなかに確立せず、摸倣されたものの方が確立することになる。

天使界の見られるものは、頭か始まりのようなものであることが多く、想像構成作用が魂を支配して、見えるものを魂が最後まで見とどけるのを妨げる。その後も魂は移動に移動を重ねるが、それらの移動によって魂は、天使界の見られるものを何ひとつ摸倣しない、というのも、それがすでに中断されているからであり、これは一種の夢ではあっても、その夢で解釈の対象になるのは僅かなものにすぎず、残りは脈絡のない夢である。その支配権が想像構成作用にあるような種類の夢は、かならず解釈を必要とする。

176.11/156.16

176.18/157.4 往々にして、人は自分の夢の解釈を自分の夢のなかに見るが、これは実際には想起である、というのも思考能力が、本体と摸倣の関係性ゆえに、まず本体から摸倣に移動するように、それと同じように、摸倣から本体に移動するのもありえないことではない。しばしば思考能力は、自分のその行為をもう一度想像して、話し相手がそれを自分に語っているかのように思い、またしばしばそうはならずに、まるでそのことを本当に目のあたりに見るようでありながら、魂は天使界に繋がっていないということもあるが、想像構成能力による摸倣は、摸倣によるものであり、本体に帰着する。この種の真正な夢は、その本体はそれであり、そこに帰着するとはいえ、他の能力の助けを借りずに想像構成作用から生じることがある。往々にして、この摸倣は別の摸倣を摸倣しており、夢解釈師による解釈がふたたび必要になることもあるが、これらは把握しえない事象であり状態である。

177.7/157.10 人々のなかには、きわめて正しい夢を見る者がいるが、それは、その魂が真正さに馴染んでいて、偽りの想像構成作用が征圧されている場合のことである(7)。たまたま自分の夢を自分の夢のなかで解釈することになる人の大半は、その関心が自分の見たものに占められている人であり、眠りにつくと、それによる占有がそのまま残っていて、想像構成能力が、最初に摸倣したのとは逆の向きにそれを摸倣しはじめる。語られたところによれば、ヘラクレス王はある夢を見て(8)、それが彼の心を占めたが、夢解釈師たちのところには、自分を癒すものが見いだせなかった。その後、眠ったとき、睡眠中にその夢が彼に対して解釈されたが、世界に、それもとりわけ彼の都と彼の王国に生じるさまざまな事柄の報せをその夢は含んでいた。それらの予示が書きとめられると、睡眠中に彼に解釈が与えられた通りに実現したが、こういうことは彼以外の人にも経験されている。

（6） 天使界（malakūt）は、諸天球と月下界をつかさどる十の知性とその魂を指す。

（7） カイロ版・バコシュ版の *wa-qubira* による。ラフマーン版は *wa-qaharat*（〔魂が……〕を征圧している）とする。

これらのものを覚醒中に見る者のなかには、その魂とその魂の能力とその想像構成能力とその想起能力が高貴であり、したがって感覚対象への専念が魂に特有の諸作用から魂を逸らすことがないがゆえにそれを見る者がおり、またそのなかには、その識別力が停止し、その人の魂が識別力に背を向けるがゆえにそれを見る者がいる。それゆえ、その人の想像構成作用は強力であり、不可視のものを覚醒状態で受け取ることができる、というのも魂が不可視界の流出を受け取るには、二つの面において、この内部の能力が必要であるから。その一つは、魂のなかで個別的な含意が、形相化され保存されるようになるため、第二に、この内部の能力が魂を助け、魂を占有して自分の方に引き寄せるのではなく、魂がその意志の方向において処理を行なえるようにするためであり、したがって不可視界と魂および内部の想像構成能力のあいだに関係があり、魂と内部の想像構成能力のあいだに関係があることが必要である。もし感覚が想像構成能力を使用し、あるいは知性が、我々が述べた知性的なやり方でそれを使用しているなら、想像構成能力が他の事柄に熱中することはなく、それはちょうど鏡がある方向から逸らされ、別の方向に動かされたときのようなもの、というのもその鏡のなかに描かれるべきものの多くが、両者の関係によって、不意に、いきなり描かれなくなる。感覚によって逸らされていても、知性の把持によって逸らされていても、それが無くなれば、不可視界と魂および想像構成能力のあいだに、そして魂と想像構成能力のあいだに要請される関係が、すぐにも生じるようになり、現れるものが、現れるものの現れ方で想像構成能力のなかに現れる。[9] [10]

177.16/157.21

想像構成作用の議論が、我々を夢の問題に連れていったのだから、睡眠中の予示がそこから生じるところの原理を、いくつかの事柄を措定してかんたんに示したとしても、何の不都合もあるまい――それらの事柄は、第一哲学という学科においてのみ我々にとって明らかになるものではあるが。そこで我々は述べるが、世界に生成す[11]

178.11/158.14

るすべての事象の観念、すなわち過ぎ去り、現にあり、そのあらんことを神が意志するすべての事象の観念は、ある観点においては、創造主と知性的な天使たちの知識のなかに存在し、また別の観点においては、天界の天使たちの魂のなかに存在するが、この二つの観点については別の場所で君に明らかにされる。また人間の魂は、感覚される物体よりも、それらの天使的実体との類縁性の方が強く、彼処には隠蔽も出し惜しみもないが、受容体に覆いが被せられるのは、もっぱら、受容体が物体のなかに沈んでいるからか、あるいは、低い方に引き寄せるものによって受容体が汚されているからである。これらの作用がない状態に受容体が近づけば、受容体は彼処にあるものを眺めるようになるが、受容体がいちばん確定しやすいのは、その人自身、その一族、その人の国、その人の気候帯[12]のどれかに繋がりのあるものである。それゆえ想起される夢の大半は、その夢を見た人とその人に

(8) 英雄ヘラクレスをめぐるこの逸話は、アリストテレス『自然学小論集』のアラビア語訳『感覚と感覚対象』(*Al-Ḥiss wa-l-maḥsūs*)に記されていたらしい(Sholomo Pines, "The Arabic recension of Parva Naturalia and the philosophical doctrine concerning veridical dreams according to al-Risāla al-Manāmiyya and other sources" in *The Collected Works of Sholomo Pines*, vol. 2, Magne, Jerusalem, 1986, p. 122 et sq.)。原典はまだ刊行されていないようだが、この逸話を論じた部分は、イブン・シーナーの『夢解釈』(Ibn Sīnā, *Kitāb ta'bīr al-ru'yā*, ed. M. 'Abdul Mu'īd Khān: "A Unique Treatise on the Interpretation of Dreams by Ibn Sina", in *Avicenna Commemoration Volume*, Iran Society, Calcutta, 1956, p. 294-295)とイブン・ルシュドによる『「感覚と感覚対象」註解(タルヒース)』(Ibn Rušd, *Talḫīṣ kitāb al-ḥiss wa-l-maḥsūs*, ed. Harry Blumberg, The Mediaeval Academy of America, Cambridge, MA, 1972, p. 86)に引用されている。なおラテン語訳の註は、タバリーの『使徒たちと諸王の歴史』を出典として挙げているが、こちらはビザンツ帝国皇帝ヘラクリウスの話なのでまったく関係がない(*Liber de anima IV-V*, p. 26)。

(9) 不可視界(ġayb)は前出の天使界(malakūt)と同様に、諸天球と月下界をつかさどる十の知性と魂の領域を指す。

(10) カイロ版・バコシュ版の al-*qūwat* al-bāṭinah による。ラフマーン版は複数形で al-*quwā* al-bāṭinah(内部の諸能力)とする。

(11) ラフマーン版の tatabayyanu、バコシュ版の tubayyanu による。カイロ版は yatabayyanu(その原理は……明らかになる)とする。

(12) 気候帯 iqlīm は、ギリシア語の klima(赤道からの傾斜)に由来し、伝統的なイスラーム地理学では、世界を経度によって七つの気候帯に分ける。

近い人々に特有のものであり、知解対象に関心がある人にはそれが現れ、公益に関心のある人にはそれが見えてそちらの方へ導かれ――以下同様。

ところで夢のすべてが正夢であって、それに専念しなければならないということはない、というのも想像構成能力は、それによる摸倣のすべてが、天使界から魂に流れ落ちてくるものばかりを対象とするわけではなく、天使界に由来するものの大半は、この能力がより自分に近いものの摸倣を休止しているときにのみ摸倣される。この能力により近いものには、自然的なものもあれば意志的なものもある。自然的なものは、形相化と想像構成の能力が乗物にしている気息にそなわる体液の諸能力の混合から生じ、というのもこの能力は、第一次的にはそれを摸倣し、それに専念するだけだが、肉体に生じる痛みを摸倣することもあり、たとえば精液を押し出す力が発射へと動くときに生じるような、たまたま肉体に生じる徴候を摸倣することもある、というのも、そのとき想像構成能力は、魂が交合に傾斜していくようにできた形を摸倣するのである。また空腹の人には食物が摸倣され、余分なものを排出する必要のある人には、そのための場所が摸倣され、熱や寒さのために肢部が熱かったり冷たかったりする人には、彼のその肢部が火や冷水のなかに置かれているさまが摸倣される。驚くべきことに、精液を押し出す自然本性の運動から何らかの想像構成作用が偶成するように、それと同じように、往々にして、何らかの理由によって、欲望される形に対する何らかの想像構成作用が偶成し、すると自然本性は、精液を集めて交合の器官を拡げる風（ガス）を送りだすように仕向けられ、往々にして精液が放出される。刺戟も欲情もないのに、睡眠中にも覚醒中にも、これが生じることがある。

意志的なものの方は、覚醒時に、魂の関心のなかに、魂が熱心に検討し熟慮するような何かがあり、それで眠りにつくと、想像構成能力がその何かやその何かと同じ類に属するものを摸倣しはじめること、これは覚醒中に

179.4/159.5　180.1/159.20

生じる思考の残余に由来するが、これらはすべて脈絡のない夢である。また諸天体の刻印からそういう夢が生じることもある、というのも諸天体は、その類縁性とその魂がもつ類縁性に応じて、想像構成作用のなかに、受け入れ態勢に見合った形を投下することもあるが、それらの形は、不可視の世界や予示に属するいかなるものの摸像に由来するものでもない。

　解釈や釈義を必要とするものは、これらすべてのいずれにも関係づけられないものであり、外部の原因から生じ、何らかの標識をもつことが分かっている。それゆえ、ほとんどの場合、詩人や嘘つきや悪人や酔っ払いや病人や悲嘆にくれた人、悪い体液混合あるいは考えに支配された人の夢は正しくない。またそれゆえ、夢で正しいものは、たいていの場合、明け方に見るものにかぎられる、なぜならすべての想念がこの時刻には静止し、映像の運動もすでに鎮まっているから。想像構成能力は、このような時刻には睡眠状態にあり(13)、肉体に忙殺されることも、保存能力と形相化能力から切り離されることもなく、この両者を支配しているのだから、当然のことながら、そのことにおける想像構成能力の魂への奉仕は見事なものになる、なぜなら、もちろん魂は、自分のところに到来するその種のものについて、その形が、形そのものであれ、形の摸倣であれ、この能力(14)のなかに正しく描かれることを必要とする。知っていなければならないが、その夢がもっとも正しい人々は、もっとも釣合いのとれた体液混合の人々である、というのも体液混合が乾いた者は、よく保存はしても、よく受け入れず、体液混合が湿った者は、受け入れは速やかでも、放棄するのも速やかであり、もともと受け入れていなかったかのようになり、よく保存しない。また体液混合が熱い者は運動が無秩序であり、体液混合が冷たい者は愚かである。彼ら

180.8/160.2

(13) カイロ版・バコシュ版の fī *ḥāl* al-nawm による。ラフマーン版は fī al-nawm（睡眠中であり）とする。

(14) カイロ版・バコシュ版の hādihi al-*qiwah* による。ラフマーン版は hādihi al-*quwā*（これらの諸能力）とする。

のなかでもっとも正しいのは、真正さに慣れている者、というのも虚偽と誤った考えが習慣になると、想像力の運動が劣悪になり、理性の導きに従わないようになる、いやむしろ、そういう人の想像力の状態は、その体液混合が無秩序に陥った者の想像力の状態である。

これは睡眠と覚醒に関連があることの一つであるから(15)、ここで睡眠と覚醒の概略を示しておかなければならない。そこで我々は述べるが、覚醒は、魂が諸感覚と運動の諸能力を、意志が不可欠というわけではないが、外見上は意志によって用いている状態であり、睡眠はこの状態の欠如である。睡眠中の魂は、外側から内側に向きを変えているが、魂が向きを変えるのは、次のあり方のいずれか一つでなければならない——外側から魂に生じた疲労のためか、内側で魂に生じた気がかりのためか、あるいは諸器官が魂に服従しないためか。疲労から生じるものは、気息と呼ばれるものが——これについてはそれを扱う箇所で君は知ることになる——分解し、衰弱し、拡がることができずに沈んでいき、魂の諸能力がそれに倣うことである。この疲労は、肉体の運動から生じることもあれば、思考から生じることもあり、恐怖から生じることもある、というのも恐怖から、睡眠が、いやそれどころか死が生じることとさえあるからであり、また往々にして思考は眠らせるが、それは外側から生じることではなく、思考が脳を熱すると、湿り気が脳の方へ引き寄せられて(16)脳が満たされ、すると脳は加湿のために眠り込む。一方、内部の気がかりによるものは、食物と湿り気が内側に集まっていて、その完全な消化を遂行するために、気息が内発的な熱をすべて引き連れてそちらへ赴かなければならなくなり、それで外側が無活動になるというもの。また諸器官の側から生じるものは、神経が、蒸気と消化のために神経のなかに入ってくる食物とに満たされ、塞がれることとか、あるいは気息が、加湿がひどくて運動するには重くなりすぎるかである。

覚醒はこれらに対立するさまざまな原因によって生じ、そのなかには、熱や干上がりのように乾燥をもたらす(17)

諸原因があり、そのなかには、風呂[18]と実現した休息があり、そのなかには、消化が完了して気息がふたたび拡散することがあり、そのなかには、魂を占有して沈潜を妨げ、いやそれどころか、たとえば憤激や間近に迫った物事に対する恐怖、苦痛を与える物質に耐えることのように、魂を外側に呼び出す低劣な状態がある。感覚をそなえた者に偶成するものをここで論じるのは、睡眠と覚醒の真相に属することではあるが、我々がいま扱っていることに、このことは偶有的に入ってきたのである。

(15)　カイロ版・バコシュ版の *min*-mā による。ラフマーン版は mā（……ことであるから）とする。

(16)　カイロ版・バコシュ版の fa-tanǧaḏiba による。ラフマーン版は fa-taǧḏiba（湿り気を脳の方へ引き寄せて）とする。

(17)　ラフマーン版・カイロ版の tuǧaffif による。バコシュ版は tuḫaffif（軽くする）とする。

(18)　ラフマーン版の ḥammām による。カイロ版・バコシュ版は ǧamām（くつろぎ）とする。

第三章　想起能力と表象能力の諸作用、またこれらすべての能力の作用が物質的な器官によるものであること

想像構成能力と形相化能力のありさまはすでに語りつくしたようなので[1]、想起能力、想起能力と思考能力のあいだにあるもの、そして表象力のありさまについて論じなければならない。そこで我々は述べるが、表象力は動物における最大の判断者であり、想像構成作用のそそのかしに乗って、それが確かめられないまま判断を下す。これはたとえば、胆汁との類似から蜂蜜を不潔であると人が見なすようなこと、というのも表象力は、ある判断によれば蜂蜜はそういうものであるということによって判断を下し、知性がそれを偽と判定しても、魂はこの表象力に従う。動物や人間でも動物に似た者は、彼らの活動において、表象力によるこの判断だけに従うが、表象力に論理的な分析はそなわっておらず、表象力は何らかの突き動かしがあるだけではたらく――もっとも人間の諸感覚と諸能力は、理性に隣接しているため、その内部の諸能力を獣たちとはちがう理性的なものに変えかねないものが生じることもある[2]。それゆえ組み合わされた声、組み合わされた色彩、組み合わされた香りや味がもつさまざまな有用性からも、そして期待と希望からも、他の動物が獲得しないものを人間は獲得する、なぜなら理性の光がこれらの能力の上を流れ、走っているかのようなのである。人間にそなわるこの想像構成作用もまた、動物では表象力の基体であったが、理性の基体となって諸学において利用されるようになり、また人間の記憶力も、たとえば記憶力によって獲得される経験や個別の観察などのように、諸学において有用なものになっている。

182.11/162.4

表象力の話に戻ることにしよう。そこで我々は述べるが、調査を行なう者は、このことを調査し、検討しなければならない――表象力は、表象作用を行なうさいに知性が同伴しないのに、感覚が感覚対象の形を獲得するとき、どのようにして感覚対象のなかにある含意を獲得するのか、それらの含意はどれ一つとして感覚されず、その状態では、その多くが有用でも有害でもないというのに。そこで我々は述べるが、表象力はいくつかの仕方でそうすることができる。その一つは、神の慈悲から万物に流れ落ちてくる霊感であり、たとえば生れたときの幼児が乳房にしがみつく状態、またたとえば起き上がらされ、立たされた幼児が、神的霊感が幼児に入れた魂のなかの本能のために、摑まるものにしがみつくのを急ぎ、転びそうになる状態である。また幼児の瞳に異物が飛び込みそうになると、何が起きているのか、自分がどうすべきかを理解する前に、まるでその魂に本能がそなわっており、他に選択肢がないかのように、自分の瞼を閉じる。同様にして、動物にも本能的な霊感はそなわっており、その原因は、これらの魂とその諸原理のあいだに存在するさまざまな類縁性であるが、それらの類縁性は恒常的であって、知性の完成や正しさという想念のように、あったりなかったりする類縁性とはちがって断たれることはない、というのも、そういうものはすべて彼処に由来するのである。これらの霊感によって、表象力は、感覚対象に混じっている有害なものと有益なものにかんする含意を理解し、それであらゆる羊が、一度も見たことがなく、その災厄に見舞われたことがなくても、狼を警戒し、多くの動物がライオンを警戒し、猛禽をそれ以外の鳥が警戒し、弱い鳥は、経験からではなしに猛禽を忌み嫌う。

183.12/163.1

（1）カイロ版・バコシュ版の ka-an-nā... による。ラフマーン版は ka-mā（……ように）という比較の接続詞。

（2）ラフマーン版の mā yakādu an *yusayyira*... による。カイロ版・バコシュ版は mā yakādu an *taṣīra*...（その内部の諸能力が、獣たちとはちがう理性的なものになりかねないもの）とするが、文法的に難がある。

これは一つの区分であり、経験のようなもののためには別の区分がある。すなわち動物が苦痛や快楽に襲われたり、可感的な形に結合した、可感的な有用なものや可感的な有害なものがやって来たりすると、形相化能力のなかに、その事物の形とそれに結合したものの形が描かれ、記憶力のなかには、両者の関係の含意とそれに対する判断が描かれる、というのも記憶力は、それ自体によって、その本来の性質によって、それを獲得するからである。そういう形が外部から想像構成能力に現れると、その形は形相化能力のなかで運動し、その形とともに、形に結合した有用あるいは有害な含意、つまり記憶力のなかにある含意が、想像構成能力の本性に含まれる移動と検分のために動かされ、すると表象力がそれを全部いっしょに感覚して、その形とともに含意を見てとる。これは経験に近いやり方でなされ、それゆえ犬は土塊(つちくれ)や木片などを怖がる。類似性ゆえに他の判断が表象力に生じることもあるが、それは、一部の感覚対象においてはある表象力的含意に結合していても、つねに、またすべての感覚対象においてそれに結合してはいない形がその事物にそなわっているからであり、その形が存在するがゆえに、表象力はその形の含意に注意を向けるが、進み出ていかないこともある(3)。

表象力は動物における判断者であり、その諸作用において、これらの能力が自分に服従することを必要とするが、必要なもののほとんどは記憶力と感覚であり、形相化能力は、記憶力と想起のために必要とされる。記憶力は他の動物にも存在することがあるが、想起の方は、消え去ったものを呼び戻す策略であり、私が思うに、人間にしか存在しない。それがなぜかといえば、何かが存在していたが消えたという推断は、理性的能力にしかできないことであり、もしそれが理性的能力以外のものにそなわるなら、おそらく理性に飾られた表象力にそなわるのであろう。他の動物は、記憶していれば想起するが、記憶していなければ、想起したいと欲することも、それが心に浮かぶこともなく、そういう欲求や探索は人間のものなのである。

185.15/164.15　想起は、過去において魂のなかに存在していた物事に関係するものであり、一面では学習に似ているが、別の面では学習とは異なる。学習との類似は、想起は外部あるいは内部で知覚される事柄からそれとは別の事柄への移動だが、それは学習も同じであり、というのも学習もまた、知るために、既知のものから未知のものに移動することなのである。しかし想起が、過去に実現したことの摸像が未来において実現するのを求めることであるのに対して、学習は、未来において別の事柄が実現することにほかならない。さらにまた想起作用において、その目的は、不可避的に目的を実現させるものから出発して到達されるのではなく、表徴（しるし）を通してなされ、目的にもっとも近い表徴が生じれば、魂はそれに似た状態にある目的に移動するが、もし状態がそれとちがっていれば、もっとも近いものの形あるいは含意を表徴が思い出させても、かならず魂が移動するわけではない。それはたとえば、ある書物それ自体を思い浮かべる人が、その書物から、その書物を教わった教師を想起することはあるが、その書物の形を思い浮かべ、その含意を思い浮かべたからといって、かならずしもすべての人間がその教師を思い浮かべはしないようなものである。知識はどうかといえば、知識に到達する道となるのは、知識への移動に必要なもの、それは三段論法と定義である。

　人々のなかには、この移動に必要なものが生まれつきそなわっているため、学習の方が想起よりも容易な人がおり、また人々のなかには、それとは逆の人もいる。人々のなかには、記憶力は強いのに想起が弱い人がおり、それがなぜかといえば、体液混合が乾いているため、取得したものは保存しても、魂が機敏さに欠け、素材が想像構成の諸作用とその検分によく応えないからだが、人々のなかには、それとは逆の人もいる。また想起がもっ186.13/165.7とも速い人々は、合図にもっともよく気づく人々である、というのも合図は、感覚対象からそれとは異なる含意

（3）ラフマーン版の wa-qad *yaḫlufu* による。カイロ版・バコシュ版は wa-qad *yaḫtalifu*（意見を異にすることもある）とする。

への移動を行なうが、合図によく気づく人は想起が速やかである。また人々のなかには、理解力は強いが、記憶力が弱く、理解にかかわることと記憶力にかかわることが、ほとんど正反対になっている人がいる、というのも理解は、内部の形のために、非常に押印されやすい元素を必要とするが、その助けになるのは湿り気だけであるのに対して、記憶力の方は、そのなかに形相化され摸像されたものが壊れにくい素材、つまり乾いた素材を必要とし、それゆえこの二つは両立しにくい。よく記憶する人の大半は、その運動が多くなく、その関心が多様でない人であり、関心が多く運動も多い人はよく記憶しない。記憶力は、対応する素材に加えて、確定された形と含意に魂が熱心に取り組み、他のことにかまけて両者から引き離されないことを必要とし、それゆえ子供たちは、彼らの湿り気にもかかわらず、よく保存する、なぜなら彼らの魂は、成人の魂が忙殺されているものに忙殺されておらず、現に自分が取り組んでいるものを、他のもののために忘れることがないからである。青年の方は、体液混合は乾いていても、その熱とその運動の動揺のせいで、その記憶力は子供や少年の記憶力のようではなく、また老人も、圧倒的な湿り気のために、目のあたりに見ているものを記憶しないことがある。

187.13/166.4 想起とともに、その事柄が起った状態に似た憤激や悲しみや悲嘆など[4]が生じることがある、つまり過ぎ去ったことに対する悲嘆や悲しみや憤激が起る原因[5]は、諸感覚内部へのこの形の押印にほかならず、形が戻ってくると、それかそれに近いことを形が行なうのである。希望や期待もそれを行なうが、期待は希望ではない、というのも期待が、それがたいていは生じるという判断あるいは考えをともなった何らかの事柄の想像であるのに対して、希望の方は[6]、ある事柄の想像であり、それに対する欲望であり、それがあれば生じる快楽の判断である。恐怖は期待と真っ向から対立し、絶望は期待の不在である。これらすべては表象力による判断である。

188.1/166.11 さて、動物的な知覚の諸能力についてすでに我々が述べたことに議論を限定して、それらの能力のすべてが、器官によってその作用を行なうことを明らかにしよう。そこで我々は述べるが、それらの能力で個別的な外部の形を知覚するものは、完全に素材を剝ぎとられ素材から分離しているわけではなく、素材の付随物がすっかり剝奪されてもいない、そういう形態になっており、それは外部の諸感覚が知覚するのと同じであるが、その知覚作用に物質的器官が必要なことは明白でかんたんなことである。それがなぜかといえば、これらの形は、素材が現前し存在するあいだしか知覚されないからであり、現前し存在する物体は、物体に対してのみ現前し存在するのであって、相手が物体でないなら、ある時は現前し、ある時は隠れるということはない。というのも現前と隠蔽にかんして、物体はある独立の能力との関係をもつわけではない、というのも場所にない事物に対して、場所的な事物は、それに対して現前するにせよ、それから隠れるにせよ、それとのいかなる関係ももたず、現前は、現前されるものにとっての、現前するものの配置と距離に応じてのみ生じるが、現前するものが物体である場合、これが可能なのは、現前されるものが物体であるか、あるいは物体のなかにあるときにかぎられる。

188.11/167.1
ところで素材は完全に剝奪されているが素材的付随物はまったく剝奪されていない個別的な形を知覚するもの、たとえば想像力のようなものも物質的器官を必要とする、というのも想像力は、そのなかにある想像的な形が物体に、想像力と物体に共通する描かれ方で描かれないかぎり、想像構成作用を行なうことができない。というのもザイドという個人の形から想像力のなかに描かれる形は、その形状や輪郭線やその四肢の相互配置にそって描かれ、それらは眺められるものと同様に想像力のなかでも識別されるが、それがそうある通りに想像されるため

（4）カイロ版・バコシュ版の min *al-ġaḍab wa-l-ḥuzn wa-l-ġamm* wa-ġayr ḏālika による。ラフマーン版は min *al-ġamm wa-l-ġaḍab wa-l-ḥuzn* wa-ġayr ḏālika（悲嘆や憤激や悲しみなど）とする。

（5）カイロ版の sabab *wuqūʿ* による。ラフマーン版・バコシュ版は sabab（……憤激の原因は）とする。

（6）カイロ版の *wa-ammā* al-amniyah *fa-hiya*、バコシュ版の *wa-ammā* al-umnīyah *fa-huwa* による。ラフマーン版は wa-l-umnīyah（希望は）とする。

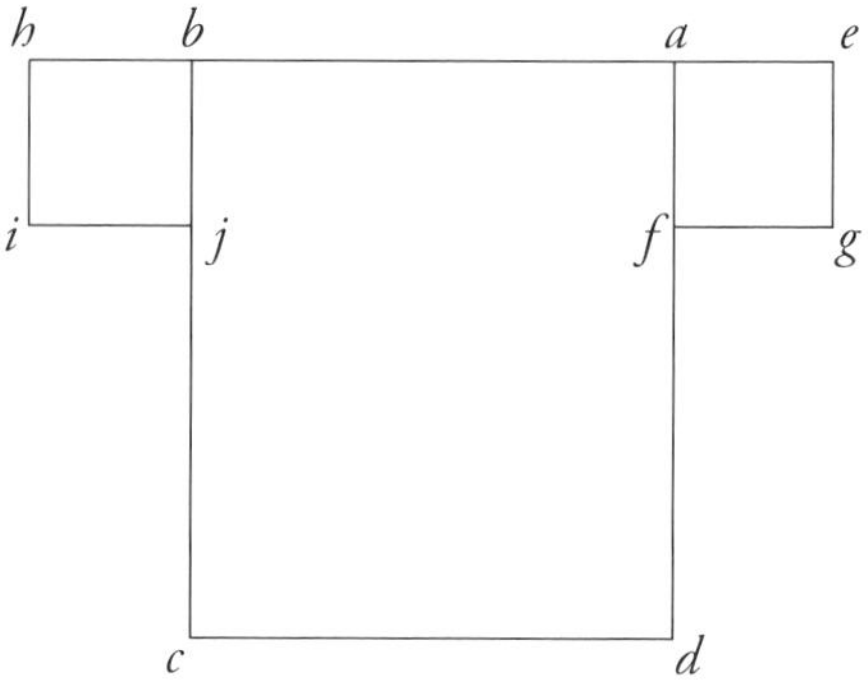

には、彼の四肢のそれらの部分や方向が物体のなかに描かれ、その形の諸方向がその物体の諸方向に対して異なり、その形の諸部分が物体の諸部分に対して異なっていなければならない。

189.4/167.8 ザイドの形を、量と方向と質において限定され、角が数において異なる四辺形 *abcd* に移し、その二つの角 *a* と *b* に、二つの四辺形を接合させよう——そのどちらも他方に似ていて、各々が特定の方向をもちながら、形は相似している二つの四辺形である。この全体から、想像力に定着された、数において一であり、個別的な有翼の形状の形が描かれる。そこで我々は述べるが、四辺形 *aegf* は、四辺形 *bhij* に対して、数において異なったものとして生じ、想像力においては、その右側に、そしてそれを指し示される想像された配置により、想像力のなかでそれとは区別されるように生じる。したがって四辺形 *aegf* は、四辺形性の形それ自体によって存在するか、あるいは四辺形性に含まれるが四辺形性の形ではない、それに特有の偶有によって存在するか、あるいはそれが押印される素材によって存在するか、そのいずれか一つでなければならない。

189.17/168.1 ところで四辺形 *aegf* と四辺形 *bhij* のちがいは四辺形性の形におけるものではありえない。それがなぜかといえば、我々は両者を相似形の類似したひとしいものであると仮定したからである。またそれが四辺形 *aegf* に特有の偶有によることもありえない。第一に、我々は、それを右にあると想像するのに、素材の方向以外に、他方の四辺形にはない偶有をこれに生じさせる必要はない。第二に、その偶有は、この四辺形そのもののなかにそれ自体によって存在する何かであるか、あるいは存在界においてこの四辺形の形状であるものに対応してこの四辺形にそなわり、存在者から抜き取られた形状のようになっている何かであって、それがこの心像にそなわっているか、あるいは担う素材に対応してこの四辺形にそなわる何かであるか、そのいずれかである。この四辺形そのものにそなわる、それに特有の偶有の一つであることはありえない、なぜならそれは不可離のものか、あるいは一過性のものか、そのいずれかであることになるが、それと種を同じくするものに対して不可離であるのでないかぎり、それ自体によって不可離であることはありえない。というのも、この二つの四辺形は種においてひとしいものと措定されているのだから、あちらにはない不可離の偶有がこれにそなわることはない。さらにまた、もしそれが物質的諸能力が分割されるのとはちがって不可分の一つの能力のなかにあるなら、何かがこの四辺形に偶成しながら、この四辺形の摸像であるもう一方の四辺形に――両者の居処すなわち受容能力が同一かつ不可分であるにもかかわらず――その何かが偶成しないことはありえない。また一過性のものでもありえない、なぜなら、その事象が無くなれば、この四辺形の形は想像力のなかで変化せざるをえず、想像力は、それにその事象を結合させているからこそ、この四辺形をそれがそうあるように想像しているのであって、その事象が無くなれば[7]、この四辺形は変化する。ところが想像力がこの四辺形をこのように想像するのは、それに結合させている何かによってではなく、それがどうあろうとそのように想像する。また想像力が、この偶有をもう一方の四辺形に付帯させ、それを第一の四辺形のようにすることもなく、この四辺形は、それが想像力のなかに存在するかぎり、そのようにあり、想像力もそれをそういうものと見なしているのであって、別の事象に目を向けてそれを結合させることはない。

　それゆえ知解対象であれば、類似の事例においてそのように言うこともできるが、仮定者の仮定がこの四辺形

（7）　カイロ版・バコシュ版の fa-idā *zāla* による。ラフマーン版は fa-idā *azāla-hu*（その事象を無くならせるなら）とする。

190.17/168.17

をこういう状態にしたと言うことはできない。それがなぜかといえば、[8]議論はやはり同じ状態にとどまり、このように言われることになるからである――仮定者がいったい何をしたために、この状態がとくにこの四辺形にそなわり、第二の四辺形と区別されるようになったのか、と。普遍者であれば、そこに知性がそれに結合させるものがあり、つまり右という限定あるいは左という限定である。四辺形に右という限定が結合されれば、その後、それは右側の四辺形になるが、限定が知解される普遍的な事象にそなわり、このような場合にそれが妥当であるのは、まさにそれが仮定の結果として形相化作用に生じる仮定的なものだからである。ところが、この個別者は仮定によって生じるのではなく、感覚対象から形が、差異を生ずることなしに想像力のなかに形相化されるのであり、眺められる形として確立され、その形そのものによって想像されたものであるから、その片割れの方にではなく、この形だけにこの限定が見いだされると言うことができるには、[9]その片割れではなく、この限定をもつ角にだけ資格がある事柄によってそうなるしかない。想像力にしても、この限定をこの角に結合させる条件によって、この角をそのようにあると仮定するのではなく、この角が、それを仮定することによってではなくそれ自身においてそうあるからこそ、一挙にそのように想像し、それやこれに結合される条件によることなしに、この四辺形を右に、その四辺形を左に想像するのであり、そのことが付帯した後で、それは右にあり、これは左にあると仮定される。知性の領域であれば、右という限定と左という限定は四辺形に、すなわちそれ以外のものは何も偶成していない四辺形に、普遍者が普遍者に付帯する仕方で付帯する、というのも普遍者は、知性のなかで、何ものもそれに付帯させられることなしに確立され、なおかつ付帯されるものが付帯してくることに対する用意がととのっていることもありうる。一方、想像力においては、その観念が、それによって個別化されるものによって個別化されないかぎり、想像力に対して摸像されることはない。それゆえ知性の支配下にあっては、仮定的に観念に観念を結合するのが可能であるのに対して、想像力においては、そこに摸像されるものに、まず最初に限定された個別的な配置が生じないかぎり、それが想像力に描かれることはなく、仮定がそれに対して行なわれるものになることもない。

したがって、この識別が、それ自体において不可離の偶有によるものであったり、それ自体において不可離な 192.4/169.18
らざる偶有、あるいは仮定された偶有によるものであったりすることは誤謬であることになった。そこで我々は述べるが、この識別が、それがその心像であるところの存在する事物に対応するということもありえない、それがなぜかといえば、しばしば存在しないものが想像されるからである。さらにまた、もし四辺形の一方に何らかの物体との関係が生じ、別の関係がもう一方の四辺形に生じるなら、それらの関係が生じながら、両者の居処が不可分であることはありえない、というのも想像された四辺形の一方が、もう一方の四辺形以上に、外部の四辺形の一方に関係づけられるに相応しいということはなく、さもなければ、すでにこの四辺形は、それを担う、その基体である物体から外部の四辺形の一方への関係――もう一方の四辺形はそこに入っていない関係――に入っていなければならない。それなら、これの居処はそれの居処とは別であり、この能力は分割されることになるが、それ自体によってではなく、能力がそのなかにあるものの分割によって分割されるのだから、能力は物質的なものであり、形は物体のなかに描かれていることになる。すると想像力のなかにある二つの四辺形が、存在する二つの四辺形の区別によって、それらとの対応において区別されるというのは正しくない。すると残るのは、それ

（8）カイロ版・バコシュ版の wa-ḍālika *li*-anna による。ラフマーン版は wa-ḍālika anna（それはつまり）とする。

（9）カイロ版・バコシュ版の fa-laysa yumkinu an *yuqāla inna-hā* yūǧadu による。ラフマーン版は fa-laysa yumkinu an yūǧada（……見いだされうるには）とする。

は、受け入れる能力における二つの部分の区別によってであるか、あるいは、それによってその能力が作用する器官の二つの部分の区別によってであるか、そのいずれか一つである。いずれにせよ、一連の事柄から抽き出される結論は、この知覚作用は、物質的素材に結びついた能力によってのみ完遂するということ、すでに明らかになったように、想像的知覚作用もまた物体によってのみ完遂する。

193.1/180.11 その説明になることの一つに、我々が、たとえば人々の形のような想像的な形を、彼らを眺めるときのように、より大きく、あるいはより小さく想像するということがある。もちろん、その形は何かにより大きく描かれ、あるいはより小さく描かれるはずだが、まさにその何かであるようなものに描かれるのではない。なぜなら、その何かのようなものに形が描かれるなら、小と大における差異は、形が取られたところのものに対応するか、形を取るものに対応するか、あるいは二つの形それ自体によるものであるか、そのいずれか一つであることになる。形が取られたものに対応するはずはなく、想像的な形の多くはまったく何からも形を取られていないし、また小さなものも大きなものも同じ一個人の形であることが多い。この二つの形それ自体によるものでもありえない、というのも両者が定義と何であるか性において一致し、小と大において異なるなら、その差異は両者それ自体によるものではない。したがってそれは受け入れるものに対応しており、形が、時にはそのより大きな部分に描かれ、時にはそのより小さな部分に描かれるためである。

193.13/170.21 さらにまた我々は、黒と白を一つの想像的映像のなかに、そこに両方とも拡がっているように想像することはできないが、想像力が別々のものと見るその二つの部分においてであれば、そうすることができる。もしその二つの部分が配置において区別されず、二つの心像が両方とも不可分の事物に描かれるなら、このことがその無理な方と可能な方とに分けられることはない。したがって二つの部分は配置において区別され、想像力は両者を二つの部分に区別されたものとして想像する。もし誰かが、知性もそれと同じであると言うなら、我々は彼に答えて、知性は、概念にかんするかぎり、黒と白を、両方とも同一の時間に知解すると述べるであろう。真偽判断にかんしては、両者の基体が同一であるのは不可能である。一方、想像力は、概念についてであれ、真偽判断についてであれ、両者を同時に想像することはない。もっとも想像力の作用は、もっぱら概念についてしかはたらかず、想像力がそれ以外のものに作用することはないのであるが。ところで君は、このことを想像力について学んだのだから、表象力についても学んだわけであり、我々が明らかにしたように、表象力は、それが捉えるものを、想像的な個別的な形に結びついたものとして捉える。

第四章　運動能力のありさまとそれに結びついた預言者性の一種について

194.5/172.3 動物的魂の諸能力のなかから知覚の諸能力について述べたので、我々はその運動の諸能力について論じてしかるべきである。そこで我々は述べるが、動物は、それに対する欲求に気づいているにせよ、それを想像しているにせよ、それに気づかずにいるにせよ、欲求をもってその何かを欲しないかぎり、運動によってそれを求めるように促されることはない。その欲求は知覚能力のどれによるものでもなく、それらの能力には判断と知覚作用しかそなわっておらず、判断したり、感覚や表象力によって知覚するときは、その事物を欲する必要はない。というのも人々は、感覚し想像するかぎりにおいて感覚し想像するものの知覚では一致するが、感覚し想像するものの何を欲するかはそれぞれに異なり、同じ人でも、それについての反応が異なることがある、というのも空腹なときは、食物を想像してそれを欲するが、満腹しているときは欲しない。さらにまた立派な性格の人は、忌わしい快楽を想像してもそれを欲しないのに、別の人はそれを欲する。この二つの状態は、人間だけにそなわるのではなく動物すべてにそなわる。

195.1/172.13 欲求は変動することがあり、そのなかには、まだ弱いものもあれば、そのなかには、同意を強いるほど激しいものもあるが、同意は欲求ではない。あるものに対する欲求が激しくても、運動にはまったく同意されないこともあり、想像構成作用は強力であっても、想像の対象を欲していないこともある。同意が成立すると、さまざまな運動能力がそれに従うが、それらの能力には筋肉の収縮と送出があるだけで、これは欲求そのものではなく同意でもない。というのも運動ができない人が、激しい欲求や同意をもてないわけではないが、そういう人は、動かすことしかできない他の諸能力、すなわち筋肉のなかにある諸能力からの同意を見いだせずにいるのである。この欲求能力は、その一族のなかに憤激能力と欲望能力があるが、快いものや有益と想像されるものを欲し、それを獲得しようとして惹起されるのは欲望能力であり、征圧を欲し、また相容れないと想像されるものを押しのけるために惹起されるのは憤激能力である。

動物がその欲望に駆られるのではなく、仔を産んだ牝がその子供に対して抱き、親しく交わった者が友人に対して抱く思慕のようなものに駆られるのを、我々は見いだす。檻と鎖から逃れようとする動物の欲求もこれと同じである。これは、欲望能力がもつ欲望ではないにしても、想像能力がもつ欲望に対する何らかの欲求であり、というのも知覚能力は、それが知覚するものにおいて、そして知覚能力がそのなかで変化するもの、すなわち目撃すると甦るものやたとえば動物特有の快楽のような形において動物に特有のものである。快楽を見失って苦痛を覚えると、動物は自然に快楽を欲し、同意能力は快楽に向けて諸器官を動かすことに同意するが、これは、欲望と憤激のために、そしてまた知解対象のなかの美しいもののために同意するのと同じである。欲望において快いものに対する欲求が高まると、同意を与えるのは願望能力であり、憤激において征圧に対する欲求が高まると、同意を与えるのは願望能力である。同様にして、想像構成作用にもそれに特有のものがそなわっているが、同意を与えるのは願望能力である。

恐怖と悲嘆と悲しみは、憤激能力に偶成するものから、知覚の諸能力の参加によって生じる、というのも憤激能力が、知性的あるいは想像的な形相化を行なった後で制止されたとき、恐怖が生じる。もし恐怖を覚えなけれ

195.12/173.7　196.1/173.16

ば、憤激能力は強力になるが、否応もなく憤激を惹き起すものが、押しのけられないものであったり、生じるのが怖いものであったりすると、そこから悲嘆が憤激能力に生じる。喜びは征圧の部門に属する、というのも、それはこの能力の極限でもあるから。貪欲や暴食や欲望や欲情[1]およびそれに似たものは、獣的な欲望能力によるものである。社交性と幸福は知覚の諸能力に偶成するものから生じる。また人間的諸能力には、それに特有の諸状態が偶成するが、それらについては後ほど論じる。同意能力は、ここに言及された諸能力の後を引きつぐものであり、というのも、それらの能力の思慕が強まると同意能力が同意を与えるからだが、それらすべての能力は表象能力[2]の後を引きつぐものでもあり、つまり欲求の対象が表象された後でなければ、欲求はけっして生じない。表象は生じても欲求が生じないこともあるが、時どき起るように、自然本性がそれを押しのけるために動く肉体的な苦痛があり、その苦痛のために、表象作用が否応もなく惹起され、するとそれらの能力は、自分が必要とするところに表象作用を導く――ほとんどの場合は、表象作用の方が諸能力を表象されるものに導くのであるが。表象力には、動物における知覚の諸能力の領域に対する支配権がそなわり、欲望と憤激には、運動の諸能力の領域に対する支配権がそなわり、この両者の後を同意能力が引きつぐが、さらに、筋肉のなかにある運動の諸能力[3]がそれに続く。

さて、我々は述べるが、これらの作用と偶有性は、肉体のなかにある魂に偶成する偶有、肉体の参加なしには偶成しない偶有に属する。それゆえ肉体の体液混合はそれらの偶有とともに変化し、それらの偶有もまた、肉体の体液混合が生じるのにともなって生じる、というのもある体液混合に続いて憤激への用意が生じ、別の体液混合に続いて欲望への用意が生じ、さらに別の体液混合に続いて臆病と恐怖が生じる。人々のなかには、その気質が憤激的な人の気質になっていてすぐに怒る人がおり、人々のなかには、怖がり怯えているようで、臆してすぐ

197.3/174.14

に怯む人もいるが、これらの状態は、肉体の参加なしには生じない。肉体の参加によって魂にそなわる諸状態はいくつかの区分に分かれ、そのなかには、まず肉体にそなわるが、肉体が魂を有するがゆえにそなわるものがあり、そのなかには、まず魂にそなわるが、魂が肉体のなかにあるがゆえにそなわるものがあり、またそのなかには、ちょうど両者の中間にあるものがある。睡眠、覚醒、健康、病気は肉体にそなわる状態であり、その原理は肉体に由来するため、まず肉体にそなわるが、肉体が魂をもつからこそ、それらの状態は肉体にそなわる。一方、想像構成作用、欲望、憤激、およびこれに類するものは、魂が肉体を有するという点では魂にそなわるが、魂が肉体を有するという観点からのことではあるにせよ——肉体の名において、と私は言っているのではない——それらがまず肉体そのものにそなわるという点では肉体にそなわる。心配、悲嘆(4)、悲しみ、想起およびそれに似たものも同様である。というのも、これらのもののなかに、肉体であるかぎりにおける肉体に偶成するものはなく、これらのものは、肉体に結合した何らかのものの状態、肉体との結合においてのみ生じる状態であるから、魂の名において肉体にそなわるのである、それというのも肉体を有するものの名において魂にそなわるのではあっても——肉体の名において、と私は言っているのではない——まず魂にそなわるのだから。

一方、打撃や体液混合の転化に由来する苦痛であるが、苦痛に含まれる偶有は、肉体のなかに存在している、なぜなら連続性の断絶や体液混合は、肉体であるという点における肉体の諸状態に属しているから。それはまた、198.3/175.13

（1）カイロ版・バコシュ版の wa-l-ḥirṣ wa-l-naham *wa-l-šahwah* wa-l-šabaq による。ラフマーン版は wa-l-ḥirṣ wa-l-naham wa-l-šabaq（貪欲や暴食や欲情）とする。

（2）カイロ版・バコシュ版の al-*quwwat* al-wahmīyah による。ラフマーン版は al-*quwá* al-wahmīyah（もろもろの表象能力）とする。

（3）カイロ版・バコシュ版の al-*quwá* al-muḥarrikah による。ラフマーン版は単数形の al-*quwwat* al-muḥarrikah（運動の能力）とする。

（4）カイロ版・バコシュ版の al-hamm wa-l-ġamm による。ラフマーン版は al-ġamm wa-l-hamm（悲嘆、心配）とする。

それを感覚するという点において、それを感覚する感覚のなかにも存在するが、感覚は肉体によって存在する。どうやら空腹と欲望はこの種類に属しているらしい。一方、想像構成作用と恐怖と悲嘆と憤激(5)は、それによって偶成する受動作用はまず魂に偶成するが、憤激や悲嘆であるかぎりにおける憤激や悲嘆は、たとえ体温の灼熱や消衰などのような、肉体に苦痛を与える肉体的受動作用がその後に続くとしても、肉体に苦痛を与える受動作用の一つではない、というのもそれは憤激や悲嘆そのものではなく、憤激や悲嘆に続いて生じるものであるから。我々は否定しないが、肉体のなかにあるかぎりにおける魂にそなわり、それに続いて肉体に特有の受動作用が肉体に生じるのが、ごく当然であるようなものがある、というのも想像構成作用もまた、それが知覚作用であるかぎりにおいては、第一義的に肉体に生じる受動作用には入らない。さらに、想像構成作用によって四肢のどれかが伸張することがあるが、自然の原因があって、体液混合が変化し、熱が高くなり、蒸気が生成されて肢部に入り込み、それを伸張させるという事態を必然的に惹き起すのがその原因ではなく、ある形が表象力のなかに実現すると、それが否応もなしに体液混合や熱や湿や風(ガス)に変化をもたらすのであり、もしその形がなかったなら、自然本性のなかにそれを動かすものはない。

我々は要約的に述べるが、魂は、そこから肉体的元素のなかに、物質的な能動作用も受動作用もなしに実現する(6)体液混合の変化が生じるようにできており、熱いものからではなしに熱が生じ、冷たいものからではなしに冷が生じ、それどころか、ある心像を魂が想像し、それが魂のなかで強くなると、肉体的元素は、それに類縁性のある形相や質をためらいなく受け入れる。それがなぜかといえば、魂は、諸原理のどれかの実体に属しているが、その諸原理は、そのなかにある形相であって素材を存立させるものを素材にまとわせる、それというのも魂は、他のものよりもその実体の方に近い類縁性をもつからであり、またそれは、素材が形相を受けいれる用意がすっかりととのっているときのことである。ところで素材の用意の大半は、先行する部分で述べたように、質における変化からのみ生じ、ほとんどの場合、素材は、それを変化させる対立者によってのみ変化する。これらの原理が、元素と形相のあいだに定まる何らかの関係によって、ある自然の種を存立させる形相を元素にまとわせる場合、それにさまざまな質をまとわせてもふしぎではないが、対立から発出する物質的な接触や能動作用や受動作用がそこにある必要はなく、魂のなかにある形相は、元素に生じるものの原理なのである。それはちょうど医師の魂のなかにある健康な形相が、恢復から生じるものの原理であるようなもの、大工の魂[7]のなかにある寝台の形相もそれと同じだが、これは道具や媒体によることなしには、その形相が必然的に生じさせるものの発出に導かれることのない諸原理の一つであり、これらの道具は、無力さと脆弱さゆえにこそ必要とされる。

　すでに健康になったように表象している病人と自分が病気であるように表象している健康な人のありさまを考えてみよ。というのも、そういうことからしばしば生じることであるが、ある形相がその魂と表象力のなかで確信されると、元素がその形相から作用をこうむって健康や病気が生じることがあり、これは医師が道具や媒体によって行なう作用よりも効力が強い。同じ理由で、人は、たとえば道の真ん中に放り出された木の幹の上は走って通れるが、もしそれが橋のように置かれ、その下に深淵があるなら、あえてその上を這って進むにせよ、そろりそろりとしか進まない、なぜならその人は、墜落の形をその魂のなかで非常に強く想像するため、彼の自然本性と彼の四肢の力は、その形には応えても、その対立者である安定と持続には応えないからである。形相の存在

（5）　カイロ版・バコシュ版の *al-taḫayyul* wa-l-ḫawf *wa-l-ġamm wa-l-ġaḍab* による。ラフマーン版は al-ḫawf *wa-l-ġaḍab wa-l-ġamm*（恐怖と憤激と悲嘆）とする。

（6）　カイロ版・バコシュ版の taḥṣulu による。ラフマーン版は taḥduṯu（生じる）とする。

（7）　カイロ版・バコシュ版の nafs による。ラフマーン版は ḏāt（本質）とする。

とその形相が存在するにちがいないという確信が魂のなかにしっかりと根を下ろしている場合、しばしば、その形相から作用をこうむるようにできている素材が、その形相から作用をこうむって生成される。もしそれが天と世界にそなわる全体的魂のなかにあれば、それが全体の本性に刻印を与えるのはありうることであり、もし個別的な魂のなかにあれば、個別的な本性に刻印を与えるのはありうることである。

しばしば魂は、それが自分の肉体に刻印を与えるように、別の肉体にも、邪視や活動する表象力として刻印を与える、それどころか魂が強く高貴であり、諸原理に似ているなら、世界のなかにある元素がその魂に服従し、その作用をこうむり、魂のなかで形相化されているものが、元素のなかに存在するようになる。それがなぜかといえば、いずれ説明するように、人間的魂は、それにそなわる素材に押印されてはいないが、その熱意は素材に向けられており、もしこの種の結びつきによって魂が、肉体的元素をその本性が要請するものから変化させることができるのであれば、きわめて高貴で強力な魂が、その刻印作用によって、自分に特有の肉体を乗り越えたとしても何のふしぎもない――その肉体への傾斜における魂の没入が激しく強いものではなく、それとともに、魂がその階層において高位にあり、その資質において非常に強力であるならば。こういう魂は病人を癒し、悪人を病気にし、この魂がもたらす結果として、諸本性が破壊され、諸本性が強固になり、この魂のために諸元素が変化し、火ではないものが火になり、地ではないものが地になる。この魂の意志によって雨や豊饒も生じれば、日月蝕(8)や疫病も生じるが、そのどれもが知性的必然者によるものなのである。要するに、知性的必然者の意志の結果として、元素の諸対立項における変化に結びついたものが存在するようになるのはありうることであり、というのも元素はその本来の性質からして知性的必然者に服従し、知性的必然者の意志のなかに摸像されるものが元素のなかに生成され、それというのも元素は全面的に魂に服従し、元素の魂に対する服従の方が、元素(9)に刻印を与える対立者に対する服従よりも強い。これもまた預言者的諸能力の特性の一つである。これに先立って、我々はすでに魂の想像構成の諸能力に結びついた一つの特有性に言及しているが、それが動物的な知覚の諸能力に結びついた特有性であるのに対して、こちらの方は、預言者性において卓越した預言者の魂から生じる動物的な運動と同意の諸能力に結びついた特有性である。

そこで我々は述べるが、すべての動物的諸能力が、肉体によってのみ作用を有し、それら諸能力の存在が、作用するものとしてであることが明らかになった以上、動物的諸能力は、作用するものとしてのみあり、それらは肉体的なものであるから、それらが存在するというのはそれらが肉体的であることであり、肉体の後には何も残らない。すでに我々のいくつかの医学書(10)において、我々は、その気質において異なり、その状態のちがいに応じて異なる個々人の、喜びや悲嘆や憤激や優しさや憎しみや安らかさなどに対する用意の諸原因(11)について論じたが、その分析と獲得される知識において、それは先人たちには見いだされない議論になっている。そこから読みとるがよい。

201.10/178.6

(8)　原文の *ḫasf* を *ḫasf al-šams wa-l-qamar* のように訳したが、この解釈には無理があるかもしれない。
(9)　ラフマーン版の *fī-hi* による。カイロ版・バコシュ版は *fī-hā*〔魂に〕とする。
(10)　ラフマーン版の校註によれば、写本のなかには、イブン・シーナーの各種医学論文から弟子のジューズジャーニーが作成した抜粋が、本章の末尾に挿入されているものがある。
(11)　カイロ版・バコシュ版の asbāb による。ラフマーン版は単数形の sabab〔原因〕とする。

第五部（全八章）

第一章　人間にそなわる能動作用と受動作用の諸特性、および人間的魂にそなわる思弁と実践の諸能力の説明

動物的諸能力についても述べつくしたので、今度はもろもろの人間的能力について論じるべきである。[1] そこで我々は述べるが、人間には、その魂から発出する、他の動物には存在しない諸作用の諸特性がそなわっている。その第一は、人間が人間のための存在形態にあるとき、その生存中に協働をなしで済まし、他の動物たちのように、その各々がその生活の秩序において自分自身と自分の自然本性に存在するものだけで事足りるようなことはあるはずがない、ということ。単独の人間は、もし存在界のなかに自分一人がいるだけで、自分の自然本性[2]のなかに存在するものしかないなら、滅びるか、さもなければ、その生活がひどく悪化することになるが、君が他のいくつかの箇所で学ぶように、それは人間の卓越性と他の動物の欠陥のためである。いやむしろ人間は、自然のなかにあるよりも多くのものを、たとえば加工された食物や加工された衣服を必要とするが、自然のなかに存在する食物は、技術によって調えられないかぎり人間には不適当であり、そういうものでは人間の生活は立派にならないし、また自然のなかに存在する身にまとえるものにしても、ある形態や性質を与えなければ、人間にはま

(1)　この章の前半は、アリストテレスの『政治学』第一巻第二章に多く依拠している。アラビア語訳『政治学』は現存しないが、少なくとも第一巻は翻訳されていたものと推測される。cf. Sholomo Pines, “Aristotles’ *Politics* in Arabic Philosophy” in *The Collected Works of Sholomo Pines*, vol. 2, Magnes, Jerusalem, 1986, p. 146–156.

(2)　カイロ版・バコシュ版の tabī‘ah *la-hu* による。ラフマーン版は tabī‘ah（自然本性）とし、「自分の」はない。

とえないことがあるのに対して、他の動物は、そのどれもが自分の衣服を生れつき身にそなえている。それゆえ人間は、何よりもまず農耕を必要とし、同様にして、他のさまざまな技術を必要とするのであり、単独の人間は、自分に必要なそういうすべてのものを自分では獲得できずに協働によって獲得するため、この人がその人のためにパンを焼き、その人がこの人のために布を織り、この人は外国から何かをその人のところに運び、その代りにその人は近くにあるものをこの人に与える、ということになる。

203.5/182.1
　これらの理由によって、そしてこれらほどは目立たないがもっと確実な他のさまざまな理由によって、人間に必要なのは、自分の協力者である他人に、慣習的な表徴（しるし）によって自分の魂のなかにあるものを教える能力を、生れつきそなえていることである。それに相応しいもののなかで最適なのは声である、なぜなら声は枝分れして文字になり、その文字から、肉体につきものの苦労を経ることなしに多くの文が合成され、こうして声は、定着も存続もしないが、それを知る必要のない人でさえ確実に理解するものとなる(3)。声の次は合図である、というのも合図も声と同じようなものだが、ただし声の方が合図よりもよく示す、なぜなら合図はそれが目にとまるかぎりにおいてのみ導くから。合図は特定の方向に生じ、知らされるべき人は、その瞳をわざわざ特定の方向に動かし、その多くの動きによって合図を注視しなければならない。ところが声の方は、それを使うのに特定の方向にある必要も、またさまざまな動きによって注視する必要もなく、それでも声は、それが知覚されるために、媒介を必要としない――色彩が媒介を必要としないように、そして合図が必要とするのとはちがって。自然は、それによって他人に知らせることができるものを、魂が声から組み立てられるようにしたのである。

203.18/182.11
　他の動物にも声はあって、それによって他者が自分の魂の状態を理解するようになってはいるが、そういう声は、その本来の性質のままに示し、それも一致あるいは敵対を要約も説明もせずに丸ごと示すにすぎない。ところが人間にそなわっている声は、慣習的な取り決めによるものであり、それがなぜかといえば、人間の目的はほとんど無数にあり、それが無限に声に押印されるのは不可能だったからである。人間に特有なことの一つは、知らせることと知ろうとすることを呼びかける必要性であり、それは公平な量の取得と供与を呼びかける必要性、および他のさまざまな必要性によるものである。さらに、人々の集まりに加わり、さまざまな技術を発明する必要性もある。他の動物にも、とりわけ飛ぶものには技術がそなわっている、というのも彼らは、なかでも蜂は家や住まいを作るからだが、それは発明や三段論法からではなく、霊感と苦役から発出するものであり、それゆえ差異や多様性が生じるものには属さない。動物の技術のほとんどは、自分たちの状態をよくするためのものであり、個体の必要ではなく種の必要によるものであるのに対して、人間にそなわるものの多くは、個体の必要によるものであり、その個体自身の状態をよい状態にするためのものが多い。

人間の特性の一つに、奇妙なものを知覚すると驚きと呼ばれる受動作用がそれに続き、さらに笑いがそれに続くこと、そして害悪を与えるものの知覚には苛立ちと呼ばれる受動作用が続き、さらに涙がそれに続くということがある。協働において人間に特有なことは、福利の要請からして、人間が行なうすべての行為のなかに、行なうべからざる行為があること。それを人間は子供の頃に学び、それに従いながら成長し、あれらの行為は行なうべからずと耳にするのが幼年期からの習慣になっているため、この信念がその人にとって生得のもののようになっていることがある。他の諸行為はその逆であり、第一の諸行為が醜悪と呼ばれるのに対して、他の諸行為はう

（3）　この節と次節は、アリストテレスが聴覚について述べたことを踏まえた議論のように見える。「動物の出すすべての音が声なのではなく……というのも、声とはまさに意味表示機能をもつある音だからである」（アリストテレス『魂について』中畑正志訳、一〇四―一〇五頁）。

るわしいと呼ばれるが、他の動物にそういうものはない。

204.21/183.8 他の動物が、行なうことのできる行為を断念し、たとえば訓練を受けたライオンが自分の飼主を食べなかったり、自分の子供を食べなかったりするとすれば、その理由は魂のなかにある信念や見解ではなく、それとは別の魂の態勢であり、つまりあらゆる動物は、自分を心地よくさせるものが存在し、それが存続することを生れつき好んでおり、自分に食物を供給し、自分を養ってくれる個体は自分にとって心地よいものになっているのである、なぜなら有益なものは、受益者にとって、どれもみなもともと心地よいものであるから。したがって、そういう個体を噛み殺すのを妨げるのは、信念ではなく、他の態勢や魂的偶有であり、往々にしてこういう偶有は、生来の気質に、それも神の授ける霊感から生じる。たとえば、あらゆる動物にそなわる我が子に対する愛情は、信念によるものではまったくなく、ある人間が有益あるいは心地よいものを想像したり、その形のなかに自分が憎むものがあるときにそれを憎むのと同じようにしてなされる。

205.9/183.16 ところで人間は、行なうべからずという合意が成立していることのどれかを自分が行なったことに他人が気づいたことに気づくと、それに続いて恥ずかしさと呼ばれる魂の受動作用をこうむることがあり、これもまた人間の特性の一つである。ある未来の事柄が自分を害するものの一つになると考えたために、人間に魂の受動作用が生じることがあり、それは恐怖と呼ばれるが、それが他の動物に生じるのは、たいていは現在か、あるいは現在に連続した時についてである。また人間は、恐怖とは逆に期待をもつが、他の動物は、現在に連続してでなければ期待をもたず、現在から遠く隔たった時にかんして期待が生じることはない。他の動物が行なう用心は、彼らが時というものを、時において何が起るかを覚知しているからではなく、それもまた一種の霊感なのである。また蟻が、来るべき雨を警戒して、急い[4]で食料を穴に移動させるのは、これがこの時に起ると想像するからであり、それはちょうど動物が、これがいま自分を打ちたがっていると想像して敵対者から逃げるようなものである。この系列に連なるのは、人間が、それを行なうべきか、行なわないべきかと熟考する未来の事柄であるが、自分の熟考によれば行なうべきではないことを、別の時あるいはこの時に、熟考に反して行なうこともあり、また自分の熟考によれば行なうべきことを、別の時あるいはこの時に、熟考に反して行なわないこともある。人間以外の動物は、未来への備えとしては、その帰結を受け入れるにせよ、受け入れないにせよ、彼らに押印された一種類のものしかもたない。

人間にもっとも特有の特性は、我々がすでに報告し説明したように、素材をすっかり剝奪された知性的な普遍的観念の形相化作用であり、真偽判断と形相化作用によって、既知の知性的な事柄から未知の事柄の認識に到達することである。すでに言及されたこれらの作用と状態は、人間に存在するものに含まれ、その大部分は人間に特有のものであり、なかには肉体的なものもあるとはいえ、それが人間の肉体に存在するのは、人間にはそなわるが他の動物はもたない魂によってである。いやむしろ、我々は述べるが、人間は個別的な事柄を処理するとともに、普遍的な事柄も処理することができるが、普遍的な事柄にはただ確信があるばかりである――実践にも確信はあるとはいえ。というのも普遍的な確信によって家がどのように建造されるべきかを確信している者でも、この確信だけから、特定の家の現実態がいきなり発出してくるわけではない、というのも現実態は、個々別々の事柄を包含しており、個々別々の見解から発出する。それがなぜかといえば、普遍者は、それが普遍的であるかぎりにおいて、それではなくこれだけに特有であるということはないからだが、このことの説明は、諸部門の最後を締めくくる叡知学の学科[5]において君にもたらされるものを当てにして、後回しにするとしよう。

（４）　カイロ版・バコシュ版の bi-l-surʿah による。ラフマーン版にはない。

206.11/184.9

したがって人間には、普遍的な見解をもっぱら扱う能力と個別的な事柄にかんする熟考をもっぱら扱う別の能力がそなわっているが、 207.4/184.19 個別的な事柄とは、行なうべきことと断念すべきこと、すなわち有益なことと有害なこと、美しいことと醜いこと、良いことと悪いことであり、その熟考は、健全なあるいは病み衰えた一種の三段論法と検討によってなされ、その目的は、可能なものに属する未来の個別的な事柄について、我々が見解を定めることである。なぜなら必然的なことと不可能なことは、それを存在させ、あるいは存在させないために熟考されることはなく、また過ぎ去ったことも過去のことであるから、それを存在せしめることが熟考されることはない。この能力が判断を下すと、その判断に続いて、肉体を動かすことに同意する能力の運動が生じ、それは動物のなかにある他の諸能力の判断に続いて、そういう運動が生じるのと同じことだが、この能力は、普遍者を対象とする能力に救援を求め、そこから熟考の対象の大前提を手に入れ、個別的な事柄にかんする結論を導き出す。

したがって人間的魂の第一の能力は、思弁に関係する能力であって思弁的知性と呼ばれ、そしてこの第二の能力は、実践に関係する能力であって実践的知性と呼ばれる。前者が真と偽を扱うのに対して、後者は個別的な事 207.13/185.6 柄について善と悪を扱い、前者が必然的なものと可能なものと不可能なものを扱うのに対して、後者は醜いものと美しいもの、そして許容される行為を扱う[6]。前者の諸原理は第一の諸前提から生じるが、後者の諸原理は通念、一般に受け入れられたもの、臆測、そして脆弱な経験から生じ、これは確たる経験にあらざる臆測から生じる。この二つの能力のそれぞれが見解と臆見をそなえており、見解は、決定済みの確信であり、臆見は、一方に傾きながら逆の選択肢も許容する確信である。臆測する誰もが確信しているわけではないが、それは、感覚する誰もが知解するわけではなく、想像する誰もが臆測し、確信し、あるいは見解を抱くわけではないのと同じであり、人間のなかには、感覚的な判断者と想像構成作用の領域を扱う表象力的判断者、思弁的な判断者と実践的な判断者がある。同意能力に四肢を動かすように仕向ける諸原理は、想像的な表象力と実践的知性と欲望と憤激であるが、他の動物には、これらのうちの三つがそなわっている。

実践的知性はその諸作用のすべてにおいて肉体と肉体的諸能力を必要とする。思弁的知性の方にも、肉体とその諸能力に対する何らかの必要はあるとはいえ、つねにそしてあらゆる面において必要とするわけではなく、自分だけで事足りることもある。ところが、そのどちらも人間的魂ではなく、魂とは、これらの能力がそれにそなわるところのものなのである。すでに明らかになったように、それは独立の実体であり、さまざまな作用に対する用意がととのっており、その作用のあるものは器官を用い、器官に全面的に専念することによってのみ完遂され、別のあるものにおいては器官がある程度必要とされ、さらに別のあるものにおいては器官はまったく必要とされないが、このことはすべて後ほど説明する。人間的魂の実体は、それ自体によって一種の完成に到達する用意がととのっており、それよりも上のものにあっては、それよりも下のものが必要とされないものに属するが、人間的魂の実体にそなわる用意は、思弁的知性と呼ばれるものによってなされる。またそれを扱う箇所において説明するように、協働から生じる害悪から身を守り、協働において、自分に相応しいかたちで処理する用意もととのっているが、人間的魂の実体にそなわるこの用意は実践的知性と呼ばれる能力によってなされ、この能力は、肉体の方面において人間的魂の実体にそなわる諸能力の長（おさ）である。それよりも下にあるのは、実践的知性から送り出される諸能力であり、肉体にそれを受け入れる用意があって、肉体が利用するために送り出されるが、先行

208.8/185.17

（５）　形而上学のこと。
（６）　イスラーム法における行為の区分――推奨される行為（mandūb）、義務的な行為（īǧāb）、許容される行為（mubāḥ）、禁止される行為（ḥarām）、忌避される行為（karāhah）――の一つで、行なっても行なわなくてもいい行為のこと。

する部分で我々が指摘したように、性格はこの能力の方面から魂にそなわる。この二つの能力のいずれもが用意と完成をそなえ、そのいずれにおいても純粋な用意は、思弁的なものと捉えられるにせよ、実践的なものと捉えられるにせよ、質料的知性と呼ばれる。さらにその後は、二つの能力のどちらであっても、それによってその諸作用が完成する諸原理が実現してそなわるばかりであり、思弁的知性には第一の諸前提とそれにともなうものが、実践的知性には通念となった諸前提とそれ以外の準備態勢がそなわり、そうなれば両者のいずれもが資質態の知性となり、さらに、以前に説明したように、両者のどちらにも獲得された完成が実現する。したがって我々は、まず最初に、知解対象を質料的知性によって受け入れる用意のととのったこの魂が、物体ではなく、形相として物体のなかに存立するわけでもないことを明らかにしなければならない。

第二章　理性的魂が物質的素材に押印されずに存立することの確立[1]

209.16/187.4 疑問の余地なきことの一つであるが、人間のなかには何かが、受容によって知解対象を受け取る何らかの実体がある。そこで我々は述べるが、知解対象の宿る場である実体は、物体ではなく、物体のなかに存立して[2]、何らかのかたちで物体のなかにある能力や物体の形相であることはない、というのも、もし知解対象の宿る場が物体あるいは何らかの分量であるなら、知解された形相は、宿る場のなかの不可分な単一のものに宿るか、あるいはそのなかの分割可能なものに宿るか、そのいずれかであるが、物体において不可分なものは、もちろん点状の端部である。

210.6/187.11 まずは知解対象の宿る場が不可分の端部であることが可能であるかどうかを検証してみよう。そこで我々は述べるが、これは不合理である、それがなぜかといえば、点は、配置において線から、あるいは点となって終る分量からは区別されない終端であり、もし区別されるなら、点は何かがそのなかに居を据えるものとなり、しかもその何かはその分量のどこにもないことになるが、区別はない。いやむしろ、点が、それ自体において独立した

(1) ラフマーン版の fī iṯbāt qiwām al-nafs al-nāṭiqah ġayr *munṭabiʿah* fī māddat jusmāniyah による。カイロ版・バコシュ版は ġayr *munṭabiʿ*（押印されていない）が男性形なので、「理性的魂の存立が物質的素材に押印されていないことの確立」となる。

(2) ラフマーン版の wa-lā qāʾim *fī* ǧism による。カイロ版・バコシュ版は wa-lā qāʾim *bi*-ǧism（物体によって存立して〔もいない〕）とする。

ものではなく、本質的に分量であるものによってのみ本質的な端部となるように、それと同じように、何らかのかたちで言えるのは、点のなかに、その点がその端部であるところの分量のなかに宿る、何らかのものの端部が宿っていることだけ、その何らかのものに、その分量が偶有的に割り当てられているのである。その分量がそれに偶有的に割り当てられるように、それと同じように、それは点とともに偶有的に終る。すると偶有的な終端が本質的な終端とともにあることになり、それは偶有的な延長が本質的な延長とともにあるのと同じである。

210.15/188.2 もし点が、何らかのものを受け入れる独立したものであるなら、ある本体が点にそなわるものとして区別され、したがって点は二つの側をもつことになる。その一方の側は点がそれから区別されるところの線に接し、もう一方の側は、線とは別の向かいにあるものであり、その場合、点はその存立によって線から分離するが、点から分離した線には、もちろん点とは異なる、点に出会う終端がそなわり、この点が線の終端であるのに対して、前者の点はそうではないことになる。前者の点と後者の点にかんする議論は同一であり、これの行きつく先は、終端の点であろうがなかろうが、線において点は対になるということ、これは、我々にとって他のいくつかの箇所ですでにその不可能性が明らかになっていることである。これで、点を対にすることによって物体は合成されないこと、また特定の配置が点にそなわるものとして区別されないことも明らかになった。

211.4/188.10 また点の一つの端部を示して、一つの点にその両側から接する二つの点があるなら、そのとき次のいずれか一つになると我々が述べたとしても、何の不都合も生じない。すなわち中間の点が両者を隔てて接触しないようにするなら、そのときは、君が知る根本的な諸原理によって中間の点が分割されることにならざるをえず、これは不合理である。あるいは中間の点がそれを囲む二つの点の相互接触を妨げないのであれば、そのとき、知解された形相はそれらすべての点に宿ることになり、そのすべての点は一点のようになる。ところで我々はこの一つの点を線から分離したものと措定していたのだから、線は、この点から離れた側に、それによってこの点から線が分離する、この点とは別の端部をそなえていて、その点は配置においてこの点とは異なることになるが、すべての点は配置を共有すると措定されていたのだから、これは矛盾である。

211.14/188.18 　したがって知解対象が物体において宿る場が、不可分なものであるのは誤謬であることになった。残るのは、もし宿る場が物体のなかにあるなら、知解対象が物体において宿る場は分割可能なものであることになるので、知解された形相が分割可能なもののなかにあると仮定しよう。分割可能なもののなかに区分があると仮定すると、形相が分割されることになり、その場合、互いにひとしい二つの部分ができるか、ひとしくない二つの部分ができるか、そのいずれか一つにならざるをえない。もしそれらが互いにひとしいなら、どうしてその両者から両者ではないものが集成されよう、それというのも、全体であるかぎりにおける全体は部分ではない。ただしその全体が、形相の面ではなく、分量における増大あるいは数における増大の面で、二つの部分から実現する何かであるなら話は別であり、その場合、知解された形相は何らかの形状、あるいは何らかの数であることになるが、あらゆる知解された形相が形状または数であるわけではなく、もしそうなら形相は知解されるものではなく想像的なものになってしまう。君も知るように、二つの部分のどちらも、それ自体において全体であると言うことはできない。どうして第二の部分が全体の観念に収まりながら、もう一方の部分の観念に入らずにいることができよう。明々白々たることであるが、両者の一方だけで、ほかならぬ完全性の観念を示すことはない。

212.9/189.10 　もし両者がひとしくないなら、どのようにしてそういうことが可能になるのか、どのようにして知解された形相が、互いにひとしくない諸部分をもつことが可能なのかを見るがよい(3)。というのも互いにひとしくない諸部分

（3）カイロ版・バコシュ版の fa-l-*yanẓul* による。ラフマーン版は fa-l-*nanẓul*（［それでは……を］我々は見ることにしよう）とする。

は、類と種差という定義の部分でしかありえない。このことからさまざまな不合理が生じざるをえないが、その一つは、物体のどの部分も、やはりこの能力のなかで無限に分割を受け入れるため、この能力のなかにある類と種差は無数でなければならないことになり、これは不合理である。これで、一つのものがもつ類と本質的種差がこの能力のなかでは無数でないことが確認された。またその事物について、(4) 分割を表象しても、類と種差を切り離すことはできないのだから、いやむしろ、これは疑問の余地なきことだが、宿る場において区別するに値する類と種差がそこにあるなら、その区別は分割を表象するところで止まりはしないのだから、類と種差は現実態でも無数でなければならないことになる。これで、類と種差、一つのものの定義の諸部分が、あらゆる面において有限であることが確認された。たとえ類と種差が現実態で無数であるのが可能であっても、それらが物体のなかで、このようにして集まることはありえない、というのも、そうなれば一つの物体が現実態で無数の部分によって分離されることにならざるをえない(5)。

さらにまた、分割がすでにどこかに生じていて、一方の側は類に、もう一方の側は種差に切り離されているとしよう。そこでもし我々が分割の仕方を変えるなら、その分割から、どちらの側にも、半分は類で半分は種差のものが生じるか、あるいは必然的に類と種差が二つの区分の一方に(6) 移動するか、そのいずれか一つでなければならない。後者の場合、類と種差のいずれもが分割された区分の一方に傾き、我々の表象力による仮定あるいは我々の仮定的分割が、類と種差の代りに通用し、両者のどの一方も、それに対して外部から意志する者の意志に応じてどちらかの側に退くことになるが、それでもまだ十分ではない、というのも我々は区分のなかに区分を生じさせることもできるのだから。さらにまた、すべての知解対象が、それよりも単純な知解対象に分割されうるわけでもない、というのも、彼処にはもっとも単純な知解対象である知解対象があり、それは他の知解対象における合成の原理であるが、それは類も種差もそなえておらず、量において分割されることも、観念において分割されることもない。したがって互いにひとしいと仮定された諸部分の各々すべてが、全体の観念のなかにあるのは不可能であり、全体は集合によってのみ実現する。また、それらが互いにひとしくないこともありえないのだから、知解された形相が分割されることはありえない。

　知解された形相が、分割されることも、分量の不可分の端部に宿ることもありえないのに、その形相が受容体
214.1/190.13
を我々のなかにもたざるをえないなら、知解対象が宿る場は物体にあらざる実体であり、また我々にあって知解対象を受けとるものも、物体のなかにある能力ではないと判断するしかない、というのも、さもなければ分割によって物体に付帯するものが知解対象に付帯することになり、その結果、他のもろもろの不合理が生じることになる。否、我々にあって知解された形相を受けとるものは非物質的な実体なのである。

　我々はこのことを別の証明によって証明することができる。そこで我々は述べるが、知性的能力は、限定され
214.6/190.17
た量と場所と配置、および以前に述べられた他のものを知解対象から剝奪する以上、我々は、配置を剝奪されたこの形相それ自体について、形相がどのように配置を剝奪されているかを見なければならない。形相が取ってこられたものとの関係においてであるか、それとも形相を取得するものとの関係においてであるか、すなわち配置を剝奪されたこの知解された真相の存在は外部の存在にあるのか、それとも知解する実体のなかの形相化された存在にあるのか。不合理なのは、それがそのようにして外部の存在にあると述べることであるから、残るのは、

（4）カイロ版・バコシュ版の fī-hi による。ラフマーン版にはない。

（5）現実態の無限はありえないというのが、当時の哲学の常識だった。

（6）ラフマーン版の ilā *aḥad* al-qismayn による。カイロ版・バコシュ版は ilā al-qismayn（その二つの区分に）とする。

知性のなかに存在するときにのみ、それは配置と場所から離在すると述べることである。知性のなかに存在する以上、それは配置をもつことなく、それを指し示すことや分割や区分(7)、あるいは、こういう観念に似た何かが生じることもなく、それは物体のなかにはありえない。

また観念において不可分の事物にそなわる不可分の一なる形相が、複数の方向をもつ分割可能な素材に押印されるなら、次のいずれかに一つならざるをえない。すなわち、素材の方向に応じて素材のなかにあると想定されるその形相のどの部分にも、素材を剝奪され本質において一である不可分の知解されたものとの関係はそなわらないか、あるいは想定される形相の諸部分の各々すべてにその関係がそなわるか、あるいは特定のどれかにその関係がそなわるか。そこでもし素材の諸部分のどの一つにもその関係はそなわっていないなら、その全体にもそなわらないことになる、というのも、そうではないものが集まってできたものは、そうではないのだから。もし特定のどれかにそなわっているなら、関係をもたない部分は、いかなる点においても、その観念に属さないことになる。もし何らかの関係をもつと想定されるすべての部分にそなわっているなら、それが何であるかというような本質との関係が想定されるすべての部分にそなわっているか、あるいは本質の一部分との関係が想定されるすべての部分にそなわっているか、そのいずれか一つである。もしそれが何であるかというような本質との関係が想定されるすべての部分にそなわっているなら、そのとき諸部分は、知解対象の観念の諸部分ではなく、諸部分の各々すべてが独立の知解対象そのものであることになる。そして、もしどの部分にも、他の部分がもつ関係とは別の本質との関係がそなわっているなら、当然のことながら、知解対象において本質が分割されることになるが、我々は本質は不可分であると措定しており、これは矛盾である。もしどの部分が本質において関係するものも、他の部分が関係するものとは別のものであるなら、本質の分割はいっそう明白である。このことから明らかであるように、物質的素材に押印された形相は、分割可能な個別的な事象にそなわる映像にほかならず、そのどの部分にも、事象の一部分に対する現実態あるいは可能態の関係がそなわることになる。

また定義の諸部分において多であるものも、完全な全体としては不可分なものの一性をそなえているのだから、何らかの一なるものであるかぎりにおけるその一なる存在が、どのようにして分割可能なもののなかに描かれた 215.17/192.3
りするのかを検討するがよい[(8)]。このことについての議論も、定義によって不可分なものの議論も、同一である。

また我々にとってすでに確認されたように、理性的能力が現実態で一つひとつ知解するものであると想定される知解対象は、可能態において無限であり、やはりすでに我々にとって確認されたように、可能態において無限 216.3/192.6
であるものを扱うことができるものは、物体や物体中の能力ではありえない。このことは先行するいくつかの部門において証明されており[(9)]、したがって知解対象を形相化する本質が物体のなかに存立することはけっしてありえず、その作用が物体のなかにあることも、物体によって生じることもありえない。とはいえ想像構成を行なうものもそれと同じであると言うわけにはいかず、それは誤りである、というのも動物的能力は、理性的能力による処理がそれに結合されないかぎり、いかなる無限のものをも、いかなる時においても想像できない。またこの能力すなわち知性的な能力が、能動的ではなく受容的であると言うこともできない。君たちは能動的能力の有限性を確立したにすぎず、人々は、たとえば質料にそなわるような無限の受容能力が存在しうることを疑っていな

（7）　カイロ版の ilay-hā išārah *aw taǧazzuʾ* aw inqisām による。ラフマーン版は ilay-hā išārah *tuǧazziʾu wa*-inqisām（それを指し示して分割することや区分）、バコシュ版は ilay-hā išārah *aw taḥayyuz* inqisām（それを指し示すことや区分の捩れ）とする。

（8）　カイロ版・バコシュ版の fa-l-*yanẓur* による。ラフマーン版は fa-l-*nanẓur*（我々は検討することにしよう）とする。

（9）　『救済の書』に「このことは『自然学講義』において証明された」（*Al-Naǧāt*, p. 364）とあるのは、その第三部第七章以降を指す（*Al-Samāʿ al-ṭabīʿī*, p. 209 et seq.）。

い。そこで我々は述べるが、君が知るように(10)、無限の事物の多くにおいて理性的な魂が行なう受け入れは、能動的な処理の後でなされる受け入れなのである。

理性的な魂の実体とそのもっとも特有の作用を検討する議論によって我々が明らかにしたことについて、我々が述べたことに関係をもつ、その実体の他の諸作用のありさまを、証拠として援用することにしよう。そこで 216.16/192.17 我々は述べるが、知性的能力は、もしそれが物質的な器官によって知解作用を行ない、その特有の作用がその物質的な器官の使用によってのみ完遂されるなら、知性的能力は、自分自身を知解することも、その器官を知解することもなく、自分が知解したことも知解しないはずである。というのも知性的能力とそれ自身のあいだに知性的能力の器官はなく、知性的能力とその器官のあいだにも知性的能力の器官はなく、また知性的能力とそれが知解したことのあいだにも知性的能力の器官はないからだが、しかし知性的能力は、自分自身も、自分にあるとされる器官も、自分が知解したことも知解しており、したがって知性的能力は、器官によってではなくそれ自体によって知解する。いやむしろ、我々は確かめつつ述べるが、知性的能力による自分の器官の知解は、その器官の形相それ自体の存在によってなされるか、あるいは、やはり知性的能力のなかにありその器官のなかにあるが、それとは数において異なる別の形相の存在によってなされるか、あるいは知性的能力のなかにありその器官のなかにあるが、その器官の形相とは種において異なる別の形相の存在によってなされるか、そのいずれか一つでなければならない。

もしその器官の形相の存在によってなされるなら、その器官の形相はつねにその器官と知性的能力の両方のなかにある以上、知性的能力はつねにその器官を知解していなければならない、それというのも、知性的能力によ 217.8/193.6 る知解はまさに形相の到来によってなされるのだから。もしその形相とは数において異なる形相がその器官に存在することによってなされるなら、それは誤りである。第一に、同一の定義に収まる事物と事物の差異は、素材と状態と偶有性のちがいによるものであるか、あるいは普遍者と個別的なもの、素材を剥奪されたものと素材のなかに存在するもののちがいによるものか、そのいずれかであるが、ここに素材と偶有性のちがいはない、というのも素材は同一であり、存在する偶有性も同じであるから。またここに素材にかんする剥奪と存在のちがいもない、というのも両者のいずれもが素材のなかにあるから。またここに特殊性と一般性のちがいもない、なぜなら両者のいずれかが個別性を獲得するとすれば、個別的な素材とそれがそのなかにある素材から付帯してくる付帯性によってのみ個別性を獲得することになるが、このことは両者のいずれか一方のみに特有なことではない。またこれは、魂が自分自身を知覚するときにかならず起るわけでもない、というのも魂はつねに自分自身を知覚しているのだから。もっとも我々が明らかにしたように、魂は自分自身を、たいていの場合は、それがともにある物体に結合したものとして知覚しているのではあるが。

また君も知るように、その器官の形相ではない別の形相の存在によってなされることはありえない、というのも、これはさらに不可能なことであり、なぜなら知解された形相は、知解する実体にそれが宿るとき、知解する実体をして、その形相がそれの形相であるところのものを知解するようにさせ、あるいはその形相が関係づけられるものを知解して、関係づけられるものの形相がこの形相のなかに入るようにさせるが、この知解された形相はこの器官の形相ではなく、この器官に本質的に関係づけられるものの形相でもない、なぜなら、この器官そのものは実体であり、我々は実体そのものの形相だけを取得し眺めるのであって、そもそもそれ自体における実体は、何ものにも関係づけられない。

（10）　カイロ版・バコシュ版の inna-ka *ta'lamu* による。ラフマーン版は inna-ka *sata'lamu*（君が知ることになるように）とする。

217.21/193.17

これは、器官によって知覚するものが、知覚作用を行なうさいに自分の器官を知覚しえないことを明解に論証しており[11]、だからこそ感覚は、外部のものを知覚するばかりで、自分自身も、自分の器官も、自分の感覚作用も感覚しない。同様にして、想像力は、自分自身も、自分の作用もけっして想像することなく、それどころか、自分の器官を想像する段になると、自分に特有の仕方でそれを想像するのではなく、その器官はもちろんほかならぬ自分にそなわっているが、しかしもし可能であるなら、感覚がその器官の形相をもたらすだろうと想像し、その場合、想像力は感覚から取得した心像を摸倣するばかりであり、それは想像力にとっては何ものにも関係づけられていないため、もしそれが想像力の器官でないなら、想像力はそれを想像しないということになる。

これもまた、このことを我々に対して証言し、それについて納得させてくれることの一つであるが、器官によって知覚する諸能力は、たえず働いているために疲労することがあり、それは、たえまない運動が器官を疲労させ、その実体であり本性である体液混合を損なうためである。知覚するのに骨の折れる強烈なものは器官を疲弊させ、しばしばそれらを損なう。そういうものの後では、骨の折れるものからの受動作用に浸りきっているため、それよりも弱いものは知覚しない。感覚のありさまはそのようなものであり、というのも反復される骨の折れる感覚対象は感覚を衰弱させ、太陽の光が視覚を、激しい雷鳴が聴覚をというように、しばしば感覚を損なう。感覚は、強いものを知覚しているときは弱いものが知覚できない、というのも強烈な光を見る者は、それと同時に、またその後は弱い明るみが見えず、強烈な音を聞く者は、それと同時に、またその後は弱い音が聞えず、またひどく甘いものを味わった者は、それの後では、甘味の弱いものを感覚しない。

それが知性的能力では逆になる、というのも知性的能力がたえず知解していて[12]、より強いものを形相化することが、その後に来るそれよりも弱いものを受け入れる能力と容易さを、知性的能力に獲得させるのである。時折、知性的能力に倦怠や疲労が生じるとすれば、それは、器官を使用する想像力を知性が利用したためであり、その器官が疲労して知性の役に立たなくなる。もしこれ以外の理由によってそうなるなら、倦怠や疲労がつねに、またほとんどの場合に生じることになるが、実際はその正反対である。

219.10/195.4　さらにまた、肉体のすべての部分は、成長が完了し停止した後、その能力が衰弱しはじめ、それは四十歳未満か四十歳のことだが、知解対象を知覚するこの能力は、たいていの場合、その後も強くなるばかりである。もし知性的能力が肉体的能力の一つであったなら、何がどうあろうと、かならずその時点で弱くなるはずだが、そうなってしまうのは、いくつかの状態と障碍が起った場合にかぎられ、すべての状態でそうなるわけではない。したがって知性的能力は肉体的能力の一つではない。

219.16/195.9　これらのことから明らかであるように、器官によって知覚するあらゆる能力は、自分自身も、自分の器官も、自分の知覚作用も知覚しない、また作用の反復がそれを衰弱させ、強力なものの直後は弱いものを知覚せず、強力なものはその能力を疲弊させ、その作用器官の衰弱によって(13)その作用が弱まるが、知性的能力はそのすべての逆である。

219.20/195.12　ところで肉体の病気や高齢のために魂がその知解対象を忘れてその作用を行なわないと、魂がそうなるのは、

(11)　カイロ版・バコシュ版の fa-hādā burhān wāḍiḥ による。ラフマーン版は fa-hādā *al*-burhān wāḍiḥ（この論証は明解であり……）とする。

(12)　カイロ版・ラフマーン版の idāmat-hā li-l-ʻ*aql* による。ʻaql（知解すること）は動名詞であるが、このような使い方にはV型の動名詞 taʻaqqul の方が適切であるように思われる。バコシュ版の idāmat-hā li-l-*fiʻl*（知性的能力がたえず作用していて）を採るか、あるいは idāmat-hā li-l-ʻ*amal*（知性的能力がたえず働いていて）とでも読み換えた方がいいかもしれない。

(13)　カイロ版・バコシュ版の ʻ*an* duʻf ālat fiʻl-hā による。ラフマーン版は ʻ*inda* duʻf ālat fiʻl-hā（その作用器官が衰弱しているときは）とする。

肉体によることなしには魂の作用が完遂しないためであると表象する人がいるが、必然的でも真実でもないことを考えるものである。つまり二つの事柄がいっしょに起るのはありうることであり、魂が何の障碍にも妨げられず、その作用から逸らすものもないときは、魂はそれ自体による作用を行なうが、肉体に偶成する状態のために魂が特有の作用を放棄することもないわけではなく、その場合、魂は自分の作用を行なわず、それに背を向けることになるが、それでもこの二つの言説は互いに否定しあうことなく成立する。そうである以上、この反論に注意が向けられることはあるまい。

220.5/195.18

とはいえ我々に言わせるなら、魂の実体には二つの作用がそなわっている——肉体に関係したもの、これは統治であり、また魂の実体それ自体とその諸原理に関係したもの、これは知性による知覚作用である。この両者は対抗しあい妨げあう、というのも魂の実体は、両者の一方に専念していれば、もう一方からは逸らされており、この二つを一つにまとめるのは、それにとって困難なことなのである。肉体の側から魂に世話をさせるのは、感覚作用、想像構成作用、欲望、憤激、恐怖、悲嘆、喜び[14]、苦痛であり、このことが君に分かるのは、君が知解対象を思考しはじめると、それらのものは、それが魂を制圧し、魂を無理やりそちらの方に投げ返すのでなければ、そのどれもが君にとって機能しなくなるからである。

220.12/196.4

また君が知るように、感覚は魂が知解作用を行なうのを妨げる、というのも魂は感覚対象に没頭していると知解対象を顧みないが、いかなるかたちであれ、知性の器官や知性自体に害悪が及ぶことはない。また君が知るように、その原因は、魂がある一つの作用だけに専念すること、病気のときに知性の諸作用が停止する場合のありさまと原因もこれと同じである。もし獲得された知性的な資質が、器官のせいで働かなくなり駄目になったのであれば、その器官が元の状態に戻るには、一から獲得しなおさなければならないだろうが、そうはならない、というのも肉体が健全な状態に復すると、魂もその資質とその態勢に戻り、その本来の状態で知解したすべてのものによって[15]知解するようになる。したがって魂が獲得したものは何らかのかたちで魂とともに存在しており、ただしそれを魂は顧みずにいたのである。

また、たんに魂の作用の二つの方向が異なるからといって、かならずその諸作用が互いに妨害しあうことには
ならないが、同一の方向の諸作用がたくさんあることが、否応もなくまさにそのことを惹き起すことがある、と 221.1/196.17
いうのも恐怖は苦痛をなおざりにさせ、欲望は憤激を封殺し、憤激は恐怖から逸らすが、それら一切の理由はただ一つ、魂が一つのことにすっかり専心していることである。このことから明らかであるように、何かが何かに専念していて、自分の作用を行なわないという場合、自分の作用を行なわないようになるのは、専念の対象であるその何かが存在するときにかぎられる。

我々はこの部門の説明を長々と続けることはできるが、しかし十分なところまで説明した後もひたすら探求の
対象を追い求めるのは、不必要なことに無理に取り組むことに通じる。我々が据えた根本的な諸原理から明らか 221.7/196.17
であるように、魂は肉体に押印されておらず、肉体によって存立してもいない。魂が肉体に特有のものであるのは、個別的な肉体の統治に専念することを促す、魂のなかにある個別的な態勢の要請によるものであるにちがいなく、魂がもつことになった、別してその肉体に向けられる本質的な配慮によってそれがなされるのは、とくにその態勢とその体液混合をもつ自分の肉体の存在とともに魂が存在するのと同じことである。

(15) カイロ版・バコシュ版の *bi-ǧamīʿ* mā ʿaqalat-hu bi-ḥāl-hā による。ラフマーン版は *li-ǧamīʿ*...（……すべてのものを）とする。

(14) カイロ版・バコシュ版の wa-l-faraḥ による。ラフマーン版にはない。

第三章　この章は二つの問いを含み、その一つは人間的魂はどのように諸感覚を利用するかということ、第二の問いは魂の発生の確立である

動物的な諸能力はさまざまな事柄において理性的魂を助けている。その一つに、それらの能力の総体から感覚が個別的なものを理性的魂にもたらすということがあり、その個別的なものから魂に四つのことが実現する。その一つは、心が[1]、個々独立した普遍者を個別的なものから抽出すること、それにさいして、個別的なものの観念から、素材、素材の付随物、そして素材に付帯するものは剝奪しながらも、共通するものと相違するもの、その存在が本質的なものとその存在が偶有的なものはこれを注視し、そこから形相化の諸原理が魂に生じるが、これは心による想像力と表象力の使役に助けられてのことである。第二は、魂がこれら個々独立の普遍者のあいだに、たとえば否定と肯定にもとづく類縁性を設定すること、否定あるいは肯定による構成がそこにおいて第一義的かつ自明であるものはこれを取り、そうでないものは中名辞に出会うまで放っておく。第三は、経験的な諸前提の獲得、これは感覚によって、ある主語に対して不可避的な様態で述語づけられる述語を見いだすことであり、その様態は、肯定あるいは否定、仮言を要求する後件あるいはその否定[2]、選言を要求する帰結あるいはその否定になるが[3]、それは、ある特定の時にそうなるのでも、ひとしく半々に起るのでもなく、つねに存在しており、魂は安んじて拠りどころとすることができる——この述語の性質とこの主語とのあいだにこの関係があり、この後件の性質はこの前件にかならずともない、あるいは偶々にではなくその本質によって前件を排除すること。論理学

221.17/197.4

の諸部門で説明されているように、それは感覚と三段論法から獲得される確信である。そして第四は、何度も繰り返し伝えられるがゆえに真実と見なされる伝聞である。

222.16/197.18 したがって人間的魂は、これらの形相化と真偽判断の諸原理を獲得するために肉体を利用し、それを獲得すれば本来の自分に戻る。ところが魂の下にある諸能力の一つで、それにとって身近な状態に魂を専念させていたものが魂に抵抗すると、それが魂を自分の作用から逸らし、魂は自分の作用から離れる。もしそれが魂を専念させないなら、その後は魂が特定の作用においてそれを必要とすることはない、ただし想像的諸能力にもう一度立ち戻ることがとくに必要な事柄ではそれが必要になるが、それは、獲得した原理とは別の原理を摑み取るためであったり、あるいは想像力に目的を摸像することによって、知性における目的の摸像が想像力の援助で強固になるのを助けるためであり、これは始まりに起ることであって、その後はめったに起らない。魂が完成し強力になっていれば、魂は自分の諸作用を絶対的に独占しており、感覚的想像的な諸能力やその他の肉体的諸能力が魂をその作用から逸らすことはあっても、それは、たとえば人間が、どこかの目的地に到達するために馬や道具を必要とするようなもの、そこに到達した後、手段のなかから手段の放棄を妨げるものが出てくるなら、到達の手段自体が妨げになる。

223.11/198.9 我々は述べるが、人間的魂は、肉体から離れて存立したことがないまま肉体のなかに実現したのである、なぜなら、すべての人間的魂が種と観念において一致する以上、肉体の生成とともに生じるのではない独立存在とし

（1）ここで心（dihn）は、魂（nafs）の同義語として用いられている。

（2）『治癒の書　表現論』（アリストテレスの『命題論』に相当する）には「太陽が昇れば、光が存在する」という例が見える（*Al-ʻIbārah*, p. 32）。

（3）「太陽が昇っているか、闇が存在するか、そのいずれかである」「人間は理性をもつわけでも、笑うわけでもない」（*Al-ʻIbārah*, p. 42）。

ての存在を魂がそなえていると仮定した場合、そのような存在においては魂は多になりえないことになる。それがなぜかといえば、事物が多になるのは、何であるか性と形相の面においてであるか、あるいは多になった元素や素材との関係の面においてであるか、そのいずれかであるが、元素や素材が多になるのは、ある点においてはあらゆる素材を包含するものである場所、一つひとつの素材の生成においてそれに特有の時、そして素材を分割する諸原因によってである。ところで人間的魂が何であるか性や形相によって異なることはない、なぜなら、その形相は同一だからであり、したがって何であるか性を受け入れるものか、あるいは何であるか性がとくに関係づけられるものの面においてのみ異なり、それがすなわち肉体である。魂が肉体なしに存在することが可能である場合には、魂と魂が数において異なることはありえないが、このことは、あらゆるものにおいて無条件に成立する。その本質が観念だけであるのに、その個体によってその種性が多になったものは、担うものによってか、受け入れるものによってか、そこから受動作用をこうむるものによってか、あるいは、それらの個体とそれらの個体の時とに対する何らかの関係によってのみ多になる。もし魂がもともと剝き出しの魂であって、我々が述べたものによって別々に分離していないなら、魂と魂のあいだに差異や多があるのは不合理である。これで、肉体に入る前の魂が、本質的に数において多であるのは誤謬であることになった。

私は述べるが、魂は、本質的に数において一であることもありえない、なぜなら二つの肉体が実現すれば、二つの肉体に二つの魂が実現するからであり、両者がその一つの魂の二つの部分であるなら、大きさも寸法ももたないただ一つのものが可能態で分割可能であることになり、これは、自然学などにおいて据えられた根本的な諸原理により、明らかに誤まっている。さもなければ、数において一である魂が二つの肉体のなかにあることになるが、これもまた、その誤りを示すのに大して無理をする必要はない。別の言い方をするなら、これらの魂が、

224.10/199.4

魂という種の総体から一つの魂として個体化するのは、それに付帯する諸状態だけによってなされることであり、その諸状態は、魂が魂であることによって、かならずともなってくるものではなく、さもなければ、すべての魂がそれを共有することになる。付帯する偶有性は最初から付帯してくるが、それはもちろん時間的な最初であり、なぜなら、ある特定の魂に偶成した契機に続いてそれらは生じ、また魂の個体化も生じるものであって、魂は無始の昔から絶えず存在していたわけではなく、魂の発生は肉体と同時である。これで確認されたように、魂は、それが使役するのに適した肉体的素材が生じるやいなや生じ、生じてくる肉体は魂の王国と道具になるが、何らかの肉体――その肉体が、第一の諸原理から魂が生じてくることを要請したのである――とともに生じる魂の実体には、肉体に専念し、それを使役し、その状態を案じ、それに惹きつけられることを本性的に望むものの態勢があり、魂に特有のその態勢が、その肉体以外のあらゆる物体から魂をそむけさせる。魂が個体化して存在するときは、魂の個体化の原理が、それによって魂が個体として成立する態勢を、魂に付け加えるが、それらの態勢は、そのありようとその対応関係は我々には見えないとしても、魂がその肉体に特有の魂であることを要請し、両者の調和に対応するものになっている。そして完成の諸原理が肉体を介して魂を待望し、この肉体がその魂の肉体になる。

とはいえ誰かが言うかもしれない、肉体を離れた魂については、君たちはこの疑問を免れることができない、つまり魂は、君たちはそうは言わないが、滅びるか、あるいは、それこそ君たちの厭うところだが、合一するか、あるいは、君たちの見解では素材から離れているのだから多であるはずはないのに、依然として多のままであるか、そのいずれか一つである、と。そこで我々は述べるが、魂が肉体を離れた後は、それぞれの魂が、かつて存在したその素材のちがい、魂が生じた時のちがい、そして当然のことながら相異なる肉体に応じて魂にそなわる

225.10/200.1

諸形態のちがいを、独占的に所有する本質として存在する。というのも我々が確実に知るように、普遍的な観念をそれと指し示される個体として存在せしめるものが、それを個体として存在せしめるためには、我々が知るにせよ知らないにせよ、その個体が生じたときにそれに付帯し、それに分かちがたくともなう諸観念のうち、それがそれによって個体になるところの観念を、その種性に付け加えなければならない。ところで我々も、魂がすべての肉体において一ではないことを知っている。

もし魂が一でありながら関係性によって多であるなら、すべての肉体において魂は知であるか、あるいは無知であることになり、またアムルの魂のなかにあるものがザイドに対して隠されないことになる、なぜなら多なるものに関係づけられた一なるものは、関係性について異なることはありえても、その一なるもの自体に存在する諸事象において、一なるものが異なることはない。つまり多くの子供に対して一人の父親がいて、彼が若いなら、彼は全体との比較においてのみ若いのであり、それというのも彼の若さは彼自身のなかにあり、それがあらゆる関係性に入り込んでくる。同様にして、知や無知や臆見やそれらに似たものは、魂そのもののなかだけにあり、それが魂とともにあらゆる関係性に入ってくるのである。[4]

したがって魂は一ではなく、数において多であるが、その種は一であり、我々が説明したようにして生じる。魂が何かによって個体化したことに疑問の余地はなく、人間の魂のなかにあるその何かは、素材への押印ではない――その主張の誤謬はすでに知られている――魂にそなわるその何かは、ある形態、ある能力、ある霊的な偶有性であり、あるいは、それが何かを我々は知らなくても、その集合によって魂が個体化する、これらすべてのものである。魂が独立して個体化した後は、その魂と数において別である魂とが同一の本質であることはありえず、このことの否定に我々は多くの箇所で多くのことばを費やした。しかしながら、これはありうることである

226.3/200.9

226.9/200.16

と我々は確信しているが、何らかの体液混合が生じるとともに魂が生じたとき、その体液混合の後から、ある形態が、理性的能動作用と理性的受動作用に生じて魂にそなわり、その形態が、他の魂においてそれに相当する形態から全面的に区別され、二つの肉体のなかにある二つの体液混合を区別し、また現実態の知性と呼ばれる獲得された形態にしても、魂がそれによって他の魂から区別されるものの限界に対応し、そして魂に個別的な自己の覚知が生じるときのその覚知は、何らかの形態であり、他の魂がもたない特性がそこにも入っているのであろう。また肉体的諸能力の側から、特有の形態が魂に生じることもありうるが、その形態は、性格的な諸形態に結びついているにちがいなく、さもなければ、それは同一になってしまう。あるいはまた魂が生じるとともに、そして生じた後で、不可離のものとして魂にともなってくる我々には隠された別のもろもろの特殊性があるのかもしれない。ちょうど、それらの特殊性の似姿から、もろもろの物質的な種の個体がかならず生じ、個体が存続するかぎり、それによって互いに区別されるもの、そのようにして魂は、そのなかにあるそれに特有のものによって、肉体があろうが無かろうが、区別されるというように――それらの状態を我々が知っていようが、知っていまいが、あるいはその一部だけを知っているにせよ。

（４）このプラトン主義批判は、アリストテレス『形而上学』一〇三八b一〇―一五に想をえたもの（Meryem Sebti, *Avicenne: L'âme humaine*, p. 14）。

第四章　人間的魂は滅びることも輪廻することもない

魂が肉体の死によって死なないのは、他のものの衰滅によって滅びるものがすべて、何らかの種類の結びつきによって他のものに結びついているからである。何らかの種類の結びつきによって何かに結びつくいかなるものも[1]、何かに対するその結びつきは、存在においてそれに後行するものによる結びつきであるか、存在においてそれに先行し、すなわち時においてではなく本質においてそれよりも前にあるものによる結びつきであるか、存在においてひとしいものによる結びつきであるか、そのいずれかである。 227.13/202.3 そこでもし魂の肉体への結びつきが、存在においてひとしいものの結びつきであり、その結びつきが存在にとって本質的なものであって偶成するものではないなら、両者のいずれもが相手に対して本質的に関係づけられていて、魂も肉体も実体ではないことになるが、両者は実体である。もしその結びつきが偶有的なものであって本質的ではないなら、両者の一方が衰滅すれば、もう一方の偶有もその関係から失われるが、本質は、それが滅んでも、この結びつきのために滅びはしない。

もし魂の肉体への結びつきが、存在において肉体に後行するものによる結びつきであるなら、肉体は存在における魂の原因であることになるが、原因には四つある。すなわち肉体は、魂の作用因であって魂に存在を与える 228.3/202.10 ものであるか、肉体にとっての諸元素のように合成的に、または鑄像にとっての銅のように単純に、魂を受けいれる受容因であるか、あるいは形相因であるか、それとも完成因であるか、そのいずれかである。[2] 肉体が作用因であるのは不合理である、というのも物体としての物体は、何の作用も行なわず、能力によってのみ作用する。もし能力によってではなくそれ自体によって作用するのであれば、あらゆる物体がそういう作用を行なうことになる。さらに、すべての物質的能力は偶有性であるか、素材的形相であるか、そのいずれかであるが、偶有性や素材によって存立する形相が、素材のなかにない、それ自身によって存立する本質や絶対的実体の存在を授けるのは不合理である。肉体が受容因であるのも不合理であり、すでに我々は、いかなるかたちであれ、魂が肉体に押印されていないことを論証し明らかにした。したがって肉体が魂の形相によって形づくられるといっても、単純にそうなるのではなく、また肉体の諸部分が何らかの合成や何らかの混合によって合成され混合され、そこに魂が押印されることによって、合成的にそうなるのでもない。また物体が魂の形相因や完成因であるのは不合理であり、というのも妥当なのはその逆である。

したがって魂の肉体への結びつきは、体液混合と肉体が偶有的には魂の原因であるとしても、結果の本質的原因に対する結びつきではない、というのも魂の器官になり、魂の王国になるに相応しい肉体の素材が生じると、離在的な諸原因が個別的な魂を生じさせ、あるいは離在的な諸原因から生じるのであり、[3] というのも、特定の一つの魂を生じさせるように特殊化した原因がないのに、個別的な魂を生じさせるのは、不合理であるばかりでなく、我々がすでに説明した理由により、数における多が魂に生じるのを妨げる。無かった後で在るようになるも

228.19/203.5

（1）　カイロ版・ハサンザーデ版の wa-kull mutaʿalliq bi-šayʾ nawʿan min-l-taʿalluq による。ラフマーン版・バコシュ版にはない。
（2）　受容因（ʿillat qābiliyah）は質料因、完成因（ʿillat kamālīyah）は目的因のこと。
（3）　カイロ版・バコシュ版の aw ḥadaṯa ʿan-hā ḏālika による。ラフマーン版の aw ḥadaṯat ʿan-hā *ka*-ḏālika では文の切れ目が変わり、「あるいは〔個別的な魂が〕離在的な諸原因からそのようにして生じる。同様にして……」となる。

のはすべて、他の諸学において明らかになったように、それを受け入れる態勢か、あるいはそれと関係を結ぶ態勢がそのなかにある素材が、かならずそれに先行しなければならないからであり、またもし個別的な魂が生じながら、それによって魂が完成し作用を行なう器官が魂に生じないことがありうるなら、魂は無為に存在することになるからであるが、自然のなかに無為のものはない。それが不可能であるときに、そうすることができるわけはないが、しかし関係を結ぶ態勢と器官に対する用意が生じていれば、そのときはかならず離在的な諸原因から何かが、すなわち魂が生じる。それは魂にかぎったことではなく、無かった後で生じてくる形相すべてについて言えることであり、素材がそれに対する用意をととのえ、素材がそれに相応しいものになることだけが、それを非存在から存在に傾かせる。

ところで何かが生じるときにしか何かが生じないからといって、前者が駄目になるとともに、かならず後者が駄目になるわけではなく、駄目になるのは、後者の本質が前者の本質によって、そして前者のなかに存立しているときにかぎられる。諸事象が諸事象から生じて、後者が駄目になっても前者が存続していることもあるが、それは前者の本質が後者のなかに存立していないときのこと、それもとりわけ、前者に存在を授けるものが、それが存在するとともに前者に存在を授ける態勢がととのったというだけのものではない何か別のものであるときのことであり、魂に存在を授けるものは、物体でも物体中の能力でもなく(4)、疑いもなく、それは素材と分量を免れて存立する本質である。その何かと肉体から生じる魂の存在が、魂が存在を要請したときにのみ実現する以上、魂の存在に(5)、存在そのものにおける肉体との結びつきがあるわけではなく、肉体は偶有的にのみ魂の原因であるにすぎない。したがって両者の結びつきが、その物体をかならず魂に対して因果的に先行するようなかたちの結びつきであるとは言えない。

230.5/204.8
我々が初めに述べたなかで三番目の区分であるが、これは魂の肉体への結びつきを、存在において先行するものによる結びつきであるとするものであった。そこでの先行が時間的なものであるなら、魂が時間において肉体に先行する以上、魂の存在が肉体に依存的に結びつくことはありえない。あるいは、その先行は時間ではなく本質によるものであることになるが、こういう種類の先行性においては、存在において[6]先行する本質が存在するようになった途端、かならずその本質から存在における後行者の本質が獲得され、その場合、後行者がすでに無くなっていると想定されるときは、存在におけるこの先行者も存在しないことになる。後行者が無くなったという想定によって、かならず先行者が無くなるというのではなく、後行者が無くなるためには、まず最初に、先行者の性質にそれを無くならせるものが偶成している必要があり、それではじめて後行者が無くなる。後行者が無くなったという想定によって、かならず先行者が無くなるわけではないが、先行者自身が無くなったと想定されるのは、先行者自身が無くなった後でしか後行者は無くならないと想定されているからである。

230.16/204.17
もしそうであるなら、無くならせる原因が魂の実体に生じ、すると魂の実体とともに肉体が滅びるのであり、肉体はそれに特有の原因ではけっして滅びないことにならざるをえないが、肉体の衰滅は、体液混合や合成の転化という肉体に特有の原因によって起る。魂が、本質において先行するものの結びつき方で肉体に結びついていて、しかも肉体が、かりにも肉体自身のなかにある原因によって滅びるのは不合理であり、したがって両者のあいだにこのような結びつきはない。こういうことであるから、各種の結びつきはすべて誤謬であることになった。

（6）　カイロ版・バコシュ版の fī al-wuǧūd による。テヘラン版の異読であり、ラフマーン版は採用していない。

（4）　カイロ版・バコシュ版の *huwa* ǧayr ǧism wa-lā huwa qūwah fī ǧism による。ラフマーン版は *šay'* ǧayr ǧism…（物体ではないものであり、また物体中の能力でもなく）とする。

（5）　カイロ版・バコシュ版の la-*hu* による。ラフマーン版は la-*hā*（魂に）とする。

残るのは、魂は存在において肉体に対する依存的な結びつきをもたず、魂が存在において結びつく対象は、不可能でも誤りでもない別の諸原理であるということである。

私はさらに述べるが、(7) 他の原因が魂を無くならせることはけっしてない、つまり何らかの原因で滅びるものはどれもみな、そのなかに衰滅の可能態があり、滅びる前は、そのなかに存続の現実態があるが、(8) 衰滅に対する準備態勢は、そのものがもつ存続の現実態によるものではなく、というのも可能態の観念は現実態の観念とは異なり、この可能態がもつ関係性はこの現実態がもつ関係性とは異なる、なぜなら前者の関係性が衰滅へのものであるのに対して、後者の関係性は存続へのものであるから。したがって何らかの相異なる二つのものによって、この二つの観念が一つの事物のなかに存在するのである。そこで我々は述べるが、合成された事物と合成体のなかに存立する単純な事物においては、存続の現実態と衰滅の可能態はそのなかにいっしょにありうるが、本質が離在的である単純な諸事物において、この二つのものはいっしょにはありえない。

絶対的な言い方をするなら、本質が単一であるもののなかに、この二つの観念はいっしょにはありえない。それがなぜかといえば、存続していながら衰滅の可能態をそなえたものは、どれもみな存続の可能態もそなえているからであり、なぜなら、それの存続は必然的かつ不可避的なものではない。必然的でなければ可能的であることになるが、両端を包含することが可能なのは可能態の本性であり、したがって、それはその実体に、存続の可能態と存続の現実態をそなえている。これで明らかになったように、その存続の現実態は、当然のことながら、その存続の可能態ではなく、このことは明白である。その存続の現実態は、存続の可能態をそなえたものに偶成するものであり、その可能態は、現実態にあるものの本質にはそなわらず、現実態での存続が、その本質の真相にはなっておらず、その本質に偶成するようなものにそなわる。こうである以上は否応もなく、それの本質は、

231.3/205.6

231.12/205.13

それがあればその本質がそれによって現実態で存在するもの——これは、いかなるものにおいても形相である——と、この現実態がそれに実現し、その可能態がその性質のなかにあるもの、すなわちそれの素材とから合成されることにならざるをえない。

232.2/206.2 もし魂が単純で絶対的なものであるなら、素材と形相に分割されることはないが、もし合成されたものであるなら——そうであるなら、合成体は無視してその素材である実体を検討することにし、議論をその素材そのものの方へ向けて素材を論じることにしよう。そこで我々は述べるが、素材はどこまでもそのように分割され、こういう議論がどこまでも成り立つか——これは不合理である——あるいは実体であり根源であるものは駄目にならないか、そのいずれかであるが、我々は根源であり起源であるこのもの、すなわち我々が魂と呼ぶものを論じているのであって、それと他のものが一つにまとまったものを論じているのではない。明らかに、あらゆるものは、合成されていない単純なものであろうと、合成体の起源と根源であろうと、その本質にかんするかぎり、そのなかに存続の現実態と非存在の可能態がいっしょにあることはない。もしそのなかに非存在の可能態があるなら、そのなかに存続の現実態があるのは不合理であり、そのなかに存続と存在の現実態があれば、そのなかに非存在の可能態はない。したがって明らかに、魂の実体のなかに衰滅の可能態はない。

232.14/206.12 衰滅するさまざまな生成者についていえば、そのなかで衰滅するのは一つにまとめ合わされた合成体である。衰滅あるいは存続の可能態は、合成されたものがそれによって一つになるもののなかにではなく、対立するもの

（7）以下の議論は、アリストテレス『天について』第一巻第一二章の議論を踏まえている。

（8）衰滅の可能態（qūwat an yafsuda）、存続の現実態（fiʿl an yabqā）は、それぞれ「衰滅する可能性」「存続する現実性」、ところによっては「潜在的な衰滅する能力」「実現している存続の作用」とでも訳した方がいいかもしれない。

を可能態において両方とも受け入れる素材のなかにあり、したがって合成された衰滅するもののなかには、存続の可能態も、衰滅の可能態もないのだから、そのなかに両者がいっしょにあることもない。ところで素材は、ある人々がそれによって存続への用意がととのうと考えているような可能態によってではなしに存続するか、それによってそれが存続する可能態によって存続するか、そのいずれかであるが、素材に衰滅の可能態はそなわっておらず、衰滅の可能態は、素材に生じる別のものである。一方、素材のなかにある単純体においては、その衰滅の可能態は素材の実体にあり、単純体の実体にはない。あらゆる生成者は、存続と廃滅の可能態が有限であるがゆえにかならず衰滅するという証明は、君がすでに学んだように、素材と形相から生成したもので、その素材のなかに、その形相がそのなかに存続する可能態とその形相が衰滅する可能態が両方ともあるものにしか妥当しない。かくして人間的魂がけっして衰滅しないことが明らかになった。我々はここまで議論を進めてきたが、神こそが成功に導き給う。

我々が明らかにしたように、魂は肉体の態勢がととのってはじめて生じもすれば多にもなり、肉体の態勢こそが、魂の存在が、肉体にそなわるべく離在的な諸原因から流出せざるをえないようにする。そこから明らかになるように、これは偶然の一致と幸運によって起ることではないから、生じてくる魂が存在するのは、魂が生じて統御するのをこの体液混合が要請するためではなく、すでに魂が存在していて、(9)たまたま魂とともに肉体が存在し魂に結びついたから、ということにはならない。というのも、このようなことは多化の本質的な原因ではけっしてなく、おそらくは偶有的な原因だろうが、我々がすでに知っているように、本質的原因がまず最初にあるのでなければならず、次にしばしば偶有的原因がそれに続く。それがそうである以上、あらゆる肉体は、その素材の体液混合が生じるとともに、自分に魂が生じるのを要請することになるが、肉体がそれを要請するのではなく、肉体がそれを要請しないのでもない。それというのも種のさまざまな個体は、それによって種が存立する事柄においては差異がなく、ある人間的肉体がそれによって自分が完成する魂を要請しながら、同じ種にともなう体液混合をもつ別の肉体がそれを要請しないということはありえない。いやむしろ、たまたまそうなれば在るようになり、たまたまそうならなければ在るようにならないなら、これは同じ種に属していない。

　そこでもし我々が一つの魂に対して複数の肉体が――そして各々すべての肉体が、というのも肉体自体が、その肉体に生じその肉体に結びつく魂を要請するのだから――次々に交替すると仮定するなら、ただ一つの肉体のなかに二つの魂がいっしょにあることになる。さらに、魂と肉体の結びつきは、我々が何度も説明したように、肉体への押印によるものではなく、両者の結びつきは、魂が肉体の世話をするという結びつきであり、その結果、魂はその肉体を覚知し、肉体はその魂から受動作用をこうむるようになる。あらゆる動物はその魂を、自分の肉体を処理しそれを統御するただ一つの魂として覚知している。もし動物が覚知しないもう一つの魂がそこにあって、その魂の方でも肉体の魂を覚知せず、肉体の世話もしないのなら、その魂に肉体との結びつきはない、なぜならこの結びつきはこの仕方でしか成立しないのだから。したがって輪廻はいかなるかたちにおいてもありはしない。この問題は長々と論じてきたので、概要を求める者にとってはこのくらいで十分である。

234.1/207.14

（９）カイロ版・バコシュ版の qad kāna *wuǧidat* nafs による。ラフマーン版は qad kāna *ḥadaṯa* nafs（すでに魂が生じていて）とする。

第五章　我々の魂に作用する能動知性と我々の魂から作用をこうむる受動知性(1)

我々は述べるが、人間的魂は可能態の知解者になっていて、それから現実態の知解者になることがあるが、可能態から現実態に出ていくすべてのものは、それを出ていかせる現実態の原因によってのみ出ていくのであり、ここに知解対象にかんして、我々の魂を可能態から現実態に出ていかせる原因がある。それは知性的形相を与える原因であるから、現実態の知性にほかならず、この知性にあっては知性的形相の諸原理が剝き出しになっており、それと我々の魂との関係は太陽と我々の視覚の関係にひとしい。(2) 太陽がそれ自体によって現実態で見え、その光によって、現実態で見えていないものが現実態で見えるのと同じように、我々の魂におけるこの知性のありさまもそれと同じようになっている。というのも知性的能力が想像力のなかにある個別的なものを眺め、我々が述べた我々のなかにある能動知性の光がその上に照射されると、個別的なものは素材と素材の付随物を剝奪されて変化し、理性的魂に押印されるが、個別的なもの自体が想像構成作用から我々の知性に移動することによってそうなるわけでも、付随物に覆い隠されていた観念、それ自身においても、それ自体との関係においても剝き出しになった観念が自分自身の摸像を作ることによってでもなく、個別的なものを眺めることが、能動知性から剝き出しのものが魂に注がれることに対する用意を魂にととのえさせるという意味においてそうなるのである。というのも思考と熟考は、魂に、流出を受け入れる用意をととのえさせる運動であり、それはちょうど中名辞が、

234.14/208.3

いっそうの確信をもって結論を受けいれる用意をととのえさせるようなものである。もっとも、いずれ君が理解するように、第一のものはあるやり方でなされ、第二のものは別のやり方でなされるのであるが。

235.11/208.16　理性的魂に、能動知性の照射を介して、この形相との何らかの関係が生じると、この関係から理性的魂のなかに、ある点ではこの形相の類に属しているが、ある点ではその類に属さないものが生じ、それはちょうど色彩をもつものに光が当たると、光が色彩をもつものの刻印を視覚に与えはするものの、その刻印が、あらゆる点で色彩をもつものの全体に合致しているわけではないのと同じようなことである。可能態において知解対象である心像は、それ自体ではなくそこから集められたものが現実態の知解対象になる。いやむしろ、感覚された形から光を媒介にして届けられる刻印は、その形そのものではなく、向き合った受容体に光を媒介にして生れる、その形に照応した別の何かであるように、それと同じように、理性的魂がそれらの想像的形相を眺め、能動知性の光が一種の繋がりによって理性的魂に繋がると、理性的魂は、それらの形相から汚れを剝ぎ取られたものが、能動知性の光から自分のなかに生じてくることに対応する用意がととのう。

236.3/209.8　人間の知性において、何かがそれによって最初に区別されるものは、(3) 想像的形相のうちで本質的なものと偶有的なもの、それらの心像がそれによって互いに似るものとそれによって異なるものであり、心像によって異なっ

(1) 受動知性（al-ʿaql al-munfaʿil）という表現は、本書ではこの表題に出てくるだけで、本文には使われていない。ただし『救済の書』の能動知性を扱った章に、「これは、可能態にあって、それによって能動態に出ていく諸知性との対比において、能動知性と呼ばれる、ちょうど質料的知性が、能動知性との対比において、受動知性と呼ばれ、あるいは想像力が、能動知性との対比において、もう一つの受動知性と呼ばれるように――ところで両者のあいだにある知性は獲得知性と呼ばれる」とあるように（*Al-Naǧāt*, p. 395）、質料的知性（ʿaql hayūlānī）と同じものを指す。

(2) カイロ版・バコシュ版の wa-*yubṣaru* bi-nūr-hā bi-l-fiʿl mā laysa mubṣaran bi-l-fiʿl による。ラフマーン版は wa-*tubaṣṣiru*...（その光によって、現実態で見えていないものを、現実態で見えるようにする）とする。

たものにならない諸観念は、類似性との関係においては、知性そのもののなかではただ一つの観念になり、それによって異なるものとの関係においては、そこにおいて多くの観念になる、つまり知性は、観念の一つを多に、多くの観念を一にすることができる。多を一にするには二つの仕方があり、その一つは、想像されたものにおいて数によって異なる多くの観念が、定義において異なっていないとき、ただ一つの観念になることによるもの、第二の仕方は、複数の類と種差の観念から、定義において一である観念を合成することによるものであり、多化の仕方はこれら二つの仕方の逆になる。

これらのことは人間的知性の諸特性に属するものであり、それ以外の能力ではこうはならない、というのも他の諸能力は多なるものをそのまま多として、一なるものをそのまま一として捉えるが、複数のものとその偶有性とから合成された集合体であるかぎりにおける一なるものは捉えられても、単純な一なるものは捉えられず、偶有的なものを本質的なものから分離して取り除くこともできない。感覚が想像力に、想像力が知性に何らかの形相を示すと、知性はそこから観念を取得する。そこでもし、それと同じ種に属し、数においてのみ別である別の形相を知性に示しても、すでに取得したものとは別の何らかの形相を知性がそこから取得することはけっしてないが、しかし時には剝き出しの状態で取得し、時にはその偶有性とともに取得する、そういう偶有性であるかぎりにおける、この形相に特有の偶有性という観点から取得するものは別である。それゆえザイドとアムルは人間性において同一の観念をもつと言われるが、アムルの諸特性に結合した人間性が、そのままザイドの諸特性に結合した人間性であるということはなく、たとえば友情や財産などによって生じるもののように、同一の本質がザイドとアムルにそなわるようなことにはならない。否、存在における人間性が多化するものである以上、外部存在において共有され、それがそのままザイドとアムルの人間性になるような、そういう唯一の人間性は存在しないのであり、このことを我々は叡知学の学科[4]において明らかにする[5]。とはいえ、その意味は、両者の先行する方が魂に人間性の形相を与えていれば、第二のものはまったく何も与えることなく、それどころか両者から魂に押印されている観念は、最初の心像から生じた同一のものであり、第二の心像は刻印作用をもたないということ。つまり両者のどちらであっても、他に先んじて、まさにこの刻印を魂に与えることができたのであって、これは人間と馬の二つの個体がある場合とは異なる。

知性は、先行性と後行性のある複数の事物を捉えると、それらとともに否応もなく時間を知解するようにできているが、それは時間においてではなく今においてなされ、知性は時を今において知解する。237.12/210.10 知性による三段論法や定義の構成は、もちろん時間のなかでなされるが、ただし結論や定義されたものの知性による形相化は一挙になされる。

知解性と素材剝奪のきわみにあるものを知性が形相化できないのは、そういうもの自体に含まれるもののためでも、知性の本来の性質に含まれるもののためでもなく、237.16/210.14 魂が肉体のなかにあって肉体に忙殺され、多くの事柄において肉体を必要とし、その肉体が魂をもっとも優れた完成から遠ざけるためである。また眼が太陽を見つめることができないのは、太陽のなかにあるものや眼の曇りのためばかりでなく、眼が所属する肉体の性質に含まれるもののためでもある。我々の魂から、この埋没[6]とこの妨げがなくなったなら、そういうものに対する魂の知

（３）　原文に、fa-awwal mā yatamayyazu *bi-hi* ʿinda al-ʿaql al-insānī amr というふうに bi-hi（それによって）を補って読む。バコシュの仏訳には「人間の知性において最初に区別されるもの、それは一つのものである、すなわち」とあり、原文のままではそう読むしかないが、文として不自然。

（４）　形而上学のこと。

（５）　ラフマーン版の wa-hāḏā *nastabyinu* とバコシュ版の wa-hāḏā *sanubayyinu* による。カイロ版は wa-hāḏā *yustabyanu*（このことは……明らかになる）とする。

解は、魂の知解作用のなかでもっとも優れた、もっとも明瞭な、もっとも愉悦に満ちたものになるであろう。ここでの我々の議論は、魂であるかぎりにおける魂を扱ったもの、つまりこの素材と結合したものであるかぎりにおける魂を扱ったものであるから、自然について論じている我々が魂の還帰を議論する必要はない――叡知学の学科に進んだときは、離在的なものにおいて魂を考察しなければならなくなるが(7)。

ところで自然学の学科における考察は、自然物に適合するものをもっぱら扱い、その自然物とは、素材と運動に対する関係をそなえたものである。いやむしろ我々は述べるが、知性による形相化は事物の存在に応じて変化し、存在がきわめて強力なものは(8)、それに圧倒されて知性が捉えそこなうことがあり、その存在がきわめて微弱なもの、たとえば運動や時間や質料は、存在が微弱であるがゆえに形相化が困難なことがある。また欠如は、知性が絶対的に現実態にあっても、知性はそれを形相化しない、なぜなら欠如は所有が捉えられないかぎりにおいて捉えられるからであり、欠如であるかぎりにおける欠如、悪であるかぎりにおける悪において捉えられるものは、可能態にあるものであり、完成の欠如である。それを知性が捉えるとしても、可能態におけるそれに対する関係性によって捉えるにすぎず、可能態にあるものが混入していない知性は、欠如や悪であるかぎりにおける欠如や悪を知解せず、それらを形相化することもない。絶対的に悪であるようなものは存在のなかにはないのである。

(6)　カイロ版・ラフマーン版の ġumūr は名詞 ġamr（浸水、洪水）の複数形だが、それでは不自然なので、これを動名詞 ġumūrah であるかのように訳した。バコシュはアラビア語本文では疑問符とともに ġumūz（接触）としているが、これもふつうに使われる語形ではなく、そのフランス語訳ではなぜか défaut（欠点）という訳語を当てている。あるいはこの語は ġumūḍ（掩蔽）が聞き誤られたものかもしれない。アラビア語の ḍ と z は、ペルシア語では同じ音になる。

(7)　『治癒の書　形而上学』の第九部第七章はまさに「帰りゆくところ」と題され、「ここで我々は、その肉体を離れた人間の魂の状態とそれがどのようになるかを確かめるべきである」と説き起されている（*Al-Ilāhiyāt*, p. 423）。

(8)　カイロ版・バコシュ版の fa-l-ašyāʾ al-qawiyat *al-wuǧūd* ǧiddan による。ラフマーン版は fa-l-ašyāʾ al-qawiyah ǧiddan（きわめて強力なものは）とする。

第六章　知性の作用の諸段階と魂の最高段階である聖なる知性

そこで我々は述べるが、魂は知解対象の形相を、素材を剥奪されたものとして、それ自身のなかに取り込むこ
とによって知解するが、形相が剥き出しになるのは、知性が形相を剥き出しにすることによってであるか、ある 239.3/212.4
いはその形相がもともと素材を剥奪されているために、魂はそれを剥き出しにする労苦を免除されているか、そ
のいずれかである。
魂は自分自身を形相化し、魂による自己形相化が、魂を知性に、知解者に、知解対象にする。ところが、これ
らの形相の魂による形相化は魂をそういうものにしない、というのも事柄によっては現実態に出ていくこともあ 239.7/212.8
るとはいえ、魂は、肉体のなかにあるその実体にあっては、つねに可能態において知性なのである。ところで魂
そのものが知解対象になると言われているが、これは、私から見て不可能なあらゆることの一つであり、私には、
事物が別の事物になるという彼らの言が理解できないし、どのようにしてそうなるかを知解することもできない[(1)]。
もしそれが、形相を脱ぎ捨ててから別の形相をまとうことによってなされ、第一の形相とともに何かになり、も
う一つの形相とともに別の何かになるということであるなら、実際に第一のものが第二のものになったのではな
く、第一のものはすでに無くなっており、その基体あるいは基体の一部分だけが残っているのである。もしそう
でないなら、どのようにしてそうなるかを検討するがよい[(2)]。そこで我々は述べるが、それが別のものになったと

き、すでにその別のものになっているのだから、元のものは存在するか無くなっているか、そのいずれかである。もし存在するなら、第二の別のものは、やはり存在するか無くなっているか、そのいずれかである。もし存在するなら、それらは二つの存在者であって一つの存在者ではない。もし無くなっているなら、この存在者は、存在する別のものではなく、無いものになっているのだから、これは知解されるものではない。もし第一のものがすでに無くなっているなら、それが別のものになったのではなく、それが無くなって別のものが実現したのである。それでは魂は、どのようにして諸事物の形相になるのか。

このことについて、人々をもっとも当惑させるのは、彼らのために『イサゴーゲー』を著した者であり[3]、彼は空想的で詩的なスーフィー風のことばを語るのに熱心で、そのことばによって、自分に対しても、他の人々に対しても、ただ空想に耽るばかりであったが、それは彼の『知性と知解対象について』や『魂について』[4]が、ものを見分けることのできる人々に示すところである。たしかに事物の形相は魂に宿り、それを甘く彩り、飾り立て、

240.3/213.1

（1）アリストテレスの『魂について』第三巻第七章冒頭の記述を踏まえた議論。イブン・シーナーがこの箇所に付した傍註には「アリストテレスがここやここ以外の箇所で述べている『認識と認識対象は同一である』ということの意味は、認識対象から認識者に押印される認識対象の形相は、感覚対象の形相が感覚に押印されるのと同じようなものだということである」とある（"Al-Taʿlīqāt ʿalá ḥawāšī Kitāb al-nafs li-Arisṭū", in ʿAbd al-Raḥmān Badawī (ed.), *Arisṭū ʿinda al-ʿarab*, p. 105）。これはまたファーラービーの説でもある。Abū Naṣr al-Fārābī, *On the Perfect State (Mabādiʾ ārāʾ ahl al-madīnat al-fāḍilah)*, ed. and tr. Richard Walzer, Clarendon Press, Oxford, 1985; Kazi, Chicago, 1998, p. 443 (commentary).

（2）カイロ版・バコシュ版の fa-l-*yanẓur* による。ラフマーン版は fa-l-*nanẓur*（我々は検討しよう）とする。

（3）ポルフュリオスの『イサゴーゲー』（*Īsāġūǧī*）はアブー・ウスマーン・ッ・ディマシュキーによってアラビア語に訳されている。

（4）『知性と知解対象について』（*Fī al-ʿaql wa-l-maʿqūlāt*）は、アン・ナディームが西暦一〇世紀末に著した『フィフリスト』に、古い翻訳のあるポルフュリオスの作品として記されている（Al-Nadīm, *Al-Fihrist*, ed. Yūsuf ʿAlī Ṭawlī, Dār al-Kutub al-ʿIlmiyah, Beirut, 1996, p. 412; Bayard Dodge (ed. and tr.), *The Fihrist of al-Nadīm*, vol. II, Columbia University Press, New York/London, 1970, p 610）。『魂について』（*Fī al-nafs*）については *Liber de anima IV-V*, p. 136 note 69 を参照。

魂は質料的知性を介して形相の場所のごときものになる。ところで、もし魂が現実態において存在者のどれかの形相になっているなら、その形相は現実態であり、魂自体も現実態であって、形相そのもののなかに何かを受け入れる能力はなく、受容能力は事物を受け入れるもののなかにしかないのだから、その場合、魂は、別の形相や別のものを受け入れる能力はもたないはずだが、我々は魂がその形相とはちがう別の形相を受け入れるのを見ることがある。それでもし、そのちがうものが、やはりこの形相と異ならないなら、それは驚くべきことであり、受け入れることと受け入れないことが同じになってしまう。もし異なっていて、もし魂が知解される形相であるなら、当然のことながら、魂はすでに自分自身ではないものになっているはずだが、そういうことはまったくなく、魂は知解者である。一方、知性は、魂がそれによって知解する魂の能力が知性によって意味されるか、さもなければ、これらの知解対象の形相そのものが知性によって意味され、魂のなかにあるがゆえにそれらの形相は知解されるか、そのいずれかであり、知性と知解者と知解対象は、我々の魂においては同一ではない。もちろん他のものにおいては、それを扱う箇所で君が目にすることになるように、そういうこともありうるが。また質料的知性もこれと同じで、もし魂にそなわる無条件の用意がそれによって意味されるなら、我々が肉体にとどまるかぎり、それはいつまでも存続するだろうが、もしそれぞれの対象について意味されるなら、その用意は現実態が存在するとともに消える。

このことが定まったので我々は述べるが、知解対象の形相化には三つの仕方がある。その一つは、現実態にある魂のなかでなされる、分析され秩序立てられた形相化だが、往々にしてその分析と秩序立ては必然的とは言いがたく、変更した方がいいものである。たとえば「あらゆる人間は動物である」ということばが示すそれぞれの語の観念を君が自分の魂のなかで分析してみるなら、そのすべての観念が、非肉体的実体のなかでのみ形相化される普遍的なものであるのを見いだすとともに、そこにおける観念の形相化に先行性と後行性がそなわっているのを見いだすであろう。それを君が変更して、形相化される諸観念の構成が、「動物はあらゆる人間に述語づけられる」ということばに対応する構成になっても、普遍的諸観念の構成であるかぎりにおけるこの構成が、非肉体的実体のなかでのみ構成されることに君は疑いをもつまい。また、もしそれが何らかの観点から想像力のなかで構成されたとして、それは、知解対象としてではなく聴きとられるものとして構成されるのであって、二つの構成は異なっていても、両者から純粋に知解されるものは同一である。

第二の形相化は、すでに形相化が実現し獲得されているが、魂はそれに背を向けていて、その知解対象に向き合うことなく、その知解対象から、たとえば別の知解対象にすでに移動しているというもの、というのも我々の魂は、諸事物を一度に全部まとめて知解することはできない。もう一つの種類の形相化は、君が知っているか、ほとんど知っていることについて問われる質問において君に生じるようなことである。その答えは即座に君に現前し、自分が知っていることによってその問いに答えることになるのを君は確信しているが、そこに分析はまったくなく、それを知っているという、分析や構成を行なう前の君の確信から生じるその答えを答える段になってはじめて、君は君の魂のなかで分析と構成に取りかかる。

第一の形相化と第二の形相化のちがいは一目瞭然である、というのも第一の形相化が、すでに貯蔵庫から出してあるものを君が使用しているようなものであるのに対して、第二の形相化は、君のものでありながら貯蔵庫にしまわれていて、使用したいと思ったときに使用するようなもの。そして第三の形相化が第一のものと異なるのは、それが思考のなかで構成されるものではまったくなく、その端緒のようなものであり、確信との結合がともなうことである。それが第二のものと異なるのは、それに背が向けられることなく、何らかの眺め方で、確信をもって現実態で眺められていること、それというのも貯蔵品のようなもののどれかとの関係がそれとともに特別に定まるからである。そこでもし誰かが、それもまた可能態の知識であるが、現実態に近い可能態であると言うなら、それはまちがっている、なぜなら、それをもつ者には実現している現実態の確信がそなわっており、遠いあるいは近い可能態にあるその確信を実現する必要はない。その確信があるのは、それを知りたいと思ったときにそれが自分に実現することを彼が確信しているからであり、それを現実態で確信することによってこれが実現することで彼の確信は現実態のものになる。というのも実現とは何かに実現することであり、我々がこれと指し示すこのことが現実態で実現する、なぜなら現実態において知らずにいることを、自分のところに貯蔵された既知のことと確信するのは不合理であり、もしその事柄が、それを確信している面においては知られているのでないなら、どうしてそれがどうあるかを確信できよう。また指し示しは、これは自分のなかに貯蔵されていると現実態で確信している者によって現実態で知られているものを含意する以上、それは、こういう単純な仕方で、その人において知られているのである。さらに彼は、それを別の仕方で既知のものにしようとする。驚くべきことに、この答える人が、その魂のなかに一挙に浮かび上がったものを分析しながら他人に教えようとすると、教えつつあることといっしょに、第二のあり方の知識を自分が学ぶことになり、彼のことばが構成されるのと同時にその形相が彼のなかに構成される。

それら二つのあり方の一つは思考的知識であるが、これは、それが構成され合成されてはじめて、それによる完全な完成が完成する。第二のあり方は単純な知識であり、それ自体に次から次へと形相がそなわるというものではないが、そこからそれらの形相が形相を受け入れるものに流れ込むただ一つのものであって、それは我々が思考的知識と呼ぶものを作りだす知識であるとともにその原理でもあり、もろもろの能動知性に似た魂の絶対的な知性的能力にそれはそなわる。一方、分析は、魂であるかぎりにおける魂にそなわり、それをもたないものは魂的知識をもたない。どのようにして理性的魂に、その魂の知識とは別の知識をもつ、その魂とは別の原理がそなわるかといえば、それは考察すべきことであり、君はそれを自分の魂から学ばなければならない。知っておかなければならないのは、この両者から、純粋な知性のなかに多化が生じることはけっしてなく、形相が次から次へと構成されることもなく、純粋な知性は、そこから魂に注がれるあらゆる形相の原理なのである。もろもろの純粋な離在者が、このようにして諸事物を知解することを君は信じなければならない。というのも、そういうものの知性は、形相に作用し形相を創造する能動知性であり、形相にそなわっていたり、魂の形相のなかにあったりするものではない(5)。魂であるかぎりにおいてこの世界にそなわる魂が行なう形相化作用は、構成し分析する形相化であり、それゆえ、あらゆる点において単純なわけではない。またあらゆる知性的知覚作用は、素材とその素材的偶有性から前述のようにして離在する形相に対する何らかの関係であり、それが魂にそなわるのは、魂が、それによって押印される受容的実体だからであり、それが知性にそなわるのは、知性が作用し創造する能動的原理の実体だからである。魂にそなわる知性の原理性で知性自体に特有のものは、現実態にある知性の知性性であり、魂による離在的形相の形相化と受け入れにおいて魂に特有のものは、現実態にある魂の知性性である。

(5)　ラフマーン版の lā *allaḏī yakūnu* li-l-ṣuwar aw fī ṣuwar *al-nafs* による。カイロ版は lā *allaḏī yakūnu* li-l-ṣuwar aw fī ṣuwar（〔そういうものの知性は〕形相にそなわっていたり、形相のなかにあったりするものではない）。バコシュ版は lā *allatī takūnu* li-l-ṣuwar aw fī ṣuwar とし、そのフランス語訳は「〔それらの離在的なものが〕形相にそなわっていたり、形相のなかにあったりするものではない」となっている。ラテン語訳の註には、「能動知性が創造した形相が、そのまま、魂の形相化作用にそなわっていたり、魂の形相のなかにあったりすることはない」という解釈が示され、その論拠が細かく説明されているが（*Liber de anima IV-V*, p. 143-144）、そう解釈するためには、lā *allatī takūnu* li-*taṣawwur al-nafs* aw fī ṣuwar-*hā* のような原文を想定しなければならない。これはもう別物である。

244.10/216.5 魂のなかにある形相のありさまについて知っておくべきことを、これから私は述べる。想像されたものとそれに繋がるものは、魂がそれに背を向けると、[6]貯蔵のための諸能力に貯蔵されるが、それらの能力は実際には知覚能力ではない、さもなければ、それらは知覚能力であるとともに貯蔵庫でもあることになるが、それらは貯蔵庫であり、そこに知覚し判断を下す能力、すなわち表象力や魂や知性が戻ってくると、想像されたものが実現しているのを見いだす。それらが見いだせないときは、手さぐりし思い出すことによって取り戻さなければならない。もしこういう釈明がなかったなら、形相を忘れたあらゆる魂について、その形相は存在するのか、それとも可能態でしか存在しないのかと疑わざるをえなくなり、その形相はどのようにして連れ戻されるのか、魂のところにないなら、何のところにあるのか、その形相のところに戻るために、魂は何と繋がるのかと疑われることになろう。しかしながら動物的魂の諸能力は分割され、それぞれの能力に独立の器官が設けられ、表象力が顧みないこともある形相には貯蔵庫が設けられ、表象力が顧みないことのある含意にも貯蔵庫が設けられている、それというのも表象力は、これらのものが定着する場所ではなく判断者なのである。そこで我々に言えるのは、表象力は、二つの能力の領域に貯蔵された形相や含意に眺め入ることも、それに背を向けることもあるということである。

245.5/216.16 さて我々は、人間的魂と知解対象――人間的魂が獲得しておきながらそれを打っちゃって他のものの方へ行ってしまう知解対象については何を述べるべきか。知解対象は完全な現実態で魂のなかに存在しているのか――それなら、もちろん魂はそれを完全な現実態で知解しているにちがいない。それとも魂には、知解対象をそこに貯蔵しておく貯蔵庫がそなわっているのか。その貯蔵庫は、魂それ自体か、魂の肉体か、あるいは魂にそなわる肉体的なものか、そのいずれかであるが、すでに我々が述べたように、魂の肉体と魂の肉体に結びついたものは、それには適さないものに属する。それというのも、そういうものが知解対象の宿る場であるのは適切なことではなく、知性的形相が配置を有するのも適切なことではないが、魂は肉体との繋がりによって配置を有するようになっており、形相が肉体のなかで配置を有するようになれば、形相は知解対象ではなくなる。それとも我々はこう述べればいいのか――これらの知性的形相はそれ自身において存立するものであり、その一つのひとつの形相が、それ自身において存立するものの種になっている。そういう知性的形相を、知性は眺めることもあれば顧みないこともあり、眺めるときはそれが知性のなかに摸像されるが、それに背を向けるときは摸像されない。魂は鏡のようなもの、それらの知性的形相は、鏡のなかに現れることも現れないこともある外部の事物のようなものであり、それは魂と形相とのあいだに生じる関係次第である。あるいは能動的原理は、魂の求めに応じて、形相を次から次へと魂に注ぐが、魂が能動的原理に背を向けると流出が止まるということか。もしこれがこうであるなら、なぜ君はそのつど初めから学びなおす必要がないのか。

そこで我々は述べるが、真相は最後の区分である。つまり、この形相が魂のなかに完全な現実態で存在し、それでも魂はそれを完全な現実態で知解していないと述べるのは不合理であり、それというのも魂がそれを知解するということの意味は、その形相が魂のなかに存在することにほかならない。また魂にそなわる肉体が貯蔵庫であるのも不合理であり、魂自身が形相の貯蔵庫であるのも不合理である、それというのも魂が形相の貯蔵庫であるということは、その形相が魂のなかに存在する知解対象であり、そうあることによって魂が形相を知解することにほかならない。ところが記憶力と形相化能力はそうではない、というのも、それらによってこの形相の知覚はなされず、形相を保存するだけで、知覚の方はもっぱら別の能力によってなされるのだから。記憶され形相化された形相が何かのなかに存在することが知覚作用ではないのは、感覚された形相が何かのなかに存在すること

（6）ラフマーン版・バコシュ版の idā *aʻrada* ʻan-hā al-nafs による。カイロ版は idā *aradat*...（それから魂が生じると）とする。

が感覚ではないのと同じである。それゆえ物体は、感覚対象の形相がそのなかにあっても知覚能力ではなく、知覚作用は、知覚能力であるものによる何らかの押印によって、それらの形相が押印されるものによってなされる必要がある。一方、記憶力と形相化能力は、器官であるものによってのみ、そこに形相が押印され、その器官は、知覚能力の担い手である表象力の近くに形相を保存する物体をそなえていて、表象力がそうしたいときに形相を眺められるようになっているが、それはちょうど感覚された形相が感覚のそばに保存され、感覚がそうしたいときにその形相を注視するのと同じである。

この解釈を記憶力と形相化能力は許容するが、魂は許容しない、というのも知解された形相が魂のなかに存在することは、魂による形相の知覚作用そのものなのである。さらにまた我々は、後ほど第一叡知学において、この形相が独立して存立してはいないことを説明する(7)。すると残るのは、正しい区分は最後の区分であるということだが、学習とは、能動的原理との繋がりに対する完全な用意を求めることであり、その結果、能動的原理から単純な知性である知性が生じ、その知性から形相が流れ出し、思考を介して魂のなかで分析されるのであるから、学習前の用意は不完全であり、学習後の用意は完全になる。したがって学習とは、求める知解対象に繋がりのあるものが思い浮かび、魂が思弁的な方面に向かい――思弁的な方面とは、知性を授ける原理への回帰である――その原理に繋がると(8)、そこから剝き出しの知性の能力が流れ出し、その知性に続いて分析作用の流出が起ることなのである。ところが能動的原理に背を向けると、その形相はふたたび可能態になるが、それは現実態にきわめて近い可能態である。最初の学習は眼の治療のようなもの、眼が健康になれば、そうしたいときに何かを眺めて、そこから何らかの形を取得するようになるが、その何かから眼が逸れれば、それは現実態に近い可能態になる。人間のふつうの魂が肉体のなかにあるかぎり、魂が能動知性を一挙に受け入れるのは不可能であり、魂は我々が述べたような状態にある。

誰かが知解対象を知っているときと言われるとき、その意味は、いつでもそうしたいときに、その形相を自分自身の心に現前させることのできる状態にあるということ、このことの意味は、いつでもそうしたいときに能動知性に繋がることができ、能動知性からやって来るその知解対象が心のなかに形相化されるということであって、その知解対象がつねにその人の心のなかに現前し、その知性のなかで現実態で形相化されているわけではなく、また学習して、この種の現実態の知性が実現する以前とはちがうということでもある。現実態の知性とは、知解したいものを魂がそれによって知解できるようにする能力であり、魂は繋がりたいときに繋がり、すると知解された形相が魂のなかに流れ込むが、その形相は実際には獲得知性であり、この能力の方は、我々が知解することができるかぎりにおいて我々のなかにある現実態の知性である。また獲得知性が完成であるかぎりにおける現実態の知性であるのに対して、想像されたものの形相化は、魂から感覚対象の貯蔵庫に戻ることであり、前者は上方を眺めること、後者は下方を眺めることである。もし肉体と肉体に偶成するものから解放されるなら、そのときは能動知性に完全に結合し、彼処で知性的な美と永遠の歓びに出会うことができるが、そのことはそれを扱う部門で論じることになる。(9)

247.15/218.18

(7) 「第一叡知学」は『治癒の書　形而上学』を指すが、第七部第二章に「プラトンはどうかといえば、彼のもっとも強い傾向は、形相を離在するものとすることであり、彼にとって、数学的なものは、形相と素材的なものの中間に位置するものである」(*Al-Ilāhīyāt*. p. 311) とあり、以下、その批判が展開されている。

(8) 原文 ittaṣala bi-hi の主語（三人称単数男性）として考えられるのは、少し前に出てきた能動分詞の mutaʿallim（学習者）、これはこの節に使われている動名詞 taʿallum（学習）を能動分詞にしたものの名詞的用法だが、受動的に解すること（〔教師から〕知識を授けられる者）もできるし、能動的に解すること（自分自身に知識を授ける者、つまり〔イブン・シーナーのような〕独習者）もできる。

(9) 『治癒の書　形而上学』の第九部第七章。

248.9/219.8 知っておかなければならないが、学習は、学習者以外の者から生じるにせよ、学習者自身から生じるにせよ、さまざまな差異がある、というのも学習者のなかには、先述の用意に先立つ用意がより強力であるため、形相化を行なうのがより容易な者がおり、そういうものがその人自身にそなわっているとき、この強力な用意は直観と呼ばれる。この用意は、人によっては、能動知性に繋がるのに多くのものを、訓練や教育を必要としないほど強固であり、それどころか、第二の用意がその人に実現しているかのようであったり、さらには、あらゆるものがひとりでに分かるかのようであるほど、それに対する用意が強固であることもある。この段階は、この用意の諸段階のなかでもっとも高いものであり、質料的知性のこの状態は、聖なる知性と呼ばれなければならない。この状態は資質態の知性の類に属しているが、しかしきわめて高度なものであって、すべての人間が共有するものではない。

248.19/219.16 またその力とその卓越性ゆえに聖なる息吹[10]に関係づけられるこれらの作用のどれかが、想像構成能力に流出を注ぎ込むのもありえないことではなく、すると想像構成能力の方も、すでに示されたようなやり方で、感覚され聴きとられる似姿であることばによってそれを摸倣する。このことの確認となるのは、周知の明白な事実として、知解される事象で獲得されるに至るものは、三段論法における中名辞の取得によってのみ獲得されるということがあり、この中名辞は二種類の取得の仕方で取得される。時には直観によって取得されるが、直観は、それによって心が自分で中名辞を見いだす心の作用であり、頭脳明晰とは直観の能力である。また時には教育によって取得されるが、教育のもろもろの源泉は直観であり、というのも物事は、疑いもなく最終的には直観に帰着し、そういう直観に恵まれた人々がそれらの物事を見いだして学習者にもたらしたのである。したがって人間にひとりでに直観が生じ、教師がいなくても、三段論法が心のなかで構築されるのはありうることであり、これは量と質において差異があるものに属する。量というのは、人によっては、中名辞に対してより多くの直観をそなえているからであり、質というのは、人によっては、直観にかかる時間がより速いからである。この差異は一定の限度に収まるものではなく、どこまでも減少と増大を受け入れ、減少の極限においては、まったく直観をもたない者に行きつくのであるから、増大の極限においては、探求対象のすべてであるいは大半において直観を有する者、そしてもっとも速い時間、もっとも短い時間で直観を手に入れる者に行きつかざるをえない。

したがって人々のなかにこういう一個人がいるのはありうることである——極度の明澄さと知性的諸原理との強い繋がりによって魂が支えられ、直観で燃え上がるほどになり、すなわち、あらゆる事柄について能動知性から知性的諸原理を受けとり、能動知性のなかにある形相がその人のなかに、一挙にあるいはほぼ一挙に、権威の受け売りではなく、中名辞を含む構成をともなって描かれるような、そういう人である。権威の受け売りではなくというのは、その原因によってのみ知られる事柄における権威の受け売りは、確実でも知性的でもないからである。ところでこれは一種の預言である、いやむしろ預言者能力のなかで最高のものであり、この能力は聖なる能力と呼ばれるべきであり、これこそ人間的能力の段階で最高のものである。

249.18/220.8

（10）「聖なる息吹」（al-rūḥ al-qudsīyah）はいわゆる「聖霊」を指し、rūḥ al-qudus（聖なるものの息吹）という形で『コーラン』に何度か出てくる。

第七章　魂とその諸作用、魂が一であるか多であるかについて、古人たちから伝えられた教説の列挙、それらについての真実の説の確認

250.8/221.5 魂の本質とその諸作用にかんする教説[1]はさまざまに異なっている。そのなかには、魂は単一の本質であり、そのすべての作用をさまざまな器官を用いて自分で行なうと主張した者の説がある。また彼らのなかには、魂はそれ自体において知者であって、あらゆるものを知っており、諸感覚を使用し、知覚対象を近寄らせる諸器官を使用するのは、もっぱら、それによって魂が自分自身のなかにあるものに気づくためであると主張した者がいる。また彼らのなかには、それは魂にそなわる想起によるものであると述べた者がいるが、それではまるで、魂はたまたま忘れていたというようなことになる。最初期の流派のなかには、魂は単一ではなくいくつかの数であり、一つの肉体のなかにある魂は、複数の魂が集まったもの、すなわち感覚し知覚する魂、憤激的魂[2]、そして欲望的魂が集まったものであると述べた者がおり、そういう彼らのなかには、欲望的魂は摂食的魂であるとし、その場所は心臓であり、それに摂食と生殖に対する欲望が両方ともそなわるとした者がいる。また彼らのなかには、魂の諸部分のこの部分から牡と牝の睾丸[3]に向かって流れる能力に、生殖活動がそなわるとした者がいる。また彼らのなかには、魂は単一の本質であるとし、そこからこれらの能力が流れ出るが、魂はどの能力にも一つの作用を割り当てており、またそれが行なう上述の事柄を、魂は、もっぱらこれらの能力を介して行なうとした者もいる。

251.4/221.17 さて、魂は単一であり、それ自体によって作用すると述べた者は、我々もそれには触れるが、最後の教説を唱

えた人々が使うことになる論拠を挙げた。さらに曰く、魂が非物体の単一なものであるなら、それが諸器官に分割され、多になるのは不合理である、というのも、その場合、魂は素材的形相であることになる、と。彼らにとって、魂が離在的な実体であることは、いくつかの三段論法によってすでに確立されているが、その三段論法をここで我々が列挙する必要はない。曰く、魂は、それが相異なる諸器官によって行なうことを自分ひとりで行なっているのである。

また彼らのなかで、魂はそれ自体において知者であると述べた者たちは論拠を挙げてこう述べた。なぜなら、もし魂が無知で知識を欠いているなら、それは魂の実体によって魂にそなわることか、あるいは魂に偶成することか、そのいずれかになる。もしそれが実体によるものであるなら、かりにも魂が知るのは不可能であることになる。もしそれが魂に偶成するのであれば、その偶有は、事物に存在するものに反して偶成するのであり、諸事物を知ることが魂に存在しているのに、何らかの原因によって、無知であることが魂に偶成することになる。その原因は、無知の原因にはなっても知の原因にはならないのだから、偶成したもろもろの原因を取り除けば、魂自体のなかにあるものが残る。そこで魂自体にそなわるのが知ることであるなら、どうして受動作用をこうむらない単純な霊的なものである魂に、何かの理由によって、知らなくなることが偶成したりするのか。とはいえ魂のもとに知識がありながら、忙しいためにそれを顧みないのはありうることであり、気づかされれば知るようになる。気づかされるとは、魂を魂自体に、その本性の状態に投げ返すということ、すると魂はあらゆるものを知

251.9/222.4

（1）ラフマーン版の al-maḏāhib による。カイロ版・バコシュ版は al-maḏāhib *al-mašhūrah*（世に知られた教説）とする。

（2）プラトンの気概的魂は、アラビア語では憤激的魂（nafs ġaḍabiyah）と呼ばれていた。

（3）イブン・シーナーは、女性の卵巣も「睾丸（unṯayān）」と呼んでいる。『医学典範』（五十嵐一訳、朝日出版、一九八一年）一三一頁を参照。

る自分自身を見いだす。
　また想起説を唱える人々が論拠を挙げて述べるには、もし魂が、いまは知らずに探し求めているものを、ある
とき知っていたのでないなら、それを手に入れても、逃亡奴隷を捜索する者のように、それが求めるものである 251.20/222.13
ことを知らずにいるだろう、とのことであるが、我々はすでに別の箇所でこれを語りつくし論破している(4)。
　また魂を多であるとする人々は論拠を挙げてこう述べた。どうして我々は、すべての魂が単一の魂であると言
うことができよう。我々が植物を見れば、それに欲望的魂はそなわっていても、我々がこの章で言 252.2/222.16
及した欲望的魂(5)である——知覚し感覚し識別する魂はそれにそなわっていないのだから、疑いもなくこの魂はあ
の魂ではなく、それ自身によって独立しているものである。さらに我々が動物を見れば、それに感覚的憤激的魂
はそなわっていても、そこに理性的魂はまったくない。するとこの獣的魂(6)は単独の魂である。これらのものが人
間のなかに集まっているとき、本質の異なる種々さまざまな魂がそのなかに集まっており、そのなかには互いに
離在的なものもあるのを我々は知る。だからこそ、それらの魂の各々がそれに特有の場所をもち、識別の魂には
脳が、動物的な憤激的魂には心臓が、欲望的魂には肝臓があるようになっている。
　以上が魂についての世に知られた教説であるが、そのなかで正しいのは、最初に列挙されたなかでは最後の教 252.13/223.3
説だけである(7)。それでは、その正しさを明らかにするとして、その次に我々は、彼らがもたらした疑問点の解決
に取りかかる(8)。そこで我々は述べるが、我々が述べたことから明らかになったように、相異なる作用は相異なる
能力によるものであり、能力であるかぎりにおける各々の能力は、それにそなわる第一の作用がそこから発出す
るかぎりにおいてのみ、そういうものなのであるから、憤激能力が快楽から、欲望能力が害悪から受動作用をこ
うむることはなく、知覚能力が、この二つの能力が刻印を受けるものから刻印を受けることもなく、この二つの

能力は、そうあるかぎりにおいて、そのどちらも、知覚された形相を受け入れてそれを形相化することはない。

これはすでに定まっていることなので、我々は述べるが、これらの能力に対して、それらすべてを集めるとと 253.2/223.8
もに、それらすべてがそこに集められる、そういう紐帯があって、その紐帯がこれらの能力に対してもつ関係は、共通感覚が乳呑み児たる諸感覚に対してもつ関係になっていなければならない、というのも我々が確信をもって知るように、これらの感覚は互いに世話をかけあい、互いに使役しあっているのであり、(9) すでに君は先行する部分でこのことを知っている。もしこれらの能力を使役し、別の能力を排してこれらの能力のどれかに専念し、その別の能力の方は使役することも統御することもない、そういう紐帯がなかったなら、これらの能力のどれかが他の能力の作用を何らかの仕方で妨げることも、それを顧みないこともなかったであろう。なぜなら諸能力のどれかが、別の能力との繋がりをもっていなかったなら、その能力の作用が別の能力の作用を妨げることはない——器官が共有されず、その宿る場所も共有されず、両者を一つにまとめるそれ以外のものも共有されていないのだから。我々は感覚作用が欲望を掻き立てるのを目にするが、欲望能力は、感覚対象であるかぎりにおける感覚対象からは作用をこうむらない。(10) もし感覚対象であるかぎりにおいてではなしに作用をこうむるなら、その受動作用は、その感覚対象に対する欲望によって生じるものではないことになる。もちろん感覚するものがある

（4）『論証学』（*Al-Burhān*, p. 75-77）のこと。
（5）摂食と生殖に対する欲望をつかさどる魂のこと。
（6）ラフマーン版の hāḏihi al-*nafs* al-bahīmiyah による。カイロ版・バコシュ版は hāḏihi al-*anfus* al-bahīmiyah（これらの獣的魂）とする。
（7）つまり「魂は単一の本質である」とする説。
（8）カイロ版・バコシュ版の nuqbilu による。ラフマーン版は li-nuqbil（取りかかろう）とする。
（9）カイロ版・バコシュ版の yaš̌ġalu baʿḍ-hā baʿḍan *wa-yastaʿmilu baʿḍ-hā baʿḍan* による。ラフマーン版は yaš̌ġalu baʿḍ-hā baʿḍan（互いに世話をかけあっているのであり）とし、「互いに使役しあう」はない。
（10）カイロ版・バコシュ版による。ラフマーン版は文頭に kayfa（どのようにして）とある。

にはちがいないが、その二つの能力が同一ではありえない以上、明らかに、その二つの能力はある一つのものにそなわっており、だからこそ「我々は感じたとき、欲望をいだいた」「我々はそれを見たとき、腹を立てた」と我々が言っても、まちがいにはならないのである。

　これらの能力がそのなかに集まるこの一つのものは、我々の誰もが、まさにそれであると見なすものであるからこそ、「我々は感じたとき、欲望をいだいた」と言ってもまちがいにはならないのであり、これは物体ではありえない。まず第一に、物体としての物体は、かならずしも、これらの能力が集まる場所であるわけではなく――さもなければ、あらゆる物体にそれがそなわることになる――それによってそれがそうなるところの事象によってそうなるのであるが、その事象は、第一の集めるものであり、集まる場所であるかぎりにおける物体の完成であり、物体にあらざるものである。したがって集まる場所は何か物体ではないもの、すなわち魂である。

　第二に、すでに明らかになったように、これらの能力のなかには、物体に居を据える、物体的なものであることのできないものがある。疑問が生じて、こう問われるかもしれない、すなわち、もしこれらの能力が一つのものにそなわることが可能であり、ただしそのなかにすべての能力がいっしょに集まるわけではなく、それというのも、ある能力は物体に宿らないが別の能力は物体に宿るというように、これらの能力はばらばらであって、同一のものに関係づけられる同一の属性をもたず、それでも一つのものにそなわることが可能であるなら、なぜ、いまそのようになり、これらの能力のすべてが一つの物体あるいは物体的なものに関係づけられるようにはならないのか。これに対して我々は述べるが、なぜなら、この物体にあらざるものが諸能力の源泉であることは可能であり、そこから器官に流れこむ能力もあれば、それ自体に特有の能力もあるとはいえ、すべての能力がある種の届け方でこの非物体的なものに送り届けるのである。その器官のなかにある諸能力は一つの原理のなかに集ま

253.18/224.3

254.6/224.9

り、その原理はそれらの能力を器官のなかに集めるが、後ほど疑問点を解決するさいにそのありようを説明するように、原理は器官を必要としないものから流出する。物体であれば、これらの能力がすべてそこから流出するということはありえない、というのも諸能力と物体との関係は流出ではなく受け入れであり、流出であれば、流出したものが流出源から離在することが可能だが、受け入れではそうなることはできない。

第三に、あるいは、もしこの物体が肉体の全体であるなら、そこから何かが欠けたときは、我々がそれによって我々は我々であると覚知するところのものが存在しなくなるはずだが、そうはならない。というのも、たとえ手や足やこれらの肢部のどれかが自分にそなわっているのを知らなくても、私は私だからであり、そのことはすでにいくつかの箇所で述べた。それどころか私の考えでは、これらのものは私の付属品であり、私には確信があるが、これらのものは必要なときに私が利用する私の道具、そういう必要がなければ、私には必要のない道具であり、それでも私は私だが、これらのものはそうではない。さて、以前の我々の議論を呼び戻してみよう[11]。そこで我々は述べるが、もし一人の人間が一挙に創造され、それも先端が互いに離れた状態で創造され、自分の先端部分を見たことがなく、なぜかそれらに触れたことも、それらが互いに接触したこともなく、音を聞いたこともないなら、自分のすべての肢部の存在を知らないことになるが、そのすべてを知らずにいながら、己れの自体性[12]の存在が何か一つのものであることは知っている。ところで未知のものがそのまま既知のものであることはない。

255.1/225.1

（11）ラフマーン版・バコシュ版の wa-l-nuʿīd mā salafa ḏikr-hu min-nā による。カイロ版は wa-l-naʿud *ilā mā*...（以前の我々の議論に戻ろう）とする。なお「以前の我々の議論」は本書第一部第一章で展開されたもの。

（12）annīyah（または innīyah）の解釈をめぐっては多くの議論があり、さまざまな訳語が提案されてきたが、「それがそうあるところのもの」とおおまかに捉えて、ここでは自体性としておく。cf. Marie-Thérèse d'Alverny, "Anniya-Anitas" (1959), in *Avicenne en occident*, J. Vrin, Paris, 1993.

これらの肢部は、実際には衣服のようにして我々にそなわるにすぎないのに、つねに我々に付着しているため、我々から見ると、我々の部分のようになっている。我々が自分自身を想像するとき、裸体で想像することはなく、身にまとう物体をともなった姿で想像する。その原因は恒常的な付着だが、しかし衣服については、肢体にあっては慣れていない剝ぎ取りや脱ぎ捨てに我々が慣れているため、肢体は我々の部分だという考えの方が、衣服は我々の部分だという考えよりも強固なのである。

ところで、もしそれが肉体全体ではなく特定の器官であるなら、その器官は、それ自体が私であると私が確信するものであり、さもなければ、「それが私であると私が確信するもの」によって意味されるものは、それが器 255.16/225.14
官をもたざるをえないとしても、その器官ではないことになる。もしその器官そのものが——つまり、それが心臓であったり、脳であったり、別のものであったり、この属性をもつ多くの器官であったりすること——それのそのもの性[13]またはその集合のそのもの性が、それによってこれは私であると私が覚知するところの何かであるなら、私による私の覚知は、私によるその何かの覚知でなければならない。というのも同一の見方において、その何かがそれと覚知され、かつそれと覚知されない、ということはありえないが、それがそうではないのである。というのも心臓と脳が私にそなわることを、私は感覚作用や聴覚や経験によって知っているだけで、私は私であると私が知るがゆえに[14]知るのではない。したがってその器官自体は、それによってこれは本質的に私であると私が覚知するものではなく、偶有的に私であるにすぎない。私が私について私は私であると知ることによって意図されるものは、「私は感覚し、知解し、作用した」ということばで私が意味するものであり、これらの特徴が集められて、私が私と呼ぶ何か別のものになっているのである[15]。

そこでもしこの誰かが、君もそれが魂だと知っているわけではないと言ったなら、私はこう述べよう。それが 256.11/226.4

魂の名で呼ばれることはしばしば知らずにいるとはいえ、私はつねにそれを、私が魂と呼ぶ観念に則して知っている。私は自分が魂によって意味するものを理解したとき、それがその何かであり、それが運動と知覚の諸器官を使役するものであることを理解したのであり、私がそれを知らないのは、魂の観念を私が理解せずにいたあいだだけのことである。ところが心臓や脳のありさまはそうではない、というのも私は心臓と脳の観念を理解していても、そのことは知らずにいるのだから。というのも魂によって、それが、私にそなわるこれらの運動と知覚作用の原理であり、この全体における運動と知覚作用の終着点であるような、そういうものであることを意味するとき、私に分かるのは、それが実際に私であるということか、あるいは、それはこの肉体を使用する私ではあるけれど、いまの私は、私であるという覚知を、それが肉体を使用し、肉体に結合しているという覚知の混入から切り離して区別できずにいるらしいということか、そのいずれかである。

それは物体なのか、物体ではないのかということについては、私から見ると、それは物体であってはならないし、けっして何らかの物体として私に想像されることはなく、私にはその存在だけが物体性なしに想像される。それが物体ではないことを、ある点において私が理解するようになったのは、それを理解しながら、物体性は理

257.1/226.12

（13）　ここではかりに「そのもの性」と訳したが、huwiyah は多義的なことばで、存在者、本質、個別的実体、場合によっては同一性を表す。cf. Amos Bertolacci, “Some Texts of Aristotle's *Metaphysics* in the *Ilāhiyāt* of Avicenna's *Kitāb aš-Šifā'*”, in *Before and After Avicenna*, ed. D. C. Reisman and A. H. al-Rahim, Brill, Leiden/Boston, 2003.

（14）　カイロ版・バコシュ版の lā li-annī aʿrifu annī anā による。ラフマーン版は lā li-annī aʿrifu-*hu* annī anā（それが私が私であるということだと私が知るがゆえに）とする。

（15）　本文自体に差異はないが、ラフマーン版は明示的に引用符を挿入しており、それに従うなら、「私が私について私は私であると知ることによって、すなわち『私は感覚し、知解し、作用し、これらの特徴を合わせもっている』ということばで私が意味した私であると知ることによって意図されるものは、私が私と呼ぶ何か別のものなのである」となる。

解できずにいて[16]、それから私が確かめたときのことである、というのも、これらの作用の原理であるこの何かに私が物体性を呈示するたびに、その何かは物体になりそこねた。それが初めて私の魂に思い描かれるのは、こういう目に見えるものとは別のものとしてであるべきだが、諸器官との結びつきや諸器官を目のあたりに見ること、そして諸器官からさまざまな作用が発出することが私を誤らせ、それで私は諸器官を私の部分のようなものだと考える。

ところで何かに誤りがあったからといって、かならずしもそれに判断を下さなければならないわけではなく、判断は、知解されざるをえないものを対象とする。また私がそれの存在とそれが物体ではないことを探求したからといって、これらのことを私がまったく知らなかったわけではなく、私はそれに注意を払っていなかったのである。よくあることだが、何かを知るのが容易であると、それに注意が払われずに知らないもののなかに入ってしまい、いっそう遠い所からそれが求められることになる。往々にして、容易に得られる知識には気づかせるはたらきがあるが、それに注がれる努力が少なければ、人がいなくなった場所のようになり、理解が浅いために明敏さがその本来の道に戻らず、それについて困難な取り組みを強いられる。このことから明らかであるように、これらの能力には、それらすべてがそこに送り届ける集合場所があり、物体と協力していようが、協力していまいが、それは物体ではない。

この見解の正しさを明らかにしたので、我々は言及されたもろもろの疑問点を解決しなければならない。第一の疑問点について我々は述べるが、魂が本質において一であるからといって、魂からさまざまな能力がさまざまな器官に流れ込んではいけないわけではなく、魂から精子と精液に流れ込む最初のものが産出能力であり[17]、それがその能力の諸作用に合うようにさまざまな器官を産み出し、それぞれの器官が、特定の能力を受け入れる用意

257.9/226.19

257.18/227.4

をととのえ、それが産出能力から[18]流れ出られるようにするというのは、ありうることである。もしそうならないなら、肉体の創造は魂にとって無駄であったことになる。

また疑問をいだいて、魂はそれ自体において知者であるとした者がいたが、彼はまちがっている。というのも魂の実体がそれ自体において知識を欠いていたとしても、かならずしも知識の存在がそれにとって不可能なわけではない、というのも事物の実体が、それ自体にかんして知識を要求しないと言われることと、事物の実体が、それ自体にかんして知らないことを要求すると言われることのあいだには区別があり、というのも、この二つの言い方における無知の要請は異なっている。魂がその実体において無知であることを我々が認めるとしても、我々が言っているのは、魂の実体が分離し、それに外部の原因が繋がっていないなら、実体の条件だけによってではなく、分離の条件と実体の条件とが相俟って、魂の実体に無知がともなわざるをえないという、ただそれだけのこと、それをもってして、魂の実体は無知を免れない実体であると我々は言っているのではない。そのことを認めずに、それは魂に偶成する事柄であると我々が述べたとしても、この偶有に似たものがかならず本性的なものに到来するわけではない、というのも我々が、この木材は寝台性の形相を欠いているが、その欠如は木材の実体にそなわるものではなく、木材に偶成する、無くなる可能性のある事柄であると述べた場合、このことばは、

258.6/227.11

(16)　カイロ版・バコシュ版の fa-iḏā lam afham al-ǧismīyah による。ラフマーン版は iḏā lam afham *la-hu* al-ǧismīyah（それが物体性をもつとは理解できずにいて）とする。

(17)　ここで「精子」（bizr）と「精液」（minan）は同じものを指すと思われる。なお、『医学典範』邦訳の訳註に、「精液 minan、両睾丸 unṯayān との言葉をイブン・スィーナーは男女の区別なく用いている。従ってこれらを広義に生殖液、生殖器と解釈し、時に応じて今日の精子もしくは卵、睾丸もしくは卵巣を指して使い分けていたと想像される」（一九九頁）とある。

(18)　ラフマーン版の ʿan-*hā*（産出能力から）による。カイロ版・バコシュ版は ʿan-*hu*（その器官から）とする。

その実体のなかに[19]寝台性の形相があったのに、それが壊れたにちがいないと君が言うのと同じものではない。

259.1/228.1 やはり不合理なことの一つに、疑問をもつ者の語った、事物のその本質への回帰がある、[20]というのも事物がその本質から去ることはけっしてなく、よく言われるように、事物がその本質に特有のものとなっている、その本質だけによって完遂される諸作用から去ることはあっても、意味を広げてこういうことが言われるのは、これらの作用がその事物に存在しておらず、いやむしろ、もともと存在していないからにほかならない。その本質であるなら、どのようにして、それ自身にとって存在しないようになるのか。じつをいえば、事物の諸作用について、事物がそれらから去ると言うことはできない、なぜなら、去るものは、事物には存在していなくても、それ自身では存在しているが、これらの諸作用は、事物がそれらを存在させるとき以外はまったく存在しないのだから、それらから事物が去ることにはならない。事物の本質は、事物がそこから去ることも、そこに戻ることもない。

259.10/228.9 想起説を唱える人々については、彼らの立論はすでに道具的な学において論破された。[21]ところが魂を分割するこれらの人々の論拠には誤った諸前提が採用されており、そのなかに、植物的魂は感覚的魂から離在しているという彼らの主張がある、すると人間のなかには何か人間以外のものがあるのでなければならない。この前提は詭弁術的なものであり、それがなぜかといえば、離在性はいくつかの仕方で表象されるからであるが、ここで必要なのは[22]二つである。その一つは、魂について表象されることのある離在性で、たとえば色彩の白からの離在、動物の人間からの離在のようなもの、それというのも、その各々が別の種差と結合することによって、前者の性質は白以外のものにも見いだされ、後者は人間以外のものにも見いだされる。またある物体において白に結合している甘味がもつような離在性が表象されることもある、というのも甘味は白から離在して見いだされることもあり、甘味と白は、いかなるものによっても一つにまとめられない相異なる二つの能力なのである。

植物的魂の感覚的魂からの離在にもっともよく当てはまるのは第一の区分である。それがなぜかといえば、棗（なつめ）椰子に存在する植物的魂は、人間に存在する生長能力を、種においてはまったく共有しない、というのもその能力は動物的魂との結合にはまったく適しておらず、動物の生長能力も、棗椰子の魂との結合には適さない。とはいえ一つの観念が両者を結び合わせており、それは両者のいずれもが、摂食し、生長し、生殖するということ、もっとも、それから後は、偶有性ばかりによってではなく、それをそれとして存立させ、種に分ける種差によって離ればなれになるのではあるが。ところで両者にともに存在する観念は、人間にもそなわる植物的能力をも包含する類であり、類的観念が離在する仕方で離在する。これらの能力を包含する類が他のものにも見いだされることを我々は否定しないが、だからといって、これらの能力が、人間において、まとめて一つの魂にそなわってはいけないことにはならない[23]、いやむしろ、そうであるからといって、動物に存在する生長の本性が動物にそなわる動物的魂そのものに[24]対して言われ、人間が動物性という類におけるその取り分以外のものではないように、 259.20/228.17

(19)　カイロ版の *fī-hi* による。男性単数形の代名詞 *hi* は、ここでは「実体 ǧawhar」と取るのが自然だが、ラフマーン版は代名詞が女性単数形の *hā* になっており、その場合 fī-*hā* は「その木材のなかに」ということになる。

(20)　アフロディシアスのアレクサンドロスの『質料をもたない霊的形相の確立』を指すのかもしれない。この短論文のアラビア語訳は「およそ己れの本質に戻っていくものはすべて物質的ではなく霊的なものであり、物質的なものは、どれ一つとして己れの本質に戻ることはできない」と説き起されている（"Maqālat Aliskandar fī iṯbāt al-ṣuwar al-rūḥānīyah allatī lā hayūlā la-hā", in ʿAbd al-Raḥmān Badawī (ed.), *Arisṭū ʿinda al-ʿarab*, p. 291）。

(21)　『論証学』（*Al-Burhān*, p. 75–77）。また「道具的な学（al-ṣināʿat *al-ālīyah*）」は論理学（オルガノン）のこと。ラフマーン版の異読Ａ、Ｂには *al-ilāhīyāt*（神的な学〔形而上学〕）とある。

(22)　カイロ版・バコシュ版の wa-allatī *yuḥtāǧu* ilay-hā による。ラフマーン版は wa-allatī *naḥtāǧu* ilay-hā（我々に必要なのは）とする。

(23)　カイロ版・バコシュ版の wa-laysa *fī* ḏālika（だからといって……にはならない）による。ラフマーン版は wa-laysa ḏālika（そのことは……ことではなく）とする。

(24)　ラフマーン版・カイロ版の nafs al-ḥayawānīyah を nafs *al-nafs* al-ḥayawānīyah（動物的魂そのもの）の省略的な表現と解する。バコシュ版は *al*-nafs al-ḥayawānīyah（動物的魂）とする。

動物の動物的魂がその能力であってはいけないことはなく、これはすでに論理学において君に対して確証されたことである。これは、人間のなかにある生長的魂が動物的魂とは——両者が一つの魂の二つの能力であるばかりでなく——別物でなければならないということではない。したがって人間のなかにある植物的魂は、けっしてその種によって人間から離在して存在しはしない。また彼らの論拠は、能力がその種性によってではなくその類性によって離在するときは、両者は相異なっているのだから、役に立たない。

260.17/229.14 　そればかりではない。いまかりに動物のなかにある植物的能力は動物のなかにある動物的能力とは異なり、両者のいずれもが、それ自身によって独存する実現された種であるかのようであり、その一方がもう一方であることはなく、もう一方に対して言われることもない、ということにしてみよう。そういう場合、この二つの能力が、動物において、動物の魂に両方ともそなわることを何が妨げるかといえば——たとえば湿が空気以外のものに存在し、それが熱に結合していないとしても、だからといって、空気において湿と熱が同一の形相あるいは同一の素材にそなわってはならないことにはならないし、また熱が運動ではなく別の熱から発したものとして存在していても、だからといって、別の場所にある熱が運動の結果生じたものであってはならないことにはならない。

261.7/230.1 　また我々は述べるが、これらの能力が種においても互いに異なり、それでもそれらのなかにあるただ一つの本質に関係づけられているのもありえないことではない。このことがどのように思い描かれるかというと、絶対的な対立のために、元素的な諸物体は生命を受け入れることができないが、対立項の一方を崩して対立のない中間に戻そうと努めるたびに、元素的な諸物体は天体との類似を強め、それによって、統御する離在的実体から生命賦与能力を受け入れるのに相応しいものになっていく。そして中間に近づくにつれて生命の受け入れが増していき、ついには極限に達し、これ以上中間に近づくこともできなくなると、離在的な実に生じるのである。

体にも天の諸実体にも、どこかとてもよく似たところのある実体を受け入れるようになり、するとそのとき、離在的な実体からそれ以外のものに生じたことが、その実体が繋がるこの受け入れられた実体そのものから、それ

　自然学におけるこれに似た例として、離在的な実体の代りに火あるいは太陽を、肉体の代りに火から刻印を受ける物体を表象し、それを何らかの球体であるとしよう。そして植物的魂の代りに太陽による球体の加熱、動物的魂の代りに太陽による球体の照射、人間的魂の代りに太陽による球体の点火があるとしよう。そこで我々は述べるが、刻印を受けるその球体のような物体は、それに刻印を与えるものに対する配置が、それから点火を受け入れる配置でも、照明や照射を受け入れる配置でもなく、加熱を受け入れる配置であるなら、それ以外のものは受け入れない。もしその配置が、その加熱を受け入れる配置であるばかりでなく、それに対して開かれているか、見通せるものであるか、あるいはそれに照らされて強く輝くような関係にあるなら、それに暖められるとともに、照らされることになる。そこからそこに降ってくる光も、それを加熱するあの離在者とともに、同一の原理である、というのも太陽は光線によってしか加熱しない。もし用意がさらに強固になり、その能力または光線によって燃焼させるはたらきのある刻印授与者によって発火するようにできたものがそこにあるなら、それが発火し、その離在者にどこか似た物体として発火が生じる。その発火も、離在者とともに、照明と加熱の両方の原因になっており、たとえ発火しか残っていなくても、照明と加熱が完遂される。そればかりでなく、加熱だけが存在することもあり、あるいは加熱と照明だけがあって、その後行する方がそこから先行者が流出する原理になっていないこともありうるが、その全部が一つに集まると、そのとき、後行すると想定されたもののどれもが先行者の原理でもあるようになり、そこから先行者が流出する。かくのごとくに魂の諸能力のありさまを思い描いてみる

がよい。[25] 後から来る部門のどれかにおいて我々が動物の生殖を論じるさいに、このことについて事態のありさまを解明するものが到来するであろう。

（25）『救済の書』では、これに続けて「これで明らかになったように、魂の存在は肉体と同時であり、魂は物体からではなく、非物体的形相（ṣūrat ġayr ǧismīyah）である実体から生じる」とある（*Al-Naǧāt*, p. 394）。

第八章　魂にそなわる諸器官の解明

262.19/232.3 さてこれから、魂にそなわる諸器官について論じるべきである。そこで我々は述べるが、人々は、魂の主要な諸能力が結びついている諸器官について、深淵に隔てられた両極端に走り、多くの独断と烈しい狂信を鵜呑みにしたが、どちらの流派にも狂信の傾向があって、真理から逸脱することになった。彼らのなかでもっとも誤りがはなはだしいのは、魂はただ一つの本質であるとし、それにもかかわらず主要な諸器官は多であると判断した者であり、というのも彼は、そのことでは、魂の諸部分は多であると唱えた哲学者たちに反対し、魂の単一性を唱えた者に賛成しておきながら、魂がまず最初に結びつく主要器官を一であるとせざるをえなくなることが分かっていなかったのである。一方、魂の諸部分は多であるとした人々は、魂の一つひとつの部分に特定の源泉と独立した中心を定めることに意を用いていない。

263.9/232.11 まず最初に我々は述べるが、魂と肉体の諸能力にとって、その第一の乗物は、孔に入り込む微細で霊的な物体であり、この物体は気息である。もし物体に結びついた魂の諸能力が、運ばれて別の物体に入っていくのでないなら、道筋にある邪魔物が、運動や感覚、さらには想像構成の諸能力が入り込むのを阻害することはないであろうが、医学的な経験を積んだ者から見ると、これは阻害がはっきりと目に見える阻害である。この物体と体液の微細さやその気体性との関係は、諸器官と体液の粗大さとの関係にひとしく、この物体には特有の混合がそなわっているが、相異なる能力を運べるようになるにはそれに差異が生じる必要があるため、それに応じて、この物体の混合も転化する。というのも、それがあると憤激が起る混合は、それがあると欲望したり感覚したりする混合に適したものではなく、視覚の気息に適した混合は、そのままでは動かす気息に適した混合ではない。もし混合が一つであったなら、気息に居を据える諸能力も一つ、その諸作用も一つであったろう。魂が一つである以上、魂に肉体との第一の結びつきがそなわっていて、そこから肉体を統御し生長させているにちがいなく、またそれはこの気息を介して行なわれ、魂が最初に行なうことは、魂の諸能力がそれを経由し、この気息を介して他の諸器官に送り込まれる器官を作ることであるにちがいなく、その器官は諸器官のなかで最初に生成されるもの、気息が生まれる最初の源泉でなければならないが、これは心臓である。それは精密な解剖によって確認されたことが示すところであり、これについては動物を扱う部門でさらに詳しく説明することになる(1)。

したがって魂が最初に結びつくのは心臓でなければならないが、心臓に結びついてから脳にも結びつくということはありえない、というのも魂が最初の器官に結びつけば肉体は魂をもつものとなり、第二のものに対しては、疑いもなく、この第一のものを介してのみ魂は作用する。魂は心臓によって動物を生きさせるが、他の作用を行なう諸能力が心臓から別の諸器官に流れ込むことはありうる、なぜなら流出は、それに最初に結びつくものから発出するしかないとはいえ、気息の混合が完了するのは脳のなかであり、その混合は、感覚と運動の諸能力を、その作用が諸器官から発出しやすい運び方で諸器官に運ぶのに適したものになっている。摂食の諸能力との関連における肝臓のあり方もこれと同様であるが、しかし心臓は、肝臓が最初に結びつくものであるとともに、そこから諸能力が他のものに入り(2)、他の諸器官に作用が生じるようになる、そういう第一の原理であり、これはちょうど感覚の原理が、この説に反対する人々によれば、脳にしかないにもかかわらず、感覚の諸作用は、脳によって脳のなかに生じるのではなく、皮膚や眼や耳のような他の諸器官に生じ、それでも脳が原理であってはいけないことにならないのと同じである。同様にして、心臓が摂食の諸能力の原理であってもいいが、それらの能力の作用は肝臓にあり、心臓が想像構成と想起と形相化の能力の原理であってもいいが、それらの能力の作用は脳にある。とはいえ種々さまざまな能力の原理が、それらの能力のすべての作用がその源泉から発出するのに適しているはずはなく、それらの作用は、その器官よりも後に造り出される相異なる諸器官に枝分れし、その器官からそれらの諸器官に向かって、その分枝の体液混合とその用意に適合した能力が、動物の記述(3)において君が理解するであろう仕方で流れていき、原理である器官には負担がかからないようになっているにちがいない。それゆえ脳のために神経が、肝臓のために静脈が創造されたのである——脳と肝臓が感覚と運動と摂食の第一の原理であるにせよ、あるいは第二の原理であるにせよ。

心臓から生成と創出の能力が脳に流れていくと脳が生成される。脳が、それによって感覚と運動が心臓を利用する器官をそれ自身から送りだすのであっても、それとも心臓が、それを介して感覚と運動が脳に入っていく器官を脳に入り込ませるのであっても、大した不都合はないのだから、神経の創出の問題について、感覚と運動の始まりが、心臓あるいは脳のどちらから生じるのかと窮屈に問いつめるべきではないが、我々が認めるところでは、その始まりは脳であり、脳が心臓を利用するのであって、それはちょうど肝臓が、自分のなかにあるものでも胃を利用するものは胃に送るのと同じこと、胃の方にも、他のものを助けるために使う静脈がそなわっている。

（1）『治癒の書　動物学』を指す。たとえばその第一二部第二章には「というのも生命の原理は心臓と気息であり……」（*Al-Ḥayawān*, p. 194）とある。アリストテレス『動物部分論』六六五ｂ一〇以下、『動物運動論』七〇三ａ一〇—一七を参照。

（2）カイロ版・バコシュ版の wa-min-hu *tanfuḏu* ilá ġayr-hi による。ラフマーン版は wa-min-hu *yanfuḏu* ilá ġayr-hi と動詞が男性単数の活用形であるため「そこから肝臓が他のものに入り」となる。

（3）『治癒の書　動物学』第一二部第八章。

かならずしも、ある能力の原理である器官のなかに、その能力の第一の諸作用もあるわけではなく、その器官が、その能力の諸作用のための器官でなければならないということもない。いやむしろ何か別のものに利用されるために器官が創造され、器官が造られた後ではじめて、その別のものが利用するようになるのもありうることであり、脳は造られた当初は現実態における感覚と運動の原理になっておらず、後から来る諸器官にとっての何らかの原理になる用意はととのっていても、そうなるのは、脳以外のものが脳を利用する器官が造られた後、脳以外のものによって脳が利用されるときのことである。

心臓に行く神経が脳から造り出されると、そのとき感覚と運動が脳を利用するようになるが、この通路が造られるのと同時に、脳が遅滞なく生じるのかもしれず、それが脳から心臓に入り込むことについては、証拠もなければ証拠に似たものすらなく、脳が造られるや否や脳とともに脳の素材から、心臓に入り込んでいく心臓とは異質のものが創られ、それを感覚と運動が利用する。とはいえ、この神経の脳からの発達と脳から心臓に至るその道筋は、神経の発達を主張する者がそう考えるほど明白なものではなく、それが脳と心臓のあいだを、心臓から脳へではなく、脳から心臓へ伸びていることとは、動物の諸性質を論じる我々の議論のその箇所で明らかにするが(4)、これについては、治癒と納得が得られるように詳しく(5)議論することになろう。

それはそれとして別の取り組みに戻ることにしよう。そこで我々は述べるが、能力が最初はある器官のなかに存在し、その器官から別の器官に入り込み、そこでその能力が完全になり完成してから、この最初の器官の方に向き直り、それを援助するのはありえないことではない、というのも食物は胃から肝臓に行くだけであるが、そこで戻ってくるものの形になると、脾臓と空洞脈から送り出されて胃のなかに拡がる静脈を通じて胃を養う。能力が心臓のなかで完成し完全になるのではなく、能力の原理がたとえば心臓から送り出されてから、別の器官で

265.17/234.14

266.6/234.22

完成したときに心臓を助けるようになるとしても、何の害もない。共通感覚のあり方もこのようなものであり、というのも個別的な感覚能力の原理は共通感覚から発し、しかるのちに有益なものをともなって戻ってくる。とはいえ心臓自体の感覚、とりわけ触覚は脳自体の感覚よりも大きく、それゆえ心臓の痛みは耐えられない。また諸能力が自分の原理とは別のもののなかで、そういう状態を与える素材に出会ったために、より強く盛んになるのもありえないことではなく、どうやら腱の先端の牽引する能力は、神経に接したその根もとの能力よりも強力であるらしい。心臓は、諸能力がそこから脳に流れていく第一の原理であり、その諸能力の一部、たとえば想像構成作用や形相化作用などは脳とその諸部分のなかでその作用が完全になるが、別の能力は脳から脳の外にある諸器官に流れていき、たとえば瞳や運動の筋肉に流れる。また摂食能力は心臓から肝臓に向かって流れ、さらに肝臓から静脈を介して全身に流れ、心臓を養うことにもなる。能力の原理は心臓に属するが、素材の原理は肝臓に属するのである。

脳の諸能力はどうかといえば、視覚は澄んだ水のような氷状の湿り気によって完全なものとなり、視覚対象の形を受け入れ、それを視覚の気息に送り届けるが、視覚作用が中空の神経が出会うところで完了するのは、その解剖結果とそのありさまの説明から知られる通りである。嗅覚は、脳の前部にある乳房の乳首のような二つの突起によってなされる。味覚は、舌と口蓋に達してこの両者に感覚と運動の能力をもたらす脳の神経によってなされる。[6] 聴覚は、やはり脳の神経によってなされるが、神経は耳道に達し、耳道を取り巻く表面を覆う。触覚は、

267.7/235.13

（４）『治癒の書　動物学』第三部第一章。

（５）原文は ṭūlan *yašfī* wa-yuqniʿu（治癒させ納得させる長さにわたって）。なお、『治癒の書』の治癒（šifāʾ）は、ここに使われている動詞 šafā の動名詞。

（６）カイロ版・バコシュ版の *quwat* al-ḥiss wa-l-ḥarakah による。ラフマーン版は al-ḥiss wa-l-ḥarakah（感覚と運動）とし、「能力」はない。

全身に拡がる脳と脊髄の神経によってなされるが、感覚神経の大半は脳の前部から来ている、なぜなら脳の前部の方が柔らかく、感覚においては柔らかい方が好都合なのである。脳の前部は、裏側と脊髄の方へ行くと、脊髄に向かって進むにつれて硬くなるが、脊髄の細さにとっては硬さが助けになるにちがいない。脳に発する運動の神経の大半が、もっぱら脳の後部から芽生えるのは、そちらの方が硬いからであり、運動においては硬い方が都合がよく、その助けにもなる。運動のための神経は、たいていの場合、そこから筋肉が生じ、筋肉よりも先へ行くと、筋肉と靭帯から腱が生じ、その腱の先端はたいてい骨に繋がっているが、いくつかの場所では骨以外のものに繋がり、筋肉自体が腱を介さずに運動器官に繋がっているものもある。脊髄は脳の一部のようなものだが、椎骨の孔に入り込み、神経から生れるものが諸器官から遠く離れないようにする、いやむしろ神経は、諸器官が必要とされる場所の近くに送り込まれた諸器官から生れる。一方、形相化能力と共通感覚は脳の前部に属し、その空洞を満たす気息のなかにあるが、そこにそれらがあるのは、もっぱら、その大半が脳の前部から送り出される諸感覚を監督するためである。思考力と記憶力は別の二つの空洞に残っているが、記憶力の場所は後ろに退いていて、思考力の気息が形相の貯蔵庫と含意の貯蔵庫の中間に位置し、両者との距離がひとしくなるようになっている。表象力は脳全体を占め、その支配権は中央にある。

当然のことながら、誰かが疑問をいだき、山の形、それどころか世界の形が、どのようにして、形相化能力を担うちっぽけな器官のなかに描かれるのか、と言うかもしれない。その人に我々はこう述べよう、物体の無限分割を理解すれば、この疑問に苦労せずにすむ、というのも世界が小さな鏡や瞳のなかに、そこに描かれるものが世界の分割に応じて(7)分割されることによって描かれるように、それというのも部分と部分は量において異なっていても、小さな物体は、大きな物体が数と形状において分割されるのに応じて分割されるからであるが、それと同じようにして、想像的形相もその素材のなかに描かれるからである。さらに、そこに描かれるものが大きいときに、そしてそこに描かれるものが小さいときに、想像的形相が描かれる場の一方と他方の比は、外界にある二つの事物の大小の比にひとしく、距離における相似を保っている。

268.20/236.19
ところで憤激の能力とそれに結びついたものは、その作用が単一の作用でしかないため、第一の器官以外の器官を必要としないが、非常に熱い体液混合に適合し、そういう体液混合を必要とする。この体液混合からたまたま生じるものの刻印作用は、時として、思考と運動から生じる持続的なものの刻印作用と異なるため、激しすぎる燃え上がりが懸念される。それがなぜかといえば、前者が時どき偶成するものであるのに対して、後者の二つは、たとえば理解や思考、そして両者に類似したもののように、不可離的にともなうものであり、定着と受け入れを必要とするからである。これに割り当てられる器官は、どうしても、きわめて湿気が多く、きわめて冷たいものでなければならないが、それは脳であり、内発的な熱が激しく燃え上がらないように、そして運動によって生じる炎症に耐えられるように、そのようになっている。

269.6/237.2
摂食は無感覚の器官によって行なわれなければならないことの一つであり、食物で充満しても、食物がまったくなくても、それが苦痛を与えることなく、そのなかを通ったり、出たり入ったりするものに、ひどい苦痛を覚えないようでなければならず、また熱くて強力なものを釣合いと抵抗によって保持するには、非常に湿っていなければならないため、その器官は肝臓に定められた。

269.10/237.5
生殖の能力は、欲情によって交合への呼びかけを助けるべく、感覚の強い別の器官に据えられたが、しかし、

（7）カイロ版の bi-ḥiḏāʾ *inqisām*-hi、バコシュ版の bi-ḥasab *inqisām*-hi による。ラフマーン版は bi-ḥiḏāʾ *aqsām*-hi（世界の諸区分に応じて）とする。

もしそこに快感がなく、それに対する欲情がなかったなら、その器官はそれを引き受けなかったであろう、それというのも、生殖は個体の生存にはまったく不必要であるから。快感は感覚の鋭い器官に結びついており、そこに二つの睾丸が据えられたが、我々が動物を論じるときに君がその記述に出会うように[8]、睾丸は、素材を引き寄せるものもあれば押しのけるものもある他の諸器官に助けられている[9]。

（8）『治癒の書　動物学』第一五部第一章。

（9）バコシュ版には、さらに締め括りとして「以上で魂の巻は終るが、これは自然学の第六篇である」(hāḏā āḫir kitāb al-nafs wa-huwa al-fann al-sādis min al-ṭabīʿīyāt) とある。

訳者あとがき

イランの哲学者イブン・シーナー（九八〇―一〇三七年）によって、西暦十一世紀初頭にアラビア語で書かれた『治癒の書』（*al-Šifāʾ*）は、論理学、自然学、数学、形而上学、及びその下に分類される学問分野のそれぞれについて体系的に論じた大部の著作である。倫理学や政治学こそ主題的には扱っていないものの、数学の部門は、算術や幾何学以外に天文学や和声学までカバーしている。イスラーム哲学史において決定的な重要性をもつ作品であるが、主に自然学の諸巻と形而上学が十二世紀から十三世紀にかけてラテン語に訳され、ヨーロッパの思想界にも大きな影響を与えた。なかでもこの『魂について』はよく読まれたらしく、多くの写本がいまもヨーロッパ各地に残っている。また『治癒の書』と同時並行的に書かれた『医学典範』（*Qānūn fī al-tibb*）も、十二世紀にラテン語に訳されて以来、イスラーム圏のみならずヨーロッパにおいても、数百年にわたって文字通りカノンの地位を保ちつづけた。一五九三年にはアラビア語原典までローマで出版されている。

ここでイブン・シーナー以前のイスラーム哲学史をざっと振り返ってみるなら、まず、八世紀にはじまる翻訳運動に触れなければならない。[1]七五四年に即位したアッバース朝第二代カリフ、マンスール（七一二―七七五年）は学問を愛好し、占星術をはじめとする多くの学術書をギリシア語、シリア語、ペルシア語などからアラビア語

（1）　翻訳運動にかんする以下の記述は、Dimitri Gutas, *Greek Thought, Arabic Culture*, Routledge, Abingdon, 1998（ディミトリ・グタス『ギリシア思想とアラビア文化』山本啓二訳、勁草書房、二〇〇二年）に多くを負っている。

に翻訳させた。翻訳運動とのかかわりでは第五代カリフのマアムーン（七八六―八三三年、即位八一三年）の名が引かれることが多く、夢に現れたアリストテレスと親しくことばをかわしたという話も伝わっているが、要はこの時期のイスラーム社会がさまざまな分野の文献の翻訳を必要としたということであろう、二百年以上にわたってつづくこの大翻訳時代に、ギリシア語の重要な文献の大半が、その註釈書とともに翻訳されている。その初期の蓄積を活用して、イスラーム哲学史における最初のビッグ・ネームであるアル・キンディー（八〇一―八七三年頃）は、多種多様な学問分野を対象とする論文を著しているが、翻訳を依頼したばかりでなく、翻訳作業にかんする助言役をもつとめ、文体面における改善に尽力するなど、この翻訳運動に大きな足跡を残している。

ここで特徴的なのは、こと哲学にかんするかぎり、アリストテレス一辺倒であったこと、『共和国』や『法律』を除くプラトン作品のほとんどは顧みられることがなかった。とはいえ、アリストテレスの原典が翻訳されたのはもちろんのことであるが、アリストテレス哲学内部の矛盾を解決し、その欠落を埋めようとする解釈の努力が、当時すでに千年もの長きにわたって積み重ねられており、そういう註釈書の類もアラビア語に翻訳されている。一方、プラトン哲学とアリストテレス哲学の調和的統合を目ざす新プラトン主義は、プロティノス『エンネアデス』の第四部―第六部が『アリストテレスの神学』（*Uṯūlūǧiyā Arisṭāṭālīs*）として翻訳され、またプロクロス『神学綱要』の命題集をアラビア語に訳した『純粋善論』（*al-Ḫayr al-maḥḍ*）がやはりアリストテレス作と銘打たれたことにより、いわばアリストテレスの仮面をつけて入り込んできた。その影響はけっして小さなものではなく、事実、アル・ファーラービー（八七二年頃―九五〇年）は『アリストテレスの神学』を真作として扱い、そのような見地から『哲学者プラトンとアリストテレスの一致』（*al-Ǧamʿ bayn raʾy al-ḥakīmayn Aflāṭūn al-ilāhī wa-Arisṭūṭālīs*）を著している。

このアル・ファーラービーは、「第一の師」たるアリストテレスに対して「第二の師」と尊称され、プラトンとアリストテレスの註釈者として名高いが、彼自身の思想を書き記した『すぐれた都市の住民の見解』（*Ārāʾ ahl al-madīnat al-fāḍilah*）は、万物の存在を第一者からの段階的流出によって説明する、すぐれて新プラトン主義的なものであり、これをイブン・シーナーは引き継ぐことになる。

先述したように『治癒の書』は哲学諸分野のほとんどすべてを扱っているが、アリストテレスの学問分類、あるいはむしろアレクサンドリア学派の哲学教育カリキュラムにもとづいて構成されたため[2]、魂の議論は自然学と形而上学の二分野にまたがることになった。ここに訳出した『魂について』（*Kitāb al-nafs*）が、肉体（物体）とつながりをもつものとしての魂を自然学の枠内で論じているのに対して、肉体から離脱した死後の魂は形而上学の分担というふうに、議論の場が二つに分かれている。イブン・シーナーは魂をさまざまなかたちで繰り返し論じており、『始原と回帰』（*al-Mabdaʾ wa-l-maʿād*）のように、学問分野の垣根を取り払い、いわば縦断的に魂を論じた著作もある。また最初期の『魂論梗概』（*Maqālah fī al-nafs*）や最後の著作となった『理性的魂の理論』（*Risālah fī al-kalām ʿalā al-nafs al-nāṭiqah*）のように、もっぱら魂のみを扱った単論文も著している。

ともあれ、本書の守備範囲と構成は、大枠としては——あくまでも大枠ではあるが、とにかく大枠としては——アリストテレスの『魂について』に倣っており、そこからそのまま引かれてきたような文言も間々見られる。記述の進め方も、当該問題にかんする先人あるいは同時代人たちの説を紹介しながら論破するというアリストテレス式なので、一見すると、アリストテレス説の拡大再生産のように見えるかもしれないが、その中身は大きく異なる。

（2）Dimitri Gutas, *Avicenna and the Aristotelian Tradition*, Leiden. Brill. 1988, p. 149–159.

ここにいう魂は、今日、このことばから多くの人がイメージするであろうものとはちがって、ギリシア哲学の伝統のなかで、そしてとりわけアリストテレスによって魂として名指されてきたもの、すなわち、摂食と生長と生殖をつかさどる植物的魂、知覚と意志的運動を行う動物的魂、そして知性をそなえた人間的魂である。そういう魂をアリストテレスは「器官をそなえた自然的物体の、第一次の現実態」[3]と定義しているが、その定義をイブン・シーナーは「器官をそなえ、生命の諸活動を行なうことのできる自然的物体の第一の完成」[4]と言い換えている。ところが、その完成は「すべての形相は完成であるが、すべての完成が形相であるわけではない、というのも王は都市の完成であり、船長は船の完成であるが、王や船長は都市や船の形相ではない。完成は完成でも本質において離在的なものは、実際には、素材にそなわり素材のなかにある形相ではない」[5]と説明されるようなものであり、魂（形相）が素材から離れた離在的なものであるなら、肉体（素材）を離れて存在できることになる。

抽象的思考をつかさどる知性については、アリストテレスもその不滅性を認めていたようだが[6]、その具体的なメカニズムを詳しく語ることはなかった。イブン・シーナーにあっては、まさに不滅性が魂論の根柢に据えられ、その証明にさいしては、生成したものは滅びるというアリストテレス主義哲学の根本命題をあっさりと否定し、非物質的な知性が死後も個体として存続すると主張している。そのような思想の形成に、来世という宗教的観念が大きな影響を及ぼしたであろうことは想像にかたくないが、しかしイブン・シーナーの宗教観はきわめて理性的なものであり、預言や奇蹟といった宗教の根幹にかかわる事象でさえ、人間の魂がそなえもつ自然な能力が極限にまで高まったものとして捉え、さらに『形而上学』では、天国や地獄を想像的な体験として説明し、肉体をともなった復活を否定している。

このいわば哲学のイスラーム化が受容を容易にしたのか、あるいは哲学諸分野のほとんどすべてをアラビア語で体系的に論じた『治癒の書』という書物の力が大きかったのか、あるいはアラビア語の哲学語彙がイブン・シーナーに至って成熟の域に達したことが功を奏したのか。他にもさまざまな要因はあるにちがいないが、とにかくその思想内容の力が決定的だったのであろう、イブン・シーナー哲学はその後のイスラーム哲学に絶大な影響を及ぼすことになる。多くの注釈書が書かれ、また烈しい批判の対象にもなった。いちばん有名なのはガザーリー（一〇五八―一一一一年）による批判書『哲学者の崩壊』（*Tahāfut al-falāsifah*）だが、そのガザーリーとイブン・シーナーの双方をイブン・ルシュド（一一二六―一一九八年）は『崩壊の崩壊』（*Tahāfut al-Tahāfut*）で批判している。受け入れるにせよ、批判するにせよ、イブン・シーナー哲学は無視しえないものになっていた。一方、アリストテレス自体の凋落ぶりはいちじるしく、かつてはたくさんあったはずのアラビア語訳の写本の多くが、今日では失われてしまっている。たとえば『魂について』には少なくとも二種類のアラビア語訳があったはずなのに、現存するのは一方の写本のみであり、イスハーク・ブン・フナインによるもう一つの翻訳は断片しか残っていない。[7] それに対してイブン・シーナーの『魂について』は、カイロ版が編集された時点でほぼ八十の写本が確認されている。

（3）アリストテレス『魂について』中畑正志訳、京都大学学術出版会、二〇〇一年、六二頁。
（4）本書一七頁。
（5）本書一一頁。
（6）アリストテレス『魂について』第一巻第四章、四二―四三頁、第二巻第二章、六九頁、第三巻第五章、一五六頁。またアリストテレスは、知性は、発生段階において外から入ってくるものとしている。『動物発生論』島崎三郎訳、全集第九巻、岩波書店、一九六九年、一六二頁（七三六b二七）。
（7）Richard M. Frank, "Some Fragments of Isḥāq's translation of the *De Anima*", in *Cahiers de Byrsa*, VIII, 1958/1959.

イブン・シーナー小伝

イブン・シーナーは、中央アジアはトランスオクシアナの都市ブハラ近郊のアフシャナ村に生れた。西暦九八〇年（ヒジュラ暦三七〇年）のこととされているが、それでは『自伝』(8)の記述と歴史的事象とのあいだに食いちがいが生じるため、おそらく実際の生年はその数年前であろうと推測されている。現在はウズベキスタンに位置するが、当時、ブハラはイラン系のサーマーン王朝の首都であり、商業と文化の一大中心地として栄えていた。イブン・シーナーの父はホルミーサーンという村を管理する行政官を務めており、彼が生れてから数年後に一家はブハラに移住している。

イブン・シーナー自身が前半生を語った『自伝』には、その早熟の天才ぶりがよく現れている。十歳でコーランと基本的な人文学的知識を修得し、さらにインドの算術と法学を学んだ後、アン・ナーティリーという（自称）哲学者についてポルフュリオスの『イサゴーゲー』やエウクレイデスの『原論』、プトレマイオスの『アルマゲスト』を学びはじめるが、彼はたちまちその並外れた才能を発揮し、師をはるかに越える鋭い洞察力を示した。その結果、教師と生徒の立場が逆転したような形で授業が進められるようになり、論理学にせよ、数学にせよ、師の理解を越える部分については独力で勉強することになった。やがてアン・ナーティリーは町を去り、イブン・シーナーは、アリストテレスの自然学と形而上学を、註釈書を参照しながら読み進めていく。さらに医学を短期間で修得し、臨床医としての経験を積むとともに、法学の討議にも参加しているが、このとき彼は弱冠十六歳であった。この医学と法学で、その後イブン・シーナーは身を立ててゆくことになる。

さらに、一年半をかけてふたたび哲学に取り組み、論理学、自然学、数学をマスターするが、形而上学に至って壁にぶつかる。四十回も繰り返し読んで全文を記憶するまでになり、それでもこの学問の目的が理解できない。絶望して放りだしそうになるが、たまたま手に入れたアル・ファーラービーの小冊子『形而上学の目的』（*Aġrāḍ mā baʻd al-ṭabīʻah*）を読んだ途端、霧が霽れるように一切が明らかになった。翌日、神への感謝のしるしとして、貧しい人々に多額の金を喜捨したという。

諸学万般に通じたイブン・シーナーの博識は、当時すでに評判になっていた。難病を患うブハラの君主ヌーフ・ブン・マンスールに招かれて宮廷に赴き、その治療が功を奏したのであろう、そのまま召し抱えられることになる。ある日、君主の許可を得て宮廷の図書館に入った彼は、そこに「多くの人に題名を知られておらず、それ以前も以後もお目にかかったことのない」たくさんの書物を見いだす。それらの書物が彼の思想形成にどれほど貢献したかは明らかでないが、とにかく十八歳のときには哲学諸学科の研究を完了している。「当時の方が知識をよりよく記憶していたが、いまはそれをもっと成熟したかたちでもっている。それを別にすれば知識は同一であり、爾来、新たに得たものは何もない。[9]」

二十一歳のとき、イブン・シーナーは、近隣に住む人に頼まれて、数学以外のすべての哲学分野を扱った『アルーディィーのための哲学』（*al-Ḥikmat al-ʻArūḍiyah*）を執筆した。その後、請われるままに、さまざまな著作を執筆しているが、この時期のものはほとんど現存していない。

やがて父が亡くなり、イブン・シーナーはブハラの行政官の職に就くが、「必要に促されて[10]」ゴルガーンジュに赴く。その理由を彼は詳らかにしていないが、九九九年（三八九年）にサーマーン朝がトルコ系のカラハン朝

（8）William E. Gohlman, *The Life of Ibn Sina*, A Critical Edition and Annotated Translation, New York, 1974.
（9）Ibid., p. 38.
（10）Ibid., p. 40.

に滅ぼされたことが関係しているにちがいない。ともあれ、そのゴルガーンジュも「必要に促されて[11]」去ることになり、以後、一〇一五年（四〇四年）頃になってハマダーンに腰を落ち着けるまで、ホラサーン地方の各地を転々とさまようことになる。

この流浪の旅の終わり近くに立ち寄ったジョルジャーンで、アブー・ウバイド・ル・ジューズジャーニーに出会ったところで『自伝』は終わる。爾来、ジューズジャーニーは、イブン・シーナーに付き従い、その後半生のさまざまな事件に立ち会い、記録を残している。自分以外の弟子の名を一つも挙げないなど、その記述に信頼を置くのを躊躇わせる要素もあるが、ともかくジューズジャーニーの報告によれば、このジョルジャーンでイブン・シーナーは『始原と帰還』(*al-Mabdaʾ wa-l-maʿād*) をはじめ多くの作品を執筆し、また『医学典範』を書きはじめている。

やがてイブン・シーナーはジョルジャーンからライイに移り、そこでブワイフ朝のマジュド・ッ・ダウラに仕えるようになる。一〇一五年（四〇五年）、シャムス・ッ・ダウラによるライイ攻撃の後、カズヴィーンに行き、そこからさらにハマダーンに赴く。その地で、疝痛に苦しむシャムス・ッ・ダウラに招かれ、これを首尾よく治療したおかげで、その宮廷に大臣として迎えられることになった。

この時から一〇二一年（四一二年）のシャムス・ッ・ダウラの死去に至る六年間のどこかの時点で、イブン・シーナーは『治癒の書』(*al-Šifāʾ*) を書きはじめる。ジューズジャーニーがアリストテレスの註釈を書くように頼んだところ、イブン・シーナーは暇がないと言ってこれを断った。「しかし、これらの学問で、私から見て正しいと思われるところを記述するだけで、見解を異にする人たちと論争したり、彼らの論破に専念したりすることのない、そういう書物を私が執筆することで、もし君が満足なら、私はそうしよう[12]。」ジューズジャーニーは同意し、イブン・シーナーはまず自然学の執筆にとりかかる。同時並行的に『医学典範』も書き進められている。

一〇二一年（四一二年）、シャムス・ッ・ダウラが亡くなり、息子のサマーウ・ッ・ダウラがその後を継ぐ。イブン・シーナーは、引き続き大臣を務めるようにと請われたが、それを断り、イスファハーンの君主アラーウ・ッ・ダウラに仕えることを願ってひそかにこれと文通をはじめ、薬種商アブー・ガーリブの家に身を隠す。そこでイブン・シーナーは『治癒の書』を毎日五十枚ずつ書きつづけ、『動物論』を除く自然学の全巻と『形而上学』（これは下位の学科に分割されていない）をわずか二十日間で書き終える。参照すべき書籍が手元にないため、記憶を頼りに執筆したという。

論理学にとりかかった頃、アラーウ・ッ・ダウラとの文通が、サマーウ・ッ・ダウラの大臣を務めるタージュ・ル・ムルクの疑念と怒りを招き、イブン・シーナーはファルダジャーンという城に監禁される。四ヶ月後、アラーウ・ッ・ダウラがハマダーンに攻め込んできたとき、サマーウ・ッ・ダウラとタージュ・ル・ムルクはこのファルダジャーン城に避難し、アラーウ・ッ・ダウラが退却すると、イブン・シーナーをともなってハマダーンに帰還する。これは一〇二三年（四一四年）のことであるが、イブン・シーナーは、しばらくのあいだハマダーンで執筆をつづけ、『治癒の書』の論理学や『ハイイ・ブン・ヤクザーン』（*Hayy b. Yaqẓān*）という寓意的な物語を書いている。そうこうするうちに、タージュ・ル・ムルクから好条件の申し出を受けるようになる。それにかえって身の危険を感じたのか、ある日、イブン・シーナーは、スーフィーに身をやつし、弟と二人の奴隷を連れてハマダーンを脱出する。

イスファハーンに辿りついたイブン・シーナーは、友人たちやアラーウ・ッ・ダウラの廷臣たちに迎えられ、

（11） Idem.

（12） Ibid., p. 54.

衣服と特別な乗用馬を贈られる。ここではじめてイブン・シーナーは「彼のような人物に相応しい敬意[13]」をもって遇されることになる。アラーウ・ッ・ダウラの側近となり、その行軍や旅行に同行する。天体暦の誤りを訂正するために天体観測を行い、そのための器具を考案したりもしている。執筆活動も旺盛で、『治癒の書』の論理学や数学でまだ書かれていなかった部分を書き上げ、『医学典範』を完成させた他、ペルシア語による『学問の書』(*Dānešnāme-i ʿAlāʾī*)、『治癒の書』の縮小抜粋版である『救済の書』(*al-Naǧāt*)、『示唆と注意』(*al-Išārāt wa-l-tanbīhāt*) などを書いている。ガズナ朝のマスウード・ブン・マフムードが侵攻してきたとき、『裁定』(*al-Inṣāf*) の草稿が略奪にあって失われるという災難にも遭ってはいるが、イスファハーンで過した晩年の十数年間は、総じて平和で満ち足りたものであったらしい。

一〇三四年(四二五年)かその翌年[14]、アラーウ・ッ・ダウラの行軍に同行していたイブン・シーナーは疝痛に襲われる。恢復を早めようとして薬を大量に摂取したことが仇になり、病状が悪化する。さらに、調薬を依頼した医師が薬種の量をまちがえたり、遣い込みの発覚を恐れた奴隷によって薬に阿片が混ぜられるといった不幸が重なり、病勢は一進一退を繰り返し、ついに完全な恢復に至ることはなかった。最後には「私の肉体を統御してきた統御者が、いまは統御できなくなっているのだから、治療は役に立たない[15]」として治療を放棄し、その数日後に世を去る。一〇三七年(四二八年)のことであった。

本書の翻訳について

翻訳に用いた原典、参照した他国語訳の書誌情報は巻頭の凡例に示した。『魂について』のアラビア語原典で、印刷物として最初に刊行されたのは一八八五年のテヘラン版だが、本文の決定にあたって、いかなる写本が用いられたかは明らかになっていない。一九五六年になって、チェコスロヴァキアのヤン・バコシュが、イギリスにある五つの写本とテヘラン版にもとづいて、本文校訂版とそのフランス語訳を刊行した。どちらもアラビア語の読みが不正確だとして、ファズルール・ラフマーンに酷評されている[16]。たしかに多くの誤りを含むものではあるが、本文校訂版の網羅的な異読枚挙は、写本がどういうものであるかというそのイメージを与えてくれる点で、訳者にとって有益だった。またラフマーン自身の本文批評版にも、まったく誤読や誤植がないわけではない。

残念ながら、バコシュのフランス語訳はあまり正確なものではない。非母国語への翻訳では無理からぬこととはいえ、フランス語として成立していない文も散見される。しかし、とにかく訳文を示してくれたおかげで構文や意味内容を考える手がかりが与えられ、大いに助けられた。またバコシュの翻訳は一種独特の直訳調であり、可能なかぎり原文の調子を移植しようと努めるその姿勢に、訳者としては共感を覚える。

ところでイブン・シーナーには、主として『治癒の書』からの抜粋によって作られた『救済の書』という著作があり、その魂論の部分を一九五二年にラフマーンが英語に訳している。これは正確で明解な翻訳であり、本書と内容が重複する部分を参照し、教えられるところが多かったが、訳文自体は、原文の雰囲気を伝えようとするより、むしろ英文としての体裁をととのえることに重きがおかれた、古いタイプのもののように見える。そのラフマーンが一九五九年に刊行した『治癒の書　魂について』の本文校訂版は、ヨーロッパの写本に加えてアラブ圏の写本やラテン語訳も用いた、信頼するに足る版として定評のあるものである。

(13)　Ibid., p. 64.
(14)　Ibid., p. 134-135.
(15)　Ibid., p. 88.
(16)　F. Rahman's review in *Bulletin of the School of Oriental and African Studies*, 21, 1958, p. 407-409.

ラフマーン版の刊行については、スキャンダルめいた話が伝わっている。(17) その頃、イブン・シーナーの生誕千年記念事業の一環として、エジプト政府とアラブ連盟文化部によって『治癒の書』全巻の校訂版刊行が計画されていた。ラフマーンはその事業に参加し、アラブ圏の写本の提供を受けてこの校訂版を編集したが、彼はその原稿を刊行委員会には渡さず、オックスフォード大学出版局から刊行してしまう。

刊行委員会はさぞかし泡をくったことであろう。一時は校訂版編集・刊行の中止も検討されたようだが、最終的にはG・C・アナワーティとS・ザーイドに新たに編集を依頼することになった。時間的な余裕がなかったこともあり、彼らは、すでに刊行されていたバコシュ版とラフマーン版を「良質な写本」のように扱い、その二つの校訂版には使われなかった他の二つの写本を加えて校合しながら、独自の版を作成した。これは一九七五年にカイロで刊行されている。

一九九六年には、ハサンザーデ・アーモリーの編集になる版がイランのクムで刊行された。数種類の写本が用いられているが、個々の写本についての説明がまったくなく、また異読や写本への書き込みが註に示されていても、どの写本に由来するものであるかが記されていないため、心安らかに利用するのはむずかしい。

以上のような次第で、刊本は五種類あるが、翻訳にあたっては、原則としてラフマーン版とカイロ版の読みにしたがい、両者に差異がある場合は適宜選択した。そうするにさいに、主にバコシュ版を参考にしたが、ところによっては他の刊本の読みを採り、あるいは訳者が独自に本文を読み換えた箇所もある。

＊
＊＊

本書を上梓するにあたって、たくさんの人たちのお世話になった。訳稿を引き受けてくれる出版社を紹介していただく過程で、東京都立大学大学院での恩師である野沢協先生、フリー編集者の横大路俊久氏、元東京大学教授の故坂部恵先生、慶應義塾大学の山内志朗教授のご尽力を得た。ここに記して深い感謝の意を表する。中世哲学の専門家である山内教授に解説を執筆していただけたのは望外のしあわせである。

そして十七年前にアラビア石油の講習会に訳者が出席して以来、現在に至るまでアラビア語をご指導いただいている元慶應義塾大学言語文化研究所講師の岩見隆先生には、どれだけ感謝しても感謝しきれない。そもそもこの『魂について』も、二〇〇一年から約六年間をかけて、いっしょに読んでいただいたときの記録が元になっている。

訳稿の手直しに予想を大幅に上まわる時間がかかったため、知泉書館の小山光夫氏には多大な迷惑をおかけすることになった。辛抱づよく待ってくださった氏に、いやそもそも出版を引き受けて下さったことに対して、心からお礼申しあげる。

二〇一二年夏

訳　者

(17)　カイロ版のイブラーヒーム・マドクールによる序文とG・C・アナワーティによる解説による。

木下 雄介（きのした・ゆうすけ）

1957年東京都に生まれる。1980年一橋大学社会学部卒業。1986年東京都立大学大学院博士課程満期退学。専攻，フランス文学・イスラーム哲学。現在，中央大学，学習院大学，駒澤大学非常勤講師（フランス語）。
〔主要業績〕「不可解なペニュルチエーム――マラルメの散文詩『類推の魔』について」（『東京都立大学人文学報』1984年），「イブン・シーナーの魂論」（『イスラーム哲学とキリスト教中世』Ⅰ，岩波書店，2011年）。「アラビア語版『アリストテレスの神学』」（共訳，『慶應義塾大学言語文化研究所紀要』と『慶應義塾大学日吉紀要　人文科学』に連載，1998―2002年），「アヴィセンナ『形而上学』」（共訳，『慶應義塾大学言語文化研究所紀要』に2008年から連載）。

〔魂について〕　ISBN978-4-86285-141-3

2012年10月10日　第1刷印刷
2012年10月15日　第1刷発行

訳　者　木　下　雄　介
発行者　小　山　光　夫
印刷者　藤　原　愛　子

発行所　〒113-0033 東京都文京区本郷1-13-2
電話03(3814)6161振替00120-6-117170
http://www.chisen.co.jp
株式会社　知泉書館

Printed in Japan　印刷・製本／藤原印刷

索　引

・見出し語はかならずしも逐字的なものではない。たとえば「外部感覚」の項は「外部の感覚」や「外部の諸感覚」を，「知解」は名詞だけではなく動詞「知解する」を含む。
・見出し語に併記した原語は代表的な語形を示すものであり，原典に用いられた語形を網羅していない場合もある。また規則複数形は省略した。
・頻出する語や表現については，ページ数を示さず，原語を併記するにとどめた。

ア　行

愛，愛情 ḥubb, maḥabbah; aḥabba　24, 32, 40, 238
合図 išārah　215-216, 236
愛すべきもの maʿṭūf ʿalay-hi　54
明るみ nūr　111-114, 116, 118-123, 126-128, 130, 140, 157, 169, 252
悪 šarr　74, 240, 274
——人 šarīr, pl. aširrāʾ　209, 230
灰汁 qily　133
顎髭 liḥyah　169
味 ṭaʿm, pl. ṭuʿūm　42, 45-47, 51, 77-78, 84-85, 92-94, 105, 186, 192, 196, 212
脂っこさ dusūmah　93
甘味 ḥalāwah　77, 93, 252, 298
辛味 ʿufūṣah　93-94
組み合わされた—— ṭuʿūm muʾallafah　26
酸味 ḥumūḍah　92-94
刺戟味 ḥarāfah　93-94
収斂味 qabḍ　93
苦味 marārah　92-93
不味さ bašāʿah　93
無味 tafih　93
熱さ ḥarārah　46, 84-86, 92, 150
雨 maṭar, pl. amṭār　53, 230, 238
粗さ ẖušūnah　67, 84-85, 104
蟻 naml　80, 94, 238
アリストテレス　→第一の師
胃 maʿidah　92, 305-306
医学書 kutub ṭibbīyah [al-ṭibb]　94, 182, 231
息 nafas　24, 26
呼吸 tanaffus　24
『イサゴーゲー』（イブン・シーナー）*Īsāġūǧī*　15
『イサゴーゲー』（ポルフュリオス）*Īsāġūǧī*　277
意志 irādah; arāda　9, 19, 27, 44, 49, 54, 159, 206-207, 210, 230, 246
医師 ṭabīb　229
萎縮能力 qūwat muḏabbilah　44
椅子 kursī　17
痛み　→苦痛
異端者 mulḥid　26
犬 kalb, pl. kilāb　214
衣服 libās; ṯawb, pl. ṯiyāb　236, 294
加工された—— libās maʿmūl　235
苛立ち ḍaǧar　237
嘘つき kaḏḏāb　209
馬 faras; dābbah　32, 257, 273
——性 farasīyah　32
運動 ḥarakah; taḥarraka
——的作用の完成 istikmāl al-afʿāl al-ḥarakīyah　199
——と知覚の諸器官 ālāt min al-ḥarakah wa-l-darrākah　295
——能力，動かす能力 qūwat [pl. quwan] muḥarrikah　12, 43, 46-47, 49-51, 60, 84, 210, 224-226, 304, 307
——の真相 ḥaqīqat al-ḥarakah　101
意志的—— ḥarakat irādīyah　3, 38, 46,

84
円—— ḥarakat mustadīrah 34
選択的な—— ḥarakat iḫtiyār 28
直線—— ḥarakat mustaqīmah 183
永遠の歓び laḏḏat sarmadīyah 285
映像 šabḥ, pl. ašbāḥ
——化 tašabbaḥa, tašbīḥ 173, 200
——の送り届け ta'diyat al-šabḥ 156, 161
——を送り届けるもの mu'addin li-l-ašbāḥ 150
——を唱える人々 aṣḥāb al-ašbāḥ 142, 148, 156, 174
偽りの—— ašbāḥ kāḏibah 192
想像的—— šabḥ ḫayālī 222
永続への愛 ḥubb al-dawām 68
疫病 wabā' 230
円，円形 mustadīr, mudawwar 34, 54, 168, 192
円錐 maḫrūṭ 139, 148, 178, 180
延長 imtidād, mumtadd 54, 160, 168–169, 244
エンペドクレス Anbāduqlīs 24
王 malik 11–12
——国 mamlakah 205
狼 ḏi'b 52, 54, 194, 213
臆測 maẓnūn 240
臆病 ǧubn 226
送り届け addá, ta'diyah, mu'addin; adā'
——を唱える人々 aṣḥāb al-ta'diyah 96
白粉 isfīdāǧ 136
臆見 ẓann 42, 240, 260
音 ṣawt, pl. aṣwāt 51, 80, 82, 87, 95, 99–107, 140, 187, 192, 199, 201, 252, 293
——の真相 ḥaqīqat al-ṣawt 101
偽りの—— aṣwāt kāḏibah 192
音声感覚対象 maḥsūs ṣawtī 102
乙女の乳 laban al-'aḏrā' 133
驚き ta'aǧǧub 237
重さ ṯiql 85

カ　行

貝 ṣadaf, pl. aṣdāf 84
概念 taṣawwur 223
解剖（学）tašrīḥ 178, 304, 307
——学者 asḥāb al-tašrīḥ 170
海綿 isfanǧ 84
快楽，快感 laḏḏah, malaḏḏah; iltaḏḏa, iltiḏāḏ 44, 50, 86–87, 183, 214, 216, 225, 290, 310
忌わしい—— laḏḏāt mustakrahah 224
香り →匂い
鏡 mir'āh, pl. marāyā 111, 141–143, 154, 156–164, 168, 170–171, 174–176, 180, 206, 283, 308
——の学 'ilm al-marāyā 157
——への押印 inṭaba'a [munṭabi'] fī al-mir'āh 142–143, 170
形状を摸倣する—— marāyā muškilah aškālan 157
学者 'ālim, pl. 'ulamā' 43
学問 'ilm, pl. 'ulūm →諸学
学習 ta'allum 215, 284–286
——者 muta'allim 286
確信 ta'kīd; ta'akkada 229, 271
確信 yaqīn; tayaqqana, tayaqqun, muta-yaqqin 261, 279–280, 291
確信，確知 i'taqada, i'tiqād, mu'taqid 23, 40, 42, 58, 101, 230, 239–240, 257, 279, 293–294
普遍的な—— i'tiqād kullī 239
覚醒 yaqẓah 193, 202, 204, 206, 208, 210, 227
睡眠と——の真相 →睡眠
覚知 ša'ara, šu'ūr, maš'ūr 22, 89, 103, 238, 261, 269, 293–295
過去 (zamān) māḍin 215, 240
彼処 hunāka 19, 57, 207, 213, 246, 285
——の知性 al-'aql hunāka 19
歌手 muġannin 106, 191
数 'adad, pl. a'dād 24–25, 29–31, 34, 43,

45, 67, 162, 185-188, 245, 288
奇数 fard, pl. afrād　30-31
偶数 zawǧ, pl. azwāǧ　30-31
純粋な数性 muǧarrad ʿadadīyah　31
平方数 murabbaʿ　31
風（ガス）rīḥ　208, 228
硬さ ṣalābah　85-86, 99, 104-105, 154, 186, 308
『カテゴリー論』（イブン・シーナー） *Qāṭīġūriyās*　15
悲しみ ḥuzn　216, 225, 227
可能態 (bi-l-)qūwah
——の本性 ṭabīʿat qūwah　266
可能的—— qūwat mumkinah　58
完成した—— qūwat kamālīyah　58
絶対的—— qūwat muṭlaqah　58
近い—— qūwat qarībah　280, 284
遠い—— qūwat baʿīdah　17, 280
神 Allāh, al-Ilāh　26, 32-33, 68, 207, 238, 268
——の慈悲 raḥmat ilāhīyah　213
神的な学　→形而上学
神的霊感　→霊感
創造主 al-Bāriʾ　171, 207
雷，雷鳴 raʿd　100, 252
ガラス zuǧāǧ　130, 155
軽さ ḫiffah　85
乾 yubūsah　60, 69
乾き yubūsah　84-86
含意 maʿnan, pl. maʿānī　52-54, 74, 194-196, 203, 206, 213-216, 282
——の貯蔵庫 ḫizānat al-maʿná [pl. al-maʿānī]　196, 308
形と——を組み合わせた摸倣　→摸倣
感覚対象の—— maʿānī al-maḥsūsāt　52
敵対的な—— maʿná muḍādd　52
非可感的な—— maʿānī ġayr maḥsūsah　54
表象力的—— maʿnan wahmī　52
有用あるいは有害な—— maʿānī nāfiʿah aw ḍārrah　214
感覚 ḥiss, pl. ḥawāss; aḥassa
——器官 (ālat) ḥāssah　76, 81-82, 85, 88, 102
——作用 iḥsās　12, 16, 33, 46, 76, 79-81, 85-86, 90, 107, 146, 167-168, 252, 254, 291, 294
——体 ḥāss　76-78, 80-81, 85, 88-89, 92-93, 96, 111, 139, 167, 194
——的魂 nafs ḥassāsah　298-299
——的な判断者 ḥākim ḥissī　240
——的憤激的魂 nafs ḥassāsat ġaḍabīyah　290
——によって捉えられるものの貯蔵庫 ḫizānat mudrak al-ḥiss　195
——能力 qūwat ḥāssah [ḥassāsah]　33-34, 47, 140, 146, 167, 186, 188, 307
外部—— ḥiss [pl. ḥawāss] ẓāhir　52-54, 179, 192-193, 200, 217
内部—— ḥiss [pl. ḥawāss] bāṭin　52, 192-193
感覚対象 maḥsūs
——の含意→含意
——の真相 ḥaqq al-maḥsūsāt　199
——の貯蔵庫 ḫazāʾin li-l-maḥsūsāt　285
——の摸像 maṯal [pl. amṯilat] al-maḥsūs(āt)　19, 76, 81
自分の——の不在 ʿadam maḥsūsāt-hā　81-82
第一の—— maḥsūs awwalī　76, 85, 87, 107
第二の—— maḥsūs ṯānī　86
完成 kamāl, kamala, kāmil; istakmala　10-14, 16-21, 41, 44, 49, 58, 60, 81, 127, 157, 200, 242, 257, 259, 264, 269, 273, 280, 285, 306-307
——者 mukmil　40
——の欠如 ʿadam kamāl　274
第一の—— kamāl awwal　16-17, 19-20, 49
第二の—— kamāl ṯānī　16-17, 39
肝臓 kabid　88, 290, 304-307, 309
観念 maʿnan, pl. maʿānī
一般的な—— maʿnan ʿāmm　38-39

特殊な―― maʿnan ḫāṣṣ　39
願望能力 qūwat nuzūʿīyah　50, 55, 60, 225
記憶力 ḏikr, ḏākirah　180, 196, 204, 212, 214–216, 283–284, 308
記憶能力 ḏākirah, qūwat al-ḏikr　60, 204
保存し記憶する能力 qūwat ḥāfiẓat ḏākirah　54
気おくれ ḥayāʾ　55
幾何学 handasah　98
気がかり muhimm　210
器官 ālah; ʿuḍ', pl. aʿḍā
――の用意 istiʿdād al-ālāt　39–40
感覚の鋭い―― ʿuḍʾ ḥassās　310
感覚の強い―― ʿuḍʾ šadīd al-ḥiss　309
物質的な―― ālat ǧusdānīyah [ǧusmānīyah]　79–80, 217, 250
無感覚の―― ʿuḍʾ ʿadīm al-ḥiss　309
技芸，技術 ṣināʿah, pl. ṣanāʾiʿ　58, 235–237
諸――の創出 istinbāṭ al-ṣanāʾiʿ　46, 55
気候帯 iqlīm　207
気息 rūḥ　80, 88, 140, 152, 169, 178–179, 181–185, 192, 208, 210–211, 303–304, 308
――の混合 mizāǧ al-rūḥ　304
――の実体 ǧawhar al-rūḥ　80, 183
送り届ける―― rūḥ muʾaddiyah　178, 181
視覚対象を送り届ける―― rūḥ muʾaddiyah li-l-mubṣar　178
基体 mawḍūʿ　10, 13–15, 20, 36–38, 41, 132, 193, 196, 198, 221, 223, 276
近い―― mawḍūʿ qarīb　36–37
遠い―― mawḍūʿ baʿīd　37
期待 raǧāʾ　212, 216, 238
輝体 nayyir　117, 161
疑念 šakk　42, 96
希望 tamannin, amānin　212, 216
逆向きの分析 taḥlīl bi-l-ʿaks　204
逆行 qahqará　106
嗅覚（作用）šamm　51, 87, 94–95, 98–99, 139–140, 186, 192, 307
――対象 mašmūm　94, 96, 167
――の媒体 wāsiṭat al-šamm　94
教育 taʿlīm　4, 286
教師 muʿallim　215, 286
共通感覚 ḥiss muštarak　53–54, 178–179, 181–182, 184–185, 191, 193, 198, 200, 291, 307–308
――体 ḥāss muštarak　80, 178, 201
――対象 maḥsūsāt muštarakah　186, 188
――能力 (qūwah) ḥāssat muštarakah　178, 188
協働 mušārakah　235–237, 241
恐怖 ḫawf　200–201, 210–211, 216, 225–226, 228, 238, 254–255
曲線 munḥanan　34
きらめき barīq　111, 119–120, 124, 126
筋肉 ʿaḍalah, pl. ʿaḍal　23, 46–47, 51, 60, 225–226, 307–308
空気 hawāʾ
――の波動 tamawwuǧ al-hawāʾ [hawāʾī]　51, 100–103, 106
暗い―― hawāʾ muẓlim　113–114
澄んだ―― hawāʾ ṣāfin　145
濁った―― hawāʾ kadir　145
空虚，虚ろ，虚空 ḫalāʾ, ḫālin　21, 80, 132, 136–137, 150
空洞脈 aǧwaf　306
偶有 ʿāriḍ, pl. ʿawāriḍ　9, 28, 40, 73, 101–102, 192, 218–219, 221, 226–227, 238, 262, 289, 297
偶有性 ʿaraḍ, pl. aʿrāḍ　9, 14–15, 28, 36–38, 41, 60, 107, 140, 185–186, 226, 251, 259, 263, 272, 299
偶有的（性質）ʿaraḍī, ʿaraḍīyah; bi-l-ʿaraḍ　15, 86, 211, 244, 256, 262–264, 271–272, 294
素材的―― aʿrāḍ māddīyah　281
霊的な――　→霊的
苦役 tasḫīr　237
朽木 ḫašab mutaʿaffin　127
苦痛，痛み alam, pl. ālām; allama; waǧaʿ, pl. awǧāʿ; awǧaʿa　40, 87, 100, 171, 192, 208, 211, 214, 225–228, 254–255, 307,

309
——からの解放 rāḥah min al-alam
87
経験 tağribah, pl. tağārib　212-214, 294
医学的な—— tağārib ṭibbīyah　303
確たる—— tağrībāt waṯīqah　240
脆弱な—— tağrībāt wāhiyah　240
啓示 waḥy　204
形而上学
叡知学の学科 ṣināʿat al-ḥikmīyah
239, 273-274
神的な学 ʿilm ilāhī　5
第一叡知学 al-ḥikmat al-ūlá　284
第一哲学の学科 ṣināʿat al-falsafat al-ūlá
30, 206
形状 šakl, pl. aškāl; hayʾah
——を唱える人々 aṣḥāb al-aškāl　77
剝き出しの—— šakl muğarrad　78
形相 ṣūrah, pl. ṣuwar
あらゆる——の基体 mawḍūʿ li-kull ṣūrah
58
素材的—— ṣūrat māddīyah　45, 72, 75, 170, 263, 289
知解された—— ṣūrat [pl. ṣuwar] maʿqū-lah　59, 243-245, 247, 251, 284-285
知性的—— ṣuwar ʿaqlīyah　270, 283
普遍的—— ṣuwar kullīyah　57
形相化（作用）taṣawwara, taṣawwur
——能力 qūwat muṣawwirah　53-54, 178, 193, 196, 198-204, 209, 212, 214, 283-284, 305, 308
第一・第二・第三の—— tasawwur awwal [ṯānī, ṯāliṯ]　279
知性的——作用 taṣawwur ʿaqlī　18
血液 dam　26, 34, 65
欠如 ʿadam, pl. aʿdām　42-43, 210, 274
剣 sayf　16, 171
腱 watar, pl. awtār　51, 307-308
権威の受け売り taqlīdī　287
原因 ʿillah, pl. ʿilal
完成因 ʿillat kamālīyah　263
偶有的—— ʿillah bi-l-araḍ [araḍīyah]
268
形相因 ʿillat ṣūrīyah　263
作用因 ʿillat fāʿilīyah　262-263
受容因 ʿillat qābilīyah　263
必然的—— ʿillat muwağğibah　144
本質的—— ʿillat ḏātīyah　263, 268
離在的な諸——　→離在（性）
幻影 šabḥ　202
嫌悪 kariha, karāhah　40
見解 raʾy, pl. ārāʾ　30, 35, 42, 52, 55, 77, 79, 95, 154, 164, 238-240, 259, 296
——による導出 istinbāṭ bi-l-raʾy　49
普遍的な—— ārāʾ kullīyah　240
健康，健全さ ṣiḥḥah, ṣaḥīḥ　26, 40, 83, 86, 127, 147, 201, 227, 229, 255, 284
——な人 (insān) ṣaḥīḥ　77, 229
現実態 fiʿl, bi-l-fiʿl
完全な—— fiʿl tāmm　282-283
特定の家の—— fiʿl bayt maḫṣūṣ　239
元素 isṭaqis[ṣ]; ʿunṣur, pl. ʿanāṣir　3, 24, 26, 28, 40, 69-70, 86, 131, 216, 229-230, 258, 262, 300
四—— ʿanāṣir arbaʿah　24
単一——原理説 waḥdat al-mabdaʾ al-isṭaqisī　28
単純な—— isṭaqiṣ basīṭ　146
肉体的—— ʿunṣur badanī　228, 230
後行 taʾaḫḫara, taʾaḫḫur, mutaʾaḫḫir
——者 mutaʾaḫḫir　265
先行性と——性　→先行
合成 rakkaba, tarkīb
——体 murakkab　13-15, 18, 70, 204, 266-267
——の衰滅 fasād al-tarkīb　86
——の転化 tağayyur al-tarkīb　265
光線 šuʿāʿ
——継起説 amr al-šuʿāʿ baʿda al-šuʿāʿ
165
——状の物質的実体 ğawhar ğusmānī šuʿāʿī　147
——状の物体 ğism [ğirm] šuʿāʿī　156, 160
——性 šuʿāʿīyah　119
——の反射 inʿikās al-šuʿāʿ　119, 154

——を唱える人々 aṣḥāb al-šuʿāʿ(āt) 117, 140-141, 174, 177
光沢のあるもの ṣaqīl 172-173
幸福 surūr 226
声 ṣawt, pl. aṣwāt 45, 47, 106, 212, 236-237
蟋蟀 ṣarrārah 127
刻印 aṯar, pl. āṯār; aṯṯara, taʾṯīr; taʾaṯṯara, taʾaṯṯur
——授与者 muʾaṯṯir 301
虚空 →空虚
心 ḏihn 198, 256, 285-286
心 qalb 205
個体，個人 šaḫṣ, pl. ašḫāṣ
——化，個別化 tašaḫḫaṣa 220, 259-260
——の生存 baqāʾ al-šaḫṣ 310
谺 ṣadan 99, 106
事柄，事象 amr, pl. umūr
個別的な—— umūr ǧuzʾīyah 239-240
普遍的な—— amr kullī, pl. umūr kullīyah 49, 220, 239
混合状態 mizāǧ 36, 69-70
白くする—— →色彩
根本的な諸原理 aṣl, pl. uṣūl 48, 175, 180, 244, 255, 258

サ　行

サフラン zaʿfarān 150-152
ざらつき ḫušūnah, ḫašin 155
三角形 muṯallaṯ 34
三段論法 qiyās 117, 185-186, 215, 237, 240, 257, 273, 286, 289
仮言 ittiṣāl 256
結論 natīǧah; antaǧa 240, 271, 273
諸前提 muqaddimāt 117
選言 ʿinād 256
大前提 muqaddimāt kubrá 240
中名辞 wāsiṭah; ḥadd awsaṭ, pl. ḥudūd wusṭá 256, 270, 286-287
塩 milḥ 155
屍骸 ǧīfah, pl. ǧiyaf 96, 98
視覚 baṣar, pl. abṣār
——器官 ālat al-ibṣār; baṣar, mubṣir 93, 139, 145, 148, 173
——作用 ibṣār 45, 79, 111, 127, 138-139, 143, 145-147, 151, 162, 167, 177, 180, 307
——作用の完成 kamāl al-ibṣār 178
——体 mubṣir 76, 142, 147-148, 152, 158, 170, 173, 178
——能力 qūwat bāṣirah [mubṣirah] 144, 169, 178, 181-182
——の気息 rūḥ bāṣir(ah) 169, 180, 183, 304, 307
——の強い者 qawī al-baṣar 144
——の弱い者 ḍaʿīf al-baṣar 144-145
視覚対象 mubṣar 79, 93, 98, 139, 143, 146-148, 152, 158, 161-162, 164, 167, 170, 175, 177-179, 307
——の映像 šabḥ al-mubṣar 177
——の摸像 maṯal al-mubṣar 76, 170
——を送り届ける気息 →気息
水中の—— mubṣar taḥta al-māʾ 157
四角形，四辺形 murabbaʿ 34, 102, 218-221
色彩 lawn, pl. alwān; mulawwan
——の現れ ẓuhūr al-lawn 116, 119-120, 122, 124-126, 138
——の組み合わせ taʾlīf al-alwān 135
——の合成 tarkīb al-alwān 134
——の根源 aṣl al-alwān 131
藍色 nīlīyah 134-135
赤 ḥumrah, aḥmar 111, 113-114, 124-125, 134-135, 152, 193
赤茶色 ašqar 77
暗色 qutmah 134-135
黄色 ṣufrah, aṣfar 113, 124, 134-135, 194
金色 lawn al-ḏahab 77
黒 sawād, aswad 33-34, 42, 45, 99, 111, 113, 120, 123-124, 126, 130-132, 134-136, 170-171, 193, 222-223
黒の形相 ṣūrat al-sawād 171
白 bayāḍ, abyaḍ 33-34, 42, 45, 99,

111, 113-114, 119-120, 123-124, 126, 130-137, 144, 170-171, 191, 222-223, 298
白くする混合状態 mizāǧ mubayyiḍ 136
白と黒の映像 šabḥ bayāḍ wa-sawād 170
白と黒の合成 tarkīb al-bayāḍ wa-l-sawād 134
白の形相 ṣūrat al-bayāḍ 171
中間色 alwān mutawassiṭah; wasā'iṭ 34, 126, 134
葱の色 karrāṯī 135
反射される――の真相 ḥaqīqat al-lawn al-mun'akis 'an-hu 131
埃色 ġubrah 134-135
緑 ḫuḍrah, aḫḍar 111, 113, 124-125, 134-135
紫色 urǧwānīyah 77, 135
木材の色 'ūdīyah 134
識別（力）mayyaza, tamyīz, mumayyiz, tamayyaza, tamayyuz 16, 38, 49, 126, 156-157, 191, 200-201, 206, 217, 221, 290
――者 mumayyiz 191
――の魂 (nafs) mumayyizah 290
思考（力）fikr, pl. afkār 198, 200, 209-210, 254, 270, 279, 284, 308-309
――による選択 iḫtiyār fikrī 49
――能力 mufakkirah 54, 179-180, 194, 196, 198, 200, 205, 212
理性的――力 fikr nuṭqī 203
資質 malakah 230, 254-255
――態の知性 →知性
詩人 šā'ir 209
滴 →水滴
自然学 ṭabī'īyāt, 'ilm ṭabī'ī 3, 5, 16, 258, 301
――者 ṭabī'īyūn 76
――の学科 ṣinā'at al-ṭabi'īyah 274
舌 lisān 47, 51, 77, 90, 92, 307
唾液性の湿り気 ruṭūbat lu'ābīyah 92
唾液腺 mal'abah 92
風味 uḏūbah 105
自体性 annīyah, innīyah 293
湿 ruṭūbah 60, 69, 131-132, 228, 300
湿り気 ruṭūbah 84-86, 92-93, 105, 133, 177, 210, 216
質 kayf, kayfīyah; takayyafa, takayyuf
第一の―― kayfīyat ūlá 3
実体 ǧawhar
――的なもの ǧawharī 15
受容的―― ǧawhar qābil 281
絶対的―― ǧawhar muṭlaq 263
非肉体的―― ǧawhar ġayr badanī 278-279
非物質的な―― ǧawhar ġayr ǧusmānī 247
非物体の―― ǧawhar ġayr ǧism 23
不死の―― ǧawhar ġayr mā'it 23
物質的―― ǧawhar ǧusmānī 143
本質が――化したもの mutaǧawhirat al-ḏawāt 3
質料 hayūlá 15, 41, 249, 274
――的な能力 qūwat hayūlānīyah 58
第一―― hayūlá ūlá 58
事物 šay', pl. ašyā'
――の原理 mabda' (li-)al-ašyā' [li-kull-šay'] 24, 28-29
――のその本質への回帰 irtidād al-šay' ilá ḏāt-hi 298
――の本質 ḏāt al-šay' 14, 16, 298
思慕 nizā' 225-226
地虫 dūd 127
釈義 ta'wīl; ta'awwala 204, 209
社交性 isti'nās 226
種 naw'
――性 naw'īyah 70, 101, 258, 260, 300
――の完成 kamāl al-naw' 11-12, 16
――の完成者 mukmil al-naw' 41
――の形相 ṣūrat al-naw' 11-12, 59
種差 faṣl, pl. fuṣūl 4, 11, 32, 38, 69-70, 94, 246-247, 272, 298-299
存立させる―― faṣl muqawwim 70
単純な―― faṣl basīṭ 11

本質的な—— fuṣūl ḏātīyah 4, 246
熟慮 rawīyah 16, 46, 54
受動作用 infiʿāl
受動者 munfaʿil 159-160, 167
樹木 šaǧarah, pl. ašǧār 68
主要素 rukn, pl. arkān 69
受容能力 qūwat qābilah [al-qubūl] 219, 278
無限の—— qūwat qābilah ġayr mutanāhiyah 249
消化 haḍm 210-211
——能力 hāḍimah 60, 65
蒸気，蒸発物 buḫār, pl. abḫirah 24, 51, 95-98, 192, 210, 228
定規 misṭarah 34
小児，幼児 ṭifl 57, 213
樟脳 kāfūr 97
静脈 ʿirq, pl. ʿurūq; warīd, pl. awridah 305-307
消耗熱 ḥarārat al-diqq 87
諸学 ʿulūm 212, 264
書記 kātib 58
植物 nabāt
——的魂 nafs nabātīyah [al-nabāt] 3-4, 18, 36, 38-39, 49-50, 65, 70, 298-301
——的能力 qūwat [pl. quwan] nabātīyah 39, 60, 65-66, 69, 299-300
——と動物に共通の能力 qūwat muštarakah bayna al-nabāt wa-l-ḥayawān 69
——の頭部 raʾs al-nabāt 68
特殊化された——的作用の原理 mabdaʾ fiʿl nabātī muḫaṣṣaṣ 70
食物 ġiḏāʾ 40, 44, 49, 65-68, 84, 92, 208, 210, 224, 235, 238, 306, 309
加工された—— ġiḏāʾ maʿmūl 235
触覚 lams 51, 83-84, 86-93, 99-100, 102, 107, 139, 177, 186, 188, 307
——器官 ālat al-lams 90
——体 malmas, pl. malāmis 161
——対象 malmūs 76, 167, 188
——的感覚対象 maḥsūāt lamsīyah 87
——的刻印 taʾṯīr lamsī 93
——的な快楽 laḏḏat [malaḏḏāt] lamsīyah 86-87
——的な苦痛 alam lamsī 87
——能力 qūwat lamsīyah, quwá al-lams 86
書物 kitāb 215
所有 malakah 42, 274
白髪 šayb 136
表徴 ʿalāmah 215, 236
真偽判断 taṣdīq 40, 58, 194, 223, 239, 257
神経 ʿaṣab, pl. aʿṣāb 23, 47, 51, 66, 87-88, 101, 178, 180-181, 210, 305-308
——線維 līf ʿaṣabī 88
感覚—— ʿaṣab al-ḥiss 308
中空の—— ʿaṣabat muǧawwafah 51, 88, 169, 178, 307
心像 ḫayāl 173, 180, 185-186, 201, 204, 219, 221-222, 228, 252, 271, 273
心臓 qalb, pl. qulūb 21, 88, 288, 290, 294-295, 304-307
真相，真実性 ḥaqīqah, pl. ḥaqāʾiq; ḥaqq 77, 102, 126, 175, 177, 247, 266, 283
寝台 sarīr 17, 229
——性 sarīrīyah 297-298
身体 →肉体
靭帯 ribāṭ 308
信念 iʿtiqād 237-238
心配 hamm 227
酢 ḫall 133
水銀 zaybaq 28
衰弱 ḍuʿf; aḍʿafa; wahhana 200-201, 210, 252-253
水晶 billawr 116, 123, 125, 130, 137, 155, 157, 176
水滴，滴 qaṭrah 53, 168-169
水盤 ṭašt 176
水泡 zabad al-māʾ 130
睡眠 nawm, manām 192-193, 200-202, 204-206, 208-210, 227
——と覚醒の真相 ḥaqq al-nawm wa-l-yaqẓah 211

衰滅 fasada, fasād　3, 23, 30, 33–34, 50, 83, 86, 89, 262, 265–268
　——の可能態 qūwat an yafsuda　266–268
　生成——する事象　→生成
推論 istidlāl　187–188, 214
数学 ʿulūm riyāḍīyah　5
頭脳明晰 ḏakāʾ　286
征圧 ġalabah　24, 32–33, 50, 225–226
成育 tarbiyah　36, 39, 46, 65–67
　——能力 qūwat murabbiyah　66–67
性格 ḫulq, pl. aḫlāq　56–57, 242
　優れた—— aḫlāq faḍīlīyah　56
　低劣な—— aḫlāq raḏīlīyah　56
　立派な——の人 ḥusn al-aḫlāq　224
静止 sakana, sukūn, sākin　26–28, 42–43, 69, 107, 185–187, 209
静寂 sukūt　81
生殖 tawlīd　4, 36, 38–39, 44, 46, 288, 299, 310
　——能力 qūwat muwallidah [al-tawlīd]　44, 50, 60, 67–68, 309
　睾丸 unṯayān　288, 310
　交合 muǧāmaʿah, ǧimāʿ　86, 208, 309
　交合の器官 ālat al-ǧimāʿ　208
　産出能力 qūwat al-inšāʾ　296–297
　精液 minan, nuṭfah　24, 67, 208, 296
　精子 bizr　67, 296
生成 kawn, kāʾin; takawwana, takawwun, mutakawwin　3, 66–67, 86, 130, 228, 230, 268, 304–305
　——者 kāʾin　46, 267–268
　——衰滅する事象 umūr kāʾinat fāsidah　55
　——と創出の能力 qūwat al-takwīn wa-l-taḫlīq　305
　——の原理 mabdaʾ al-takawwun　24
生長 numūw　4, 9, 17–18, 38, 49, 66, 68–69, 90, 299, 304
　——者 nāmin　39
　——的魂 nafs nāmiyah [al-numūw]　70, 300
　——能力 qūwat nāmiyah [munammiyah]　40, 44, 50, 60, 66–68, 299
聖なる息吹 rūḥ qudsīyah　286
生命 ḥayāh　17–20, 23, 25–26, 34, 47, 83, 90, 300
　——賦与能力 qūwat muḥyiyah　300
　——力 qūwat ḥayāh　146
世界 ʿālam　3, 17, 46, 128, 140, 147, 170, 205, 230, 308
　——に生成するすべての事象の観念 maʿānī ǧamīʿ al-umūr al-kāʾinah fī al-ʿālam　206
　——にそなわる魂　→魂
　——の球体の半分 nisf kurat al-ʿālam　155, 157
　自然の—— ʿālam al-ṭabīʿah　3
脊髄 nuḫāʿ　308
石灰 nūrah　132
斥候 ṭalīʿah, pl. ṭalāʾiʿ　83, 88
　魂の—— ṭalīʿah li-l-nafs　83
石膏 ǧiṣṣ　132–133
摂食 taġḏiyah, iġtaḏá　4, 9, 17–18, 38–39, 46–47, 49, 65–66, 68, 288, 299, 304–305, 309
　——者 muġtaḏin　65
　——的魂 nafs ġiḏāʾīyah　288
　——能力 qūwat ġāḏiyah　40, 44, 46, 50, 60, 65–70, 83, 307
絶望 yaʾs　216
善 ḫayr　74, 240
線維 līf　88
　——状 līfī　88
　——状の血管 ʿurūq līfīyah　88
先行 taqaddama, taqaddum, mutaqaddim
　——者 mutaqaddim　265, 301
　——性と後行性 taqaddum wa-taʾaḫḫur, taqdīm wa-taʾḫīr　273, 279
船長 rubbān　12, 20
前提 muqaddimah　55, 58, 145, 298
　経験的な諸—— muqaddimāt taǧribīyah　256
　第一の諸—— muqaddimāt awwalīyah　240, 242
　通念となった諸—— muqaddimāt mašhūrah

242
普遍的な—— muqaddimat kullīyah 147
旋律 naġm 26
染料 ṣibġ 150-152, 168
象 fīl 32
想起 taḏakkur, ḏikr 195-196, 199, 203-205, 207, 214-216, 227, 288, 305
——説を唱える人々 aṣḥāb al-taḏakkur 290, 298
——能力 ḏākirah, mutaḏakkirah 195-197, 203-204, 206, 212
創出 taḫlīq, ḫilqah 50, 67, 305
生成と——の能力 →生成
想像構成（作用）taḫayyul 30, 46-47, 50, 55, 73, 198-202, 204-206, 208-209, 212, 215, 217, 224-225, 227-228, 240, 249, 254, 270, 307
——能力 qūwat mutaḫayyilah 45, 47, 54, 60, 179-180, 193-197, 199-206, 208-209, 212, 214, 231, 286, 303, 305
偽りの——作用 taḫayyul kāḏib 205
想像力 ḫayāl 43, 53-54, 73-76, 94, 168, 179-180, 186, 191, 193, 195-196, 198-199, 210, 217-223, 252-253, 256-257, 270, 272, 279
——の貯蔵庫 ḫizānat al-ḫayāl 196
想像的映像 →映像
想像的諸能力 quwan ḫayālīyah 257
想像的知覚作用 idrāk ḫayālī 222
想像能力 qūwat ḫayālīyah 60, 178, 195, 225
想念 ḫāṭir, pl. ḫawāṭir 202, 209, 213
素材 māddah, pl. mawādd
——的な能力 qūwat māddīyah 47
——の実体 ǧawhar al-māddah 268
——の付随物 ʿalāʾiq al-māddah [māddīyah] 45, 57, 72, 75, 79, 217, 256, 270
——の付帯性 lawāḥiq al-māddah [māddīyah] 74-75, 256
——への押印 munṭabiʿ fī al-māddah 12, 47, 170, 230, 248, 260
近い—— māddat qarībah 36, 38
物質的—— māddat [mawādd] ǧusmānīyah 74, 222, 249
存在 wuǧūd
——がきわめて強力なもの ašyāʾ qāwīyat al-wuǧūd ǧiddan 274
——がきわめて微弱なもの ašyāʾ ḍaʿīfat al-wuǧūd ǧiddan 274
——の延長 mumtadd al-wuǧūd 99
——を付与する能動者 fāʿil mūǧid 143
外部の—— wuǧūd min ḫāriǧ [ḫāriǧī] 101-102, 104, 198, 247, 272
時間的——の原理 mabdaʾ wuǧūd zamānī 99
存続 baqiya, baqāʾ; istabqá 24, 68, 184, 238, 261, 264, 266-268, 278
——の可能態 qūwat an yabqá 266-268
——の現実態 fiʿl an yabqá 266-267
個体による—— yabqá bi-šaḫṣ-hi 68
種による—— yabqá bi-nawʿ-hi 68

タ　行

第一動者 al-muḥarrik al-awwal 23
第一の師（アリストテレス） al-muʿallim al-awwal 149, 175
体液 aḫlāṭ 34, 65, 208, 303
体液混合 mizāǧ, pl. amziǧah
——の衰滅 fasād al-mizāǧ 86
——の転化 taġayyur al-mizāǧ 26, 86, 227, 265
異なる——の病 sūʾ al-mizāǧ al-muḫtalif 87
適合した——の病 sūʾ al-mizāǧ al-muttafiq 87
第九の物体 ǧism tāsiʿ 18
大工 naǧǧār; bānin 16, 39, 229
態勢，準備態勢 hayʾah; tahayyuʾ
受動的な—— hayʾat infiʿālīyah 56
能動的な—— hayʾat fiʿlīyah 56
服従的な—— hayʾāt inqiyādīyah 56

本性的準備—— tahayyuʾāt ṭabīʿīyah 159
太陽 šams 111-112, 116-117, 119-121, 126, 128-129, 134, 146, 168, 180, 270, 273, 301
——光線 šuʿāʿ al-šams 119, 128
——の光 ḍawʾ al-šams 116, 120, 128, 252
多義性 ištirāk 13, 18, 54, 114
打撃 qarʿ 99-100, 104, 106
打たれるもの maqrūʿ 51, 99, 104-106
打つもの qāriʿ 51, 104-105
球（氷，水晶，宝石の球）kurah 137
卵 bayḍ 133
——の白身 bayāḍ al-bayḍ 93, 133
鶏卵 bayḍat dağāğah 127
魂 nafs, pl. nufūs, anfs
——的偶有 ʿāriḍ nafsānī 238
——と肉体の諸能力 quwan nafsānīyat badanīyah 303
——にそなわる無条件の用意 →用意
——の王国 mamlakat-hā [la-hā] 259, 263
——の還帰 maʿād al-nafs 274
——の実体 ǧawhar al-nafs 16, 26, 250, 254, 259, 265, 267, 289, 297
——の知識 ʿilm al-nafs 3-4, 23, 281
——の本質 ḏāt al-nafs 13, 16, 288
——の本性 ṭabīʿat al-nafs 31, 35
個別的な—— nafs ǧuzʾīyah 230, 263-264
獣的—— nafs bahīmīyah 290
種的な—— nafs nawʿīyah 38
世界にそなわる—— al-nafs allatī li-l-ʿālam 281
全体的—— nafs kullīyah 230
地上的な—— nafs arḍīyah 83
特殊的な—— nafs ḫāṣṣah 70
離在しない—— al-nafs allatī lā tufāriqu 13
離在的な—— nafs mufāriqah 13
『魂について』（ポルフュリオス） *Fī al-nafs* 277
単位 waḥdah, pl. waḥadāt 31-32
胆汁 marārah 212
——質の人 mamrūr 92, 179
単純体，単純なもの basīṭah, pl. basāʾiṭ 70, 90, 267-268
地 arḍ
——性 arḍīyah 33, 68
知解 ʿaqala, ʿāqil, maʿqūl 11, 58-59, 74, 170, 220, 223, 240, 245, 247-252, 255, 273-274, 276-279, 281-283, 285-286, 294, 296
——作用 taʿaqqala, taʿaqqul 250, 254, 274
——者 ʿāqil 270, 276, 278
——能力 qūwat ʿāqilah 45
知解対象 maʿqūl 46, 58, 170-171, 202, 208, 219, 225, 242-243, 245-249, 253-254, 270-271, 276, 278-279, 282-285
第一・第二の—— maʿqūlāt ūlá [ṯāniyah] 58
もっとも単純な—— absaṭ maʿqūlāt 246
知覚（作用）idrāk
——作用の真相 ḥaqīqat al-idrāk 142
——能力 qūwat [pl. quwan] mudrikah 40, 43, 51-52, 72, 183, 216, 224-226, 231, 282, 284, 290
運動と——の諸器官 →運動
想像的——作用 →想像力
内部——能力 quwan mudrikat bāṭinah [min bāṭin] 52
知覚対象 mudrak 24, 72, 168, 183, 188, 288
第一—— mudrak awwalī 188
魂的な—— mudrakāt nafsānīyah 40
知識，知 ʿilm, pl. ʿulūm 3-4, 57, 207, 215, 231, 260, 280-281, 289, 296-297
思考的—— ʿilm fikrī 280
魂的—— ʿilm nafsānī 281
単純な—— ʿilm basīṭ 280
知者 ʿālim, ʿallām 288-289, 297
知性 ʿaql; ʿuqūl
——性 ʿaqlīyah 281

——の完成 istikmāl al-ʿaql 213
獲得—— ʿaql mustafād 59,285
可能態の—— ʿaql bi-l-qūwah 59
現実態の—— ʿaql bi-l-fiʿl 19, 58-60, 261,270,285
資質態の—— ʿaql bi-l-malakah 58,60, 242,286
実践的—— ʿaql ʿamalī 55,60,240-242
質料的—— ʿaql hayūlānī 18, 58, 60, 242,278,286
思弁的—— ʿaql naẓarī 55,59-60,240-242
受動—— ʿaql munfaʿil 270
純粋な—— ʿaql maḥḍ 281
聖なる—— ʿaql qudsī 286
能動—— ʿaql faʿʿāl 270-271,280-281, 284-287
能動——の光 nūr [ḍaw'] al-ʿaql al-faʿʿāl 270-271
剝き出しの——の能力 qūwat al-ʿaql al-muǧarrad 284
知性的 ʿaqlī 43, 56, 206, 225, 239, 254, 287
——諸原理 mabādi' ʿaqlīyah 287
——知覚作用 idrāk ʿaqlī 34,281
——的な天使 →天使
——な美 ǧamāl ʿaqlīyah 285
——能力 qūwat [pl. quwan] ʿaqlīyah 199,247,249-250,252-253,270,281
——判断 ḥukm ʿaqlī 195
——必然者 wāǧib ʿaqlī 230
純粋な——諸原理 awwalīyāt ʿaqlīyat maḥḍah 55
『知性と知解対象について』(ポルフュリオス) *Fī al-ʿaql wa-l-maʿqūl* 277
註釈者 mufassir 174
虫状体 dūdah 54,179
鑄像 ṣanam 262
紐帯 ribāṭ 51,291
聴覚 samʿ 51,81,99,101-103,106-107, 140,187,252,294,307
——器官 ālat al-samʿ 102
直線 (ḫaṭṭ) mustaqīm 34,53,182,192
貯蔵庫 ḫizānah 192-193, 195-196, 203, 279,282-283,308
——の管理人 ḫāzin 179
形の—— ḫizānat al-ṣuwar 196
形を保存する—— ḫizānat ḥāfizah li-l-ṣuwar 192
直観 ḥads 42,286-287
塵 habā' 24,28,128-129
椎骨 fiqrah 308
月 qamar 119-120,126,128
月光 faḫt 119
土塊 madar 214
爪 ẓufur 33
冷たさ burūdah 46,81,84-86,150
定義 ḥadd, pl. ḥudūd; ḥadda, maḥdūd 16-19, 29, 49-50, 55, 65-66, 72, 165, 215,222,246,249,251,272-273
哲学者 falāsifah 303
デモクリトス Dīmuqlāṭīs 76
天 samā' 3,230
——界の諸状態 aḥwāl samāwīyah 203
——体 ağsām samāwīyah 18,23,147, 209,300
——の球体 kurat al-samā' 139
——の形成物 tašakkulāt samāwīyah 198
——の諸実体 ǧawāhir samāwīyah 301
点 buqʿah, pl. biqāʿ 97
点 nuqṭah, pl. nuqaṭ 31, 157, 160, 168, 182,192,243-244
中間の—— nuqṭat mutawassiṭah 244
天球 kurah 18
天圏 falak, pl. aflāk 18, 105, 145-146, 149-150,176
——の魂 nafs falakīyah 17-19
天使 mal'ak, pl. malā'ikah
——界 malakūt 204-205,208
——的実体 ǧawāhir malakīyah 207
知性的な—— malā'ikat ʿaqlīyah 207
天界の—— malā'ikat samāwīyah 207
伝聞 ḫabar, pl. aḫbār 257
銅 nuḥās 262
同意能力 qūwat iǧmāʿīyah 225-226,241

道具 ālah　57, 69, 89, 139, 168, 229, 257, 259, 293
——的な学　→論理学
動物 ḥayawān
——性 ḥayawānīyah　50, 185, 299
——的能力 qūwat [pl. quwan] ḥayawānīyah　60, 194, 231, 235, 249, 300
——における判断者 ḥākim fī al-ḥayawān　212, 214
——の生殖 tawallud al-ḥayawān　302
——の内部知覚能力 quwan mudrikat bāṭinat ḥayawānīyah　53
——の能力 qūwat al-ḥayawān　69
——を扱う部門 al-fann allaḏī fī al-ḥayawān　304
硬眼—— ḥayawānāt ṣulbah　94
植物と——に共通の能力　→植物
有血—— ḥayawān damawī　65
動物的魂 nafs ḥayawānīyah [al-ḥayawān]　3-4, 36, 38-40, 49-50, 54, 71, 83, 194, 299-301
——の統御者 mudabbirat nafs ḥayawānīyah　70
——の能力 qūwat [pl. quwá] al-nafs al-ḥayawānīyah　39, 54, 70, 224, 282
透明体，透明なもの mušiff
透明性 šafīf; išfāf　105, 116, 126, 130-132, 137, 147, 152, 168
透明な媒体 mutawassiṭ šāff [šaffāf]　112, 172
不透明性 ġayr al-išfāf　132
不透明なものの真相 ḥaqīqat mā lā yašiffu　131
特有性 ḫāṣṣīyah　21, 65, 77, 101-102, 147, 231
都市，都 madīnah　12, 205
——の完成 kamāl al-madīnah　11
鳥 ṭayr　213
エジプト禿鷲 raḫam　96, 98
猛禽 ǧawāriḥ al-ṭayr　213
鷲 nasr, pl. nusūr　98

ナ　行

ナーティフ菓子 nāṭif　131, 136
内発的な熱 ḥārr ġarīzī, ḥarārat ġarīzīyah　25, 69, 210, 309
棗椰子 naḫlah　70, 299
——的魂 nafs naḫlīyah　70
涙 bukāʾ　55, 237
滑らかさ malāsah　67, 84-85, 104, 154, 156
滑らかな表面 saṭḥ amlas, pl. suṭūḥ muls　154-155
何であるか性 māhīyah　9, 16, 20, 29, 99, 101, 222, 258
匂い，香り rāʾiḥah, pl. rawāʾiḥ　46, 51, 78, 94-98, 105, 140, 150, 187
組み合わされた香り　26, 212
肉 laḥm　51, 66, 87-88
——性 laḥmīyah　32
憎しみ ḥiqd　231
肉体，身体 badan, pl. abdān
——的能力 qūwat [pl. quwan] badanīyah　56, 241, 253, 257, 261
——の衰滅 fasād al-badan　265
——への押印 munṭabiʿah [inṭibāʿ] fī al-badan　255, 263, 269
肢部，肢体，四肢 ʿuḍw, pl. aʿḍāʾ　21-23, 34, 51, 208, 217-218, 228-229, 241, 293-294
逃げるべきもの mahrūb ʿan-hu　54
似姿 miṯāl, pl. amṯilah; miṯl, pl. amṯāl　202, 261, 286
日月蝕 ḫasf　230
人間 insān
——性 insānīyah　32, 50, 272-273
——的魂 nafs insānīyah　3, 49-50, 54, 56, 70-71, 230, 240-241, 257-258, 260, 268, 270, 282, 301
——的魂の実体 ǧawhar al-nafs al-insānīyah　241
——的知性 ʿaql insānī　271-272
——的能力 qūwat [pl. quwan] insānīyah

47, 59, 226, 235, 287
——的本性 ṭabīʿat insānīyah　72-73
——の形相 ṣūrat insānīyah　72-73
——の魂 nafs bašarīyah　207
——の何であるか性 māhīyat insānīyah　72
認識能力 qūwat ʿālimah　54
ぬめり hašāšah　85
猫の背 ẓahr al-sinnawr　169
熱 ḥārr, ḥarārah　20, 25, 60, 69, 78, 95, 102, 161, 174, 186, 208, 210, 216, 228, 300
粘り luzūǧah　85
燃焼 aḥraqa, iḥrāq　20, 301
脳 dimāġ　21, 51, 53-54, 88, 178, 182, 192, 195-196, 210, 290, 294-295, 304-309
農耕 filāḥah　236
能動作用 fiʿl
能動者 fāʿil　159-160, 167, 172
能動知性　→知性
能動的原理 mabdaʾ fāʿil [fāʿilī, faʿʿāl]　12, 281, 283-284
能動的能力 qūwat fāʿilah　249
能力 qūwah, pl. quwan
——の完成 kamāl al-qūwah　58
可能的—— qūwat mumkinah　58
実践的—— qūwat ʿāmilah　54-57
思弁的—— qūwat naẓarīyah　56-58
絶対的な—— qūwat muṭlaqah　58
内部の—— qūwat [pl. quwan] bāṭinah　52, 199, 206, 212
物質的—— quwan ǧusmānīyah　219, 263

ハ　行

排泄能力 dāfiʿah　60
媒体 wasīṭah, pl. wasāʾiṭ; mutawassiṭ
——の変化 istiḥālah min al-mutawassiṭ　95, 148
破砕を唱える人々 aṣḥāb al-inkisār　175
場所 ayna　73, 247-248
恥ずかしさ ḫaǧal　55, 238
蜂 naḥl　237
発育 nušūʾ　66-68
——の完成　50
発光体 muḍīʾ　45, 112, 116-118, 125, 127-129, 132, 135, 156, 172-173, 176
発光する大気 hawāʾ muḍīʾ　139
不透明な—— muḍīʾāt ġayr šaffāfah　117
蝗虫 ǧarādah　127
発明 istinbāṭ　237
波動 mawǧ, pl. amwāǧ; tamawwuǧ　51, 100-107, 140, 183
——受容性 qubūl al-tamawwuǧ　105
鳩の頸飾り ṭawq al-ḥamāmah　77
反射 ʿaks; inʿakasa, inʿikās, munʿakis　106, 117, 124, 130, 135, 141-142, 154-159, 162-165, 174, 176
——角 zāwiyat ʿaks　162
——先 munʿakis ilay-hi　164
——される色彩の真相　→色彩
——するもの ʿākis　106
——元 munʿakis ʿan-hu　164
——を唱える人々 aṣḥāb al-ʿaks　157
光線の——　→光線
判断 ḥakama, ḥākim; ḥukm, pl. aḥkām
——能力 ḥākimah　196-197
判断者 ḥākim　76, 282
実践的な—— ḥākim ʿamalī　240-241
思弁的な—— ḥākim naẓarī　240
火 nār
——の光 ḍawʾ al-nār　128
光 ḍawʾ, pl. aḍwāʾ; ḍiyāʾ
——の欠如 ʿadam al-ḍawʾ　114
——を受け入れる物体 ǧism qābil li-l-ḍawʾ　45
引き裂き qalʿ　99-100
惹き寄せる能力 ǧāḏibah　60
脾臓 ṭiḥāl　306
悲嘆 ġamm　40, 216, 225-228, 231, 254
——にくれた人 maġmūm　209
理性的な—— ġamm nuṭqī　40
羊 šāh　52, 54, 194, 213

皮膚 ğild　51-52, 88, 305
病気 maraḍ, pl. amrāḍ; marraḍa　86, 200-201, 227, 229-230, 253-254
　病人 insān marīḍ　77, 209, 229-230
表象作用 tawahhum　213, 226
表象能力 qūwat wahmīyah　54-55, 179, 193, 196, 226
　——の貯蔵庫 ḫizānat al-qūwat al-wahmīyah　196
表象力 wahm　38, 60, 74-76, 82, 179-180, 186, 194-195, 199-200, 203, 212-214, 216, 223-224, 226, 228-230, 241, 246, 256, 282, 284, 308
　——的含意　→含意
　——的判断者 ḥākim wahmī　240
　——によって捉えられるものの貯蔵庫 ḫizānat mudrak al-wahm　195
　——の基体 mawḍūʿ li-l-wahm　212
　理性に飾られた—— wahm muzayyan bi-l-nuṭq　214
疲労 kalāl, kalla　210, 252-253
ファンタシア b[f]anṭāsiyā　53, 60
不可視 ġaybī, muġayyab　202, 206
　——界 ġayb　206
　——の世界 ʿālam al-ġayb　209
不在 ʿadam　80, 93, 156, 216
付帯性 lāḥiqah, pl. lawāḥiq　72-73, 251
二つの顔 waǧhān　57
　高い諸原理の方を向いた顔 waǧh ilá al-mabādiʾ al-ʿālīyah　57
　肉体の方を向いた顔 waǧh ilá al-badan　57
物体 ǧism, pl. aǧsām; ǧirm, pl. aǧrām
　——性 ǧismīyah　9, 295-296
　——において不可分なもの al-šayʾ allaḏī lā yanqasimu min al-ǧism　243
　——の完成 kamāl al-ǧism　292
　自然的—— ǧism ṭabīʿī　17, 37, 49
　自然的——の完成 kamāl ǧism ṭabīʿī　17
　人工——の完成 kamāl al-ǧism al-ṣināʿī　17
　分割されない—— al-aǧrām allatī lā tataǧazzaʾu　24, 76
葡萄 ʿinab　70
　——的魂 nafs ʿinabīyah　70
船 safīnah　12, 20
　——の完成 kamāl al-safīnah　12
普遍者, 普遍的なもの kullī　220, 239-240, 251, 256, 279
　知性的な普遍的観念 maʿānin kullīyat ʿaqlīyah　239
　普遍的な観念 maʿná kullī, pl. maʿānin kullīyah　260, 279
風呂（場）ḥammām　106, 211
文 tarkīb, pl. tarākīb　236
憤激 ġaḍab　60, 211, 216, 225-228, 231, 241, 254-255, 304
　——的魂 nafs ġaḍabīyah　288, 290
　——的な人 muġḍab　226
　——能力 qūwat ġaḍabīyah [al-ġaḍab]　43-44, 50, 199, 225-226, 290, 309
　感覚的——的魂　→感覚
分析（作用）faṣṣala, tafṣīl, mufaṣṣil, mufaṣṣal　16, 231, 278-281, 284
　論理的な—— tafṣīl manṭiqī　212
蛇 ḥayyah　148, 169
ヘラクレス王 Hiraql al-malik　205
豊饒 ḫiṣb　230
宝石 yāqūt　137-138
星 kawkab, pl. kawākib　18, 126, 128-129, 145-146, 149
　——の光 ḍawʾ al-kawākib　128
　火星 mirrīḫ　126
　恒星 kawākib ṯābitah　140-141, 145
　小熊座の二つ星 al-farqadān　148
　土星 zuḥal　126, 149
　木星 muštarī　149
保持の能力 māsikah　60
保存力 ḥifẓ　196
　——の貯蔵庫 ḫizānat al-ḥifẓ　195
　保存し記憶する能力　→記憶力
　保存能力 ḥāfiẓah　54, 195-196, 209
蛍 yarāʿah　127
骨 ʿaẓm, pl. ʿiẓām　33, 66, 308

——性 ʿaẓmīyah　32
本能 ġarīzah　213

マ　行

枕 miḫaddah　169
鞠 kurah　106, 156
味覚 ḏawq　51, 83-84, 87, 90, 92-93, 99, 139, 186, 307
——器官 ālat al-ḏawq　93
——対象 maṭʿūm　76
水 māʾ, pl. miyāh
——による屈折 inʿiṭāf ʿan al-māʾ　174
——の波動 tamawwuǧ al-māʾ　101, 107
流れの激しい—— māʾ šadīd al-ǧary　182
蜜，蜂蜜 ʿasal　102, 194, 212
三日熱 ḥarārat al-ġibb　87
蜜陀僧 murdāsanǧ; martak　133
耳 uḏn　79, 87, 103, 305
耳道 ṣimāḫ　51, 101-102, 307
都　→都市
未来 mustaqbal　215, 238-240
無限 ġayr al-nihāyah　32, 68, 155, 173, 237, 249-250
——の受容能力　→受容能力
——分割 qismah [inqisām, inqasama] ġayr al-nihāyah　141, 151, 246, 308
鞭 sawṭ　105
無知 ǧahl, ǧāhil　260, 289, 297
眼 ʿayn　47, 79, 81, 87, 114, 122, 137, 139-140, 147, 158, 164-165, 168-170, 175, 192, 273, 284, 305
——の治療 muʿālaǧat al-ʿayn　284
——の被膜 ṭabaqat ʿaynīyah　184
——を抉り取られた人 masmūl al-ʿayn　193
眼窩 ṯuqbat ʿaynīyah　140, 184
眼球 muqlah　98
瞳 ḥadaqah　77, 142, 149, 152, 159, 169, 213, 236, 307-308
氷状体 ǧalīdīyah　148, 177-178, 180
氷状の湿気 ruṭūbat ǧalīdīyah　51, 177, 307
瞼 ǧafn, pl. ǧufūn　98, 114, 147, 213
冷体 bardīyah　88
眩暈 duwār　182, 192
木片 ḫašab(ah)　192, 214
文字 ḥarf, pl. ḥurūf　236
——の基礎 basāʾiṭ al-ḥurūf　57
文字を書く能力 qūwah ʿalá al-kitābah　57
摸像 maṯal, pl. amṯāl, muṯul; tamaṯṯul; tamṯīl
感覚対象の——　→感覚対象
視覚対象の——　→視覚
質の—— maṯal kayfīyah　174
自分自身の—— maṯal nafs-hi　173, 270
摸倣 ḥaká; ḥāká, muḥākāh, ḥikāyah　204-205, 208-209, 252, 286
形と含意を組み合わせた—— muḥākāt muʾallafah min ṣuwar wa-maʿānin　204

ヤ　行

薬剤師 ahl al-ḥīlah　133
優しさ ḥilm　231
安らかさ salāmah　231
闇 ẓulmah　81, 113-114, 118-121, 123-124, 126-128, 140, 156, 169-170, 183
柔らかさ līn　85-86, 186
雪 ṯalǧ　81, 130
指環 ḫātim　176
夢 ruʾyā; ḥulm, pl. aḥlām　202, 204-209
きわめて正しい—— aṣaḥḥ aḥlām　205
真正な—— ruʾyā ṣaḥīḥ　205
正—— aḥlām ṣādiqah　208
脈絡のない—— aḍġāṯ aḥlām　204, 209
夢解釈 ʿibārah; ʿabbara, taʿbīr　204-205, 209
——師 muʿabbir　205
用意 istaʿadda, istiʿdād, mustaʿidd; aʿadda, muʿidd
——の完成 kamāl al-istiʿdād　57

純粋な―― istiʿdād ṣirf　242
絶対的な―― istiʿdād muṭlaq　57
第二の―― istiʿdād ṯānī　286
魂にそなわる無条件の―― muṭlaq al-istiʿdād li-l-nafs　278
要素 isṭaqis[ṣ]　3
欲情 šabaq　208, 226, 309-310
欲望 šahwah, ištahá, muštahan　60, 84, 92, 191, 208, 216, 225-228, 241, 254-255, 288, 291-292, 304
――的魂 nafs šahwānīyah　288, 290
――能力 qūwat šahwānīyah [al-šahwah]　43, 50, 199, 225-226, 290-291
欲求 šawq　214, 224-226
――能力 qūwat šawqīyah　46, 50, 225
預言者 nabī　231
――性 nubūwah　202, 231
――能力 quwá al-nubūwah　231, 287
預言 nubūwah　287
予示 inḏār　202, 205-206, 209
酔っ払い sakrān　209
喜び faraḥ　226, 231, 254
理性的な―― faraḥ nuṭqī　40

ラ　行

ライオン asad　169, 213, 238
喇叭 būq　100
ラフラハ香水 laḫlaḫah, pl. laḫāliḫ　131
ランプ miṣbāḥ; sirāǧ　112, 119, 126
理解力 fahm　216
離在（性）fāraqa, mufāraqah, mufāriq　41, 248, 293, 298-300, 311
――者 mufāriq　301
――的 mufāriq　13, 41, 248, 281, 293, 298-301, 311
――的形相 ṣūrat mufāriqah　281
――的な諸原因 ʿilal mufāriqah　263-264, 268
――的な魂　→魂
純粋な――者 mufāriqāt maḥḍah　281
本質において――的 mufāriq al-ḏāt　12, 266
離在的実体 ǧawhar mufāriq　289, 300-301
統御する―― ǧawhar mufāriq mudabbir　300
理性 nuṭq　18, 210, 212
――的受動作用 infiʿālāt nuṭqīyah　261
――的魂 nafs nāṭiqah　49, 54, 199-200, 250, 256, 270-271, 281, 290
――的魂の実体 ǧawhar al-nafs al-nāṭiqah　49, 54, 199-200, 250, 256, 270-271, 281, 290
――的能動作用 afʿāl nuṭqīyah　261
――的能力 qūwat nāṭiqah　214, 249
――に飾られた表象力　→表象力
――の基体 mawḍūʿ li-l-nuṭq　212
――の光 nūr al-nuṭq　212
林檎 tuffāḥah　95
輪廻 tanāsuḫ　269
倫理学 ʿilm al-aḫlāq　5
類 ǧins, pl. aǧnās
――性 ǧinsīyah　300
――的な観念 maʿnan ǧinsī　4, 38
冷 barūdah, bard　25, 52, 60, 69, 186, 228
霊感 ilhām　213, 237-238
神的―― ilhām ilāhī　213
本能的な―― ilhāmāt ġarīzīyah　213
霊的 rūḥānī
――な偶有性 aʿrāḍ rūḥānīyah　260
孔に入り込む微細で――な物体 ǧism laṭīf nāfiḏ fī al-manāfiḏ rūḥānī　303
単純な――なもの basīṭat rūḥānīyah　289
連続性の断絶 tafarruq al-ittiṣāl　86-87, 227
論証学の学科 ṣināʿat al-burhān　17
論理学 manṭiq　16, 300
――の学科 ṣināʿat al-manṭiq　15
――の諸巻 kutub manṭiqīyah [al-manṭiq]　13, 55
――の諸部門 funūn manṭiqīyah　256-257

18
道具的な学 ṣināʿat ālīyah　298

ワ　行

笑い ḍaḥk　55, 237

諸版対照表

（それぞれの版の詳細については凡例を参照されたい）

テヘラン版	バコシュ版	ラフマーン版	カイロ版	ハサンザーデ版	ラテン語訳
278. 02	7. 02	*1. 04*	*1. 04*	7. 03	9. 04
278. 05	7. 08	*1. 11*	*1. 11*	8. 02	10. 16
278. 15	8. 05	*2. 14*	*2. 08*	9. 02	12. 38
278. 22	8. 16	*3. 09*	*2. 19*	9. 14	13. 59
		第一部　第一章			
279. 01	9. 09	*4. 04*	*5. 03*	13. 03	14. 69
279. 07	10. 01	*4. 13*	*5. 11*	13. 11	16. 80
279. 09	10. 05	*5. 03*	*5. 14*	14. 03	16. 87
279. 18	10. 18	*5. 20*	*6. 12*	15. 03	18. 08
279. 25	11. 07	*6. 13*	*7. 02*	16. 04	19. 27
280. 02	11. 18	*7. 08*	*7. 13*	17. 04	21. 44
280. 13	12. 17	*8. 13*	*8. 08*	19. 03	23. 77
280. 27	13. 18	*10. 03*	*9. 08*	20. 12	25. 09
281. 03	14. 06	*10. 15*	*9. 19*	21. 08	26. 24
281. 09	14. 15	*11. 07*	*10. 04*	21. 19	27. 40
281. 19	15. 10	*12. 09*	*10. 20*	22. 18	29. 64
281. 25	16. 02	*13. 03*	*11. 09*	23. 09	31. 78
282. 07	17. 02	*14. 08*	*12. 04*	24. 11	33. 06
282. 21	18. 04	*15. 17*	*13. 04*	25. 19	35. 40
		第一部　第二章			
283. 03	19. 04	*17. 03*	*14. 03*	28. 03	38. 71
283. 04	19. 07	*17. 06*	*14. 07*	28. 07	38. 76
283. 13	20. 04	*18. 07*	*15. 05*	29. 10	40. 98
283. 20	20. 15	*19. 03*	*15. 15*	30. 07	42. 17
283. 21	20. 16	*19. 05*	*15. 17*	30. 10	43. 20
283. 27	21. 08	*19. 17*	*16. 04*	31. 13	44. 37
284. 03	21. 16	*20. 09*	*16. 12*	32. 09	45. 48
284. 07	22. 07	*20. 17*	*16. 18*	33. 04	46. 58
284. 13	23. 03	*21. 11*	*17. 06*	34. 05	48. 79
284. 22	24. 03	*22. 10*	*17. 19*	35. 03	49. 92
284. 26	24. 09	*22. 17*	*18. 05*	35. 10	49. 03
285. 04	25. 05	*23. 13*	*18. 17*	36. 08	51. 24
285. 15	26. 06	*24. 16*	*19. 14*	37. 11	53. 53
285. 24	27. 02	*25. 12*	*20. 07*	38. 07	55. 74
286. 06	28. 03	*26. 15*	*21. 05*	39. 13	56. 01
		第一部　第三章			

テヘラン版	バコシュ版	ラフマーン版	カイロ版	ハサンザーデ版	ラテン語訳
286. 15	29. 02	*27. 15*	*22. 03*	41. 03	58. 23
286. 23	29. 15	*28. 12*	*22. 17*	42. 07	59. 46
286. 30	30. 07	*29. 09*	*23. 11*	43. 05	61. 70
287. 08	31. 03	*30. 05*	*24. 03*	43. 20	62. 82
287. 17	32. 02	*31. 04*	*24. 18*	44. 19	64. 04
287. 21	32. 07	*31. 11*	*25. 03*	45. 06	64. 13
287. 30	33. 03	*32. 09*	*25. 17*	46. 06	66. 33
第一部　第四章					
288. 09	34. 02	*33. 07*	*27. 03*	47. 03	67. 54
288. 15	34. 10	*33. 18*	*27. 13*	48. 02	68. 69
288. 19	35. 01	*34. 07*	*28. 01*	48. 12	69. 81
288. 27	35. 12	*35. 01*	*28. 12*	49. 05	70. 98
289. 08	36. 12	*36. 04*	*29. 11*	50. 11	73. 26
289. 16	37. 11	*37. 01*	*30. 01*	51. 06	74. 44
289. 22	38. 05	*37. 13*	*30. 11*	51. 17	76. 58
289. 29	39. 01	*38. 07*	*30. 21*	52. 11	77. 76
290. 06	39. 11	*39. 03*	*31. 08*	53. 08	78. 91
第一部　第五章					
290. 11	40. 04	*39. 13*	*32. 03*	55. 01	79. 03
290. 22	41. 02	*40. 14*	*33. 02*	56. 06	81. 29
290. 26	41. 07	*41. 03*	*33. 09*	56. 14	82. 40
291. 03	42. 04	*41. 16*	*33. 21*	57. 11	83. 56
291. 17	43. 11	*43. 01*	*35. 01*	59. 12	85. 88
291. 29	44. 14	*44. 03*	*35. 20*	60. 17	87. 19
292. 10	45. 11	*45. 02*	*36. 16*	62. 07	89. 44
292. 18	46. 06	*45. 17*	*37. 07*	63. 06	90. 61
292. 28	47. 05	*46. 15*	*39. 01*	65. 04	92. 84
293. 07	48. 11	*48. 01*	*39. 01*	66. 03	94. 15
293. 21	49. 06	*48. 18*	*39. 17*	67. 06	96. 37
293. 24	49. 12	*49. 05*	*39. 22*	67. 13	96. 44
293. 30	50. 03	*49. 16*	*40. 05*	68. 02	97. 56
294. 03	50. 07	*50. 02*	*40. 10*	68. 08	98. 65
294. 08	50. 15	*50. 13*	*40. 20*	68. 17	99. 79
294. 18	51. 10	*51. 08*	*41. 11*	69. 16	101. 04
第二部　第一章					
294. 27	53. 09	*52. 04*	*45. 03*	73. 03	103. 04
295. 07	54. 08	*53. 01*	*46. 02*	74. 03	105. 30
295. 13	55. 01	*53. 11*	*46. 10*	74. 13	106. 41
295. 18	55. 08	*53. 20*	*46. 17*	75. 06	106. 53
295. 23	56. 02	*54. 10*	*47. 02*	76. 01	107. 66

テヘラン版	バコシュ版	ラフマーン版	カイロ版	ハサンザーデ版	ラテン語訳
295. 28	56. 09	*54. 18*	*47. 09*	76. 08	108. 78
296. 01	56. 14	*55. 05*	*47. 15*	77. 05	108. 87
296. 05	57. 05	*55. 12*	*48. 01*	78. 02	109. 95
296. 09	57. 10	*55. 19*	*48. 06*	78. 09	110. 05
296. 11	58. 01	*56. 04*	*48. 10*	78. 14	110. 11
296. 21	58. 14	*57. 01*	*49. 03*	79. 14	112. 32
296. 26	59. 08	*57. 11*	*49. 11*	80. 03	113. 44
第二部　第二章					
296. 29	59. 12	*58. 03*	*50. 03*	81. 03	114. 50
297. 04	60. 05	*58. 11*	*50. 10*	81. 11	115. 62
297. 13	60. 19	*59. 11*	*51. 08*	82. 11	116. 82
297. 16	61. 05	*59. 14*	*51. 13*	82. 17	117. 88
297. 23	61. 16	*60. 10*	*52. 03*	83. 12	118. 06
298. 02	62. 11	*61. 05*	*52. 17*	84. 10	120. 26
298. 08	63. 03	*61. 15*	*53. 06*	84. 19	120. 37
298. 09	63. 05	*61. 18*	*53. 08*	85. 02	120. 42
298. 15	63. 13	*62. 09*	*53. 18*	85. 14	122. 57
298. 20	64. 04	*62. 18*	*54. 06*	86. 16	123. 68
298. 24	64. 09	*63. 03*	*54. 12*	87. 04	123. 77
298. 29	64. 17	*63. 13*	*54. 20*	87. 13	124. 88
299. 06	65. 09	*64. 08*	*55. 07*	88. 14	125. 06
299. 14	66. 05	*65. 01*	*55. 19*	89. 08	126. 23
299. 17	66. 10	*65. 07*	*56. 01*	89. 14	127. 30
299. 22	66. 16	*65. 14*	*56. 08*	90. 07	127. 41
299. 30	67. 13	*66. 11*	*57. 01*	91. 10	129. 63
300. 03	67. 17	*66. 17*	*57. 07*	91. 16	129. 70
第二部　第三章					
300. 08	68. 05	*67. 08*	*58. 03*	93. 03	130. 82
300. 12	68. 10	*67. 13*	*58. 08*	94. 07	131. 91
300. 19	69. 04	*68. 06*	*58. 18*	94. 20	132. 07
300. 26	69. 15	*69. 01*	*59. 08*	95. 14	133. 25
301. 02	70. 05	*69. 10*	*59. 17*	96. 10	135. 39
301. 08	70. 14	*69. 21*	*60. 06*	97. 06	135. 54
301. 17	71. 11	*70. 17*	*60. 19*	98. 15	137. 74
301. 22	72. 01	*71. 08*	*61. 04*	99. 06	137. 86
301. 29	72. 11	*71. 20*	*61. 13*	101. 08	138. 02
302. 10	73. 10	*73. 01*	*62. 11*	102. 12	140. 74
302. 14	73. 17	*73. 09*	*62. 17*	103. 04	140. 38
302. 20	74. 09	*74. 01*	*63. 05*	104. 02	141. 52
第二部　第四章					

テヘラン版	バコシュ版	ラフマーン版	カイロ版	ハサンザーデ版	ラテン語訳
302.30	75.06	*75.03*	*64.03*	106.03	143.74
303.05	75.13	*75.12*	*64.11*	107.01	143.86
303.15	76.12	*76.10*	*65.06*	107.17	145.08
303.21	77.07	*76.21*	*65.16*	108.11	146.22
304.01	78.05	*77.17*	*66.07*	109.17	148.43
304.06	79.01	*78.06*	*66.14*	110.09	148.55
304.18	80.03	*79.09*	*67.15*	111.12	150.84
304.28	81.01	*80.07*	*68.07*	112.11	152.05
305.01	81.06	*80.13*	*68.12*	113.01	152.12
305.10	82.03	*81.10*	*69.03*	114.01	154.27
第二部　第五章					
305.12	82.07	*81.15*	*70.03*	115.03	154.32
305.18	82.15	*82.07*	*70.11*	115.12	155.45
305.26	83.10	*83.04*	*71.06*	116.12	156.65
306.07	84.09	*84.05*	*72.01*	118.01	158.91
306.17	85.05	*85.06*	*72.17*	118.18	159.13
306.23	85.15	*85.17*	*73.07*	119.10	160.28
307.03	86.12	*86.14*	*73.22*	120.12	162.52
307.09	87.02	*87.05*	*74.07*	121.07	163.64
307.17	87.14	*88.01*	*74.18*	122.02	164.80
307.24	88.06	*88.13*	*75.09*	122.14	165.95
308.08	89.12	*89.15*	*76.13*	124.10	167.29
第三部　第一章					
308.20	90.16	*91.03*	*79.03*	127.03	169.04
308.27	91.10	*91.17*	*79.13*	128.01	171.19
309.03	91.18	*92.10*	*80.07*	128.12	172.33
309.12	92.11	*93.04*	*80.18*	131.04	173.55
309.21	93.07	*94.03*	*81.11*	132.08	175.77
310.01	94.02	*94.19*	*82.01*	133.06	176.96
第三部　第二章					
310.06	94.11	*95.08*	*83.04*	134.04	177.08
310.10	94.16	*95.15*	*83.10*	134.12	178.17
310.16	95.09	*96.06*	*84.03*	135.09	179.30
310.21	95.15	*96.14*	*84.11*	136.07	180.43
310.28	96.10	*97.06*	*85.03*	137.02	181.61
311.07	97.04	*98.03*	*85.17*	137.18	183.84
311.16	97.16	*99.01*	*86.07*	138.14	184.03
311.19	98.04	*99.06*	*86.13*	139.03	185.11
311.25	98.12	*99.16*	*87.03*	139.13	185.26

テヘラン版	バコシュ版	ラフマーン版	カイロ版	ハサンザーデ版	ラテン語訳
第三部　第三章					
312.02	99.03	*100.10*	*88.04*	141.04	186.39
312.08	99.11	*101.02*	*88.13*	142.09	187.52
312.12	99.17	*101.10*	*89.05*	143.02	188.61
312.19	100.09	*102.02*	*89.17*	143.16	189.76
312.29	101.05	*102.21*	*90.11*	144.15	190.02
313.06	101.14	*103.11*	*91.03*	145.11	192.19
313.13	102.04	*104.01*	*91.14*	146.05	192.33
313.21	102.15	*104.15*	*92.05*	147.05	194.49
313.25	103.03	*105.01*	*92.12*	147.13	194.60
313.29	103.09	*105.09*	*93.18*	148.05	195.67
314.03	103.15	*105.17*	*93.06*	148.13	195.77
314.10	104.10	*106.09*	*93.18*	149.10	197.94
第三部　第四章					
314.21	105.11	*107.06*	*95.03*	151.03	198.19
314.29	106.07	*108.06*	*95.17*	152.13	200.40
315.03	106.13	*108.13*	*96.06*	153.06	201.51
315.10	107.05	*109.08*	*96.16*	154.01	202.69
315.13	107.09	*109.14*	*97.01*	154.07	202.77
315.19	108.01	*110.08*	*97.11*	155.10	203.92
315.29	108.15	*111.07*	*98.05*	156.14	205.15
316.03	109.03	*111.14*	*98.11*	157.06	206.24
316.09	109.13	*112.04*	*99.02*	158.08	206.39
316.16	110.03	*112.15*	*99.12*	158.18	208.54
316.23	110.15	*113.11*	*100.04*	159.13	208.69
317.03	111.10	*114.06*	*100.19*	161.07	210.93
317.06	111.15	*114.12*	*100.24*	161.13	210.99
317.16	112.15	*115.12*	*101.17*	162.14	212.23
第三部　第五章					
317.20	113.06	*115.20*	*102.04*	163.04	212.32
317.26	113.16	*116.12*	*102.14*	164.13	214.48
318.04	114.12	*117.09*	*103.12*	166.01	215.69
318.13	115.08	*118.05*	*104.03*	167.05	216.87
318.22	116.06	*119.02*	*104.16*	168.02	218.11
318.25	116.11	*119.09*	*104.21*	168.08	218.21
319.01	117.01	*119.21*	*105.11*	168.19	219.37
319.06	117.08	*120.08*	*105.19*	169.08	220.48
319.12	118.01	*120.19*	*106.06*	170.06	220.62
319.16	118.06	*121.04*	*106.12*	170.12	221.71
319.25	119.03	*122.01*	*107.04*	171.08	222.93

テヘラン版	バコシュ版	ラフマーン版	カイロ版	ハサンザーデ版	ラテン語訳
320. 02	119. 14	*122. 14*	*107. 14*	171. 19	223. 08
320. 07	120. 05	*123. 03*	*107. 23*	172. 11	224. 22
320. 16	121. 03	*123. 20*	*108. 14*	173. 04	225. 44
320. 19	121. 08	*124. 03*	*108. 18*	173. 11	226. 51
320. 28	122. 06	*125. 03*	*109. 12*	174. 08	227. 73
321. 01	122. 11	*125. 10*	*109. 17*	174. 14	228. 83
321. 04	122. 16	*125. 16*	*110. 01*	175. 06	228. 91
321. 10	123. 06	*126. 04*	*110. 10*	175. 18	229. 04
321. 16	123. 15	*126. 16*	*110. 20*	176. 10	230. 20
321. 22	124. 05	*127. 06*	*111. 08*	176. 20	231. 34
321. 26	124. 11	*127. 13*	*111. 14*	177. 08	232. 44
322. 01	125. 01	*128. 01*	*112. 02*	177. 16	232. 54
322. 12	125. 18	*129. 01*	*112. 18*	179. 02	234. 80
		第三部　第六章			
322. 17	126. 06	*129. 09*	*114. 03*	180. 03	235. 90
322. 20	126. 11	*129. 16*	*114. 09*	180. 10	236. 98
322. 28	127. 07	*130. 13*	*115. 04*	181. 08	237. 17
323. 09	128. 06	*131. 12*	*115. 19*	182. 11	238. 46
323. 16	128. 16	*132. 05*	*116. 09*	183. 13	239. 62
323. 19	129. 05	*132. 13*	*116. 16*	184. 06	240. 72
323. 22	129. 09	*132. 18*	*117. 01*	184. 11	240. 79
323. 25	129. 14	*133. 06*	*117. 06*	184. 17	241. 88
324. 02	130. 07	*133. 18*	*117. 15*	185. 08	242. 04
324. 08	130. 17	*134. 10*	*118. 02*	186. 04	242. 20
324. 20	132. 06	*135. 14*	*119. 02*	187. 12	244. 48
324. 25	132. 13	*136. 03*	*119. 09*	189. 03	245. 58
324. 30	133. 03	*136. 12*	*119. 17*	190. 02	246. 72
325. 05	133. 10	*136. 21*	*120. 01*	190. 10	246. 83
325. 14	134. 06	*137. 18*	*120. 16*	191. 13	248. 05
325. 20	134. 15	*138. 08*	*121. 04*	193. 01	249. 20
325. 29	135. 09	*139. 05*	*121. 17*	194. 10	250. 40
326. 12	136. 14	*140. 13*	*122. 17*	196. 06	252. 73
		第三部　第七章			
326. 18	137. 08	*141. 11*	*124. 04*	197. 04	253. 88
326. 21	137. 13	*141. 18*	*124. 10*	198. 03	254. 97
326. 28	138. 04	*142. 10*	*125. 04*	198. 15	255. 12
327. 01	138. 08	*142. 15*	*125. 09*	198. 20	255. 20
327. 07	138. 17	*143. 08*	*125. 20*	199. 12	256. 33
327. 13	139. 09	*144. 01*	*126. 11*	200. 07	257. 49
327. 17	139. 15	*144. 09*	*126. 18*	200. 15	257. 58

テヘラン版	バコシュ版	ラフマーン版	カイロ版	ハサンザーデ版	ラテン語訳
327. 24	140. 08	*144. 21*	*127. 06*	201. 10	258. 73
327. 30	141. 01	*145. 12*	*127. 17*	202. 03	259. 87
328. 10	141. 17	*146. 14*	*128. 11*	203. 02	261. 10
328. 22	142. 18	*147. 15*	*129. 08*	204. 02	262. 41
329. 03	143. 16	*148. 18*	*130. 04*	205. 06	264. 69
329. 06	144. 01	*149. 04*	*130. 08*	205. 13	264. 77
329. 10	144. 08	*149. 12*	*130. 15*	206. 07	265. 87
329. 16	144. 16	*150. 01*	*131. 03*	206. 16	266. 01
第三部　第八章					
329. 27	145. 15	*151. 01*	*132. 03*	208. 03	267. 26
330. 03	146. 09	*151. 19*	*132. 16*	209. 07	268. 45
330. 09	146. 17	*152. 09*	*133. 08*	210. 04	269. 57
330. 18	147. 14	*153. 09*	*134. 02*	211. 13	270. 77
330. 27	148. 11	*154. 12*	*134. 16*	213. 12	272. 00
331. 03	149. 03	*155. 01*	*135. 04*	214. 03	273. 15
331. 07	149. 10	*155. 10*	*135. 11*	215. 03	273. 28
331. 17	151. 08	*156. 09*	*136. 07*	216. 01	275. 52
331. 27	151. 05	*157. 05*	*137. 01*	216. 18	276. 75
332. 09	152. 08	*158. 08*	*137. 20*	218. 02	278. 07
332. 13	152. 14	*158. 17*	*138. 07*	219. 01	278. 18
332. 20	153. 10	*159. 09*	*138. 17*	219. 12	279. 36
332. 23	154. 01	*159. 15*	*139. 03*	220. 01	279. 42
333. 03	154. 15	*160. 12*	*139. 18*	221. 03	281. 67
333. 10	155. 09	*161. 04*	*140. 06*	222. 07	282. 84
333. 17	156. 06	*161. 19*	*140. 19*	223. 04	283. 02
第四部　第一章					
333. 23	157. 04	*163. 04*	*145. 03*	227. 04	1. 04
334. 03	158. 05	*164. 04*	*146. 03*	228. 08	3. 27
334. 09	158. 13	*164. 14*	*146. 11*	228. 17	4. 42
334. 16	159. 10	*165. 09*	*147. 05*	229. 16	5. 60
334. 21	160. 04	*165. 19*	*147. 14*	230. 07	6. 73
334. 24	160. 08	*166. 05*	*147. 19*	230. 13	6. 79
335. 03	161. 07	*167. 04*	*148. 14*	231. 14	8. 02
335. 10	162. 03	*167. 17*	*149. 08*	233. 01	10. 20
335. 17	162. 12	*168. 12*	*150. 01*	233. 13	10. 38
第四部　第二章					
335. 24	163. 09	*169. 10*	*151. 05*	235. 05	12. 55
336. 05	164. 13	*170. 15*	*152. 04*	236. 17	13. 80
336. 17	165. 14	*171. 17*	*153. 04*	238. 01	16. 07
336. 25	166. 10	*172. 11*	*153. 16*	239. 05	17. 25

テヘラン版	バコシュ版	ラフマーン版	カイロ版	ハサンザーデ版	ラテン語訳
337.04	167.10	*173.09*	*154.11*	240.03	18.46
337.11	168.04	*174.01*	*155.01*	240.15	19.63
337.16	168.13	*174.11*	*155.09*	241.07	20.76
337.25	169.12	*175.09*	*156.01*	242.16	22.97
338.05	170.13	*176.11*	*156.16*	244.01	24.23
338.08	171.03	*176.18*	*157.04*	244.07	25.31
338.14	171.12	*177.07*	*157.10*	245.04	25.44
338.19	172.02	*177.16*	*157.21*	245.13	26.58
338.28	172.15	*178.11*	*158.14*	246.16	28.79
339.07	173.12	*179.04*	*159.05*	247.09	29.00
339.16	174.10	*180.01*	*159.20*	248.08	31.24
339.19	174.15	*180.08*	*160.02*	248.15	32.34
339.29	175.15	*181.05*	*160.17*	249.15	33.58
340.08	177.01	*182.02*	*161.16*	251.08	34.81
第四部　第三章					
340.12	177.09	*182.11*	*162.04*	252.04	34.93
340.21	178.08	*183.12*	*163.01*	253.07	36.13
341.01	179.09	*184.13*	*163.16*	254.11	39.38
341.08	180.06	*185.07*	*164.08*	255.10	40.58
341.12	180.13	*185.15*	*164.15*	256.04	41.69
341.20	181.10	*186.13*	*165.07*	256.18	42.86
342.01	182.10	*187.13*	*166.04*	257.19	43.13
342.06	183.02	*188.01*	*166.11*	258.08	44.24
342.12	183.12	*188.11*	*167.01*	259.08	45.41
342.17	184.04	*189.04*	*167.08*	259.16	46.53
342.22	185.01	*189.17*	*168.01*	260.05	46.66
343.02	186.03	*190.17*	*168.17*	261.16	49.94
343.14	187.05	*192.04*	*169.18*	262.18	51.22
343.21	188.01	*193.01*	*180.11*	264.09	52.45
343.27	188.10	*193.13*	*170.21*	265.01	53.61
第四部　第四章					
344.05	189.05	*194.05*	*172.03*	267.03	54.80
344.11	189.14	*195.01*	*172.13*	268.08	55.96
344.17	190.07	*195.12*	*173.07*	268.18	57.10
344.23	190.15	*196.01*	*173.16*	269.09	58.26
345.02	192.01	*197.03*	*174.14*	270.13	59.49
345.12	193.02	*198.03*	*175.13*	271.16	61.74
345.21	193.16	*199.01*	*176.07*	272.11	62.97
345.30	194.10	*199.17*	*176.20*	273.07	64.20
346.06	195.06	*200.11*	*177.11*	274.04	65.36

テヘラン版	バコシュ版	ラフマーン版	カイロ版	ハサンザーデ版	ラテン語訳
346. 17	196. 10	*201. 10*	*178. 06*	275. 06	66. 65
第五部　第一章					
346. 30	199. 01	*202. 05*	*181. 04*	279. 04	69. 05
347. 10	199. 16	*203. 05*	*182. 01*	280. 13	71. 28
347. 18	200. 10	*203. 18*	*182. 11*	281. 06	72. 42
347. 25	201. 05	*204. 13*	*183. 02*	282. 01	73. 61
347. 29	201. 12	*204. 21*	*183. 08*	282. 09	74. 71
348. 04	202. 03	*205. 09*	*183. 16*	282. 18	75. 85
348. 13	203. 02	*206. 11*	*184. 09*	284. 01	76. 04
348. 20	203. 13	*207. 04*	*184. 19*	284. 14	77. 21
348. 25	204. 07	*207. 13*	*185. 06*	285. 04	78. 35
349. 03	205. 04	*208. 08*	*185. 17*	286. 10	80. 54
第五部　第二章					
349. 16	206. 08	*209. 16*	*187. 04*	288. 03	81. 89
349. 19	207. 01	*210. 06*	*187. 11*	289. 01	82. 98
349. 24	207. 08	*210. 15*	*188. 02*	290. 09	83. 10
349. 29	207. 15	*211. 04*	*188. 10*	291. 01	84. 21
350. 04	208. 07	*211. 14*	*188. 18*	291. 09	85. 33
350. 10	209. 03	*212. 09*	*189. 10*	292. 04	86. 51
350. 18	209. 16	*213. 05*	*189. 22*	293. 01	87. 69
350. 25	210. 11	*214. 01*	*190. 13*	293. 15	88. 87
350. 28	210. 15	*214. 06*	*190. 17*	294. 02	89. 96
351. 03	211. 07	*214. 16*	*191. 06*	294. 15	90. 09
351. 12	212. 08	*215. 17*	*192. 03*	295. 18	91. 36
351. 14	212. 11	*216. 03*	*192. 06*	296. 05	92. 41
351. 21	213. 05	*216. 16*	*192. 17*	296. 19	93. 56
351. 27	214. 01	*217. 08*	*193. 06*	297. 12	94. 72
352. 04	214. 12	*217. 21*	*193. 17*	298. 13	95. 91
352. 07	214. 17	*218. 08*	*194. 04*	299. 03	96. 01
352. 11	215. 06	*218. 15*	*194. 10*	299. 11	97. 12
352. 16	215. 14	*219. 04*	*194. 17*	300. 04	97. 26
352. 19	216. 02	*219. 10*	*195. 04*	300. 10	98. 32
352. 22	216. 07	*219. 16*	*195. 09*	300. 16	98. 40
352. 24	216. 10	*219. 20*	*195. 12*	301. 01	98. 46
352. 28	216. 16	*220. 05*	*195. 18*	301. 08	99. 55
353. 02	217. 06	*220. 12*	*196. 04*	301. 14	99. 65
353. 06	217. 14	*221. 01*	*196. 17*	302. 11	100. 77
353. 10	218. 01	*221. 07*	*196. 17*	302. 18	101. 86
第五部　第三章					
353. 14	218. 09	*221. 17*	*197. 04*	304. 04	102. 97

テヘラン版	バコシュ版	ラフマーン版	カイロ版	ハサンザーデ版	ラテン語訳
353. 24	219. 08	*222. 16*	*197. 18*	305. 09	104. 22
353. 30	220. 03	*223. 11*	*198. 09*	306. 03	105. 40
354. 09	221. 03	*224. 10*	*199. 04*	307. 09	107. 63
354. 20	222. 04	*225. 10*	*200. 01*	308. 11	109. 91
354. 25	222. 12	*226. 03*	*200. 09*	309. 06	110. 08
354. 29	223. 02	*226. 09*	*200. 16*	310. 03	111. 19
第五部　第四章					
355. 10	224. 04	*227. 13*	*202. 03*	312. 03	113. 46
355. 14	224. 11	*228. 03*	*202. 10*	312. 13	114. 57
355. 21	225. 06	*228. 19*	*203. 05*	313. 15	115. 77
355. 28	226. 02	*229. 12*	*203. 15*	314. 10	117. 98
356. 04	226. 11	*230. 05*	*204. 08*	315. 04	118. 11
356. 10	227. 06	*230. 16*	*204. 17*	315. 16	119. 24
356. 13	227. 12	*231. 03*	*205. 06*	316. 06	120. 35
356. 18	228. 02	*231. 12*	*205. 13*	316. 15	120. 46
356. 24	228. 11	*232. 02*	*206. 02*	317. 10	121. 63
356. 30	229. 12	*232. 14*	*206. 12*	317. 22	122. 77
357. 06	229. 14	*233. 06*	*207. 03*	318. 12	124. 96
357. 13	230. 10	*234. 01*	*207. 14*	319. 12	125. 14
第五部　第五章					
357. 19	231. 05	*234. 14*	*208. 03*	321. 03	126. 29
357. 27	232. 03	*235. 11*	*208. 16*	322. 09	128. 51
358. 03	232. 12	*236. 03*	*209. 08*	323. 01	128. 64
358. 07	233. 04	*236. 11*	*209. 15*	323. 11	129. 76
358. 17	234. 05	*237. 12*	*210. 10*	324. 20	131. 03
358. 19	234. 08	*237. 16*	*210. 14*	325. 02	131. 07
358. 25	234. 17	*238. 07*	*211. 03*	325. 13	132. 21
第五部　第六章					
359. 02	235. 11	*239. 03*	*212. 04*	327. 04	134. 41
359. 04	235. 14	*239. 07*	*212. 08*	327. 08	134. 45
359. 12	236. 12	*240. 03*	*213. 01*	328. 13	136. 65
359. 22	237. 13	*241. 05*	*213. 18*	330. 04	138. 90
359. 27	238. 07	*241. 16*	*214. 07*	330. 15	139. 06
360. 01	238. 14	*242. 06*	*214. 15*	331. 06	140. 17
360. 11	239. 11	*243. 07*	*215. 15*	332. 09	142. 45
360. 21	240. 12	*244. 10*	*216. 05*	334. 08	144. 74
360. 29	241. 07	*245. 05*	*216. 16*	335. 07	146. 95
361. 07	242. 06	*246. 03*	*217. 11*	336. 07	147. 16
361. 14	243. 05	*246. 17*	*218. 05*	336. 11	148. 35
361. 22	244. 01	*247. 15*	*218. 18*	337. 15	149. 57

テヘラン版	バコシュ版	ラフマーン版	カイロ版	ハサンザーデ版	ラテン語訳
361.29	244.12	*248.09*	*219.08*	338.12	151.75
362.04	245.06	*248.19*	*219.16*	339.06	151.86
362.13	246.03	*249.18*	*220.08*	340.07	153.10

第五部　第七章

362.18	246.12	*250.08*	*221.05*	341.04	154.23
362.25	247.08	*251.04*	*221.17*	342.13	155.42
362.28	247.12	*251.09*	*222.04*	343.02	155.50
363.04	248.07	*251.20*	*222.13*	344.01	156.65
363.06	248.10	*252.02*	*222.16*	344.05	156.70
363.11	249.02	*252.13*	*223.03*	345.07	157.83
363.15	249.08	*253.02*	*223.08*	345.14	158.94
363.22	250.07	*253.18*	*224.03*	346.11	159.15
363.26	250.13	*254.06*	*224.09*	347.04	160.25
364.03	251.10	*255.01*	*225.01*	347.18	161.45
364.10	252.08	*255.16*	*225.14*	348.16	163.65
364.16	253.02	*256.11*	*226.04*	349.09	164.81
364.21	253.10	*257.01*	*226.12*	349.18	165.94
364.25	254.01	*257.09*	*226.19*	350.07	166.03
364.30	254.08	*257.18*	*227.04*	350.16	167.14
365.03	254.13	*258.06*	*227.11*	351.03	167.23
365.09	255.08	*259.01*	*228.01*	351.17	168.41
365.14	256.02	*259.10*	*228.09*	352.08	169.51
365.19	256.10	*259.20*	*228.17*	353.01	170.64
365.29	258.02	*260.17*	*229.14*	354.02	171.87
366.02	258.09	*261.07*	*230.01*	354.11	172.96
366.08	259.03	*261.17*	*230.09*	355.09	172.10

第五部　第八章

366.19	260.07	*262.19*	*232.03*	357.03	174.37
366.24	260.14	*263.09*	*232.11*	357.13	175.49
367.03	261.14	*264.06*	*233.09*	358.15	176.72
367.14	263.02	*265.04*	*234.03*	359.20	178.99
367.21	263.13	*265.17*	*234.14*	360.10	179.18
367.25	264.05	*266.06*	*234.22*	361.03	179.30
368.05	265.08	*267.07*	*235.13*	362.09	181.55
368.18	267.01	*268.10*	*236.11*	364.04	183.91
368.23	267.09	*268.20*	*236.19*	364.14	183.04
368.27	268.02	*269.06*	*237.02*	365.04	184.14
368.29	268.05	*269.10*	*237.05*	365.07	184.19